2023

山东省工业和信息化发展研究

山东省工业和信息化研究院

Research on the Development of Industry and Informatization in Shandong Province

中国经济出版社
CHINA ECONOMIC PUBLISHING HOUSE
·北 京·

图书在版编目（CIP）数据

山东省工业和信息化发展研究．2023／山东省工业和信息化研究院编．--北京：中国经济出版社，2024.12. -- ISBN 978-7-5136-8002-8

Ⅰ. F427.52；F49

中国国家版本馆 CIP 数据核字第 2024573JN5 号

策划编辑　海　毅
责任编辑　孙晓霞　井　铭
责任印制　马小宾
封面设计　任燕飞

出版发行　中国经济出版社
印 刷 者　北京科信印刷有限公司
经 销 者　各地新华书店
开　　本　710mm×1000mm　1/16
印　　张　28.25
字　　数　463 千字
版　　次　2024 年 12 月第 1 版
印　　次　2024 年 12 月第 1 次
定　　价　98.00 元
广告经营许可证　京西工商广字第 8179 号

中国经济出版社 **网址** http://epc.sinopec.com/epc/ **社址** 北京市东城区安定门外大街 58 号 **邮编** 100011
本版图书如存在印装质量问题，请与本社销售中心联系调换（联系电话：010-57512564）

编委会

目 录
contents

第一部分 工业经济篇

第二部分　产业发展篇

第三部分　信息化应用篇

第四部分　综合篇

第一部分

工业经济篇

1

山东省黄河流域区县工业绿色低碳高质量发展现状与路径研究

党世博 宋鹏飞 李尚达 刘明伟 王文平

摘 要 本课题围绕沿黄地区工业绿色低碳高质量发展进行研究，梳理了相关理论和山东省当前区域战略，形成了沿黄地区可由工业链接成特定区域的结论；简要综述了绿色经济、低碳经济、高质量发展等相关研究成果，分析工业绿色低碳高质量发展的定义及特征；调研整理山东省沿黄地区基本情况、工业发展现状，梳理其主要特点；计算山东省工业各行业能耗情况，确定六大高耗能行业和“三废”排放行业，对照分析沿黄地区工业问题；选取指标对沿黄地区各规模以上企业效益进行评估；提出路径建议。

关键词 山东 黄河流域 工业 绿色低碳 高质量发展

引 言

2022 年 2 月，山东省委、省政府印发了《山东省黄河流域生态保护和高质量发展规划》；11 月，山东省人民政府办公厅印发了《支持沿黄 25 县（市、区）推动黄河流域生态保护和高质量发展若干政策措施》。该文件明确提出，“推动经济体系、产业体系、能源体系和生活方式绿色低碳转型，充分发挥在黄河流域生态保护和高质量发展中的龙头作用”，“黄河干流山东段流经的 25 县（市、区）（以下简称沿黄地区）是山东省推动黄河流域生态保护和高质量发展的核心区”。由此，沿黄地区工业绿色低碳高质量发展现状与路径亟待展开研究。

学界对黄河流域工业绿色低碳高质量发展的研究，主要集中在黄河流域经济或工业高质量发展综合评价、黄河流域城市群高质量发展、工业或制造业绿色高质量发展、生态环境与经济发展耦合、数字经济助推黄河流域高质量发展等方面。这些研究大多未深入省份内部流域县（市、区）工业层面，研究结论较为宏观。在借鉴上述研究成果的基础上，本课题以山东省沿黄地区 25 县（市、区）为对象尝试开展研究。

一、相关概念及理论研究

（一）区域经济理论及沿黄地区工业链接作用

1. 区域经济的定义

经济学中关于区域的概念迄今尚未有统一的定义，郝寿义、安虎森等将其界定为“以一定的地理范围为载体，具有组织区内经济活动和区外经济联系的能力，由一个以上高级循环占重要比重的中心城市、一定数量的重要城镇及广大乡村地区所组成的空间范围”。

2. 流域与区域

黄河流域是一个“地理区域”的概念，通常可以划分为两种不同类型：一是同质区域，二是极化区域。同质区域是根据区内某些重要因素特征上的一致性或相似性进行划分的。我国曾根据经济技术水平的相似性，把全国划为东、中、西三个地带；又按照各地区的一致性，把全国划分为资源类型区、加工类型区、资源主导类型区、加工主导类型区、混合类型区和特殊类型区等。极化区域是由若干异质部分构成的、在功能上联系很紧密的区域。这种划分常以大城市为中心，包括一定数量的中小城镇和受其影响的农村地区。

3. 工业链接特定区域

山东黄河流域 25 县（市、区）均沿黄分布，属于地理区域范畴，不是上述同质区域或极化区域。沿黄地区分属不同的市，直接来看并不具备经济区域的典型特征。从区域战略统筹机制方面来看，山东省目前实施省会、胶东、鲁南三大经济圈的区域发展战略，而沿黄 9 市 25 县（市、区）分属省会经济圈和鲁南经济圈，省会经济圈重点发展教育医疗康养、高端装备、量子超算等产业，鲁南经济圈重点发展高效生态农业、商贸物流、新能源新材料等产业。从区域发展战略来看，在整个经济层面难以将沿黄地区视为一个经济区域、制定统一政策，但可由工业链接成特定区域，在省级层面进行引导，统筹推进沿黄地区工业高质量发展。

（二）“绿色”“低碳”相关定义

1. 绿色制造

“绿色制造”的概念已发展有 20 多年。1996 年，美国制造工程师协会提出了绿色制造的概念；国内绿色制造最常用的定义，于 1997 年在全国先进生产模式与制造哲理研讨会上提出：一个综合考虑环境影响和资源消耗的现代制造模式，其目标是使产品从设计、制造、包装、运输、使用到回收处理的整个产品生命周期中，对环境负面影响最小，资源利用率最高，并使企业经济效益和社会效益协调优化。

2. 绿色经济

“绿色经济”一词最早于 1989 年由英国环境经济学家大卫·皮尔斯在其著作《绿色经济的蓝图》中提出。这一概念经历了工业文明和生态文明两个阶段。在工业文明阶段，提出了经济增长的绿色化改进，主张解决环境问题应从末端治理进入生产过程。在生态文明阶段，联合国环境署开展“全球绿色新政”，以应对 2008 年爆发的全球能源危机、粮食危机和经济危机，刺激经济复苏以及创造新的就业机会。

3. 低碳经济

“低碳经济”一词起源于 2003 年的英国能源白皮书《我们能源的未来：创建低碳经济》，旨在实施能源革命，建立较少排放温室气体的经济发展模式，减缓气候变化。2008 年国际金融危机爆发后，发达国家纷纷部署和实施低碳经济战略，在全球范围内得到关注，我国也于 2010 年开展低碳经济产业建设试点工作。

（三）流域与工业高质量发展研究综述

1. 流域经济

流域经济是一种特殊的区域经济复合系统，其基础是自然河流水系，是自然范围内经济和跨行政区域范围内经济的结合体。这意味着流域经济兼具区域经济与水资源的整体特征，其发展模式不同于单纯行政区规划下的区域经济。已有研究认为，其特殊性在于流域经济必须围绕水资源利用，通过整合优化沿线资源形成具有分工协作的经济带，发展目标是经济系统各要素协调、可持续的稳定发展。

2. 高质量发展

大部分研究将高质量发展界定为一种不同于高速增长的新发展阶段，其内在特征是经济发展质量的提高，包括经济社会发展、生态环境改善、人民生活幸福等多重体现。高质量发展的目标在于解决经济发展过程中的不平衡不充分问题，其内涵为创新、协调、绿色、开放、共享五维度的新发展理念。

3. 工业高质量发展

目前，学者多聚焦于指标体系构建和提升路径研究。在指标体系构建方面，如构建工业经济发展和环境污染治理两个子系统，构建创新、协调、绿色、开放和共享综合测度指标体系，研究运行效率、信息化水平，提出由工业成效、营商要素、影响效应构成的网络生态系统，测度黄河流域工业发展水平时空差异等。在提升路径方面，如提出通过分级分类施策制定差异化路径，提出通过产业链配合分工拉动低碳工业经济增长，从传统产业改造、资源高效利用、全要素生产率提升等角度提出工业高质量发展的路径等。

（四）工业绿色低碳高质量发展的定义

与具体结论性的发展指标不同，当“高质量发展”作为发展目标时，其工作目标或评价内容，实际侧重于自身发展的过程而非绝对的具体结果。“工业绿色低碳高质量发展”的定义与特征，也应当是一种变化过程。综合前人的研究成果，可将工业绿色低碳高质量发展定义为工业发展综合效益的提高，包括工业投资方向从消耗资源到扩展资源、技术方向从降低绝对能耗到用能相对效率提高、发展方式从散点自发到产业链布局、发展评价从结果比较到过程比较、政策引导从宏观面上到精准精细。

二、沿黄地区工业发展现状及特点

（一）沿黄地区概况

沿黄地区总数25个，占山东省136个县级行政区总数的18%。从行政区域土地面积来看，沿黄地区行政区域土地面积29822平方千米，占山东省行政区域土地面积的18.80%；其中，垦利区、河口区、章丘区、郓城县行政区域土地面积均超过1500平方千米。从人口数量来看，沿黄地区人口总数1576万，占山东省人口总数（10152万）的15.52%；其中，郓城县、历城区、牡丹区、章丘区人口均超过1000万。（本节数据来源：山东省2022年统计年鉴、2020年人口普查资料。）

从地区生产总值（GDP）来看，沿黄地区GDP合计14742亿元，占山东省GDP总量（82496亿元）的17.87%；其中，历城区、东营区、章丘区GDP均超过1000亿元，牡丹区、滨城区、槐荫区、天桥区、邹平区GDP均超过500亿元。从城镇居民人均可支配收入来看，沿黄地区城镇居民人均可支配收入合计104万元，占山东省城镇居民人均可支配收入（585万元）的17.78%；其中，槐荫区、天桥区、东营区、河口区、垦利区城镇居民人均可支配收入均超过5万元。

从15岁及以上人口受教育程度来看，沿黄地区大学专科人口143万，占山东省大学专科人口的18.29%；大学本科人口110万，占山东省大学本科人口的18.12%；硕士研究生95万人，占山东省硕士研究生人口的15.86%；博士研究生1.2万人，占山东省博士研究生人口的17%。从高速公路、铁路交通来看，沿黄地区路网发达，纵横交错，交通便利。高速公路包括G0321（德上高速）、G2京沪高速、G20青银高速、G25长深高速等；国道省道包括G105等国道、S105等省道；京沪高铁等铁路穿行沿黄区域。

（二）沿黄地区工业概况

整理汇总《山东省县域工业经济发展报告》中沿黄地区数据，2020年，沿黄地区规模以上工业企业4115家，占山东省规模以上工业企业的15.55%，其中章丘区超过500家，郓城县307家、邹平市305家、博兴县255家紧随其后，槐荫区等6个地区数量均不到100家。沿黄地区规模以上工业企业营业收入约1.45万亿元，占山东省规模以上工业企业营业收入的16.69%，邹平市、博兴县、章丘区、东明县4个地区规模以上工业企业营业收入合计约占沿黄地区规模以上工业企业营业收入的50%。梳理沿黄地区2021—2023年政府工作报告、“十四五”规划，整理得到各县（市、区）主导产业情况表（略）。部分地区高端化工、高端装备、新材料、生物医药行业重复度较高，部分地区传统优势特色明显。

三、存在的主要问题

（一）高耗能、高污染行业

2021年，山东省人民政府办公厅印发了《关于加强“两高”项目管理的通知》，明确石油、煤炭及其他燃料加工业等“六大高耗能行业”为“两高”行业，本文以此为高耗能分析口径。整理《山东统计年鉴》（2022年）有关数据，2021年，山东省“六大高耗能行业”规模以上工业企业能源消费总量占工业能源消费总量的比重高达76%，营业收入占比仅为48%，利润总额占比仅为50%。工业污染源产生的废水、废气和固体废物称为“三废”。整理《中国环境统计年鉴》（2021年）有关数据，2020年全国各行业工业“三废”排放前6位行业如下表（略）所示。为便于分析，以这些行业为高污染分析口径。

（二）绿色低碳发展存在的问题

以工业能耗、“三废”排放的“六大行业”为标志，从工业结构入手，整理得到沿黄地区工业高耗能行业情况表（略）、高废水排放行业情况表（略）。（本节数据来源：《山东省县域工业经济发展报告》。）综合前述沿黄地区基本情况及上述高耗能、高污染行业梳理统计情况，沿黄地区工业发展存在以下主要问题。

1. 地区发展不平衡，产业层次不高

从工业总量来看，东平县、高青县等部分地区工业总量仍然相对较小、骨干企业相对较少，产业链短、附加值低。特色优势产业不明显，产业基础薄弱，自我发展能力不强，创新能力和产业协作配套能力较弱，绿色低碳高质量发展底子薄。从产业结构来看，结构重、布局散，主导产业处于产业链、价值链低端，产业集群建设相对滞后，东明县、齐河县等部分地区化工、金属产业一枝独秀，其他产业关联低、支撑弱。

2. 高耗能行业集中，产业结构偏重

从占工业全行业比重来看，沿黄地区高耗能行业营业收入占比为工业全行业的59%，远高于山东省49%的整体水平，在沿黄地区工业结构中占比偏重。从沿黄地区内部来看，化学原料和化学制品制造业（20%），有色金属冶炼及压延加工业（20%），石油、煤炭及其他燃料加工业（29%）“三足鼎立”，合计占高耗能行业的近70%。从高耗能行业占比区间来看，高耗能行业占比在80%以上的地区为4个，高耗能行业占比为50%～80%的地区为8个，高耗能行业占比低于49%（山东省平均水平）的地区有12个。

3. 污染排放压力大，减排仍有潜力

经测算，沿黄地区产业高废气、废渣行业与六大高耗能行业基本重合，也存在重点行业集中、重点地区占比高等问题。从高废水行业总量来看，虽然沿黄地区高废水行业营业收入占比为工业全行业的22%，低于山东省26%的整体水平4个百分点，但就沿黄地区的水资源保护特殊区位而言，占比仍然偏高。从沿黄地区内部废水排放重点行业来看，化学原料和化学制品制造业营业收入占比高达55%，其次是农副食品加工（26%）、纺织业（14%），合计占高废水行业营业收入比例达95%，减排仍有较大潜力。

四、沿黄地区工业高质量发展效益评估

工业高质量发展从一个侧面来看即发展的高效益。为平行比较沿黄地区工业绿色低碳高质量发展情况，使用数据包络分析法（Data Envelopment Analysis，DEA）对各县（市、区）工业发展效益进行比较分析。使用统计年鉴数

据，选取沿黄地区各县（市、区）规模以上工业企业用工人数、营业成本、资产总计和总负债作为投入指标，营业收入和利润总额作为产出指标，构建DEA模型，利用SPSSAU进行沿黄地区工业效益分析。

从分析结果来看，东明县等8县（市、区）规模以上工业企业同时技术有效和规模有效。东营、垦利、惠民、滨城、牡丹5县（市、区）技术效率相对较低，天桥、邹平、高青3县（市、区）规模效率相对较低，垦利、东营、牡丹、东平4县（市、区）综合效益相对较低。规模报酬分析结果显示，东明县等13个县（市、区）为规模报酬递增，郓城县等7个县（市、区）为规模报酬固定，齐河县等3个县（市、区）为规模报酬递减。投入冗余分析显示，东平县产出不足较为明显。

五、未来产业破局山东沿黄地区工业高质量发展建议

当前正值沿黄地区《国民经济和社会发展第十四个五年规划和2035年远景目标纲要》实施的第3年。汇总研究沿黄地区25份“十四五”规划发现，沿黄地区高度重视工业发展，结合自身实际制定了产业绿色低碳高质量发展路径。自2023年以来，山东省高度重视工业发展，《关于“聚力头号工程 大抓三个经济”的实施方案》《山东省2023年数字经济“全面提升”行动方案》《山东省制造业创新能力提升三年行动计划（2023—2025年）》等一系列政策措施相继出台。借鉴有关研究成果，针对存在问题、侧重发展策略，结合课题研究成果，提出以下发展路径建议。

（一）加快结构调整，持续优化产业链

一是加快淘汰落后产能。对高耗能行业及高耗能行业所在的地区，实施高耗低效清单管理整治，利用政策淘汰落后产能。推进县域工业用地整治，加快工业用地再开发和闲置用地处置，提升工业用地亩产效益。二是扩大和优化制造业有效投资。建立沿黄工业重大项目调度机制，完善产业布局谋划、重点项目招引，对重点招引项目开展全周期管理服务。三是推进传统制造业改造提升。深化“亩均论英雄”改革，引导资源要素向优质高效领域集中。四是提升产业链供应链韧性。引导沿黄地区联合开展黄河流域制造业供应链

安全评估，梳理产业链关键环节、重点产品和核心技术，开展协同攻关和项目布局，加快健全产业组织体系。

（二）突出技术创新，优化绿色低碳引进

一是推动工业低碳化调整。组织实施沿黄地区高耗能行业专项碳达峰行动。培育绿色低碳工厂，建设绿色低碳工业园区，支持龙头企业建设绿色供应链，鼓励沿黄地区积极申报绿色领域示范建设项目。二是推进重点行业节能降碳改造。加快节能降碳技术攻关，突破节能电机等一批绿色低碳共性关键技术，实施节能技术装备重大专项。倡导节能诊断服务、清洁生产审核等行业活动，推进节水型企业建设。三是全面实施绿色化、智能化技改。加快规模以上工业企业高端化、智能化、绿色化技改全覆盖。四是大力引进数字经济产业。加快产业数字化、生产服务化进程，发挥数字经济“去物质化”特征，抢抓数字经济战略新机遇。

（三）加强基础建设，构建协作融圈机制

一是优化沿黄地区工业空间布局。加强菏泽、济南、东营 3 市支撑，推进沿黄地区工业一体化布局，打造沿黄地区工业绿色低碳高质量发展核心引擎。落实“一轴两区五极”中山东半岛城市群增长极和主要载体功能，发挥省级新区和高能级平台优势，优化布局东营临港先进产业。强化济南都市圈辐射带动作用，打造绿色经济走廊。二是构建功能差异化融圈体系。基于中心城市、外围城市等地域空间，构建现代产业体系。中心城市发挥优质经济要素集聚优势，大力吸引各类创新资源、高端人才，加强高端化工、高端装备、数字经济、集成电路、新材料、生物医药等新兴产业发展；外围城市充分利用要素成本比较优势，发展“总部 + 制造基地”“创新中心 + 生产中心”等合作模式。

（四）保障要素供给，营造良好发展环境

一是加强工业要素保障。统筹财政专项资金，向沿黄地区倾斜。优先支持沿黄地区项目列入山东省重大产业项目库。省级每年安排建设用地计划指标用于沿黄地区工业高质量发展考核激励。二是提升制造业治理能力。充分

发挥山东省制造强省建设领导小组统筹作用，开展沿黄地区工业绿色低碳高质量发展综合评价，争创“生态黄河”工业示范区，对评价优秀地区授予“黄河工业标兵”奖励。

参考文献

[1]高国力,贾若祥,王继源,等. 黄河流域生态保护和高质量发展的重要进展、综合评价及主要导向[J]. 兰州大学学报(社会科学版),2022,50(2):35-46.

[2]任保平,付雅梅,杨羽宸. 黄河流域九省区经济高质量发展的评价及路径选择[J]. 统计与信息论坛,2022,37(1):89-99.

[3]王艳,张雪芳,雷淑珍. 黄河流域工业高质量发展综合评价研究[J]. 西安建筑科技大学学报(社会科学版),2022,41(6):83-92.

[4]黄敦平,叶蕾. 黄河流域城市经济高质量发展综合评价[J]. 统计与决策,2022,38(19):103-106.

[5]王海杰,李同舟,贾傅麟. 黄河流域制造业绿色竞争力评价及空间分异研究[J]. 山东社会科学,2022(1):49-57.

[6]陈禹静. 中国工业绿色高质量发展的时空格局演变及驱动因素分析[J]. 学术论坛,2022,45(3):60-71.

[7]任保平,杜宇翔. 黄河流域经济增长—产业发展—生态环境的耦合协同关系[J]. 中国人口·资源与环境,2021,31(2):119-129.

[8]周清香,何爱平. 数字经济赋能黄河流域高质量发展[J]. 经济问题,2020(11):8-17.

[9]任保平,张倩. 黄河流域高质量发展的战略设计及其支撑体系构建[J]. 改革,2019(10):26-34.

[10]申桂萍,宋爱峰. 我国黄河流域工业高质量发展效率研究[J]. 兰州大学学报(社会科学版),2020,48(6):33-41.

[11]宋晓娜,张峰. 高质量发展下工业发展质量测度及趋势研究[J]. 软科学,2019,33(12):36-41.

[12]车明佳,赵彦云. 中国工业高质量发展生态及指数分析[J]. 山西财经大学学报,2021,43(4):1-16.

[13]苗长虹,张佰发．黄河流域高质量发展分区分级分类调控策略研究[J]．经济地理,2021,41(10):143－153.

作者简介

党世博，助理研究员，山东省工业和信息化研究院。

宋鹏飞，高级工程师，山东省工业和信息化研究院。

李尚达，高级工程师，山东省工业和信息化研究院。

刘明伟，副研究员，山东省工业和信息化研究院。

王文平，研究员，山东省工业和信息化研究院。

2

山东省先进制造业缩小与粤苏浙差距对策研究

先进制造业研究课题组

摘　要　新时代下，我国先进制造业发展涵盖了加快形成新质生产力，构建现代产业发展新体系，培育壮大战略性新兴产业，改造提升传统产业，谋划布局未来产业等内容。本文系统分析了山东省先进制造业与粤苏浙发展现状，多角度审视与粤苏浙存在的差距，运用经济理论模型对鲁粤苏浙制造业开展先进性测度分析，在剖析山东省先进制造业高质量发展面临的机遇和挑战的基础上，研究提出山东省先进制造业高质量发展重点及对策建议。

关键词　先进制造业　鲁粤苏浙　对策研究

一、山东省与粤苏浙先进制造业对比差距分析

（一）鲁粤苏浙四省制造业占比对比分析

2016—2020年，全国及鲁粤苏浙四省制造业增加值占比均呈下降态势，自2020年触底开始反弹。2022年，山东省制造业增加值占GDP比重是28.4%，而粤苏浙三省制造业占比为34.1%～37.3%，山东省制造业占比具有较大的上升空间（如图1所示）。

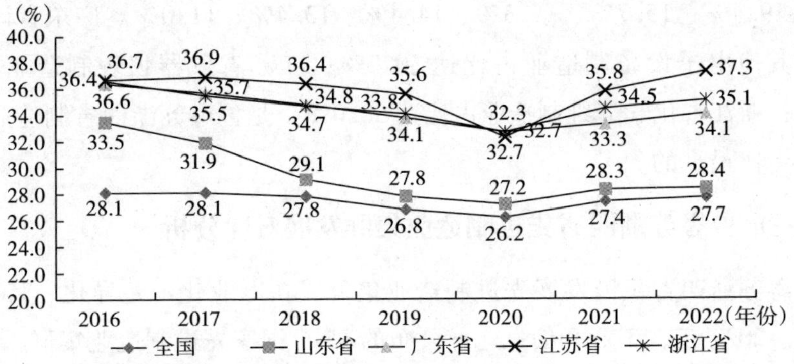

图 1　2016—2022 年全国及鲁粤苏浙四省制造业占 GDP 比重变化趋势

（二）鲁粤苏浙四省制造业营业收入对比分析

1. 营业收入对比分析

2022 年，鲁粤苏浙四省制造业营业收入分别是 95197.7 亿元、165855.2 亿元、151903.5 亿元、99989.3 亿元，占全国制造业比重分别是 8.0%、13.8%、12.7%、8.4%，山东省在四省中占比最低，居全国第 4 位（如图 2 所示）。

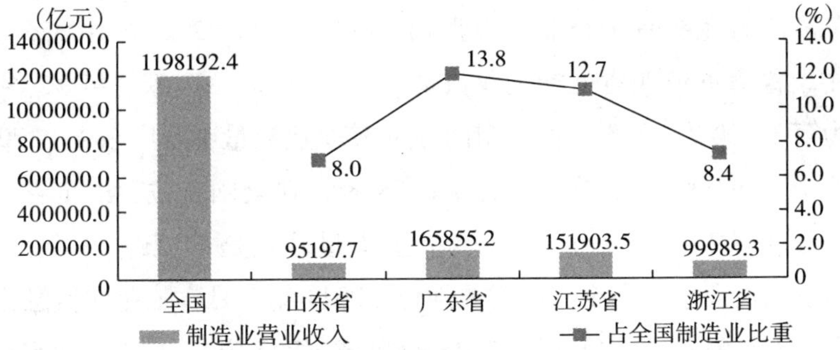

图 2　2022 年鲁粤苏浙四省制造业营业收入及占全国制造业比重

2. 重点行业占全国同行业比重

2022 年，山东省制造业营业收入占全国同行业比重超 10% 的行业有6 个，广东省、江苏省、浙江省分别有 18 个、17 个、11 个行业。山东省的石油、煤炭及其他燃料加工业，木材加工和木、竹、藤、棕、草制品业，农副食品加工业，化学原料和化学制品制造业，造纸和纸制品业，医药制造业，占比分别是 19. 4%、15. 7%、15. 3%、14. 4%、13. 4%、11. 0%。广东省计算机、通信和其他电子设备制造业占比达 30. 2%；江苏省仪器仪表制造业占比达 26. 1%；浙江省化学纤维制造业占比达 38. 0%，是鲁粤苏浙四省制造业 31 个行业中占比最高的。

（三）鲁粤苏浙四省先进制造业集群发展对比分析

鲁粤苏浙四省积极发展先进制造业集群，在专业化、差异化、特色化上下功夫。2022 年，工业和信息化部公布的 45 个国家先进制造业集群，江苏省上榜 10 个，居全国首位；广东省 7 个；浙江省 4 个；山东省 3 个。26 家国家制造业创新中心中，广东省占 4 家，居全国首位；山东省占 3 家；江苏省占 2 家；浙江省占 1 家。赛迪研究中心发布的《先进制造业百强市（2022）》研究报告中，山东省入围地市数量居全国首位（14 市）；江苏省入围 13 市，覆盖率达 100%；广东省和浙江省分别入围 10 市、8 市。2022 年，赛迪研究院发布先进制造业百强园区，江苏省上榜 24 家，居全国首位；广东省和浙江省上榜均为 10 家，并列全国第 2；山东省 6 家，居粤苏浙三省之后。

（四）鲁粤苏浙四省龙头骨干企业对比分析

鲁粤苏浙四省龙头骨干企业实力强劲，影响力深。“2022 年中国企业 500 强”榜单中，鲁粤苏浙四省上榜企业数量分别为 50 家、59 家、44 家、46 家，排名分别为第 3、第 2、第 5、第 4，山东省上榜企业数量不及广东省。“2022 年中国制造业企业 500 强”榜单中，浙江省 78 家，列全国首位，山东省、江苏省、广东省分列第 2、第 3、第 4，上榜企业数量分别是 74 家、59 家、45 家，凸显了山东省制造业企业在全国的重要地位。2023 年 7 月，工业和信息化部公示第五批国家专精特新“小巨人”名单，江苏省（795 家）、广东省（658 家）、浙江省（384 家）居全国前 3 名，山东省（300 家）不及粤苏浙三省，位列第 4，表明山东省在培育专精特新“小巨人”企业方面还有一定差距。

（五）鲁粤苏浙四省新兴产业与未来产业发展对比分析

先进制造业承载的技术创新是推动新兴产业和未来产业发展的关键所在。

1. 新兴产业

战略性新兴产业是经济高质量发展的重要引擎和动力，是主要经济体国际竞争的焦点。鲁粤苏浙四省新兴产业发展对比如表1所示。

表1　鲁粤苏浙四省新兴产业发展对比

省份	主要领域	发展成效
山东	新一代信息产业技术、生物、高端装备、新材料、现代海洋、绿色低碳、数字创意	高端装备、海洋、生物、新材料、新能源等产业规模居全国前列，形成了一批影响力强、辐射带动作用大的产业集聚区和创新型产业集群
广东	新一代信息网络、高端装备、新能源汽车、集成电路、新型储能、生物医药、新材料、海洋经济	已形成新一代电子信息、绿色石化、智能家电、先进材料、现代轻工纺织、软件与信息服务、现代农业与食品7个产值规模超千亿元的新兴产业集群，5G产业和数字经济规模全国第一。智能家电集群保持全球规模最大、品类最齐全的家电制造基地
江苏	新一代信息技术产业、高端装备、新材料、新能源、新能源汽车、海洋装备、数字创意	新材料、节能环保、生物医药、海工装备、新能源等产业规模位居全国第一；光伏、智能电网、海工装备占全国市场比重分别达50%、40%、30%
浙江	信息技术、人工智能、高端装备、生物、新材料、新能源汽车、数字创意	数字经济核心产业制造业增加值快速增长，特色小镇、民营经济发展快速，人工智能、信息服务、数字安防、智能计算、工业互联网等领域具有优势

2. 未来产业

未来产业代表了新一轮科技革命与产业变革的发展方向，是突破前沿技术、支撑未来产业发展的主导产业。鲁粤苏浙四省未来产业发展方向如表2所示。

表2　鲁粤苏浙四省未来产业发展方向

省份	时间	政策	发展方向
山东	2023年4月	《山东省制造业创新能力提升三年行动计划（2023—2025年）》	人形机器人、元宇宙、量子科技、未来网络、碳基半导体、类脑计算、深海极地、基因技术、深海空天
广东	2022年6月	《广东省碳达峰实施方案》	人工智能、卫星互联网、光通信和太赫兹、超材料、天然气水合物、可控核聚变

续表

省份	时间	政策	发展方向
江苏	2023年2月	《关于推动战略性新兴产业融合集群发展实施方案的通知》	未来网络通信、第三代半导体、前沿新材料、氢能与储能、基因技术及细胞治疗、深海空天开发、先进计算、量子科技
浙江	2023年2月	《关于培育发展未来产业的指导意见》	未来网络、元宇宙、空天信息、仿生机器人、合成生物、未来医疗、氢能与储能、前沿新材料、柔性电子、量子信息

综上所述，山东省先进制造业与粤苏浙三省相比存在一定的差距，山东的产业转型升级比粤苏浙慢，以能耗高的传统产业为主，并且以国有企业为主导力量。而粤苏浙转型升级快，制造业与科技相结合，形成了先进的科技制造，民营企业发展迅速，外商投资结构不断优化，科研创新、互联网、信息技术、应用场景、软件金融等协同发展迅猛，推动先进制造业快速发展。

二、鲁粤苏浙制造业先进性测度分析

（一）构建制造业先进性测度模型

从经济实力、创新活力、融合能力、产业聚力、绿色动力等多维度、多层次选取16项指标，构建制造业先进性测度模型，采用信息量法对各项指标进行赋权，并嵌入2022年全国及鲁粤苏浙四省制造业发展相关数据，测度全国和鲁粤苏浙四省制造业先进性（如表3所示）。

表3　全国及鲁粤苏浙四省制造业先进性测度结果

地区	经济实力		创新活力		融合能力		产业聚力		绿色动力		综合得分	
	得分	排序	得分	排序	得分	排序	得分	排序	得分	排序	得分	排序
全国	12.07	—	12.06	—	7.48	—	18.32	—	7.58	—	57.51	—
山东	14.06	4	15.41	4	8.16	3	23.17	3	7.47	4	68.27	4
广东	18.35	1	18.19	2	8.54	2	24.04	1	8.45	1	77.57	1
江苏	17.90	2	15.76	3	8.15	4	24.00	2	8.70	2	74.51	2
浙江	14.76	3	18.45	1	8.77	1	20.90	4	7.62	3	70.50	3

从表 3 中可以看出，山东省制造业先进性高于全国平均水平，但低于粤苏浙三省，在鲁粤苏浙四省中排名第 4。山东省先进制造业在融合能力、产业聚力 2 个维度上具有一定竞争优势，从得分情况来看与第 1 名差距不大；在经济实力、创新活力、绿色动力 3 个维度上排名均落后于其他三省，存在较大赶超空间。

（二）山东省与粤苏浙三省制造业先进性测度差异分析

1. 经济实力测度分析

2022 年，山东省制造业增加值占 GDP 比重仅高于全国平均水平 0.7 个百分点，2016 年至 2020 年制造业占比连续下降 6.3 个百分点，同期，粤苏浙三省分别下降 3.7 个、4.4 个、2.1 个百分点，与这三者相比，山东省“去制造业化”过快现象较为明显。山东省规模以上工业营业收入利润率比广东、江苏、浙江三省分别低 1.1 个、1.5 个、1.3 个百分点，百元主营业收入成本比粤苏浙三省分别高 3.5 元、2.0 元、2.2 元，说明山东省制造业总体先进性水平较低，投入产出效率不高，产品竞争力和议价能力相对较低。

2. 创新活力测度分析

山东省在创新载体建设方面表现较为突出，积极争创国家级创新载体、推动创新资源整合集聚成效显著，国家企业技术中心、工业设计中心、制造业创新中心总数位居四省之首，但规模以上工业企业研究与试验发展（R&D）经费投入规模和强度均居第 4 位。

3. 融合能力测度分析

山东省始终把推动制造业数字化转型作为重大工程，积极开展“工赋山东”专项行动，通过“建平台”“用平台”双轮驱动，推动工业互联网建设应用加快向高层次、多领域深化，但数字经济核心产业发展与粤苏浙仍有一定差距，2022 年，山东省数字经济核心产业增加值占 GDP 比重位居四省之末，且区域两化融合“东高西低”分化情况依然存在。

4. 产业聚力测度分析

山东省先进制造业集群数量和发展水平与粤苏浙三省尚存差距，拥有的国家先进制造业集群、先进制造业百强园区均位居鲁粤苏浙四省之末。

2022 年，山东省新增国家级制造业单项冠军企业和产品、专精特新“小巨人”企业数量分别居四省第 2 位和第 4 位，龙头企业的带动性和中小企业的创新性、成长性都有待进一步提高。

5. 绿色动力测度分析

山东省产业转型升级步伐加快，绿色制造水平显著提高，但“两个 70%”的格局（传统产业占工业比重约 70%，重化工业占传统产业比重约 70%）短期内很难改变。

三、山东省先进制造业高质量发展面临的机遇和挑战

（一）当前先进制造业高质量发展面临的机遇

1. 内外部环境支持制造业高质量发展

随着“一带一路”、《区域全面经济伙伴关系协定》、中日韩自贸区谈判等合作的深入发展，全球化可能放缓但不会停滞，为我国制造强国建设提供了广阔空间。同时，国家层面围绕其发展出台了一系列政策引导文件，为先进制造业发展提供了良好的政策环境和支持。

2. 制造强省建设推动先进制造业发展

山东省委、省政府高度重视制造业发展，先后召开先进制造业强省建设工作会议和全省加力提速工业经济高质量发展大会，把工业经济作为“头号工程来抓”，出台《〈中国制造 2025〉山东省行动纲要》《山东省“十四五”制造强省建设规划》《先进制造业强省行动计划（2022—2025 年）》等系列高规格制造业纲领性文件，为不断开创新时代先进制造业强省建设新局面提供顶层设计和引导。

（二）当前先进制造业高质量发展面临的挑战

山东省产业结构与粤苏浙三省相比，仍存在产业结构低端过剩与高端不足的矛盾。

1. 先进制造业占比低于粤苏浙三省

2022 年，山东省先进制造业增加值占地区生产总值比重为 28.4%，粤苏

浙三省占比均在30%以上，分别比山东省高5.7个、8.9个、6.7个百分点。

2. 六大耗能产业占比偏重

2022年，山东省六大耗能产业营业收入占本省营业收入比重达49.1%，高于全国占比14.3个百分点，粤苏浙三省占比均在20%多。

3. 传统产业占比偏重

山东省食品、化工、冶金等传统产业营业收入均居全国首位，而粤苏浙三省排在全国前列的是汽车制造业、电气机械、计算机通信等附加值高、技术含量高的先进制造业，而这些行业正是山东省的短板，像计算机通信行业广东省营业收入占全国比重达30.2%、江苏省占比达15.0%，山东省占比仅为3.2%。

4. 创新研发投入偏弱

2022年，山东省规模以上工业企业R&D经费投入2180.4亿元，占全国比重达7.1%，居全国第5位，分别低于粤苏浙三省2231.5亿元、1655.0亿元、236.4亿元；R&D经费投入强度达2.49%，分别低于粤苏浙三省0.93个、0.63个、0.62个百分点，仅居全国第8位。

四、山东省先进制造业高质量发展重点

立足现阶段山东省发展实际，坚持全球视角，对标全国前列和先进省市水平，充分发挥区域优势，合理优化省内新一代信息技术、高端装备制造等先进制造业发展重点，以塑强新时代“山东制造”新优势为目标，加快推进先进制造业强省建设。山东省先进制造业主要产业发展重点如表4所示。

表4　山东省先进制造业主要产业发展重点

序号	主要产业	发展重点
1	新一代信息技术	加大研发投入，突破自主研发关键核心技术，加快建设数字基础设施，布局新一代信息技术产业先进制造业集群，推动以6G技术、量子通信、区块链、人工智能等为主导的新一代信息技术与制造业全要素、全产业链、全价值链融合渗透发展，加快先进制造业技术、模式、业态等创新发展和应用

续表

序号	主要产业	发展重点
2	高端装备制造	发展集战略性新兴产业和先进制造业于一身的高端装备制造业，打造航空、卫星及应用、轨道交通、海洋工程等领域的高端装备制造产业集群，推进高水平科技自立自强，解决“卡脖子”问题，补齐短板，完善和提升产业链水平，实现国产化替代，增强国际竞争力
3	生物医药	重点发展创新药、基因检测、细胞治疗、高性能医疗器械等领域，加大产学研合作力度，强化科研攻关，突破核心技术“瓶颈”，打破国外技术垄断，填补国内空白；实现生物技术精准化、医疗人工智能化、诊疗数据化等，提升核心竞争力
4	新材料	加快发展聚氨酯材料、有机硅材料、高性能纤维及复合材料、锂电池材料、先进有色金属材料、先进钢铁材料、有机氟材料、先进半导体材料、生物基材料等先进材料的研发应用，同时在传统制造业中，引进利用高效、绿色的生产工艺技术装备，改造升级传统制造流程
5	新能源汽车	以纯电动汽车、插电式混合动力汽车和氢燃料汽车为主，支持整车发展，形成新能源商用车、乘用车全品类产业基地，培育壮大自主品牌，搭建科技平台，做大做强车载智能终端、车载芯片、无线通信设备、智能传感器、氢燃料电池、动力电池等关键零部件产业，加强区域协同，打造新能源汽车先进制造业集群
6	新能源	聚焦核电、智能电网及储能、太阳能、风能、氢能、生物质能、海洋能领域，推进新能源产业和互联网、大数据、先进信息技术相互渗透融合发展，加速能源向清洁化、低碳化发展，打造若干具有核心竞争力的产业集聚区和特色产业基地

五、山东省先进制造业缩小与粤苏浙三省差距的对策

（一）统筹谋划，加快优化调整产业布局

一是提升改造传统优势产业。集中力量向产业链薄弱环节进行重点突破，向产业链价值链高端攀升。二是培育壮大新兴产业。加大对重点技术攻关的支持力度，优化配置创新要素，完善配套政策措施，不断提升新兴产业的创新能力和核心竞争力。三是前瞻布局未来产业。加快推进国际重大科技基础设施建设，着力构筑未来技术创新平台和未来产业的新型研发机构，布局元

宇宙、量子科技、人形机器人、基因技术等重量级未来产业，加快构建未来场景培育，打造未来产业发展引领高地，争创国家未来产业先导区。

（二）自主创新，加快实现科技自立自强

一是布局重大创新平台。瞄准世界科技前沿，加强与重点实验室、科研院所、企业技术中心合作，实施数字经济和实体经济深度融合发展，推动数字化应用场景创新行动，全面提升制造业创新能力。二是增强核心竞争力。瞄准高端芯片、生物医药、人工智能、集成电路、空天科技等关键领域，坚持原创性、引领性科技攻关，补齐工艺、技术短板，突破制约发展关键核心技术“瓶颈”，增强企业核心竞争力。三是完善先进制造业创新生态链。深化科技体制机制改革，加快完善重大基础设施、技术中心、金融支撑、人才培养等创新生态链的深度融合，用好“政产学研金服用”创新创业共同体，将科技成果转化为现实生产力，提升先进制造业原创力和竞争力。

（三）雁阵效应，加快发展先进制造业集群

一是加快建设全球先进制造业基地。打造全国性创新平台，推进制造业全面数字化、网络化、智能化发展，聚焦重大项目，重点突破“卡脖子”关键核心技术，培育壮大龙头企业，共建具有全球竞争力的先进制造业集群。二是推动集群融合发展。强化顶层设计，打破行政地域限制，提升集群间协调发展水平，联合地级城市发展产业集群，打造“产业集群航母”。三是构建产业集群梯次发展体系。培育和打造一批具有国际竞争力的先进制造业集群，储备一批各具特色、发展潜力大的先进制造业集群，形成相互衔接、梯度推进、分工明确、层层深化、协同发展的格局。

（四）做强特色，加快发展县域工业经济

一是发展优势特色产业。各县域单元结合各自的区位优势、资源禀赋、产业结构等，拓宽求新求变的发展思路，形成全方位合力，增强发展动能，推动优势特色产业集群式发展，为先进制造业的发展打下基础。二是发展镇域工业经济。打造特色专业镇，形成一批特色产业基地，通过核心区产业链带动周边镇，形成优势特色产业集群。三是推动县域经济融入城市群协同发

展。山东省各县要借助自身产业优势与资源培育特殊的地方产业，积极发展工业经济新引擎，借力周边大城市，加快发展先进制造业，做大做强实体经济。

（五）多维发力，加快发展壮大民营经济

一是梯度培育优质企业。发展壮大产业链上细分领域领航企业，培育单项冠军、“专精特新”、“小巨人”、瞪羚、“独角兽”、隐形冠军等专业化、精细化、特色化、新颖化的企业。二是加大民营经济支持力度。统筹整合财政专项资金，支持民营企业对接院校、科研院所联合创建研发机构，完善融资、拖欠账款、用工需求等制度，健全中小微企业信用和评价体系，提升增信力度，鼓励符合条件的民营企业实施债券融资专项计划。三是强化要素支持。破除国企和民企市场准入壁垒，落实公平竞争政策制度，平等使用生产要素，消除所有制歧视，建立统一、开放、竞争、有序的现代市场体系。

参考文献

[1] 张相木. 构建智能制造发展生态　推动先进制造业健康发展[J]. 信息技术与标准化,2018(11):12-15.

[2] 吴波亮,王韬. 产业空间集聚影响因素实证分析:基于广东省制造业的面板数据回归模型[J]. 电子产品可靠性与环境试验,2021,39(6):73-79.

[3] 何春燕. 2022年浙江经济迎难而上恢复回稳[J]. 统计科学与实际,2023(1):15-17.

[4] 满倩倩. 扛牢大省担当,山东聚力高质量发展[J]. 党员干部之友,2023(4):3.

[5] 刘媛. 加快培育数字经济未来产业[J]. 群众,2022(8):18-19.

[6] 苗圩. 大力推动制造业高质量发展[J]. 智慧中国,2019(4):13-17.

课题组成员简介

刘际宁，副研究员，山东省工业和信息化研究院。

王玉禄，副研究员，山东省工业和信息化研究院。

王巧婧，经济师，山东省工业和信息化研究院。

孙　建，工程师，山东省工业和信息化研究院。

李广青，研究实习员，山东省工业和信息化研究院。

邵　磊，工业经济研究室主任，副研究员，山东省工业和信息化研究院。

李国芹，院党委委员，副院长，一级调研员，山东省工业和信息化研究院。

3

山东省工业在绿色低碳高质量发展先行区建设大局中的战略选择研究

国栋　姚树利　李尚达　李文全　潘劲松

摘　要　本报告在研究山东省工业在绿色低碳高质量发展先行区建设大局中面临的新要求和新形势的基础上，从产业规模、盈利能力和能源消耗量三个方面分析比较六大传统产业的现状与优劣势。从竞争和需求两个方面分析选择山东省应集中突破的重点新兴产业。展望科技发展趋势，结合山东实际提出应该重点关注的未来产业。力求为山东省工业的战略选择厘清方向和思路，为政府决策和产业政策制定提供参考。

关键词　工业经济　先行区　战略选择

一、山东省工业在先行区建设中面临的新要求

（一）中央对山东省的要求

建设绿色低碳高质量发展先行区是中央对山东省下达的一项重要任务，《国务院关于支持山东深化新旧动能转换推动绿色低碳高质量发展的意见》（以下简称《意见》）指出“山东是我国重要的工业基地和北方地区经济发展的战略支点”。这是对山东的清晰定位，绿色低碳高质量发展先行区建设的方略势必符合这一定位，山东省工业的发展选择也必须匹配这一总的要求。《意见》还要求，“以形成绿色低碳生产生活方式为主攻方向”，这就要求山东省

在先行区建设中，将实现工业生产方式向绿色低碳转变作为重中之重。

（二）省委、省政府对山东工业的要求

山东省工业的主体是制造业，制造业的发展决定了工业绿色低碳高质量发展的成效。省委、省政府印发的《先进制造业强省行动计划（2022—2025年）》对山东省制造业提出了发展目标，要改造升级传统产业、培育壮大新兴产业、前瞻布局未来产业，还对山东省制造业的总量、利润率和单位工业增加值能源消耗等指标提出了具体目标。要想实现这些目标，就需要对山东省工业面临的内外形势进行分析。

二、山东省工业面临的形势

（一）国际形势

从世界范围来看，发达国家高端制造回流与中低收入国家争夺中低端制造转移同时发生，对我国形成“双向挤压”的严峻挑战。在中美竞争加剧的大背景下，西方国家以“去风险”等借口鼓动跨国企业减少在华投资，欧美企业纷纷开始考虑所谓“中国 +1”战略，调整在华业务比重。此外，国际贸易保护主义强化与全球贸易规则重构相交织，中国制造业面临国际贸易环境变化的新挑战。欧盟“碳关税”等新型贸易壁垒的逐步实施，对山东省制造业的优势产品出口造成新的阻碍。

新冠疫情在对全球经济增长造成沉重打击的同时，加快了全球产业链重构，主要国家纷纷制定产业政策构建本土产业链，或者通过所谓“友岸外包”等方式确保关键产品供应。对新能源和新一代信息技术等战略性新兴产业的投资成为各国关注的焦点，美国的《通胀削减法案》规定将在气候和清洁能源领域投资约 3700 亿美元，《芯片和科学法案》计划为美国半导体产业提供高达 527 亿美元的政府补贴。这些巨额政府资助引燃了新一轮产业投资竞争。

（二）国内形势

随着中国经济进入新常态，经济增长由高速向中高速转换，经济“双循

环”战略逐步推进，传统经济大省都在争取实现工业转型升级，发展战略性新兴产业，传统工业较不发达的省份也努力提升自身工业基础，争取实现产业结构的跨越式发展。不同省份的产业政策同质化特征也使得各省份之间经济竞争更为激烈。

在产业经济竞争日趋激烈的同时，山东省工业在绿色低碳高质量发展先行区建设过程中，面临以下几个方面的问题。

产业结构偏重：2022 年，六大高耗能行业营业收入 5.3 万亿元，依然占山东省制造业营业收入的 55.7%。

制造业盈利能力偏低：2022 年，山东省制造业利润率仅为 3.8%，低于 5.4% 的全国平均水平。

出口总额较少：2022 年，山东省规模以上工业出口交货值 9136.2 亿元，居全国第 5 位，落后于广东省、江苏省、浙江省、福建省。其中，机电产品出口 8840.3 亿元，增长 17%，占出口总值的 43.4%。

出口对经济拉动作用较弱：2022 年，山东省贸易顺差 7386.7 亿元，相当于 GDP 的 8.5%，落后于浙江省（28.1%）、广东省（18.2%）、江苏省（12.4%）。

能源利用效率较低：2020 年，山东省工业万元营业收入耗能为 0.397 吨标准煤，较全国平均水平（0.307 吨）高出 29%。

融资能力偏弱：2022 年，山东省新增社会融资 2.12 万亿元，居全国第 4 位，规模相当于第 3 位江苏省的 63%。

吸引外资能力较差：2022 年，山东省制造业实际使用外资 97.7 亿美元，仅相当于江苏省的 81.5%。

工业体系全面是山东省的一项重要优势，但这也意味着如果不能适当地集中资源，将有限资源分散投入太多领域，山东省工业的转型升级将更难实现，山东省将会在绿色低碳高质量发展大潮中逐渐落后。因此，适当的战略选择对山东省工业未来发展十分重要，通过对传统支柱产业、新兴产业以及未来产业进行分析，选择适合山东省经济实际以及未来需求的重点产业进行政策扶持。

三、山东省工业的分析与判断

（一）支持传统优势产业

以统计数据为依据，从产业规模、盈利能力、能源消耗量3个方面对山东省主要传统产业进行分析，选取其中具备优势的产业作为山东省工业绿色低碳高质量发展的依托。

1. 产业规模

如表1所示，2022年度六大传统产业营业收入占山东省制造业总营业收入的96.6%以上，装备、化工、轻工、冶金4个产业占比均在15%以上，是山东省制造业的主要支柱，装备和化工两大产业占比都超过25%，共同构成了山东省工业的半壁江山。未来，山东省工业的整体发展离不开四大支柱产业特别是装备和化工产业。

表1　2022年度山东省传统产业营业收入及占制造业总营业收入比重

产业	营业收入（万亿元）	占制造业总营业收入比重（%）
制造业	9.52	100.0
装备	2.39	25.1
化工	2.76	29.0
轻工	1.81	19.0
纺织	0.31	3.3
冶金	1.47	15.4
建材	0.46	4.8

2. 盈利能力

如表2所示，2022年度装备、化工、轻工3个产业的利润总额合计占山东省制造业利润的72.4%，可以说，这3个产业的盈利表现在很大程度上决定了山东省制造业的利润。从利润率来看，2022年度六大传统产业中仅装备和建材产业的利润率高于制造业，起到拉动作用，但是建材产业较低的总量使得该行业对山东省制造业整体盈利影响有限。装备产业具有的巨大盈利规模和较高利润率使其成为带动山东省制造业发展的关键动力。

表2 2022年度山东省传统制造业利润

产业	利润总额（亿元）	利润率（%）	占制造业利润总额比重（%）
制造业	3618.4	3.8	100.0
装备	1012.5	4.2	28.0
化工	951.8	3.4	26.3
轻工	656.1	3.6	18.1
纺织	56.9	1.8	1.6
冶金	264.0	1.8	7.3
建材	275.5	6.0	7.6

3. 能源消耗量

如表3所示，2021年度化工和冶金两个产业的能源消耗量占山东省制造业能源消耗总量比重都在30%以上，远高于其他传统产业。综合分析各产业的规模、盈利能力和能源消耗量可以看出，山东省现有的装备和轻工产业以较低的能源消耗量实现了更大的规模与更多的盈利；化工产业规模和效益都很高，同时，能源消耗量也是最大的；冶金与建材产业的能源消耗量占比偏大而经济效益偏低；纺织工业的总体规模、效益和能源消耗量在制造业占比都较低。

表3 2021年度山东省传统制造业能源消耗量

产业	能源消耗总量（万吨标准煤）	占制造业能耗比重（%）	煤炭占全部能源消耗量比重（%）
制造业	30263.2	100.0	51.9
装备	2195.9	7.3	4.9
化工	11453.9	37.8	65.3
轻工	2773.4	9.2	38.2
纺织	806.2	2.7	7.1
冶金	9900.6	32.7	55.6
建材	2704.6	8.9	51.2

因此，山东省工业在绿色低碳高质量发展先行区建设中可以将更多资源向装备和轻工两大产业倾斜，特别是重点发展省内装备产业，作为拉动山东省工业未来发展的关键动力。此外，应在支持其他传统产业继续发展的同时

推动其提质增效，以有限的要素产生更大的经济效益。

随着可再生电力比重提高和由能耗双控过渡到碳排放双控后，预计整体环境将更有利于以电力为主要能源的产业，不利于冶金、建材、煤化工等煤炭消耗量大的产业。钢铁、水泥等工艺过程碳排放高的产业将面临更大的约束，应在条件允许的情况下推动企业实施煤改电和准备推进重点行业产能调整。

（二）重点突破新兴产业

山东省正处在推动“双碳”目标，促进产业绿色低碳转型的关键时期，新能源汽车等战略性新兴产业的发展速度空前提高。与此同时，由于国内市场规模经济和范围经济带来的低成本优势，战略性新兴产业进入门槛降低，新进入企业数量不断增加，市场出现饱和。山东省在建设新兴产业时需要立足内外实际，采取集中发展战略，将资源向重点领域倾斜。

1. 集中发展新能源商用车

新能源汽车产业是近年最热门的新兴产业之一，国内外纷纷加大投资力度抢占市场份额。进入 2023 年，随着补贴退坡和新建产能的大量投产，中国新能源汽车产业正式进入红海竞争阶段，特斯拉等企业的降价引发了新一轮价格竞争，明显加大了企业压力。

2022 年，全国新能源汽车产量为 700. 3 万辆，而山东省新能源汽车产量为 30. 5 万辆，仅占全国的 4. 4%，远低于广东、陕西等省份，可以说，在目前这一轮以电动乘用车为焦点的新能源汽车产业竞争格局中，山东省未能占据有利位置。结合山东省汽车产业的实际情况来看，今后山东省应该采取集中战略，重点发展新能源商用车。

2022 年，中国新能源商用车渗透率为 10. 7%，明显低于新能源乘用车 27. 6% 的渗透率，发展潜力十分广阔。山东省商用车制造优势明显，2022 年，山东省商用车产量为 62. 9 万辆，占山东省汽车产量的 52. 6%，占全国商用车总产量的 19. 8%。山东省拥有潍柴控股集团、中国重汽集团、中通客车等一批位居国内前列的重要企业，形成了产业链齐全的商用车产业体系。集中发展新能源商用车是符合未来市场需求和山东省产业实际的选择。

2. 重点发展风电设备产业

可再生发电是绿色低碳高质量发展的关键，风电和光伏是其中主要部分。截至2023年3月，山东省新能源和可再生能源发电装机达到7730万千瓦，占电力总装机的比重达到40.2%，未来还将进一步增长。2022年，山东省太阳能电池产量为47.9万千瓦，占全国总产量的0.14%；风电发电机组产量为366.1万千瓦，占全国总产量的6.4%，省内风电设备产业在整体规模和市场占有率方面较光伏产业优势明显。

由于光伏电池在生产过程中需要消耗大量能源，山东省难以与水电资源丰富的四川等省份竞争。同时，山东省具备风能资源丰富以及海域辽阔等优势，大型海上风电基地建设逐步走上快车道。山东省能源局估计，“十四五”期间，山东省海上风电项目开工总规模1000万千瓦左右，开发建设投资1000亿元左右，带动风电装备及相关产业产值突破500亿元，未来前景十分广阔，山东省具备集中资源发展省内风电设备产业的产业基础和市场条件。

目前，风电设备产业正面临电机设备大型化、数字化以及市场集中度提高等发展趋势，政府应当帮助省内企业加快数字化技改提升、抢占高端市场、提升规模效益，在未来竞争中占据优势。

3. 加大投资电子信息制造业

《先进制造业强省行动计划（2022—2025年）》专门提出，到2025年左右，数字经济核心产业增加值占山东省GDP比重力争达到10%左右，其中，电子信息制造业是数字经济核心产业的制造业部分，构成了其硬件基础。因此，电子信息制造业既是山东省工业发展的重要一环，也是实现经济数字化转型的重要保障。2022年鲁粤苏浙四省电子信息制造业效益指标对比见表4。

表4　2022年鲁粤苏浙四省电子信息制造业效益指标对比

省份	营业收入（亿元）	利润总额（亿元）	利润率（%）
山东	4936.20	156.11	3.16
广东	46682.75	2009.04	4.30
江苏	23213.19	1219.18	5.25
浙江	9365.43	640.86	6.84

从行业数据看，山东省电子信息制造业在规模和盈利能力上都与广东等

先进省份有很大差距，行业全年营业收入仅占山东省制造业的5.19%，利润率低于2022年山东省制造业整体水平（3.80%）。为了完成已经确定的发展目标，满足山东省工业绿色低碳高质量发展的需求，保证山东省数字核心产业跟上先进水平不掉队，山东省未来有必要对电子信息制造业加大投入力度，尽快补齐短板，从质和量两个方面进行提升。

（三）前瞻布局未来产业

未来产业，是指引领重大变革的颠覆性技术及其新产品、新业态所形成的产业，具有高成长性、战略性、先导性等显著特征。近年来，新一轮科技革命和产业变革深入发展，不同领域、不同方向的科技进步和产业变革进一步汇集。世界各国纷纷加速布局未来产业，加大创新投入，抢抓发展先机。《中华人民共和国国民经济和社会发展第十四个五年规划和2035年远景目标纲要》提出，要在类脑智能、量子信息、基因技术、未来网络、深海空天开发、氢能与储能等前沿科技和产业变革领域组织实施未来产业孵化与加速计划。山东省的未来产业布局必须立足产业实际和未来绿色低碳高质量发展需要，重点布局氢能、人工智能和深海采矿等产业。

1. 氢能产业

氢能是一种来源丰富、绿色低碳、应用广泛的二次能源，是替代化石能源实现碳中和的重要选择，正在逐步成为全球能源转型发展的重要载体之一，也是未来国家能源体系的重要组成部分。

根据国际主要能源机构的预测，到2050年，世界氢能产量将达到5亿~8亿吨，占全球能源比重从目前仅约0.1%上升到2050年的12%以上。中国氢能产业联盟预计，到2030年，我国氢气的年需求量将达到约4000万吨，在终端能源消费中占比约5%。到2060年，氢气的年需求量将增至1.3亿吨左右，在终端能源消费中的占比约为20%。从技术发展情况来看，未来钢铁、水泥、化工等高碳排放行业要实现碳中和也离不开氢能。山东省作为能源消耗大省和传统工业大省，在实现绿色低碳高质量发展的过程中离不开氢能产业，而氢能产业的发展也将帮助山东省工业获得新的竞争优势。

山东省也具备领先发展氢能产业的条件，2022年，山东省产氢能力达到

438万吨，占全国氢气产量的1/10。已建成全国数量第二多的加氢站，氢能全产业链建设已经初具规模，加上强大的化工、能源和装备制造产业，这些均为山东省氢能发展提供了良好的基础。因此，山东省既有需要也有能力在氢能产业建设方面发挥领导作用。

2. 人工智能产业

人工智能是指利用数字计算机或者由数字计算机控制的机器，模拟、延伸和扩展人类的智能，感知环境、获取知识并使用知识获得最佳结果的理论、方法、技术和应用系统。

人工智能技术经过近10年的快速发展已经取得较大突破，随着人工智能理论和技术的日益成熟，人工智能场景融合能力不断提升，人工智能产业发展也开始提速。普华永道预测，到2030年，全球人工智能产业市场规模将达到15.7万亿美元。人工智能正成为新一轮科技革命和产业变革的重要驱动力量，正与千行百业深度融合，成为经济结构转型升级的新支点。

2022月11月，微软投资的OpenAI公司公布了对话式AI模型ChatGPT，在全球引发了生成式人工智能的研究和投资热潮。山东省不管是为了发展新一代信息技术产业还是通过人工智能加快整体工业转型升级，都需要加快对人工智能产业的布局和投入。但是，目前最热门的通用性人工智能开发难度大、要求高，在实际应用过程中存在准确率低和监管困难等诸多难点，未必能够很快地真正成为人工智能产业主流。山东省人工智能产业从产业基础和实际需求考虑，应该重点支持发展专用人工智能。专用人工智能系统由于任务单一、需求明确、应用边界清晰、领域知识丰富、建模相对简单，有利于集中有限资源形成重点突破。工业领域的专用人工智能将为山东省传统产业提质增效，在不大幅增加要素投入的基础上，对提升效益和竞争力具有重要意义，应该优先发展和应用。另外，山东省还需要提前培育人工智能应用能力，培养兼通工业技术、企业管理以及人工智能应用的复合型人才，为未来人工智能的大规模利用打好基础。

3. 深海采矿产业

中国金属矿产资源对外依存度较高，供需缺口矛盾已成为制约中国经济发展的因素之一。深海海底蕴藏着丰富的矿产资源，对其进行合理的开发利用契合中国经济发展需求，是保障中国战略资源安全和发展高质量海洋经济的重要举措。

随着全球工业化的发展，陆地矿产资源日益短缺、金属价格也在不断攀升，使得海洋矿产资源的开发逐渐具有必要性和经济性。近年来，由于绿色产业的兴起，保障动力电池和其他绿色技术所需锂、钴、镍等关键金属的长期可靠供应成为全球各国关注的焦点，而海底丰富的关键金属资源使得对深海矿产资源的开发越来越成为热点。仅在东太平洋克拉里昂－克利帕顿断裂区多金属结核保留区面积近7.3万平方千米范围内，就蕴藏着亿吨级锰、钴、镍、铜等金属矿产资源。美国、挪威、印度等国家都对发展深海采矿产业有浓厚兴趣。

深海采矿不仅涉及数个产业领域，而且技术体系复杂，高新技术集中且密度高，难度和技术复杂性并存，目前深海商业化开采还处于非常初级的阶段。但是如果能够在这一领域取得突破，将为山东省工业未来绿色低碳高质量发展提供重要的原材料保障。山东省在海工、装备、化工和材料等领域的雄厚基础不仅可以为深海采矿产业的建设提供支撑，还可以借此突破关键技术，推动相关产业继续升级占据高端。需要注意的是，深海采矿对海洋环境的影响较大，要提前做好环保评估和谋划，实现产业和环境协调发展。

四、措施建议

（一）有侧重地发展传统支柱产业

继续支持传统支柱产业在山东省工业经济发展中发挥核心作用。在充分发挥市场在资源配置中的决定性作用的基础上，倾斜发展省内装备和轻工产业。密切关注由能耗双控向碳排放双控过渡的政策动向，加强对钢铁、水泥等高碳排放产业的行业研究和政策储备。

（二）集中突破部分新兴产业

在新兴产业建设方面实施重点扶持政策，集中发展新能源商用车和风电装备等山东省基础较好的产业。加大对电子信息制造业的投入力度，尽快缩小与先进省市的差距，使其发挥出对山东省工业经济的拉动作用。

（三）前瞻布局符合未来需求的未来产业

密切跟踪国内外前沿技术发展趋势，特别是颠覆性技术突破，提前布局适合山东省产业基础和实际需要的未来产业，重点关注氢能产业、人工智能产业和深海采矿产业的新发展，争取在山东省实现创新突破和产业引领。

（四）加大工业品出口比重

支持省内企业加大出口创汇力度，提升产品出口比重，重点加大机电产品出口，巩固山东省具有优势的家电等的国际市场份额，利用好全球加大工业和基础设施投资的机遇，输出工业设备。

（五）积极吸引外资投资制造业

利用好当前国际形势新变化，吸引金砖国家和“一带一路”沿线国家投资，重点是海合会国家，特别是沙特阿拉伯、阿联伯联合酋长国等投资能力强的国家对省内化工和战略性新兴产业的投资。

作者简介

国　栋，经济师，山东省工业和信息化研究院。

姚树利，工程师，山东省工业和信息化研究院。

李尚达，高级工程师，山东省工业和信息化研究院。

李文全，正高级工程师，山东省工业和信息化研究院。

潘劲松，副研究员，山东省工业和信息化研究院。

4

山东省先进制造业价值链提升路径研究

先进制造业价值链提升路径研究课题组

摘　要　山东省是制造业大省，产业基础雄厚、门类齐全、结构完备，但长期以来大而不强一直是山东省工业高质量发展的痛点、难点。先进制造业不仅代表了一个地区工业发展的水平，也是综合实力和核心竞争力的集中体现，近年来，山东省牢牢把握“走在前列、全面开创”的目标定位，着力培育壮大新动能，先进制造业综合实力显著增强，不断向价值链的中高端迈进，但与东部先进省份相比，先进制造业价值链地位仍较为落后。山东省工业和信息化研究院运用出口复杂度指数，测算了山东省先进制造业价值链地位，并与沿海先进省份进行比较，对比分析了山东省先进制造业价值链提升面临的制约因素，提出了山东省先进制造业价值链提升的路径及建议。

关键词　先进制造业　价值链　提升路径

当前，国际形势错综复杂，大国竞争的矛盾日益突出，以美国为首的西方国家利用在全球价值链分工体系中的主导地位，对中国先进制造业价值链升级进行各种阻挠和打压。面对严峻的形势，山东省先进制造业要及时突破价值链的中低端，积极参与构建以国际国内双循环为基础的价值链体系，推动创新驱动、内生增长的发展模式，发展壮大生产性服务业、打造国际一流先进制造业产业集群、培育国际知名品牌，在世界经济“再平衡”的机遇中抢占价值链的高端。

一、山东省先进制造业价值链地位的测算

（一）先进制造业的范畴

学术界对先进制造业概念的解释并不统一，国内普遍认为，先进制造业是指拥有较强创新能力和竞争力，在研发、生产等各个环节运用先进的生产技术、组织方式和运营模式的制造业。参考国家统计局颁布的《高技术产业（制造业）分类》（2017 年）、国家税务总局颁布的《关于明确部分先进制造业增值税期末留抵退税政策的公告》，本文把化学原料和化学制品制造业、医药制造业、装备制造业（包含通用设备制造业，专用设备制造业，汽车制造业，铁路、船舶、航空航天和其他运输设备制造业，电气机械和器材制造业，计算机、通信和其他电子设备制造业以及仪器仪表制造业）列为先进制造业。

（二）测算方法的选择

价值链地位的测算方法，主要有垂直专业化指数（VS 指数）、出口复杂度指数（EXPY 指数）、全球价值链参与度指数（GVC 指数）等。因 VS 指数的关键条件——“假设国内消费品与出口品所使用的进口中间品的比例相同”——在现实中很难成立，而 GVC 指数所使用的 WIOD 数据库数据时效性差，不适于近几年的价值链地位测算，故本文选用 EXPY 指数来对山东省先进制造业价值链地位进行具体测算。技术复杂度用式（1）表示，EXPY 指数用式（2）计算。

$$PRODYi = \sum_{j} \frac{Sij}{\sum_{j} Sij} \times Y \tag{1}$$

$$EXPYj = \sum_{j} SijPRODYi \tag{2}$$

式中，i 为目标行业，本文为先进制造业包含的化学原料和化学制品制造业、医药制造业、装备制造业；j 为被分析的地区对象，本文为国内样本省区；Sij 为 j 省制造业出口额占该省总出口额的比例；$\sum_{j} Sij$ 为所有样本中制造业出口额占该省出口总额的比重之和；Yj 为 j 省的实际人均 GDP；$PRODYi$ 为各省人均 GDP 与其制造业出口权重的乘积加和，表示除收入影响以外的制造业技术复杂度；$EXPYj$

为出口复杂度指数，能反映该省制造业出口的技术含量及价值链地位。

（三）测算结果及分析

本文对2017—2022年样本省份的先进制造业出口数据（根据海关2位商品编码统计分类）进行了分析，为了使样本更具代表性，样本包括东部沿海的山东省、江苏省、浙江省、福建省、广东省5个省份，中部地区的河南省、山西省、安徽省、湖北省、湖南省5个省份，西部地区的陕西省、甘肃省、内蒙古自治区、青海省、四川省5个省（区）。

测算得出2017—2022年沿海主要省份化学原料和化学制品制造业出口复杂度指数对比（如图1所示）、2017—2022年沿海主要省份医药制造业出口复杂度指数对比（如图2所示）、2017—2022年沿海主要省份装备制造业出口复杂度指数对比（如图3所示）、2017—2022年沿海主要省份先进制造业出口复杂度指数对比（如图4所示）。样本进出口数据来自国家海关总署，其他数据来自国家统计局。

由图1可知，2017—2022年，山东省化学原料和化学制品制造业价值链地位具有较为明显的优势，出口复杂度指数在沿海5个主要省份中一直排在首位；2017—2022年，山东省呈现中期调整整体上升发展的趋势；从增长率来看，2017—2022年，山东省、江苏省、浙江省、福建省、广东省累计分别增长38.28%、59.28%、50.94%、84.08%、69.51%，福建省增幅最大，其次依次是广东省、江苏省、浙江省、山东省。

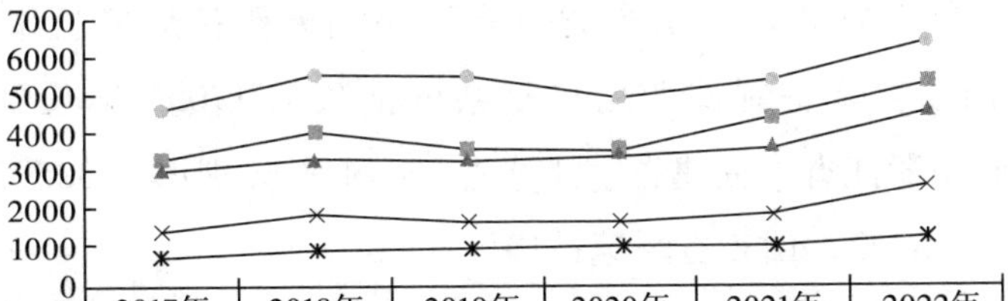

	2017年	2018年	2019年	2020年	2021年	2022年
山东省	4713	5642	5597	5019	5497	6517
江苏省	3389	4125	3666	3610	4508	5398
浙江省	3082	3410	3342	3457	3673	4652
福建省	1464	1922	1710	1697	1920	2695
广东省	774	963	1009	1070	1068	1312

图1　2017—2022年沿海主要省份化学原料和化学制品制造业出口复杂度指数对比

由图 2 可知，2017—2022 年，山东省医药制造业价值链地位和出口复杂度指数整体呈现先升后降的趋势，其中，2020 年复杂度指数 404 为历年最高，与 2017 年相比增长 50. 19%；2022 年复杂度指数 275，和 2017 年基本持平。从沿海主要省份对比来看，福建省、浙江省的振幅较大，山东省、江苏省、广东省振幅较小且比较平稳，山东省除了 2020 年、2021 年居江苏省、浙江省、福建省之后，位列第 4，2017—2019 年、2022 年均居江苏省之后，位列第 2。

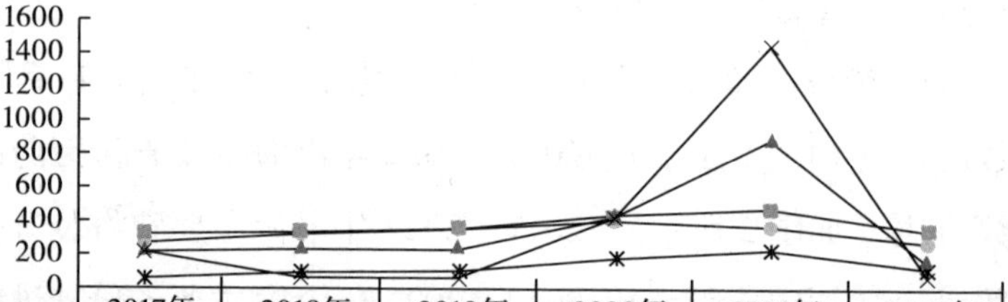

	2017年	2018年	2019年	2020年	2021年	2022年
山东省	269	323	355	404	371	275
江苏省	321	334	357	440	477	345
浙江省	216	232	234	430	889	153
福建省	216	64	69	423	1449	72
广东省	59	96	106	182	232	121

图 2　2017—2022 年沿海主要省份医药制造业出口复杂度指数对比

由图 3 可知，2017—2022 年，江苏省、广东省装备制造业价值链地位和出口复杂度指数远领先浙江、福建、山东三省；2022 年，山东省装备制造业价值链地位最低，出口复杂度指数仅为 20318，同期江苏省、广东省装备制造业出口复杂度指数分别为 43279、42116，山东省不到江苏省、广东省的一半，与浙江省、福建省相比，山东省也有不小的差距；从增长率来看，2017—2022 年，山东省装备制造业出口复杂度指数从 17059 增长到 20318，增长 19. 1%，同期浙江省、福建省、江苏省、广东省分别增长 38. 97%、34. 09%、28. 14%、25. 39%，山东省增速最慢。

由图 4 可知，与沿海先进省份相比，山东省先进制造业价值链地位和出口复杂度指数较为落后，2017—2019 年，山东省居江苏省、广东省之后，位列第 3，高于浙江省和福建省，从 2020 年起，山东省已经落后于浙江省，居江苏省、广东省、浙江省之后，位列第 4，仅高于福建省；从增长率来看，2017—2022 年，山东省先进制造业出口复杂度指数从 22042 增长到 27110，增长 22. 99%，同期浙江省、福建省、江苏省、广东省分别增长 40. 02%、36. 84%、30. 78%、26. 52%，山东省增速最慢。

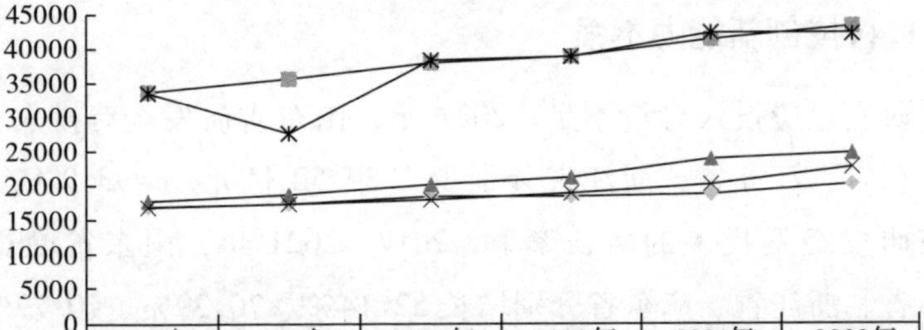

	2017年	2018年	2019年	2020年	2021年	2022年
山东省	17059	17450	18543	18526	18838	20318
江苏省	33775	35674	37965	38882	41352	43279
浙江省	17862	18823	20274	21296	23960	24823
福建省	16981	17457	18058	18990	20260	22769
广东省	33588	27701	38332	38861	42302	42116

图 3　2017—2022 年沿海主要省份装备制造业出口复杂度指数对比

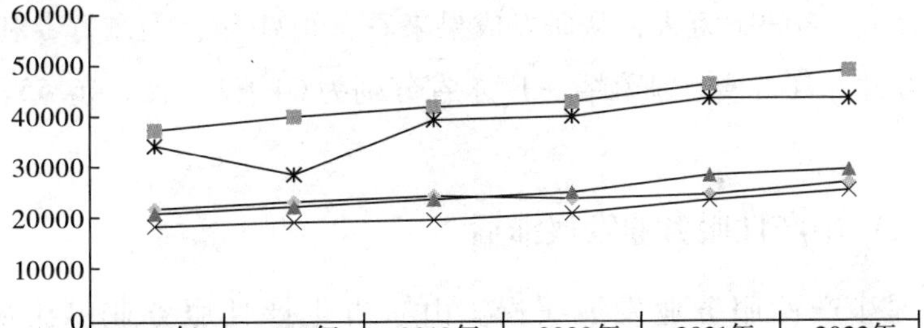

	2017年	2018年	2019年	2020年	2021年	2022年
山东省	22042	23415	24495	23950	24706	27110
江苏省	37485	40133	41988	42932	46337	49023
浙江省	21160	22464	23850	25182	28522	29628
福建省	18660	19443	19837	21111	23629	25535
广东省	34421	28760	39447	40114	43603	43550

图 4　2017—2022 年沿海主要省份先进制造业出口复杂度指数对比

二、山东省先进制造业价值链提升的制约因素

从产业经济理论、价值链理论及先进制造业发展的广泛实践来看，影响先进制造业价值链提升的因素主要集中在技术创新、生产性服务业、先进制造业规模、品牌效应、外资投资、国际贸易等几个方面，其中，技术创新、生产性服务业、先进制造业规模对价值链提升起到主要作用，品牌效应、外

商投资、国际贸易等因素对价值链提升起到重要作用，与先进省份相比，山东省在这几个方面存在不小的差距。

（一）科技创新能力不强

一是研发经费投入总量不足。2021 年，山东省研发经费投入 1944.66 亿元，比广东省、江苏省、浙江省分别少 2057.52 亿元、1493.9 亿元、213.03 亿元；在研发经费投入的增长率上，2017—2021 年，山东省增长 10.93%，同期江苏省、浙江省、广东省分别增长 52.14%、70.39%、70.77%。二是研发投入强度偏低。自 2018 年起，山东省研发投入强度一直低于江苏、浙江、广东三省，自 2019 年起低于全国平均水平，2021 年分别比江苏省、浙江省、广东省和全国平均水平低 0.61 个、0.60 个、0.88 个、0.11 个百分点。三是研发能力相对较弱。从研发人员数量来看，2021 年，山东省规模以上工业企业研发人员全时 34.94 万人，江苏省、浙江省、广东省分别为 61.27 万人、48.21 万人、70.91 万人；从研发成果来看，2021 年，山东省专利申请授权量 32.99 万件，江苏省、浙江省、广东省分别为 64.09 万件、46.55 万件、87.22 万件。

（二）生产性服务业发展滞后

一是生产性服务业发展缓慢。山东省生产性服务业占比从 2017 年的 28.70% 增长到 2021 年的 31.69%，4 年间增长了 2.99 个百分点，其中，2019 年到 2021 年几乎没有增长；分行业来看，除金融业占比 4 年间增长了 1.18 个百分点，其他行业增幅均小于 1 个百分点。二是生产性服务业与发达省份有较大差距。从山东省与江苏省、浙江省的对比来看，2021 年，山东省生产性服务业比重为 31.69%，比浙江省低 2.95 个百分点，比江苏省高 1.39 个百分点，但与制造业价值链联系紧密的信息传输、软件和信息技术服务业、金融业差距较大，信息传输、软件和信息技术服务业比江苏省、浙江省分别低 2.52 个和 4.01 个百分点，金融业比江苏省、浙江省分别低 1.94 个和 2.44 个百分点。

（三）先进制造业规模偏小

一是先进制造业整体规模较小。2021 年，山东省先进制造业营业收入

36619.83亿元，江苏省、浙江省、广东省营业收入分别为92192.44亿元、54532.83亿元、103144.56亿元，山东省分别仅是江苏省、浙江省、广东省的39.72%、67.15%、35.50%。二是多数子行业规模较小。在先进制造业的9个行业中，山东省只有化学制造业领先江苏省、浙江省、广东省，医药制造业位列江苏省之后居第2位，专用设备制造业略高于浙江省居第3位，而其他6个行业均落后于江苏、浙江、广东三省。

（四）知名品牌欠缺

一是知名品牌较少。2022年，品牌联盟从财务角度、消费者角度和市场角度对全国的品牌进行了综合评价，山东省共18个品牌入选2022中国品牌500强名单，同期江苏省、浙江省、广东省分别入选34个、48个、80个。二是先进制造业知名品牌较少。在2022中国品牌500强中，山东省先进制造业企业共有9个品牌入选，分别为第49位的海尔集团、第91位的万化化学、第124位的潍柴动力、第155位的中国重汽、第163位的歌尔股份、第207位的浪潮集团、第218位的海信集团、第257位的华鲁恒升、第434位的英科医疗，而江苏省、浙江省、广东省分别入选18个、26个、41个先进制造业品牌，与发达省份相比，山东省先进制造业领域的知名品牌数量严重不足。

（五）外资投资不足

一是实际利用外资波动较大。2017—2021年，山东省制造业实际利用外资分别为95.11亿美元、91.67亿美元、34.10亿美元、37.84亿美元、65.48亿美元，2019年、2020年实际利用外资大幅下降，分别比2018年少57.57亿美元和54.19亿美元。二是累计实际利用外资较少。2017—2021年，山东省制造业累计实际利用外资324.2亿美元，同期，江苏省、浙江省、广东省分别为545.93亿美元、252.32亿美元、318.89亿美元，山东省略高于广东省，和江苏省相比差距较大。

（六）出口总量小、层次低

一是先进制造业出口金额少。2021年，山东省先进制造业出口金额为6270.09亿元，同期江苏省、浙江省、广东省的先进制造业出口金额分别为

21721.42 亿元、12368.75 亿元、31719.64 亿元，山东省分别仅占江苏省、浙江省、广东省的28.87%、50.69%、19.77%。二是先进制造业占出口总额的比例低。2021 年，山东省先进制造业占全省出口总额的比例仅为35.66%，同期江苏省、浙江省、广东省先进制造业占全省出口总额的比例分别为66.77%、41.06%、62.08%，山东省比江苏省、浙江省、广东省分别低31.11 个、5.40 个、26.42 个百分点。

三、山东省先进制造业价值链提升的路径及建议

（一）加大技术创新力度

一是加大研发投入。提高研发资金的投入强度，充分发挥研发资源投入的积累与规模效应，提升先进制造业科技研发水平；通过制度创新，提高研发投入要素的配置效率，增强研发投入对技术创新能力的促进作用。二是高标准建设重大创新平台。通过资金支持、政策引导、税收扶持、市场运转等措施积极吸引中国科学院研究所等科研机构落户山东省，整合优势资源，增强以双一流高校、重点实验室、制造业创新中心、产业技术研究院等为重点创新平台的辐射带动能力。三是完善创新人才培养机制。创造良好的产学研合作环境，促进产学研合作健康运行，统筹考虑创新人才培养和行业重大共性技术创新，提高产学研协同培养创新人才的效果。

（二）加快发展生产性服务业

一是营造良好的发展环境。政府部门应通过明确清单管理、规范服务等方式畅通生产性服务要素流通渠道，增强并发挥生产性服务企业等主体活力。二是促进先进制造业企业向服务化转型。通过开展先进制造业服务化税收优惠政策试点、提供出口服务产品贸易退税补贴等手段，推进先进制造业企业服务化转型升级进程。三是加快信息化、数字化赋能。深入推进企业信息化、数字化赋能，充分发挥信息化、数字化在实现设计、研发、制造、检测、销售、物流、库存等业务在线协同的作用，积极打造企业数字化转型服务生态体系。

（三）壮大先进制造业规模

一是加快先进制造业集群发展。充分利用山东省在高端装备、高端化工、新材料、医药产业等良好的产业基础，整合优质资源、进行科学引导，进一步推进先进制造业集群化发展。二是完善先进制造业产业链。充分发挥重点产业链“链主”企业的引领带动作用，利用产业链招商引资，针对产业发展的实际需要进行补链强链延链，向产业上下游延伸、拓展，扩大产业整体规模。

（四）加强先进制造业品牌建设

一是发展壮大龙头企业。进一步深化专业化分工合作，鼓励先进制造业行业通过兼并、收购、控股等多种形式，促进生产要素和市场份额向优势龙头企业集中，加快先进制造业龙头企业的成长。二是积极扶持先进制造业中小企业。提升中小企业管理水平、配套能力及技术工艺，培养一批专注细分行业、创新能力突出、成长潜力大的“专精特新”、瞪羚、“小巨人”企业，以科技含量高、产品质量好为基础进入品牌竞争轨道。

（五）科学承接产业转移

一是科学布局产业转移承接园区。坚持以市场为导向、以项目科学布局为原则、以资源优化配置为目标承接产业转移，努力创造优良的产业转移环境，增强对优质产业的吸引力，持续提升基础设施保障能力和园区服务能力。二是科学承接国内外产业转移。加强对外交流合作，瞄准先进制造业高端环节，主动对接国内外发达地区产业转移，积极承接高端装备、新能源汽车、天空信息装备、海洋装备、新能源新材料、现代医药等对山东省现代化产业体系带动力强的先进制造业。

（六）提升外贸层次

一是提高先进制造业出口产品附加值。大力发展高技术产业，支持鼓励一批新产品、新技术开发应用，提高产品技术含量、提升产品质量，突破高端环节，摆脱价值链低端锁定的风险。二是积极融入全球价值链体系。深度参与全球价值链，扩大全球价值链合作，利用好山东省先进制造业在设计、研发、营销、服务等高端要素的基础，优化资源配置，培育企业出口产品新优势；利用好《区域全面经济伙伴关系协定》（RCEP）、“一带一路”相关贸易协定的便利，鼓励优势企业大胆“走出去”参与全球竞争与合作，巩固和提升全球市场地位。

参考文献

[1]孙畅，吴芬．中国高端服务业与先进制造业匹配发展的空间分异及收敛性[J]．数量经济技术经济研究，2020，37(12)：3－24.

[2]周彩红．产业价值链提升路径的理论与实证研究：以长三角制造业为例[J]．中国软科学，2009(7)：163－171.

课题组成员简介

姚树利，工程师，山东省工业和信息化研究院。

李尚达，高级工程师，山东省工业和信息化研究院。

李文全，正高级工程师，山东省工业和信息化研究院。

王玉伟，经济师，山东省工业和信息化研究院。

国　栋，经济师，山东省工业和信息化研究院。

李晓峰，工程师，山东省工业和信息化研究院。

察兴建，研究实习员，山东省工业和信息化研究院。

5

山东省工业行业盈利水平分析及提升对策研究

工业行业盈利水平研究课题组

摘　要　行业盈利能力是反映行业利润水平的重要经济指标，也是工业企业生产发展的核心内生动力。为落实山东省加力提速工业经济高质量发展大会精神，聚力工业经济“头号工程”，破解山东省工业行业“增收不增利”的困境，本文运用近年来鲁粤苏浙四省规模以上工业企业的面板数据，对比鲁粤苏浙四省工业行业盈利现状，剖析影响山东省工业利润率的主要因素，梳理山东省工业行业利润增速放缓的问题，并提出针对性的措施建议。

关键词　山东　工业　利润率

一、山东省工业行业盈利水平现状

（一）工业总体盈利水平分析

2022 年，山东省规模以上工业企业为 3.4 万家，实现营业收入 10.8 万亿元，同比增长 4.24%；利润总额为 4473.2 亿元，同比下降 12.64%；营业收入利润率为 4.14%，比 2013 年的 6.59% 下降 2.45 个百分点，年均降幅达 0.27 个百分点（如图 1 所示）。

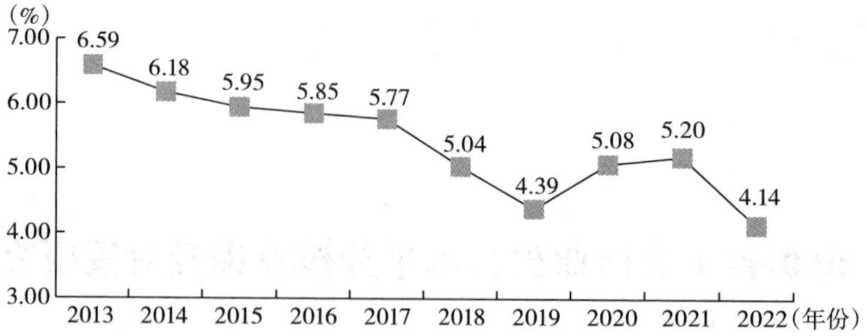

图1　2013—2022 年山东省规模以上工业企业营业收入利润率趋势

（二）16 市工业盈利水平分析

2022 年，在山东省 16 个市的规模以上工业营业收入利润率中，有 8 个市高于山东省平均水平，分别为济宁市（8.96%）、威海市（8.05%）、菏泽市（7.37%）、烟台市（7.14%）、德州市（6.02%）、枣庄市（5.30%）、泰安市（4.93%）和青岛市（4.34%）；低于山东省平均水平的市有 8 个，分别为济南市（4.08%）、聊城市（3.76%）、潍坊市（3.32%）、淄博市（3.24%）、日照市（2.43%）、滨州市（2.09%）、临沂市（1.79%）和东营市（1.15%）（如图 2 所示）。

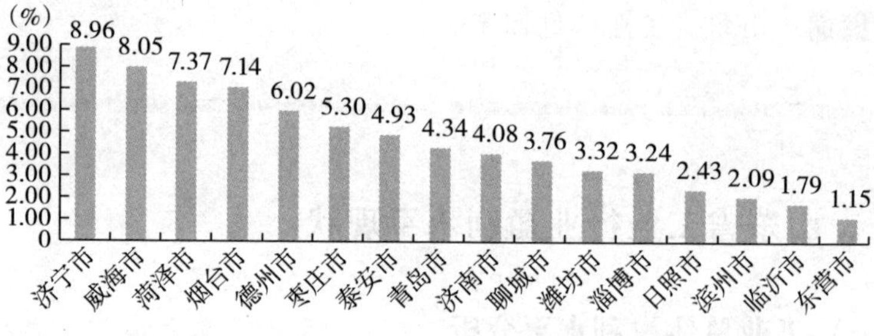

图2　2022 年山东省 16 市规模以上工业营业收入利润率

（三）重点行业盈利水平分析

从重点行业来看，装备制造业：2022 年，山东省规模以上装备制造业实现营业收入 2.39 万亿元，同比下降 3.8%；利润总额 1012.5 亿元，同比下降 10.4%；营业收入利润率为 4.24%，高于山东省规模以上工业 0.1 个百分点。化工工业：山东省规模以上化工企业实现营业收入 2.8 万亿元，同比增长 80.4%；利润总额 951.8 亿元，同比下降 41.7%；营业收入利润率为 3.45%。

轻工业：山东省轻工业规模效益持续提升，呈现承压而上、进中提质的良好发展态势，规模以上轻工业企业实现营业收入 18146.7 亿元，同比增长 7.5%；利润总额 656.1 亿元，同比增长 6.7%；营业收入利润率为 3.62%。纺织工业：在国内外疫情反复、新疆棉禁令等异常严峻形势下，山东省纺织工业总体呈现持续放缓态势，规模以上纺织服装企业实现营业收入 3122.5 亿元，同比下降 8.5%；利润总额 56.9 亿元，同比下降 42.9%；营业收入利润率为 1.82%。医药工业：山东省医药工业走势良好，规模以上医药企业实现营业收入 3541.2 亿元，同比增长 8.5%；利润总额 507.9 亿元，同比下降 3.4%；营业收入利润率为 14.34%。建材工业：建材市场需求受到较大冲击，山东省规模以上建材企业实现营业收入 4710.4 亿元，同比下降 2.05%；利润总额 295.6 亿元，同比下降 17.42%；营业收入利润率为 6.28%。

二、全国及鲁粤苏浙四省工业行业盈利水平对比及分析

（一）全国及鲁粤苏浙四省工业盈利水平对比

2022 年，山东省规模以上工业企业营业收入利润率为 4.14%，分别低于全国（6.09%）1.95 个百分点、江苏省（5.61%）1.47 个百分点、浙江省（5.43%）1.29 个百分点和广东省（5.26%）1.12 个百分点。2018—2022 年，山东省规模以上工业企业营业收入利润率由 5.04% 降为 4.14%，下降 0.90 个百分点，降幅低于江苏省（-1.18 个百分点）、全国（-0.92 个百分点），高于广东省（-0.76 个百分点）和浙江省（0.80 个百分点）（如图 3 所示）。

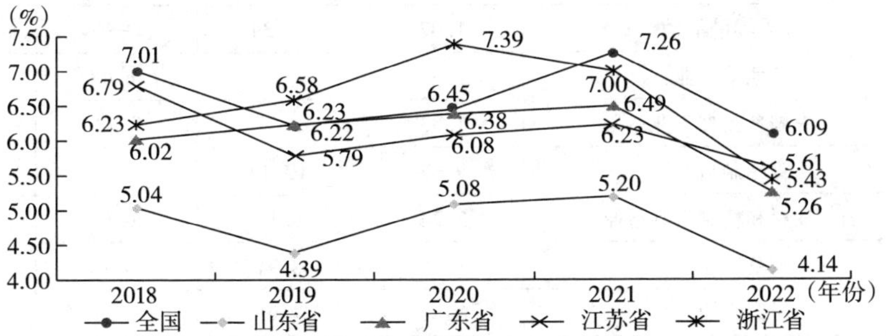

图 3　2018—2022 年全国及鲁粤苏浙四省规模以上工业企业营业收入利润率对比

（二）鲁粤苏浙四省41大类行业盈利水平对比

根据鲁粤苏浙四省41大类行业盈利水平对比表，山东省41大类行业营业收入利润率居四省首位的有3个，占比仅7.32%，分别为煤炭开采和洗选业，文教、工美、体育和娱乐用品制造业，有色金属冶炼和压延加工业；居第2位的有10个行业，占比为24.39%，分别为石油和天然气开采业，非金属矿采选业，食品制造业，纺织服装、服饰业，化学原料和化学制品制造业，化学纤维制造业，非金属矿物制品业，仪器仪表制造业，金属制品、机械和设备修理业，燃气生产和供应业（如表1、表2所示）。

表1　2022年鲁粤苏浙四省41大类行业利润率居四省前列的行业数量

省份	利润率居四省首位行业数（个）	利润率居四省第2位行业数（个）	前两位行业合计数（个）	前两位行业合计占比（%）
山东	3	10	13	31.71
广东	11	12	23	56.10
江苏	15	9	24	58.54
浙江	11	9	20	48.78

表2　2022年鲁粤苏浙四省41大类行业利润率对比　%

行业名称	山东省	广东省	江苏省	浙江省
煤炭开采和洗选业	24.74	—	15.86	4.82
石油和天然气开采业	19.58	54.63	17.00	—
黑色金属矿采选业	7.35	24.21	5.98	0.39
有色金属矿采选业	14.94	19.24	25.35	-3.73
非金属矿采选业	14.85	5.10	12.76	17.90
开采辅助活动	1.07	17.34	—	—
其他采矿业	—	—	16.48	—
农副食品加工业	1.53	2.57	2.72	2.46
食品制造业	9.62	10.20	8.34	5.67
酒、饮料和精制茶制造业	7.74	8.15	26.62	10.91
烟草制品业	8.85	8.94	13.78	7.85
纺织业	0.82	4.91	3.29	3.86
纺织服装、服饰业	4.86	3.28	6.11	3.34

续表

行业名称	山东省	广东省	江苏省	浙江省
皮革、毛皮、羽毛及其制品和制鞋业	1.18	3.13	2.78	2.56
木材加工和木、竹、藤、棕、草制品业	3.09	2.22	4.93	4.65
家具制造业	2.71	5.99	3.95	5.70
造纸和纸制品业	2.39	1.69	5.28	3.70
印刷和记录媒介复制业	3.73	6.58	5.07	4.35
文教、工美、体育和娱乐用品制造业	6.41	3.13	5.41	5.21
石油加工、炼焦和核燃料加工业	-0.87	-0.62	1.46	2.36
化学原料和化学制品制造业	7.60	5.08	7.64	6.52
医药制造业	14.50	16.68	16.57	17.86
化学纤维制造业	3.39	7.45	2.17	1.21
橡胶和塑料制品业	3.26	5.68	6.51	5.06
非金属矿物制品业	6.02	3.61	5.30	6.86
黑色金属冶炼和压延加工业	0.65	0.71	2.36	2.16
有色金属冶炼和压延加工业	2.89	1.69	2.56	0.80
金属制品业	1.94	4.72	4.82	5.19
通用设备制造业	5.48	6.14	7.66	7.59
专用设备制造业	6.37	9.50	8.68	10.48
汽车制造业	3.84	5.56	4.81	5.67
铁路、船舶、航空航天和其他运输设备制造业	4.26	5.02	5.75	3.49
电气机械和器材制造业	5.01	7.07	5.18	4.85
计算机、通信和其他电子设备制造业	3.16	4.30	5.25	6.84
仪器仪表制造业	10.40	8.53	10.31	12.40
其他制造业	3.76	4.95	4.22	4.64
废弃资源综合利用业	1.10	2.97	2.71	4.12
金属制品、机械和设备修理业	5.83	6.40	3.86	8.34
电力、热力生产和供应业	1.12	4.14	2.23	3.25
燃气生产和供应业	5.19	4.59	7.47	2.97
水的生产和供应业	7.94	10.69	10.98	4.76

（三）传统产业盈利水平对比

按照山东省传统产业优势行业，以石油、煤炭及其他燃料加工业，化学原料和化学制品制造业，橡胶和塑料制品业，黑色金属冶炼和压延加工业，有色金属冶炼和压延加工业，造纸和纸制品业6类传统行业为例进行对比分析。2022年，山东省上述6类传统行业营业收入利润率平均为2.9%，低于山东省工业1.24个百分点，低于江苏省同类行业（4.5%）1.6个百分点、浙江省（4.0%）1.1个百分点，高于广东省（2.8%）0.1个百分点。可以看出，山东省传统产业占工业的比重较大，营业收入利润率整体偏低，结构性矛盾突出，对今后一个时期的工业发展将形成持续制约（如表3所示）。

（四）高技术产业盈利水平对比

按照高技术产业目录，选取汽车制造业，电气机械和器材制造业，计算机、通信和其他电子设备制造业，仪器仪表制造业4类技术含量高的行业作为高技术产业进行对比分析。2022年，山东省上述4类高技术行业规模以上营业收入利润率平均为4.1%，与山东省工业平均水平基本持平，低于广东省（5.3%）、江苏省（5.4%）、浙江省（6.0%）。上述4类行业，新技术多、产品更新快、附加值高、带动力强、增长持续长久，是拉动工业盈利水平的重要动能。相比之下，山东省在规模总量和营业收入利润率两个方面都远落后于粤苏浙三省，高技术产业占比小且拉动力不足，尚未壮大成工业盈利增长的新动能（如表4所示）。

表 3　2022 年鲁粤苏浙四省 6 类传统行业对比

行业名称	山东省			广东省			江苏省			浙江省		
	营业收入（亿元）	利润总额（亿元）	利润率（%）	营业收入（亿元）	利润总额（亿元）	利润率（%）	营业收入（亿元）	利润总额（亿元）	利润率（%）	营业收入（亿元）	利润总额（亿元）	利润率（%）
石油、煤炭及其他燃料加工业	12648.6	-110.4	-0.9	5071.6	-31.6	-0.6	2380.4	34.7	1.5	4783.4	113.0	2.4
化学原料和化学制品制造业	13191.4	1003.0	7.6	7532.1	382.3	5.1	11069.5	846.2	7.6	8602.1	560.6	6.5
橡胶和塑料制品业	2728.2	88.8	3.3	6158.5	349.6	5.7	4094.1	266.6	6.5	3781.0	191.1	5.1
黑色金属冶炼和压延加工业	7183.5	46.7	0.7	3918.7	28.0	0.7	11637.0	274.5	2.4	2293.0	49.4	2.2
有色金属冶炼和压延加工业	7530.0	217.3	2.9	5534.5	93.4	1.7	6031.4	154.6	2.6	3962.5	31.9	0.8
造纸和纸制品业	2045.4	48.9	2.4	2617.1	44.3	1.7	1487.4	78.5	5.3	1662.7	61.5	3.7
总计	45327.2	1294.3	2.9	30832.8	866.4	2.8	36699.7	1655.0	4.5	25084.7	1007.5	4.0
占全省比重（%）	42.0	28.9	—	17.1	9.2	—	22.7	18.3	—	23.2	17.2	—

表 4　2022 年鲁粤苏浙四省 4 类高技术行业对比

行业名称	山东省			广东省			江苏省			浙江省		
	营业收入（亿元）	利润总额（亿元）	利润率（%）	营业收入（亿元）	利润总额（亿元）	利润率（%）	营业收入（亿元）	利润总额（亿元）	利润率（%）	营业收入（亿元）	利润总额（亿元）	利润率（%）
汽车制造业	4259.5	163.5	3.8	11987.4	666.5	5.6	9283.6	446.3	4.8	7497.0	425.3	5.7
电气机械和器材制造业	3261.9	163.5	5.0	21186.3	1498.3	7.1	21619.9	1120.3	5.2	13299.3	645.5	4.9
计算机、通信和其他电子设备制造业	4936.2	156.1	3.2	46682.8	2009.0	4.3	23213.2	1219.2	5.3	9365.4	640.9	6.8
仪器仪表制造业	346.7	36.1	10.4	1585.4	135.2	8.5	2562.5	264.2	10.3	1625.1	201.5	12.4
总计	12804.3	519.2	4.1	81441.9	4309.1	5.3	56679.3	3049.9	5.4	31786.9	1913.2	6.0
占全省比重（%）	11.85	11.6	—	45.3	45.5	—	35.1	33.7	—	29.4	32.6	—

三、影响工业行业盈利水平的因素分析

为剖析影响工业行业盈利的因素及效果，采用线性回归模型，对山东省影响利润率的重要指标进行定量分析，分析影响工业行业盈利水平的主要因素。

（一）建立模型

根据利润研究相关理论，借鉴 Dumenil 和 Levy 测算利润率的方法，本文选用多元回归模型对影响工业行业盈利水平的因素进行定量分析，建立以下模型：

$$r_{i,t} = \beta_0 + \sum_{i=1}^{n} \beta_i \times C_{i,t} + \varepsilon_{i,t} \qquad (1)$$

其中，r 为利润率；下标 i、t 分别为省市和时期；ε 是残差项；C 为解释变量，包括影响工业行业盈利的主要因素。

（二）指标选取

参考利润率有关文献资料，根据数据可得性原则，本文选取营业成本率、管理费用率、销售费用率、财务费用率、研发投入强度和资本密集度为解释变量（如表 5 所示）。

表 5　工业企业利润率影响因素变量指标

变量类型	变量名称	变量解释
因变量	营业收入利润率（r）	利润总额和营业收入的比率
自变量	营业成本率（oc）	营业成本和营业收入的比率
	管理费用率（ae）	管理费用和营业收入的比率
	销售费用率（se）	销售费用和营业收入的比率
	财务费用率（fe）	财务费用和营业收入的比率
	研发投入强度（rd）	研究与试验发展（R&D）投入和营业收入的比率
	资本密集度（ci）	固定资产与资产总计的比率（注：由于数据限制，本文固定资产包含除流动资产外的其他资产）

按照上述变量指标，选取《中国统计年鉴》及鲁粤苏浙四省统计年鉴相关数

据，初步计算后得到山东省工业企业利润率影响因素变量数据（如表6所示）。

表6　2012—2021年山东省工业企业利润率影响因素变量数据

年份	营业收入利润率	营业成本率	管理费用率	销售费用率	财务费用率	研发投入强度	资本密集度
2012	0.0679	0.8550	0.0289	0.0187	0.0111	0.0077	0.5297
2013	0.0659	0.8680	0.0275	0.0184	0.0110	0.0080	0.5216
2014	0.0618	0.8742	0.0259	0.0186	0.0113	0.0082	0.5386
2015	0.0595	0.8771	0.0263	0.0200	0.0115	0.0089	0.5510
2016	0.0585	0.8773	0.0260	0.0205	0.0105	0.0094	0.5477
2017	0.0577	0.8740	0.0276	0.0222	0.0110	0.0111	0.5230
2018	0.0504	0.8608	0.0359	0.0275	0.0134	0.0147	0.4864
2019	0.0439	0.8662	0.0419	0.0252	0.0127	0.0146	0.4733
2020	0.0508	0.8643	0.0442	0.0236	0.0114	0.0157	0.4715
2021	0.0520	0.8653	0.0455	0.0208	0.0097	0.0151	0.4653

（三）模型分析

1. 模型验证

运用SPSS数据分析软件对2012—2021年山东省工业企业利润率影响因素变量进行回归分析，计算残差选用“德宾—沃森”（D－W）方式，模型验证如表7所示。

表7　R^2结果和残差独立性检验

模型摘要[b]					
模型	R	R^2	调整R^2	标准估计的误差	D－W
1	0.993[a]	0.985	0.955	0.0015885	3.351

a. 预测变量：(常量)，销售费用率(se)，营业成本率(oc)，管理费用率(ae)，财务费用率(fe)，资本密集度(ci)，研发投入强度(rd)。

b. 因变量：营业收入利润率(r)。

根据模型摘要，建议调整R^2= 0.955，表明所有自变量解释营业收入利润率的95.5%变异；D－W值为3.351，数据符合独立性（若D－W检验结果为0～4，基本可以认为数据符合独立性）。

表8　方差分析

Anova[a]						
模型		平方和	df	均方	*F*	Sig
1	回归	0.001	6	0.000	33.082	0.008[b]
	残差	0.000	3	0.000		
	总计	0.001	9			

a. 因变量：营业收入利润率（*r*）。

b. 预测变量：（常量），销售费用率（*se*），营业成本率（*oc*），管理费用率（*ae*），财务费用率（*fe*），资本密集度（*ci*），研发投入强度（*rd*）。

根据方差分析表可以看出，显著性 *P* 值 =0.008 <0. 01，有显著统计学差异；*F* 值 =33.082，表明模型拟合能力较强。从 P－P 图来看，本模型残差基本满足正态性条件。

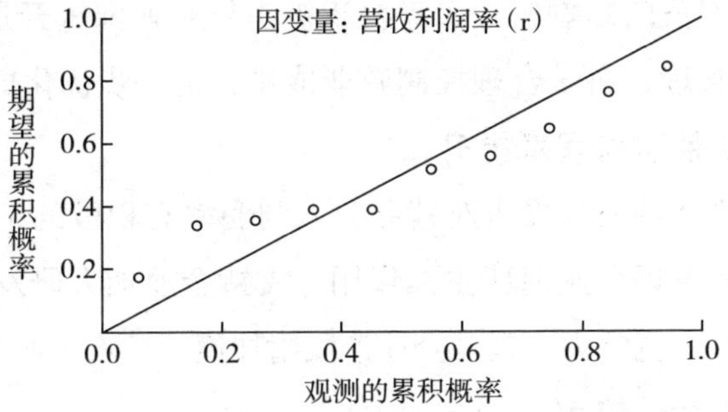

图4　回归标准化残差标准 P－P 图

2. 模型计算

按照上述模型，得到回归系数表，山东省营业成本率（0.042，括号内为显著性 Sig. 值，小于 0.05 有显著性差异，本小节下同）、管理费用率（0.037）、销售费用率（0.026）和研发投入强度（0.048）均会影响营收利润率。其中，研发投入强度为正向影响，营业成本率、管理费用率和销售费用率为负向影响。由于资本密集度（0.879）和财务费用率（0.596）无显著性差异，所用数据不明显影响营收利润率。

表9　山东省工业企业影响利润率变量回归系数

变量	非标准化系数	标准系数 Beta	显著性 Sig.
（常量）	0.651		0.013

续表

变量	非标准化系数	标准系数 Beta	显著性 Sig.
营业成本率（oc）	-0.605	-0.593	0.042
财务费用率（fe）	0.905	0.126	0.596
管理费用率（ae）	-1.467	-1.580	0.037
销售费用率（se）	-3.179	-1.293	0.026
研发投入强度（rd）	3.125	1.380	0.048
资本密集度（ci）	0.006	0.025	0.879

（四）结论分析

1. 成本费用支出制约盈利水平

山东省规模以上工业企业的管理费用、销售费用和营业成本的支出比重对营业收入利润率负向影响较大，需要积极引导企业深入开展降本增效举措，鼓励企业精益化管理，科学合理控制营业成本，进一步优化成本支出结构。

2. 研发创新带动利润率提升

山东省工业企业的研发投入对营业收入利润率有积极的正向作用且影响力度较大。需要积极发挥企业创新主体作用，支持企业加大研发投入，增强企业自主创新能力和核心竞争力，提升企业产品附加值，扩大工业企业利润空间。

3. 融资负债比重较大

虽然山东省的财务费用率回归系数无显著性差异，但对比粤苏浙三省，山东省财务费用率和资产负债率均明显偏高，融资利息支出挤压工业企业盈利空间。因此，山东省需要引导企业根据自身发展科学合理融资负债，鼓励投融资机构更好服务实体经济，精准对接企业融资需求，减轻实体企业融资负担，营造企业与金融共生共荣、携手成长的发展环境。

四、山东省工业行业盈利水平低的主要原因分析

（一）产业结构偏重，整体附加值较低

山东省 41 大类行业营业收入最多的 6 个行业均为资源型，2022 年，除化学原料和化学制品制造业营业收入利润率在 7.6% 外，其他 5 个行业营业收入

利润率均低于山东省平均水平，直接拉低了山东省工业的盈利水平。近年来，受国际政治经济形势、新冠疫情等影响，大宗商品价格上涨，叠加环保能耗政策因素对行业的影响，六大行业生产成本快速上升，由于产品价格剪刀差效应，行业利润收窄，利润率下降。

（二）融资成本偏高，企业经营负担较大

山东省工业企业主要依赖贷款融资的情况长期存在且较为突出。一是资产负债率高。2018—2022 年，山东省规模以上工业企业负债率持续保持在 60% 以上，高出同期粤苏浙三省工业企业负债率 4 ~ 10 个百分点，偿债压力大、财务风险高，容易导致企业现金流不足或资金链断裂。二是财务费用高。山东省规模以上工业企业财务费用占营业收入比重达到 0. 97%，同期浙江省为 0. 82%、广东省和江苏省均不到 0. 6%，说明山东省规模以上工业企业相对粤苏浙三省，仍存在举债多和融资贵现象。三是固定资产资金占用大，轻资产运营度低。山东省规模以上工业企业较为依赖固定资产投资，2021 年，山东省规模以上工业企业固定资本密集度为 46. 53%，高出同期粤苏浙三省 3 ~ 7 个百分点，资产周转率低，规模以上工业企业资本流动性弱，降低了规模以上工业企业盈利能力。

（三）自主创新不强，核心技术短板凸显

山东省工业企业在产业链分工中多处于技术含量和附加值较低的“加工—组装”环节，国外和省外龙头企业占据研发、设计等具有高附加值的功能环节，这制约了山东省处于产业链下游的工业企业盈利能力的提高。以山东省纺织业为例，2022 年营业收入利润率仅 0. 82%，粤苏浙三省同期同行业营业收入利润率均在 3% 以上，在同等外部冲击因素下，省内关键产业在核心技术关键中间品、产品附加值等方面的短板造成行业盈利水平更低。

五、提升山东省工业盈利水平的措施建议

（一）实施创新驱动战略，提升科技研发力

创新是拉动增长、优化结构的首要动力和关键引擎，进一步突出企业创

新主体地位，以多元机制推动创新能力提升，带动工业行业盈利水平增长。一是紧盯重点领域关键技术。着力推进产业基础再造工程，精准补齐“五基”短板，引导企业围绕十强产业等重点领域，集中突破一批“卡脖子”关键技术。二是深化产业链协同创新。依托产业链打造创新链，推进产业共性技术联合攻关，有效畅通成果转化渠道，形成产业研发和企业盈利共同受益的良性循环。三是发挥龙头企业引领作用。鼓励龙头企业进一步完善创新体系，加快培育具有生态主导力、核心竞争力的领航型企业，引领中小企业步入研发快车道，促进大中小企业创新研发融合融通，以高水平科技创新支撑产业盈利水平高质量发展。

（二）加快动能转换步伐，激发产业原动力

加快破解山东省工业产业结构偏重、低附加值产品偏多难题，全力推动制造业高端化、智能化、绿色化发展，提高产业盈利水平底线，做大企业市场利润空间。一是转调优化低效产能。严格落实化工、水泥、玻璃等重点行业产能置换政策，优化完善钢铁、石化产业布局，统筹推动电解铝、化肥、轮胎、氯碱等行业高质量发展。二是加大传统产业技改力度。聚焦冶金、化工、轻工、建材、纺织服装、机械装备等传统优势产业，高标准实施传统产业技改升级行动。三是狠抓新兴产业培育。围绕新一代信息技术、高端装备、新能源、新材料、现代医药等新兴产业，特别是抢抓“新三样”风口，加强技术攻关和成果转化，着力培育一批新增长点。

（三）强化企业管理建设，塑强核心竞争力

山东省工业企业需要积极借鉴先进省市企业成功管理经验，在经营理念和管理方式上主动创新迎变。一是提升企业管理水平。深化企业改革改制，完善公司法人治理结构，健全激励约束机制，建立完善现代企业制度，引导广大企业家重塑传统优势产业的商业模式边界。二是加强企业家队伍建设。坚持内部培养与外部引进并重，实施企业家队伍素质提升工程，推动企业后备人才队伍建设，加大高层次经营管理人才引进力度，健全职业经理人选用机制。三是强化创新型人才引育。充分发挥科技创新人才的重要支撑引领作用，释放人才利好政策，为企业发展问诊把脉、解决技术“瓶颈”问题，通

过项目合作、产学研对接，精准服务工业企业高质量发展。

（四）打造优良融资环境，促进企业新活力

深入落实先进制造业投融资行动，引导投融资金融机构精准对接企业融资需求，积极破解工业企业“融资难、融资贵、负债高”难题。一是强化财政资金激励引导功能，综合采用引导基金、股权投资、融资担保等财政金融融合政策工具，构建“财政资金引导、社会资本参与”的多层次资本合作格局。二是探索普惠金融发展模式，通过设立融资担保增信基金、风险补偿引导基金、发展供应链金融等措施“以财促担、以担促融”，助力工业企业尤其是小微企业、初创企业融资。三是加大“政银企”对接力度，通过信用数据评级、财政资金增信等措施，拓宽企业增信范围，扩大融资需求对接宽度，提高融资对接效率，降低企业融资成本。

参考文献

[1]王晓强．山东省工业制造企业资本回报率测算与利润来源分析[D]．青岛:中国海洋大学,2014.

[2]曲玥．中国工业产业利润差异及其决定因素:2000—2004年中国工业企业的经验证据[J]．山西财经大学学报,2008(12):34－41.

[3]刘红梅,王克强．我国工业企业资金利润率的影响因素理论与实证研究[J]．中国软科学,2000(7):113－115.

课题组成员简介

邵　磊，工业经济研究室主任，副研究员，山东省工业和信息化研究院。

刘际宁，副研究员，山东省工业和信息化研究院。

李能丽，经济师，山东省工业和信息化研究院。

李广青，研究实习员，山东省工业和信息化研究院。

王　菲，经济师，山东省工业和信息化研究院。

李国芹，院党委委员，副院长，一级调研员，山东省工业和信息化研究院。

6

山东省先进制造业济南、青岛、烟台三核引领作用发挥效能分析

王玉禄　王巧婧　刘际宁　孙建　李国芹

摘　要　先进制造业新技术多、附加值高、带动力强，是拉动经济增长的主要动力，也是国家鼓励和各地竞相支持的产业。山东省委、省政府扎实推进先进制造业强省行动，先后召开“2022 世界先进制造业大会”“先进制造业强省建设工作会议”等，将工业经济提升为“头号工程”。济南市、青岛市、烟台市（以下简称三核）作为山东省先进制造业核心城市，承担着率先突破、走在前列、引领发展的重任和光荣使命。课题组通过分析山东省及三核先进制造业现状，对引领效能进行多维度分析，借鉴国内外核心城市及城市群引领发展经验，在总结制约引领效能发挥因素的基础上，研究提出优化三核引领的能级对策建议，以期为制造强省建设提供有益参考。

关键词　先进制造业　核心城市　效能

一、山东省及三核先进制造业现状

（一）山东省制造业基本情况

2022 年，山东省制造业实现增加值 24807.0 万亿元，占全部工业增加值比重为 86.3%，比 2016 年提高了 10.2 个百分点；制造业增加值占 GDP 比重为 28.4%，近 3 年亦呈现逐年回升态势（如图 1 所示）。

图1　2016—2022 年山东省制造业增加值及占比

山东是全国制造业门类最齐全的省份之一，拥有 31 个制造大类，174 个中类，565 个小类，化工、装备制造、现代轻纺、冶金等重点行业突破万亿元，均居全国同行业前列。在山东省重点调度的 120 种产品中，18 种产品 5 年增幅超过 100%。最具有先进制造业产品代表性的集成电路产量由 2018 年的 0.4 亿块提升到 2022 年的 40.8 亿块，5 年增长超过 100 倍，多数先进制造业产品 5 年均呈增长态势。

（二）三核先进制造业情况

济南市：制造业门类齐全，2022 年，规模以上制造业企业 2421 家，完成营业收入 7504.6 亿元，实现利润总额 307.9 亿元，营业收入利润率为 4.1%。一是支柱产业优势明显。济南市新一代信息技术、智能制造与高端装备、精品钢与先进材料、生物医药与大健康四大主导产业持续发展，拥有国家新型工业化产业示范基地 3 个，累计培育山东省“雁阵形”集群 12 个，战略性新兴产业集群 4 个，特色产业集群 8 个，产业链式集群规模化发展水平持续提升。二是创新驱动工业强市。通过创新引领，持续做强做优做大战略性新兴产业和先进制造业，拥有国家实验室基地 1 家，全国重点实验室 11 家，省重点实验室 112 家，创新主体高新技术企业 5700 余家，国家科技型中小企业突破 7000 家。

青岛市：产业基础深厚，2022 年，规模以上制造业企业 4276 家，完成营业收入11464.5亿元，实现利润总额529.3亿元，营业收入利润率为4.6%。一是产业能级优势显著。拥有家电、汽车、食品、装备、化工5个千亿级制造业产业和智能家电、轨道交通装备2个国家先进制造业集群，培育了海尔、海信、青啤、中车等众多行业龙头企业。二是赋能创新作用突出。青岛市加强数字产业化和产业数字化建设，赋能先进制造业，“工赋青岛”行动推广“1+N+X”模式，推动青岛市创新能力走在全国前列。

烟台市：制造业优势突出，2022年，规模以上制造业企业营业收入8703.3亿元，实现利润总额594.0亿元，营业收入利润率为6.8%。一是产业集聚创新提升。全力聚焦产业集群链式发展，大力实施“9+N”制造业集聚培育工程，推动生物医药、石化及化工新材料、汽车、清洁能源等16条重点产业链延链补链强链。二是强化主体创新发展。强化先进制造业主体培育，通过创新激励、金融赋能、减税降费、要素保障等“组合拳”，推动政产学研金服用合作，逐步实现规模以上工业企业研发机构全覆盖。烟台市累计培育高新技术企业1900余家，省级瞪羚企业264家，省级创新型中小企业971家，省级“专精特新”中小企业1028家，为先进制造业发展奠定坚实基础。

二、三核引领先进制造业发展效能评价分析

（一）先进制造业中心性强度评价

从经济带动力、创新引领力、融合发展力、品牌塑造力、绿色集约力、中心性强度等多维度选取若干指标，建立城市先进制造业中心性强度评价体系，客观、科学反映山东省16市先进制造业的综合引领力（如表1所示）。

表1　山东省16市先进制造业中心性强度评价结果

城市	经济带动力	创新引领力	融合发展力	品牌塑造力	绿色集约力	中心性强度	排序
济南	0.1793	0.0793	0.1258	0.1258	0.0539	0.6824	2
青岛	0.2479	0.1437	0.2813	0.1194	0.0739	0.9613	1
淄博	0.0824	0.0627	0.0446	0.0641	0.0438	0.2507	7
枣庄	0.0040	0.0150	0.0128	0.0023	0.0392	0.0405	16
东营	0.1258	0.0192	0.0174	0.0738	0.0758	0.2092	9

续表

城市	经济带动力	创新引领力	融合发展力	品牌塑造力	绿色集约力	中心性强度	排序
烟台	0. 2144	0. 0860	0. 1023	0. 0701	0. 0193	0. 6045	3
潍坊	0. 1331	0. 0931	0. 0652	0. 1047	0. 0651	0. 4555	4
济宁	0. 0917	0. 0476	0. 0558	0. 0459	0. 0583	0. 2807	6
泰安	0. 0280	0. 0428	0. 0365	0. 0434	0. 0234	0. 1400	13
威海	0. 0781	0. 0623	0. 0465	0. 0373	0. 0699	0. 2206	8
日照	0. 0361	0. 0216	0. 0100	0. 0161	0. 0580	0. 0767	15
临沂	0. 0551	0. 0542	0. 0557	0. 0466	0. 0734	0. 2840	5
德州	0. 0472	0. 0551	0. 0358	0. 0265	0. 0547	0. 1792	10
聊城	0. 0264	0. 0350	0. 0236	0. 0175	0. 0780	0. 1099	14
滨州	0. 0759	0. 0427	0. 0247	0. 0603	0. 0250	0. 1686	12
菏泽	0. 0768	0. 0022	0. 0187	0. 0162	0. 0771	0. 1703	11

（二）三核引领效能评价分析

三核先进制造业中心性强度分列山东省前 3 位，青岛市保持领先地位，济南市紧随其后，三核引领地位稳固。

1. 经济带动力贡献度高

三核先进制造业在社会经济拉动和工业规模等方面表现突出。2022 年，三核合计占山东省 GDP 的 41. 7%；人均地区生产总值均超过 10 万元，包揽山东省前 3；三核规模以上工业营业收入合计 29409. 2 亿元，利润总额合计 1519. 8 亿元，分别占山东省工业营业收入和利润总额的 27. 2%、34. 0%。

2. 创新引领力带动性足

三核在先进制造业创新引领带动上走在山东省前列，引领示范效应显著。2022 年，三核规模以上工业企业 R&D 经费投入规模分列山东省前 3 位，其中，青岛市 R&D 经费投入额超过 400 亿元，在创新驱动发展战略下，青岛先进制造业得到快速发展。

3. 融合发展力互融性强

三核在两化深度融合、网络基础支撑能力上位于前列，先进制造业与生产性服务业互融性强。青岛市、济南市 5G 基站建设数量均超 2 万个，获评国家服务型制造示范数量居山东省前 3 位。

4. 品牌塑造力影响度大

三核城市品牌培育建设工作走在山东省前列，2022 年，三核驰名商标实有数合计 303 件，省级以上标准化试点项目数量合计 573 个，中国制造企业 500 强数量合计 20 家，分别占山东省驰名商标、标准化试点项目和制造企业 500 强总数的 37.6%、28.3%、27.0%。

三、三核在全国制造业重点城市中的地位及经验借鉴

（一）三核在全国先进制造业百强市地位

2022 年，全国《先进制造业百强市（2022）》赛迪榜单中共有 22 个省份的地级市入榜，其中，山东省以 14 市入围，入围数量居全国首位，覆盖率达 87.2%，居全国第 2 位；江苏省 13 市全部上榜，覆盖率达 100%，居全国第 1 位。三核城市中，青岛市进入头部梯队，居全国第 7 位；济南市居全国第 14 位；烟台市居全国第 29 位。山东省除日照和枣庄外，其余 14 个市均在百强榜单内（如表 2 所示）。

表 2　2022 年全国先进制造业百强市（山东省）

序号	全国排名	地级市	序号	全国排名	地级市
1	7	青岛	8	62	德州
2	14	济南	9	66	滨州
3	29	烟台	10	72	东营
4	35	潍坊	11	75	济宁
5	42	威海	12	79	菏泽
6	53	淄博	13	85	泰安
7	56	临沂	14	93	聊城

（二）国内外核心城市及城市群引领发展经验借鉴

1. 国内最具竞争力核心城市发展经验

深圳市：加快建设全球领先的重要先进制造业中心。一是强化自主科技创新战略。把自主科技创新作为城市发展主导战略，主推企业是创新主体，2022 年，深圳市企业研发投入占全社会研发投入比重高达 94.0%；深圳市企

业投入基础研究经费占全国企业基础研究经费的47.9%，连续多年居全国首位。二是先进制造业集群引领发展。深圳市布局先进制造业，发展以先进制造业为主体的20个战略性新兴产业集群，前瞻布局八大未来产业，在先进制造业强市建设中走在了前列。

苏州市：以全球视野建立起先进完善的制造业体系，坚定先进制造业发展方向，大力推动发展高端制造业。一是坚守战略定力，久久为功。坚守实体经济一纸蓝图绘到底，始终围绕打造全球高端制造业基地，把长板拉长、规模做大、核心做强，全力构建以先进制造业为骨干的现代化产业体系。二是重视科技创新，实现制造业升级发展。苏州市科技创新综合实力连续12年居江苏省首位，2022年，苏州市R&D经费支出961.4亿元，投入强度占GDP比重达4.0%，苏州市有R&D活动的规模以上工业企业数占规模以上工业企业总数比重在50%以上。

合肥市：先进制造业快速发展是其快速崛起的密码。一是精准风投引领先进制造业发展。合肥市聚焦支持先进制造业发展和核心技术攻关，形成国有投资入股、战略投资者跟进、资本市场定向增发、国有资本退出并循环再投资的完整模式，构建了先进制造业“芯屏汽合”“急终生智”的发展格局。二是智能制造引领制造业转型升级。合肥市以先进制造技术和新一代信息技术深度融合为主线，加快制造业“智改数转”，推动制造业高质量发展。

2. 发达国家世界级城市群发展经验

美国大西洋沿岸城市群：是美国最大制造业生产基地、高科技中心和金融中心，包括纽约、波士顿、费城、巴尔的摩和华盛顿等城市。一是核心城市引领带动城市群一体化发展。纽约作为大西洋沿岸城市群核心城市，深耕经济、金融、科研等领域，引领力大、辐射力强、带动力足。二是中心城市发挥承上启下的重要节点功能。波士顿（机器人和医药产业）、费城（钢铁、造船、炼化）、华盛顿（科技、创新）、巴尔的摩（世界基因之都）均有自己的产业定位，发挥承上启下的重要节点作用，一方面与纽约在产业发展上齐头并进，另一方面辐射带动周边中小城市产业发展。

英国伦敦中心城市群：由核心城市伦敦，中心城市伯明翰、利物浦和曼彻斯特，以及10多个中小城市组成，集中了英国近80%的经济总量。一是前瞻性的城市空间布局规划。伦敦设立“大伦敦管理局”进行整体战略规划，协调各个城市发展规划，重点发展金融服务业和创意设计等第三产业。二是三大中心城市产业发展各具特色。伯明翰承接伦敦等城市转移工业产业，机械装备、化工、橡胶、汽车等产业发达；利物浦是英国重要客货轮港口，造船业发达，轻工业和通信产业也发展迅速；曼彻斯特是英国主要工业中心和商品集散中心，电子、化工和印刷业发展迅速。

3. 对三核发展的启示借鉴

国内外核心城市和城市群的发展均通过科技创新引领，掌握先进制造业核心技术，发展成为世界领先产业链和产业集群。在产业发展壮大的同时，充分发挥核心城市辐射带动作用，影响带动城市群内各城市基于自身资源和产业基础，协调各个城市发展重点和方向，实现城市间产业的专业分工和融合发展，实现城市群整体形成现代化的产业发展体系。

四、三核引领效能发挥存在的制约因素

（一）经济首位度竞争力不高制约引领层级

与全国重点城市相比，三核综合经济竞争力还相对薄弱，在 2022 年全国 GDP 百强城市中，青岛市、济南市、烟台市分列第 13 位、第 20 位、第 26 位。在 2023 年中国城市综合经济实力指数排名中，青岛市、济南市、烟台市分列第 15 位、第 16 位、第 47 位，城市综合实力仍显不足。

（二）科研实力和成果转化效能仍有差距

2022 年度全国城市有效发明专利数中，北京市、深圳市、上海市等 7 个城市均有 10 万件以上，其中北京市以 47.8 万件排名第 1。三核城市均未进入前 10 位，其中，青岛市以 5.9 万件位列第 11、济南市以 4.5 万件位列第 18、烟台市未进入全国 30 强。

（三）产业结构矛盾依然存在

三核城市中，济南市、烟台市六大高耗能行业营业收入在本市工业总量

中占比均超过40%，分别为41.0%、44.6%，产业结构依然偏重。

（四）制造业发展质效有待提高

2022年，济南市、青岛市、烟台市规模以上制造业营业收入利润率分别为4.1%、4.6%、6.8%，虽高于山东省制造业平均水平，但与全国制造业平均水平相比，济南市和青岛市分别低1.3个、0.8个百分点；济南市、青岛市制造业人均利润率分别为8.3万元、8.0万元，分别低于全国制造业人均利润率1.1万元、1.4万元。

五、增强三核引领效能对策建议

（一）科技自立，做好创新发展"领头羊"

发挥创新引领第一动力和核心支撑力量，促进三核先进制造业领先发展。一是注重先进制造业产业基础创新研究。加强资源统筹，突出需求导向，加强基础研究，注重原始创新，支持关键核心技术等重大战略任务。二是强化创新平台中心建设。围绕新一代信息技术、高端装备、高端化工、新材料等重点产业链，加大力度支持国家、省级制造业创新中心平台建设。三是强化校企合作，优化人才激励机制。充分利用三核高校集聚的资源优势，探索校企融合发展新路径，加快创新成果产业化步伐，同时利用好高校高层次人才及战略科技人才，不断完善人才激励机制。

（二）融合共赢，打造产业省级"助推器"

促进先进制造业和生产性服务业融合发展，实现共赢。一是支持先进制造业实施服务导向的战略转型。将以产品为核心的传统制造生产模式向以消费者为核心的服务型制造服务模式转变，提高产品附加值、消费者体验感和企业市场竞争力。二是支持生产性服务业向制造业拓展深入。支持生产性服务企业向制造领域延伸和渗透，横向服务制造业产业链，从而向产业链两端延伸，实现企业在产业链上的融合发展。三是推动融合发展深入互动形成产业新生态。生产性服务业和制造业跨界融合发展，实现共生共赢、高质高效、融合发展的产业生态体系。

（三）园群并进，创造产业体系“新生态”

先进制造业集群、园区、基地建设，发挥集聚效应，以产业链为纽带，构建关联度大、带动性强的集群体系，促进各类产业规范有序发展。一是着力发展先进制造业集群。在轨道交通、智能家电等 3 个国家级先进制造业产业集群基础上，加快培育一批主导产业特色鲜明、创新要素高度集聚、网络化协作紧密的先进制造业集群。二是引导智慧园区发展。加强园区基础设施功能配套，推出一批数字化转型示范园区、绿色化转型示范园区等具有推广示范作用的产业载体。三是推动先进制造业生态化发展。发挥三核引领带动作用，构建大中小企业融通发展的协作体系，坚持走产业链及产业集群发展之路，强化上下游产业链协同配套能力，促进产业生态良性发展。

（四）品牌塑造，塑强先进制造“新优势”

推动“制造品牌 + 终端品牌 + 公共区域品牌”的品牌金字塔建设，以公共区域品牌为基础，以制造品牌为主体，做优做强终端品牌。一是强化制造品牌建设。深化制造端品牌变革，积极推动先进制造业标准体系建设，打造符合行业需求的智能制造领域技术标准体系。二是提高终端品牌影响力。强化引导企业从消费端需求出发，不断提升质量管理水平，打造产品质量、场景、服务、品牌的差异化，提升消费者品牌体验，实现企业由卖产品向卖品牌转变。三是加快公共区域品牌建设。着力打造“好品山东”区域品牌体系、品牌矩阵，做好宣传推广，确保品牌的运营力、传播力、市场竞争力，打造区域品牌新优势。

（五）绿色铸亮，构建低碳发展“风向标”

坚持绿色低碳，积极推行低碳化、循环化、集约化发展，不断提高先进制造业可持续发展能力。一是提升先进制造业绿色制造水平。提升产业生产制造的绿色标准，使先进制造业发展与绿色低碳相契合，分行业实行精细化管理。二是创建多渠道先进制造业绿色投入机制。充分发挥山东省绿色发展基金在绿色低碳领域的引导作用，在投入中持续深入推进政府和社会资本合作模式，促进绿色低碳项目落地增效。三是加快绿色制造体系建设。率先在济南市、青岛市、烟台市打造一批绿色低碳园区和绿色低碳工厂，优先构建先进制造业的绿色制造体系。

（六）圈群耦合，创建核心城市“动力源”

在推动三核引领的基础上，构建网络型、多层次的都市圈、城市群。一是推动核心城市提升引领功能。不断强化三核核心竞争力跃升，增强对周边城市的辐射带动作用，激活周边城市发展动能。二是加快核心城市都市圈建设。济南都市圈建设全国数字经济高地、世界级产业基地、国际医养中心和国际文化旅游目的地。青岛都市圈建设具有全球影响力的海洋科创中心、对外开放枢纽和黄河流域开放门户。三是建设山东半岛城市群。围绕落实黄河流域生态保护和高质量发展及绿色低碳高质量发展先行区建设等国家战略，充分发挥山东半岛城市群在先进制造业领域的龙头作用，建成具有全球影响力的山东半岛城市群。

参考文献

[1]山东省委、省政府．山东省黄河流域生态保护和高质量发展规划[Z]. 鲁发〔2021〕6 号,2021.

[2]山东省委、省政府．先进制造业强省行动计划(2022—2025 年)[Z]. 鲁发〔2022〕15 号,2022 - 11 - 11.

[3]山东省人民政府办公厅．实施先进制造业“2023 突破提升年”工作方案[Z]. 鲁政办字〔2023〕78 号,2023 - 06 - 30.

作者简介

王玉禄，副研究员，山东省工业和信息化研究院。

王巧婧，经济师，山东省工业和信息化研究院。

刘际宁，副研究员，山东省工业和信息化研究院。

孙　建，工程师，山东省工业和信息化研究院。

李国芹，院党委委员，副院长，一级调研员，山东省工业和信息化研究院。

7

山东省县域工业经济高质量发展评价报告

王巧婧　刘际宁　王玉禄　李思瑶　李国芹

摘　要　本文在全面摸清山东省县域工业经济发展现状的基础上，通过构建县域工业经济高质量发展评价体系，将2022年山东省136个县级行政区规模以上工业主要经济指标嵌入体系、赋权测算，对山东省县域工业综合竞争力进行客观评价。依据各区县工业综合竞争力评价结果，将山东省县域划分成四个梯队，并从经济实力、质效能力、发展潜力、特色活力、绿色动力五大维度，深入分析各梯队发展特点及竞争能力。最后，提出遵循四项原则、坚持五条路径、强化五项对策，为全力推动县域工业经济高质量发展建言献策。

关键词　县域　工业经济　综合竞争力　评价体系

一、山东省县域工业经济发展现状

县域是国民经济社会发展的基本单元，县域工业是山东省建设先进制造业强省和绿色低碳高质量发展先行区的重要基石与着力点。截至2022年底，山东省下辖16个地级市，136个县级行政区（市辖区58个、县级市26个、县52个），以及43个市辖开发区（功能区）。

2022年，山东省136个县级行政区完成地区生产总值75614.93亿元，占山东省GDP的86.48%；完成全部工业增加值21997.21亿元，占山东省工业经济总量的76.47%；规模以上工业企业29319家，实现营业收入82677.96亿元、利润总额2906.69亿元，分别占山东省规模以上工业营业收入、利润总额的76.54%、64.98%。89个区县营业收入同比实现正增长，增长面接近70%。55个区县规模以上工业营业收入超过500亿元，区县数量占比40.44%，贡献了山东省县域工业74.34%的营业收入；其中，21个区县工业营业收入迈入千亿元门槛，青岛市黄岛区达到4000亿元级别，领跑山东省县域工业经济发展。

二、县域工业经济高质量发展评价体系构建

（一）体系架构与指标选取

根据区域经济学和产业竞争力理论，基于对新发展理念的深刻理解，县域工业高质量发展涵盖了县域工业实力强劲、效益提升、潜力明显、特色突出、发展持续等多个方面，由此构建包含以下五大维度的县域工业综合竞争力评价体系，并遵循系统性、可比性、可得性、发展性原则，选取了27项相关指标。

1. **经济实力：**指一个地区拥有的对社会发展有利的经济资源多少的实力，此处用于反映县域工业经济的年度基本盘。本维度选取了工业增加值、工业增加值增速、营业收入、利润总额和税金总额5项指标。

2. **质效能力：**指工业经济发展的质量和效率对工业经济的高质量增长具有重要意义。本维度选取了全员劳动生产力、营业收入利润率、总资产贡献率、百元营业收入成本、资产负债率、企业亩均税收6项指标。

3. **发展潜力：**指一个地区工业发展可能具有而尚未实现的能力，是实现工业高质量发展的重要支撑。本维度选取了工业投资占比、工业技改投资占比、战略性新兴产业投资占比、研发经费投入强度、研发人员占比、企业研发平台数量6项指标。

4. **特色活力：**指县域工业带有鲜明的地方色彩或与众不同的风格。县域工业高质量发展归根结底就是要不断优化产业结构，大力发展特色经济。本维度选取了主导产业相对专业化系数、高新技术产业产值比重、数字经济核

心产业增加值占比、出口交货值、年新增规模以上企业数量、“专精特新”企业数量6项指标。

5. **绿色动力**：指用更少的、更清洁低碳的能源支撑经济社会发展。绿色低碳发展既是加快转变经济发展方式的重要着力点，也是实现工业可持续发展的内在要求。本维度选取了六大高耗能行业比重、单位工业增加值能耗、主要污染物排放、二氧化碳排放4项指标。

（二）指标权重与指数构成

采用主观与客观相结合、定性与定量相结合的赋权方法，首先通过德尔菲法确定各维度权重；其次运用熵值法，依据某一时点上的县域工业经济截面数据，动态确定各维度所包含的指标权重；最后通过指标加权加总，计算各维度以及综合竞争力评价指数，完成指标体系的量化打分。

维度权重（德尔菲法）：经济实力维度权数40%，质效能力维度权数20%，发展潜力维度权数20%，特色活力维度权数10%，绿色动力维度权数10%，用 W_i（$i=1, \cdots, 5$）表示。

由于各个指标的量纲不同，且熵值法计算过程要求数值中不能存在0或负数，故选择区间化对数据进行无量纲处理。

区间化公式：正向指标 $a+\frac{(b-a)(x-x_{\min})}{x_{\max}-x_{\min}}$

逆向指标 $a+\frac{(b-a)(x_{\max}-x)}{x_{\max}-x_{\min}}$

式中，$x_{\min}$ 表示该项指标最小值，$x_{\max}$ 表示该项指标最大值，默认 a、b 值分别为60和100。

指标权重（熵值法）计算公式：$w_{ij}=(1-e_{ij})/\sum_{j=1}^{m}(1-e_{ij})$

式中，w_{ij} 为 i 方案（维度）第 j 项指标的权重系数，e_{ij} 为 i 方案（维度）第 j 项指标的区位熵值。

各维度评价指数计算公式：$I_i=\sum_{j=1}^{m}(x_{ij}\times w_{ij}\times W_i)/100$

综合竞争力评价指数计算公式：$I=\sum_{i=1}^{n}I_i/100$

式中，I 表示综合竞争力评价指数，I_i 表示 i 维度评价指数，x_{ij} 表示 i 维度第 j 项指标数据。

三、县域工业经济综合竞争力评价分析

（一）综合竞争力梯队划分

以统计局公布的2022年山东省136个县（市、区）工业运行数据为截面数据，嵌入评价指标体系，确定权重并计算评价指数，得到山东省县域工业综合竞争力评价结果。按照综合评价指数排名由高到低将山东省县域划分为四个梯队。

第一梯队（1～30位）：先行引领型。县域工业在各评价维度均具有较强的发展优势，营业收入、利税贡献、生产效率、研发投入、产业集聚、企业培育、节能降耗等多项指标在山东省名列前茅。

第二梯队（31～50位）：均衡发展型。县域工业在经济总量和新兴产业培育集聚方面与先行引领型梯队有一定差距，质效能力、发展潜力、特色活力、绿色动力等维度发展水平相对均衡。

第三梯队（51～100位）：差异提升型。县域工业在重大项目建设、“专精特新”企业、特色产业集群、绿色低碳发展等方面具有区域化、差异化的比较优势，在规模总量、生产效率、结构优化、创新能力等方面仍有较大提升空间。

第四梯队（101～136位）：后发追赶型。县域工业发展受限于区位条件、资源要素、产业基础等，经济实力、质效能力、发展潜力、特色活力等维度水平偏低，但生态环境保护表现尚佳。

（二）各梯队区域分布情况

从4个梯队在各市的分布数量来看，山东省县域工业存在区域发展不平衡问题。第一梯队在东部沿海地区比重较大，青岛、东营、烟台、潍坊、威海、日照6市头部区县占比超过50%，其中青岛市独占鳌头，夺得6席，黄岛区领跑山东省县域工业高质量发展；下辖区县总数较多的市在第二梯队、

第三梯队占据优势，济南、烟台、潍坊、济宁、临沂、德州下辖区县总数均超过 10 个，6 市第二梯队、第三梯队区县占比过半；第四梯队相对集中于鲁西、鲁南地区，枣庄、济宁、临沂、德州 4 市后发区县占比超过 50%。

（三）发展特点及竞争能力

1. 第一梯队

工业基础实力强。综合竞争力 30 强区县在经济实力维度以绝对优势占据头部地位，其工业发展对地方乃至山东省工业经济增长贡献较大，以不到 1/4 的区县数量贡献了山东省县域工业一半以上的营业收入和利润。2022 年，30 强区县规上工业营业收入合计 45242. 32 亿元、利润合计 1370. 94 亿元，分别占山东省县域工业营业收入和利润总额的 54. 72%、47. 16%。黄岛区营业收入居山东省县域之首，达到 4635. 74 亿元。

产业发展能级高。这一梯队各区县产业发展层级和能级普遍较高，全员劳动生产率均在 100 万元/（人·年）以上，20 个区县的高新技术产业产值比重在 40% 以上。青岛市十大新兴产业园区中的新型显示、集成电路、先进高分子及金属材料、氢能与储能产业园以及 47 家先进制造业产业链“链主”企业中的 24 家都在黄岛区；崂山区、章丘区、龙口市、青州市、城阳区分别以新一代信息技术、高端装备、金属和化工新材料、生物医药等为主导产业，高新技术产业产值比重超过 70%。

要素资源集聚广。以高科技、高附加值、高智力密集性为特征的高端化产业层级对社会资本和创新资源产生较强的吸引力与集聚力。桓台县、崂山区、曹县、章丘区工业投资增速超过 50%，河口区、邹平市、莱州市工业技改投资增速超过 40%，茌平区、岚山区、邹平市 R&D 经费投入强度在 5% 以上。

集群融通生态好。30 强区县培育特色产业集群以优质企业为主体，以高精尖制造业为主导，以优势细分领域为赛道，构建集群合作网络，增强内部协同效应，形成上下游供应链和产业链大中小企业集聚融通良好生态。龙口市交通铝材、滕州市中小数控机床、博兴县商用智能厨房设备、胶州市智慧家居制造、城阳区橡胶材料 5 个产业集群入选国家中小企业特色产业集群，占山东省入围总数的70%。

绿色发展动力足。各区县坚持传统产业降碳减污、新兴产业增绿赋能，持续推动工业经济绿色低碳发展，在推进产业绿色化、绿色产业化、资源循环化进程中起到了引领示范作用。截至2022年底，30强区县共有省级以上绿色工厂111家，22个区县的六大高耗能行业比重在50%以下。

2. 第二梯队

多个维度均衡发展。第二梯队县域工业普遍在规模实力、质效水平、创新潜力、绿色低碳等多个维度全面均衡发展。

发展能级差距尚存。这一梯队区县相对集中于中西部地区，距离中心城市及主城区较远，地理位置、交通运输、要素资源等不及第一梯队优越便利，在经济总量、创新投入、资本集聚、产业发展等方面与第一梯队还存在差距。各区县工业营业收入规模为500亿~1000亿元，研发经费投入强度为1%~3%，工业投资、工业技改投资增速在10%左右，高新技术产业产值比重为30%~60%。新兴产业培育和特色优势产业集聚逊于第一梯队，以战略性新兴产业为主导产业的区县不到一半，2022年省级以上特色产业集群数量只占山东省新增总数的1/6。

3. 第三梯队

维度差异化发展突出。第三梯队县域工业营业收入规模普遍为200亿~600亿元，多数区县在某个维度具有差异化、特色化发展优势。例如，岱岳区、莱山区、定陶区、槐荫区、巨野县质效能力突出，规上工业营业收入利润率在10%以上；高唐县、东阿县、河东区发展潜力较大，工业投资和工业技改投资增速均超过50%；槐荫区、莱山区、五莲县、济南市中区等绿色动力较足，六大高耗能行业占比在10%以下。

特色产业集群化发展。例如，临清市拥有轴承生产加工企业5100家，其中，省级以上“专精特新”企业33家、省级以上单项冠军企业5家，先后入选省级特色产业集群、省“十强”产业“雁阵形”集群；济南市中区融合现代金融、数字经济、智能制造等新兴产业，打造电、油、气、网协同互济的千亿产业集群，成为山东省唯一晋升“双省级战略”的产业集群。周村区矿物功能新材料、芝罘区环境控制设备、昌邑市海洋精细化工、岱岳区玻璃纤维新材料、莒县生态塑料智造、东阿县阿胶、冠县钢板延链绿色智造等集群入选省级特色产业集群。

4. 第四梯队

工业规模较小，基础薄弱。这一梯队 36 个区县规上工业营业收入合计 6631.88 亿元、利润总额 259.48 亿元，分别仅占山东省县域工业总营业收入和总利润的 8.02%、8.93%。工业对地区经济增长的贡献度较低，27 个区县工业占地区生产总值的比重不到 30%，30 个区县全部工业增加值在 100 亿元以下，23 个区县规上工业营业收入少于 200 亿元，32 个区县的第一大支柱产业规模达不到百亿级别。

产业层级偏低，利润不高。多数区县工业以农副食品加工、轻工、化工、建材等传统产业为支柱，高新技术产业产值比重在 40% 以下。生产制造处于产业价值链的低端环节，产品同质化低价竞争，营业收入利润率低于 4%，20 个区县利润同比为负增长。

投资增速放缓，创新不足。工业对社会资本的吸引力降低，18 个区县工业投资增速下降，15 个区县工业技改投资增速下降，其中 7 个区县出现增速双下降。创新平台少，企业研发投入不足，23 个区县拥有省级以上研发平台的少于 10 家，25 个区县规上工业企业研发经费投入强度在 2% 以下。后发区县传统产业转型升级面临资本、技术、人才、环境等多重制约。

缺少龙头企业，布局分散。后发区县工业企业普遍规模较小，缺少能够带动中小企业融通发展的产业龙头。多数区县拥有制造业单项冠军、重点“小巨人”企业等行业龙头企业不超过 3 家，“专精特新”中小企业少于 20 家。企业之间缺少专业化分工和横向联系，行业延伸、集聚效应尚未显现。

绿色发展和生态环境尚佳。因工业经济欠发达，这一梯队在生态环境保护方面的表现要好于其他梯队，27 个区县六大高耗能行业比重在 40% 以下。各区县生态资源禀赋得天独厚，如蒙阴县、微山县、东平县等具有独特的旅游资源，莘县、金乡县、栖霞市等农业资源富饶，可以充分利用这些生态优势，积极探索富有地域特色的工业经济绿色低碳发展新出路。

四、县域工业经济高质量发展路径与对策

（一）遵循四项原则

1. 坚持融入国家重大发展战略

深度融入“黄河流域高质量发展”“绿色低碳高质量发展先行区”等国家重大发展战略。紧抓山东省沿黄河流域9市25县（市、区）在推动黄河流域战略核心区的战略机遇，充分发挥山东省作为我国重要工业基地和北方地区经济发展战略支点作用。

2. 坚持特色差异互融互补发展

根据各县域资源禀赋与发展水平，探索特色发展模式，制定差异化产业发展模式与目标，推动交界周边县域产业联动发展，力求县域工业实现资源互补、错位竞争、差异发展。

3. 坚持绿色低碳打造示范典型

把工业经济的绿色低碳发展作为主攻方向，大力发展生态型、低碳型、循环型工业经济，推进节能减排，在山东省绿色低碳高质量发展先行区建设中打造县域示范。

4. 坚持重点城市产业带动战略

深入贯彻落实国家、省及重点城市工业产业发展战略，强化产业链配套、互补，构建省、市、县产业重大项目统筹协调推进三级联动机制，从全省高度统筹县域工业发展“一盘棋”，充分发挥各县基础与优势，形成特色各异、亮点纷呈的县域空间新格局。

（二）坚持五条路径

1. 提科技，创新引领数智升级

坚持创新驱动发展战略，鼓励以企业为主体加大科技投入，支持重点骨干企业承担或参与国家、省市级重点科技基础研究、重点核心技术攻关。完善科研创新体系平台建设，整合科研院所、中小企业力量建立创新联合体，加强与省内外技术转移交易平台合作。推进企业“设备换芯”“生产换线”

“机器换人”“产品换代”等智能化改造，推动工业企业“上云上平台”实施数字化升级。

2. 促融合，一、二、三产互融互促

加速推动先进制造业与现代高效农业、生产性服务业融合发展。打通食品加工业与农业、渔业、养殖业融合发展的产业链条，加快普及现代农业装备和技术手段，提高农业机械化水平，建设智能化现代化农业园区。推动制造业由生产型向“生产 + 服务”型转变，培育多元化融合发展主体，打造制造业与生产性服务业融合发展的平台载体，促进产业向价值链高端攀升。

3. 强生态，产业集聚集群发展

支持龙头企业带动产业延链补链，延伸多元新兴业态，与产业链上下游企业组建企业联合体，共同开展市场开拓、技术进步等活动。引导不同规模企业在产供销、要素配置、技术创新上合作，助力工业园区、产业集群内部中小企业融入产业链。加快培育、引进一批产业链整合能力强的平台型企业，着力构建特色优势新兴产业集群。

4. 重绿色，节能降耗绿色转型

严格落实环保、质量、能耗、安全等国家行业标准和产业政策，依法依规倒逼落后产能加速退出，严控新增过剩产能。加强节能降耗技术改造，围绕重点产业领域积极开展智慧节能，实现能源资源梯级利用。推动工业企业向产业协同、循环利用的专业化园区靠拢。大力发展节能环保、清洁能源、循环农业、数据信息等先进制造业，加快构建绿色工业体系。

5. 育全球，区域合作开放共赢

全面支持和促进跨区域研发与创新协同，积极打造区域产业合作平台、产业转移承接平台，发挥跨区域平台共建共享优势，有效聚合县域之外的更多资源，促使省、市层面的创新要素有序流入和科技成果跨区域转移，夯实新兴产业发展基础。积极融入国内国际双循环大市场，紧抓“一带一路”和RCEP战略机遇，大力提振外向型经济。

（三）强化五项对策

1. 梯度培育，壮大产业龙头，塑强行业发展“排头兵”

以国家和省市级“小巨人”“独角兽”、瞪羚、“专精特新”企业等培育机制为抓手，建立健全县级优质中小企业梯度培育体系，主动培育一批发展前景良好、经济效益稳定、细分市场竞争力强的中小企业。打破均衡发展旧观念，推动资源向优势产业和优势企业集中，形成一批主业突出、核心竞争力强、管理体制完善、产业辐射带动作用大的龙头骨干企业。

2. 智改数转，推进数实融合，打造产业跃升“新引擎”

支持传统产业构建数字化产业链，打通产业链上下游企业数据通道，促进全方位供需调配和精准对接。采取政府补贴等方式为企业自主开展数字化转型发展提供针对性解决方案，着力培育一批智能制造示范企业和项目。加快建设数字信息产业园区，主动对接省市层面大数据平台为园区企业提供云端服务，助力产业转型升级。

3. 结构优化，优存量做增量，构建产业发展“新高地”

改造提升传统优势产业，加大设备更新投入，推动产业基础再造，促进产业链整体跃升，提升高端化、智能化、绿色化、服务化发展水平，加快向价值链中高端延伸。依托现有基础部署新兴产业，持续培育、引进一批支撑型、引领型高新技术产业、战略性新兴产业，加快产业结构优化调整。

4. 投融合力，拓宽投融渠道，打好纾困解难“组合拳”

通过财政贴息、补助、担保、风险补偿等方式，引导更多信贷资金和社会资金投向县域工业项目，大力支持高成长型企业技术改造。搭建银企合作平台，鼓励金融机构设立为县域优质中小企业服务的专营机构和专门通道，探索推进新型农村金融机构与工业企业之间产融结合、共生共赢的发展模式。

5. 磁场集聚，强化招商引资，构筑招引投资“磁力场”

以承接发达地区产业转移为目标，以央企、跨国公司、战略投资者为重点引资对象，建立重大项目招引储备库，加强项目可行性研究，形成招大商、招优商的良好态势。集中力量建设对结构调整升级有积极带动作用的产业发展项目和牵动经济社会发展全局的基础设施项目、社会事业项目，使工业经济总量在资本投入的大力推动下实现新一轮扩张。

参考文献

［1］县域工业经济研究课题组．山东省县域工业经济评价体系建设研究［A］//山东省工业和信息化研究院．2022山东省工业和信息化发展研究．北京:中国经济出版社,2023:17－30.

作者简介

王巧婧，经济师，山东省工业和信息化研究院。

刘际宁，副研究员，山东省工业和信息化研究院。

王玉禄，副研究员，山东省工业和信息化研究院。

李思瑶，研究生，中国海洋大学。

李国芹，院党委委员，副院长，一级调研员，山东省工业和信息化研究院。

8

鲁粤苏浙四省制造业上市公司创新能力比较研究

崔磊　徐兆伟　刘虹妹　赵玉玺

摘　要　党的二十大报告指出，要坚持创新在我国现代化建设全局中的核心地位。制造业是现代化建设的重要支柱，已成为培育和发展新质生产力的主战场。制造业上市公司作为优质企业的代表，是支撑产业发展和培育新动能的重要力量，对推动制造业整体加快创新发展具有显著的引领带动作用。近年来，山东省制造业上市公司数量、市值水平、产业规模有所提升；同时，在推进创新发展方面，制造业上市公司还面临一些问题和挑战。随着我国股票市场注册制改革的全面落地，资本市场服务实体经济和科技创新的质效不断增强。山东省应抢抓历史机遇，积极向先进地区找差距、谋思路，持续抓创新、促转型，大力提升制造业上市公司整体规模与发展质量，加快培育和发展新质生产力，引领带动山东省制造业加快创新发展步伐。山东省工业和信息化研究院课题组深入研究比较山东、广东、江苏、浙江等省份的制造业上市公司整体发展质效，分析找出山东省在规模体量、盈利能力、研发投入等方面存在的短板和不足，并从建设创新载体、加快梯度培育、优化资源配置、推动集群发展、提升服务水平等方面提出对策建议。

关键词　鲁粤苏浙　制造业　上市公司　创新能力

制造业是现代化产业体系的关键力量，制造业上市公司作为制造业领域的优质企业代表，是培育发展新质生产力的重要主体。我国制造业 A 股上市公司总数量占规模以上制造业企业总数量的比重仅为0.8%，但其实现的营业收入占规模以上制造业企业总营业收入的比重达到了24.4%。自2023年以来，随着我国股票市场注册制改革的深入推进，金融资本与实体经济产业加速融合，山东省应抢抓机遇，加快提升制造业上市公司整体发展质效，充分发挥优质企业的示范引领作用，以创新带动加快培育发展新质生产力，从而更好地推动山东省制造业整体向高端化转型迈进。

一、山东省制造业上市公司整体发展情况

截至2023年底，我国A股市场中上市公司数量排名前10的省市分别为广东、浙江、江苏、北京、上海、山东、安徽、四川、福建和湖北。近年来，山东省上市公司快速成长，在促进经济稳定增长、推动产业持续创新等方面发挥的作用也在不断增强。

（一）上市公司为山东省经济长期稳定增长奠定坚实基础

截至2023年底，山东省在A股市场中的上市公司总数量为307家，比上年度增加了18家，总市值达到34875.7亿元。从单一企业市值来看，山东省有20家上市公司的市值超过了300亿元，10家上市公司的市值超过500亿元，5家上市公司的市值超过1000亿元，1家上市公司的市值超过2000亿元。其中，万华化学以2412.0亿元的总市值居山东省上市公司第1位；海尔智家、兖矿能源分别居第2位、第3位，市值分别为1896.0亿元、1292.4亿元；中航沈飞、潍柴动力、山东黄金、中际旭创、青岛啤酒、歌尔股份、华鲁恒升依次列第4位至第10位；华电国际、浪潮信息、中泰证券、青岛港、赛轮轮胎、南山铝业、太阳纸业、山东高速、华熙生物、东阿阿胶依次列第11位至第20位。总体来看，近5年，山东省A股上市公司数量的年均增长率为9.4%，总市值的年均增长率为17.9%。目前，山东省尚有32家拟首次公开募股（IPO）企业正在排队上市，后备力量较为充足。

（二）制造业上市公司凸显山东省制造经济的强劲活力

一是从上市公司在各行业的分布数量来看（如图1所示）。制造业是山

东省上市公司的绝对“主力军”，截至2023年底，山东省共有238家制造业A股上市公司，占山东省A股上市公司总数的77.5%，占比高出全国平均水平（67.5%）10.0个百分点，比广东省（70.7%）高6.8个百分点，与江苏（78.6%）、浙江（77.7%）两省接近。二是从上市公司的市值占比水平来看。截至2023年底，山东省制造业A股上市公司的总市值达到了27941.1亿元，占山东省A股上市公司总市值（34875.7亿元）的80.1%，占比高出全国平均水平（53.7%）26.4个百分点，比广东省（61.8%）、江苏省（72.8%）、浙江省（72.7%）分别高出18.3个、7.3个、7.4个百分点。山东省市值排名前10的A股上市公司中，有9家为制造业企业，广东、江苏、浙江三省的这一数量分别为6家、6家、5家。三是从上市公司的营业收入规模来看。2023年，山东省制造业A股上市公司共实现营业收入21651.8亿元，平均值为91.0亿元/家，高于同期广东省（84.9亿元/家）、江苏省（40.0亿元/家）和浙江省（53.5亿元/家）的平均值。这些数据不仅充分展现了山东省制造经济的强劲活力，也凸显了制造业对经济发展的核心带动作用。

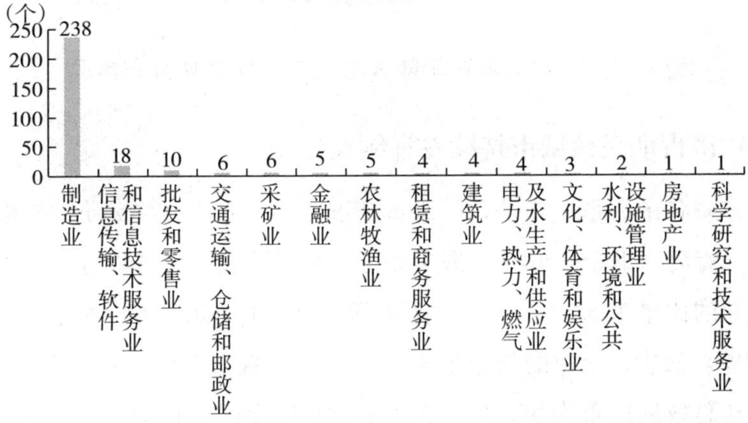

图1　山东省A股上市公司行业分布情况（截至2023年底）

（三）山东省战略性新兴产业在资本市场中表现突出

2022年以来，山东省企业创业创新取得显著成效，创业板上市公司数量从2022年的58家扩充到了2023年的66家（其中制造业企业52家），增量列全国第 4 位，总量列全国第 6 位。2023 年，全国新增的 313 家 A 股上市公司中，山东省拥有 18 家，增量列全国第 6 位。特别值得关注的是，在这 18 家实现 IPO 的鲁企中，17 家企业属于战略性新兴产业，多数集中在创业板和北交所（如图 2 所示），具有较好的成长性和创新性。其中，在创业板上市的有 8 家企业，分别是盘古智能、海科新源、海看股份、豪江智能、亚华电子、科源制药、泓淋电力、乖宝宠物；在北交所上市的有 6 家企业，分别是泰鹏智能、国子软件、天罡股份、民士达、迪尔化工、一诺威；在上证和深证主板上市的有 4 家企业，分别是金帝股份、亚通精工、宏盛华源、坤泰股份。

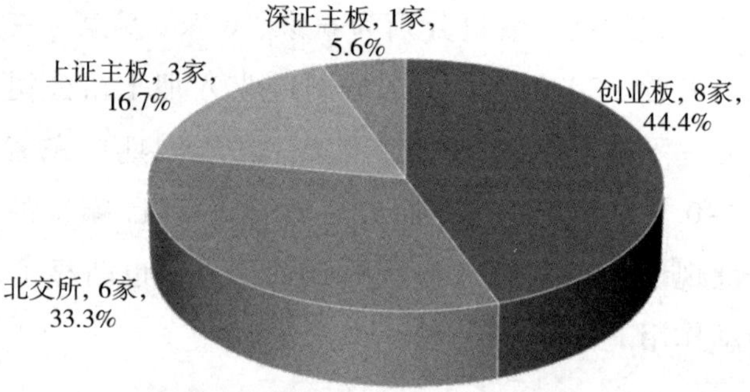

图 2　2023 年山东省新增 A 股上市公司板块分布情况

（四）济青烟三核城市持续发挥领航作用

从山东省各市 A 股上市公司的基本情况来看（如表 1 所示），截至 2023 年底，济南、青岛、烟台三市的 A 股上市公司数量合计达到 165 家，占山东省上市公司总数的比重为 53.7%；总市值达到 21054.3 亿元，占山东省总市值的比重为 60.4%。其中，三市的制造业 A 股上市公司数量合计达到 114 家，占山东省上市公司总数的比重为 47.9%；总市值达到 16213.2 亿元，占山东省总市值的比重为 58.0%。2023 年，济南市共有 4 家企业实现 IPO，是山东省年内新增上市公司数量最多的市；其他市中，烟台市有 3 家，青岛市、泰安市、威海市、淄博市、聊城市各有 2 家，东营市有 1 家。

表1　山东省各市A股上市公司数量与市值统计（截至2023年底）

序号	城市	上市公司		制造业上市公司	
		数量（个）	总市值（亿元）	数量（个）	总市值（亿元）
1	济南	47	5935.2	26	3470.3
2	青岛	66	7345.5	48	5823.1
3	淄博	33	2245.0	26	1928.3
4	枣庄	4	378.4	3	326.8
5	东营	6	559.0	6	559.0
6	烟台	52	7773.6	40	6919.8
7	潍坊	29	3196.0	27	3141.8
8	济宁	10	1983.9	9	691.5
9	泰安	7	241.2	4	116.5
10	威海	17	2167.4	15	2048.0
11	日照	2	99.4	1	14.8
12	临沂	6	349.3	5	299.3
13	德州	11	1161.9	11	1161.9
14	聊城	7	850.2	7	850.2
15	滨州	8	364.0	8	364.0
16	菏泽	2	225.7	2	225.7

二、山东省制造业上市公司整体发展质效与其他先进省份相比在三个方面尚存不足

山东省制造业A股上市公司总数量占山东省规模以上制造业企业总数量的比重为0.7%（全国平均值为0.8%），总营业收入占山东省规模以上制造业企业总营业收入的21.5%（全国平均值为24.4%），这两项比例均低于全国平均水平，与山东省制造业大省的规模体量并不适配，应积极向其他先进省份找差距、谋思路，持续抓创新、促提升。经深入分析，当前山东省制造业上市公司与其他先进省份相比，主要在总体规模与盈利能力、成长型企业上市数量与总产值增长、研发投入增速与总体占比三个方面存在明显不足。

（一）上市公司总体规模较小，盈利能力亟待提升

近年来，山东省制造业上市公司数量和市值规模虽不断增长，但与其他先进省份相比，总体规模与盈利能力等发展基础仍需进一步巩固。一是总体规模较小。从上市公司数量来看，截至 2023 年底，山东省数量（238 家）远低于广东（614 家）、江苏（541 家）、浙江（545 家）三省；从上市公司营业收入规模来看，2023 年，山东省营业收入规模（21651.8 亿元）与江苏省（21666.2 亿元）基本持平，但与广东省（52158.4 亿元）、浙江省（29167.2 亿元）差距较大。二是盈利能力亟待提升。2023 年，山东、广东、江苏、浙江四省制造业 A 股上市公司的利润总额分别为 1308.8 亿元、3279.5 亿元、1515.7 亿元和 2061.6 亿元，企业的平均营业利润率分别为 6.0%、6.3%、7.0%、7.1%。山东省制造业 A 股上市公司的利润总额和平均营业利润率均低于其他先进省份。

（二）成长型企业上市数量偏少，总产值增长较慢

创业板主要服务于成长型创新创业企业，代表了我国经济转型升级的重要力量。近年来，虽然山东省制造业中小企业登陆创业板的数量在逐年攀升，但在总体数量、市值规模、产值增长等方面，山东省仍存在较大差距。一是从创业板上市公司数量与市值来看。截至 2023 年底，山东省在创业板中的 52 家制造业上市公司总市值为 4195.3 亿元，企业数量与总市值均远低于广东（228 家，22685.9 亿元）、江苏（155 家，9507.2 亿元）、浙江（137 家，6721.6 亿元）三省。二是从产值规模与增长速度来看。2023 年，山东省在创业板中的制造业上市公司总产值为 1277.7 亿元，同比增长 1.9%，产值规模仅相当于广东省（6482.9 亿元）的 19.7%、江苏省（3004.4 亿元）的 42.5% 和浙江省（2600.7 亿元）的 49.1%，产值增长速度与广东省基本持平但远低于江苏省（8.7%）和浙江省（6.2%）。

（三）研发投入增速不高，占营业收入比例总体偏低

一是研发费用增长速度较慢。2023 年，山东省制造业 A 股上市公司的研发费用总体同比增长 4.6%，较广东（15.5%）、江苏（12.8%）、浙江

(9.9%）三省分别低10.9个、8.2个和5.3个百分点。二是研发费用占营业收入的比重偏低。2023年，山东省制造业A股上市公司的研发费用占营业收入的平均比例为3.7%，较广东（5.1%）、江苏（4.8%）、浙江（3.9%）三省分别低1.4个、1.1个和0.2个百分点。从绝对值来看，2023年，山东、广东、江苏、浙江四省制造业A股上市公司的研发经费总投入分别为802.7亿元、2684.8亿元、1050.1亿元、1147.2亿元，其中广东省居全国首位，是山东省的3倍多。

三、提升山东省制造业上市公司整体发展质效的对策建议

（一）建设创新载体，储备创新要素

一是引导山东省制造业上市公司积极对接国家级科研院所和智库单位，联合建设多层次的科创实验室、创新中心或科创联合体，加快培育发展新质生产力。对经认定或设立的创新中心、企业技术中心、工业设计中心、院士专家工作站等创新载体，制定相应的激励政策并给予一定的资助扶持。二是充分发挥战略性新兴产业的带动作用，引导上市3年以上的战略性新兴产业企业牵头建立一批产融示范基地，加强产业人才的培养与储备，为育大做强新兴产业提前做好各类创新要素保障。

（二）加快梯度培育，开展精准辅导

一是加快实施制造业上市公司“金种子”计划，重点遴选单项冠军、“专精特新”等优质企业纳入上市帮扶范围，制定“一企一策”推进方案，明确上市时间表与路线图。二是为制造业上市后备企业精准开展咨询辅导，根据上市储备期企业的不同需求，组织高层次中介机构通过专项公益服务券形式，开展前期规划咨询、规范性经营培训等活动，促进企业与资本市场深度对接。

（三）优化资源配置，提升盈利水平

一是支持制造业上市公司中的高端制造企业、重点研发项目等优先落户经济技术开发区、高新区、保税区、国家级先行区等各类重点园区，并在土

地指标、基础设施、公共服务等方面提供优惠，进一步优化资源配置。二是充分利用工业互联网、“产业大脑”等数字化转型推进平台，以及引入高层次供应链管理服务商，助力制造业上市公司有效提高产业链供应链网络化协同能力，切实提升盈利水平，持续扩大产值规模。

（四）支持并购整合，推动集群发展

一是通过国有投资公司或政府投资基金共同组建先进制造业发展等基金，支持制造业上市公司通过市场化方式对上下游企业进行并购整合，鼓励企业通过增资扩股、兼并重组、股权置换等方式做大做强。二是围绕优势制造业加快优化完善主导产业链，推动产业集群集聚发展。鼓励制造业上市公司招引产业链配套企业，对引进的固定资产投资项目完成全部投资后，按实际完成固定资产投资额的一定比例给予合规引荐人奖励。

（五）抢抓改革机遇，提升服务水平

一是抢抓股票发行注册制改革机遇，坚持量质并举，支持企业根据自身特点选择不同上市板块，登陆境内外多层次资本市场。持续深化与境内外交易所合作，支持上市公司在境内或境外二次上市。积极对接港交所改革举措，支持有国际化需求的科技公司试点通过特专公司上市规则和特殊目的收购公司（SPAC）规则登陆港股。二是提升资本市场服务水平，深化与证券监管部门和交易所合作交流，为企业上市提供一站式、全方位、高效率的专业化服务。积极引进境内外优质证券公司、会计师事务所、律师事务所等第三方中介机构来鲁展业，培育具备证券业务资质的本土第三方中介机构，支持本地券商做优做强。引导在山东省设有分支机构的证券公司提档升级，配强投行业务团队，提高服务质量。

参考文献

[1]张金英,陆春晓．山东省制造业绿色转型的环境政策演进研究[J]．产业创新研究,2023(23):33－35.

[2]朱晓静．山东构建产业生态体系推动制造业高质量发展研究[J]．中国国情国力,2022(11):30－34.

[3]山东省人民政府. 山东省创新型省份建设实施方案[Z]. 2017-11-16.

[4]王玉梅,孙珊,杨皎平,等. 高技术产业创新能力评价指标体系构建[J]. 财会月刊,2020(4):69-75.

作者简介

崔 磊,产学研用研究室主任,副研究员,山东省工业和信息化研究院。

徐兆伟,高级工程师,山东省工业和信息化研究院。

刘虹妹,高级工程师,山东省工业和信息化研究院。

赵玉玺,助理经济师,山东省工业和信息化研究院。

9

山东省先进制造业集群对标研究

先进制造业集群对标研究课题组

摘　要　先进制造业集群是产业分工深化和集聚发展的高级形式，拥有一批具有国际竞争力和影响力的先进制造业集群是制造强国的重要标志。截至2022年，工业和信息化部公布的45个国家级先进制造业集群名单中，山东省只有3个集群入围，位列全国第5。本课题在对鲁粤苏浙湘等省先进制造业集群发展现状分析的基础上，从规划引领与政策支持、集群产业基础、创新引领、核心能力建设、协同发展和集群自发自成长六个维度与粤苏浙湘四省进行了对标，在辩证分析山东省先进制造业集群优劣势增强发展紧迫感的同时，提出促进山东省加快培育一批具有国际竞争力的先进制造业集群的意见和建议。

关键词　先进制造业　集群　对标研究

一、先进制造业集群发展现状

（一）我国先进制造业集群发展情况

近年来，我国在先进制造业集群发展方面积极探索，并取得良好成效。截至2022年，工业和信息化部公布了三批45个国家级先进制造业集群，这45个国家级先进制造业集群年总产值突破20万亿元，布局建设了18家国家制造业创新中心，培育创建了170余家国家级单项冠军企业、2200余家国家级“专精特新”“小巨人”企业，成为推动制造业高质量发展的重要载体。

从领域分布来看，新一代信息技术 13 个、高端装备 13 个、新材料 7 个、生物医药及高端医疗器械 5 个、消费品 4 个、新能源及智能网联汽车 3 个。新一代信息技术、高端装备、新材料领域累计涉及 33 个，占比超过 70%。

从地域分布来看，45 个国家级先进制造业集群覆盖了 19 个省（区、市）、3 个计划单列市（如图 1 所示）。其中，江苏独占 10 席，在数量上位居榜首；广东以 7 个集群紧随其后；而湖南和浙江各占 4 席，同列第 3 位；上海、山东分别拥有 3 席，并列第 4 位。

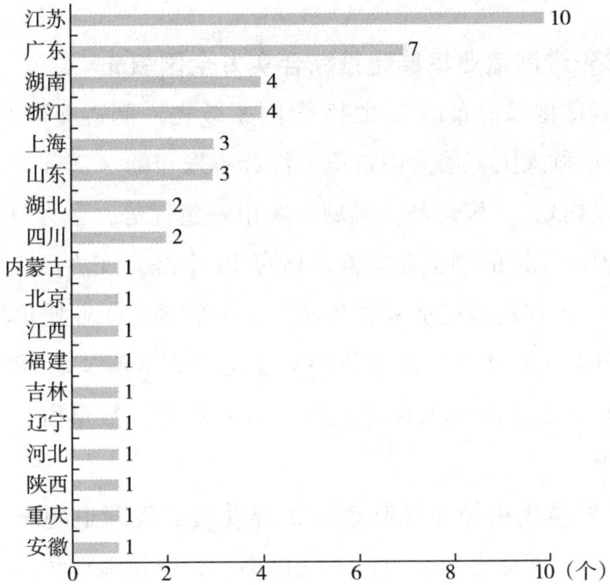

图 1　45 个国家级先进制造业集群地域分布

（二）山东省加力培育一批先进制造业集群

自 2019 年以来，山东省围绕“十强产业”和 11 条标志性、战略性、全局性产业链，积极促进创新链、产业链、资金链和人才链的深度融合，逐渐形成了以海尔、海信、澳柯玛等企业为龙头的智能家电产业集群，以中车四方机车、中车四方车辆、青岛四方庞巴迪等企业为龙头的青岛轨道交通装备产业集群，以潍柴集团、豪迈科技、雷沃重工等企业为龙头的潍坊动力装备产业集群，以浪潮集团、潍坊歌尔为龙头的新一代信息技术产业集群等一大批产业规模大、经济效益好、特色鲜明、竞争力强的产业集群，对山东省产业结构优化升级、产业高质量发展起到了重要的推动作用。

截至2023年，山东省已公布10个省级先进制造业集群、65家省级特色产业集群、重点培育180个“雁阵形”产业集群、7个国家级战略性新兴产业集群、3个国家级先进制造业产业集群。营业收入规模突破8.9万亿元，集群领军企业276家，营业收入规模达3.1万亿元，其中，过千亿元的集群有5个，25个省级战略性新兴产业集群总规模超过1.5万亿元，集聚企业7.92万家，年主营业务收入达12195.21亿元，为山东省经济高质量发展提供了有力支撑。

1. 江苏省先进制造业集群建设综合实力全国领先

在工业和信息化部公布的三批45个国家级先进制造业产业集群名单中，江苏省有10个集群入围，居全国首位。江苏省发布的《江苏省“十四五”制造业高质量发展规划》，聚焦新兴领域、突出特色优势，全力打造6个综合实力国际领先或国际先进的制造业集群，培育10个综合实力国内领先的先进制造业集群。这16个先进制造业集群规模占江苏省规上工业比重达到70%；拥有国家制造业创新中心2家、国家新型工业化产业示范基地30家。同时，新型电力装备等6个集群入围国家级先进制造业集群，数量占长三角三省一市入选总数的一半。

2. 湖南省差异化引领先进制造业集群发展实现弯道超车

自2020年起，湖南省先后出台了《湖南省先进制造业集群“十四五”发展规划》《湖南省先进制造业集群培育管理办法》《湖南省产业集群竞赛实施办法》等一系列培育和发展先进制造业产业集群的文件，同时在全国首家以条例的法律形式出台《湖南省先进制造业集群培育管理办法》。湖南省先后培育了4个国家级先进制造业集群，15个省级产业集群，7个省级中小企业特色产业集群，同时推动建立了50家集群发展促进组织。2022年，湖南省24个产业集群实现产值11732.6亿元，集群内规上企业3274家。

3. 浙江省奋力打造全球先进制造业基地

浙江省高度重视先进制造业集群建设重点领域和关键环节，以及进行政策重塑，构建“4+2”财政支持体系。打造“415X”先进制造业集群培育工程调度平台，聚焦空间腾换、招大做强、企业优强、品质提升、数字赋能、创新强工“六大行动”，制定重点企业、重点项目等“五张清单”，实施指标、项目、任务、要素、督考“五位调度”。配套安排省级财政支持资金3亿元，撬动浙江省各地年度投资达300亿元。截至2022年，浙江省“415X”先进制造业集群规模以上企业营业收入突破8万亿元，比上年增长7.5%，15个省级特色产业集群中9个实现两位数增长，投资10亿元以上制造业重大项目数量占比91%。

4. 广东省坚持制造业立省不动摇

广东省陆续在2019年发布培育先进制造业集群实施方案，2020年出台培育发展战略性支柱产业集群与战略性新兴产业集群的意见和关于推动制造业高质量发展的意见，实行“一群一策”精准培育，构建“1+20”的政策体系，部署实施“六大工程”，高起点培育发展20个战略性产业集群，广东省规上工业企业达5.9万家，形成新一代电子信息、绿色石化、智能家电等7个万亿级产业集群。截至2022年，广东省制造业营业收入165855.2亿元，占全国制造业总营业收入的13.8%，居全国首位。先进制造业和高技术制造业增加值占规模以上工业增加值比重分别提升至55.0%、29.5%。

二、鲁粤苏浙湘五省先进制造业集群建设对标分析

近年来，山东省把发展先进制造业集群定位于更加突出的战略重点，集群主导产业加快向中高端迈进，产业链供应链韧性和安全水平不断提升，初步形成了协同创新、人才集聚、降本增效等规模效应和竞争优势。然而，在发展规划与政策落地、集群产业基础、核心能力建设、协同发展机制建设、创新引领力量塑造和开放融合策略拓展方面，山东省与粤苏浙湘等标杆省份相比，还存在一定的差距。

（一）规划引领持续强化，体系化发展措施尚未形成

1. 各省陆续出台规划政策，不断加强政策引领

山东省印发了《培育先进制造业集群和创建制造业高质量发展试验区示范区的实施方案（2021—2025年）》，提出发挥制造大省产业基础优势，加快

培育先进制造业集群，到2025年，力争打造形成6个以上具有国际竞争力的国家级先进制造业集群、10个以上在全国竞争力领先的省级先进制造业集群，创建形成3个以上国家级制造业高质量发展试验区示范区，重点培育青岛轨道交通装备产业集群、青岛智能家电产业集群等20个产业集群。江苏省出台加快培育先进制造业集群的指导性文件，成立集群培育工作办公室，全力打造6个综合实力国际领先或国际先进的先进制造业集群，培育10个综合实力全国领先的先进制造业集群。浙江省推出了培育先进制造业集群行动计划，提出打造4个世界级先进制造业集群，培育15个优势制造业集群，努力打造全球先进制造业基地。广东省印发培育发展战略性支柱产业集群和战略性新兴产业集群的意见，实行“一群一策”精准培育，形成“1+20”政策体系，加快培育世界级先进制造业集群。湖南省制定了打造先进制造业高地“十四五”发展规划，各部门依据行业特点和需求，制定具体的行业规划、专项规划，从而形成了“1+23+10”的制造业规划体系；以法律的形式公布并实施了全国首部推动制造业发展的地方性法规《湖南省先进制造业促进条例》。

2. 标杆省份积极打造执行力量，扎实推进政策规划落地

江苏省积极推进集群协同发展培育机制建设，成立了由27个省级部门组成的省先进制造业集群培育工作办公室，推动集群培育与人才、金融、专利、标准、检测、认证、统计等部门工作的耦合共振，省工业和信息化部、发展改革委、科技部门80%的省级产业类财政资金聚焦支持集群培育。浙江省建设“415X”先进制造业集群培育工程调度平台，围绕空间腾换等“六大行动”，制定重点企业、重点项目等“五张清单”，开展指标、项目、任务、要素、督考“五位调度”。湖南省聚焦竞争优势强、发展潜力大的项目进行培育，明确省级产业集群的培育对象，实施产业集群专项行动，构建“国家级产业集群培育池”，建立集群“三级四库一清单”工作体系，提供从孵化到企业、产业以及产业集群的全周期服务。

反观山东省，调研中发现目前尚未形成体系化发展举措。

（二）产业基础实力较强，发展质量相对偏低

1. 山东省产业门类齐全，集群产业基础实力雄厚

山东省是制造业大省，在全国制造业中占有重要地位。山东省产业门类

全、结构完备，拥有全部41个工业大类、207个工业中类中的197个、666个工业小类中的526个，100多种重点产品产量居全国前3位。

2. 山东省集群建设质量不高，执行措施仍需加强

虽然山东省制造业基础较强，制造业增加值增长较快，但与粤苏浙等省份相比在地区生产总值中的占比仍较低，国家级集群数量相对较少。2022年，鲁粤苏浙四省制造业营业收入分别是95197.7亿元、165855.2亿元、151903.5亿元、99989.3亿元，占全国制造业比重分别是8.0%、13.8%、12.7%、8.4%，鲁粤苏浙四省合计占比达42.9%，山东省在鲁粤苏浙四省中占比最低，居全国第4位（如图2所示）。鲁粤苏浙四省制造业占本省工业比重分别是88.1%、92.2%、94.1%、92.6%，其中，江苏省制造业营业收入占本省工业比重最高，山东省最低。

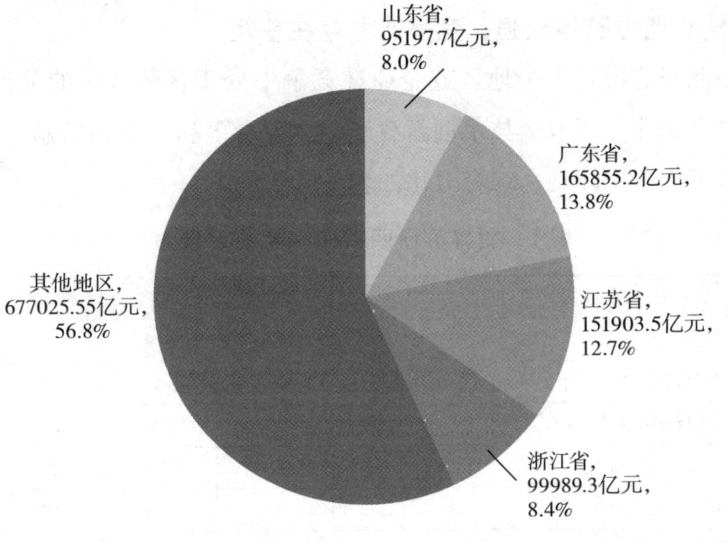

图2　2022年鲁粤苏浙四省制造业营业收入及占全国制造业比重

从制造业增加值占比分析。鲁粤苏浙四省中制造业增加值占本省GDP的比重，山东省最低，为28.4%，粤苏浙三省占比分别是34.1%、37.3%、35.1%；鲁粤苏浙四省制造业增加值占比分别高出全国占比0.7个、6.4个、9.6个、7.4个百分点，较上年分别增加0.1个、0.2个、1.5个、0.6个百分点。

在2023年中国百强产业集群排行榜上，江苏省有18个、浙江省有17个、广东省有14个集群入围，分列前3位，山东省有8个集群上榜，居第4位。

从组织省级集群竞赛来看，江苏省早在2018年就培育了16个省级集群；浙江省2023年初确定15个省级集群；湖南省推动6个产业集群争创国家级集群；山东省从2023年开始启动省级先进制造业集群培育行动，拟首批选拔培育10个省级先进制造业集群。

从产业发展质量来看。2022年，山东省规模以上工业营业收入利润率是4.1%，广东省为5.3%，江苏省为5.6%，浙江省为5.4%，山东省明显低于粤苏浙三省，居全国31个省（区、市）的第29位。

从以上数据可以看出，尽管山东省产业基础较强，整体实力也不错，但是先进制造业集群整体的发展水平与粤苏浙湘等兄弟省份相比还有不小差距。

3. 核心能力整体较强，竞争能力存在差距

核心能力建设是一个地区或企业在竞争中处于优势地位的关键要素，通过高新技术企业、国家级技术创新载体、单项冠军和“专精特新”“小巨人”企业数量等指标来体现，综合对比如表1所示。

表1　鲁粤苏浙四省核心能力元素对比

核心能力元素	山东省	广东省	江苏省	浙江省
高新技术企业（万家）	2.6	6.9	4.4	3.5
国家级制造业创新中心（个）	2	4	2	1
省级制造业创新中心（个）	29	33	55	30
国家重点实验室（个）	11	30	32	18
省重点实验室（个）	22	299	158	40
国家级制造业单项冠军企业和产品（个）	186	132	170	188
国家级“专精特新”“小巨人”企业（个）	1056	1535	1505	1452

从制造业企业竞争力来看，在全国具有引领性的少。在2023年中国制造业企业综合实力200强中，山东省入围企业数量最多，有30家，分别比浙江省、广东省、江苏省多1家、8家、10家；但是在前10强中，山东省仅有1家，而广东省有3家企业入围。

从制造业园区竞争力来看，先进制造业百强园区不仅数量少，而且实力

偏弱。在2023年先进制造业百强园区中，山东省仅有7个，列江苏省（23个）、浙江省（11个）、广东省（10个）之后。

4. 集群自治认知清晰，自成长、自发展动力不足

（1）标杆省份积极打造集群自治发展力量。

江苏省积极鼓励发展集群促进组织，建立了36家集群促进组织培育库，指导组建全国首家省级先进制造业集群联盟，搭建集产、学、研、金、介、用于一体的开放合作平台，首批已有48家单位参与。湖南省成立了50家集群发展促进组织，为集群及集群企业提供发展规划、市场开拓、金融服务、合作交流、共性技术攻关等服务。

（2）山东省集群自治发展力量不足。

相对而言，山东省的集群组织与机制建设较为薄弱，“自治乏力”“协调不畅”“共享不足”等问题严重制约集群的良性发展。

5. 创新资源投入较多，发展动力略显不足

科技创新的实力是决定集群发展前景的关键因素。从创新投入来看，2022年全国科技经费投入统计公报显示，山东省研究与试验发展（R&D）经费为2180.4亿元，分别为江苏省的57%、浙江省的90%、广东省的49%；山东省投入强度为2.49%，分别低于江苏省0.63个、浙江省0.62个、广东省0.93个百分点，低于全国平均水平0.05个百分点。《山东省区域科技创新能力评价报告2022》显示，2021年，山东省工业企业研发经费投入强度为1.51%，分别低于江苏省0.26个、广东省0.16个、浙江省0.08个百分点。

从企业研发人员数量来看，2021年，山东省规上工业企业研究人员总量仅约为广东省、江苏省的1/2，规上工业企业研究人员占企业R&D人员的比重为27.69%，低于江苏省1.04个百分点。

从创新产出效率来看，2021年，山东省每万人高价值发明专利拥有量为4.64件，低于全国平均水平2.86件，仅约为广东省的1/4、江苏省的1/3、浙江省的1/3；PCT国际专利申请受理量仅约广东省的1/8，不足江苏省的1/2。

相对较低的R&D经费投入强度、研发人员的不足和乏善可陈的创新效率，反映出山东省集群创新引领能力不强、发展动力不足。

6. 集群内外融通不够，区域间产业竞争大于协同

产业集群的发展不但需要集群内部产业链的协同，上下游企业之间的联创，大中小型企业的紧密协作，还需要跨区域构建集群协作网络，组团建群，从竞争转向竞合。

（1）标杆省份积极推进集群融通。

江苏省积极贯彻落实长三角一体化发展战略，加强与上海市、浙江省、安徽省等地的合作，联手培育了长三角 18 个国家级先进制造业集群，在该省 10 个国家级先进制造业集群中有 3 个就是跨区域协作联合培育成功的。广东省由政府牵头制订推动超高清视频产业行动计划，广佛惠三地政府共同编制集群实施方案，签订战略合作协议，成立工作领导小组，有效整合各方资源，成功培育出 4 个跨区域的国家级先进制造业集群。浙江省聚焦全省制造业“双核一带一廊”整体布局，引导县（市、区）充分发挥产业特色和区位优势，积极创建省级特色产业集群的核心区和协同区，通过开展核心区、协同区竞赛，有力地促进了产业集群高质量发展。湖南省鼓励国家级园区与省级园区建立梯度布局、利益共享、资源互补、协同发展的共同体。

（2）山东省集群融合不足，竞争大于协同。

与上述省份的集群协同相比，尽管山东省集群内企业间、行业间、区域间相互协作逐渐增多，但同一集群内的企业、行业大多只是地理位置邻近，相互间并未形成密切协作关系，区域间的产业雷同较重，产业间关联性较差，竞争更是大于协同。

三、对策建议

（一）聚力政策引导，明确集群发展目标思路

一是对集群培育进行科学布局。在省级层面出台指导先进制造业集群发展的文件，并以法律法规的形式予以固化。二是厘清先进制造业集群、战略性新兴产业集群、中小企业特色产业集群和“雁阵形”产业集群的关系，构建集群梯次培育体系。三是完善工作机制。在工业和信息化部门设立产业集群推进机构，拟定并执行相关政策，实时监控山东省产业集群发展动态，加

强与有关部门沟通交流，协调解决集群发展重点、难点问题。

（二）鼓励协同创新，建立分工协作创新机制

一是强化企业创新主体地位，让企业真正成为技术创新决策、研发投入、科研组织、成果转化的主体。二是加速创新资源要素汇集。推动国家制造业创新中心、产业创新中心、技术创新中心等国家级创新平台与国家级集群同步建设。三是加强创新协同，推动产业共性关键技术攻关。支持集群企业与高校、科研机构共建创新平台，提升集群产业链自主创新能力。四是完善协同创新服务体系，打造集群创新“生态圈”。五是探索设立技术攻关专项政策，推动产学研协同攻关，加快实现重点领域技术突破。

（三）整合产业资源，推动产业集群融通发展

一是加大集群内部整合产业资源力度，优化产品结构，提升产品附加值和市场竞争力。二是从省级层面进行宏观调控，破除行政壁垒和制度壁垒，倡导建立跨区域的集群联合建设机制。三是鼓励相同产业间多个城市联合建设产业集群，延长产业链，形成区域间的良性互补。

（四）提升传统制造业能级，超前布局未来产业

一是结合传统制造业改造提升，以“数字化、绿色化、智能化、集群化”方向在消费品、原材料、机械装备制造等传统产业优势领域，培育一批在国内外有较强话语权和影响力的特色优势产业集群。二是超前布局未来，制订实施未来产业培育发展行动计划，着力培育未来产业技术应用场景，加速市场化、产业化进程，着重培育电子信息、高端装备、生物医药、节能环保、新能源、新材料等具有广泛影响力、竞争力和引领力的新兴制造业集群。

（五）优化发展生态，引导集群自主成长和发展

针对产业联盟、协会、集群发展推进组织的规范化，通过优化集群发展生态，引导集群自主成长和发展。一是明确标准。推进集群促进机构发展的政策制定，明确功能定位、重点工作、组织架构，培育一批高质量的集群发展促进机构。二是促进相互交流。定期召开不同集群促进机构经验交流会，

增强服务能力。三是建立评价体系。重点围绕“是否采用市场化方式提供服务、是否具有自我‘造血’功能”两个方面进行评价，以激励促进机构创新服务内容和方式，提高服务实效。

（六）强化人才引育，提高集群人才保障能力

一是联合高校院所建立人才基地，优化专家库结构，鼓励优秀企业家、行业顶尖专家参与产业标准与集群规划制定。二是加大培养基础人才，降低企业用工成本。三是畅通人才交流渠道，打造复合型人才培养通道。四是加强人才社会服务保障，解决人才的后顾之忧。

参考文献

[1]王桂兰,刘焕荣. 城市产业集群与经济增长:基于中国制造业的实证分析[J]. 中国软科学, 2008(4): 55-61.

[2]吴冰,杨宇平. 基于企业关系网络的制造业集群协同研究[J]. 产业经济与管理, 2021, 36(9): 104-112.

[3]刘世东,李晓容. 制造业集群协同创新的演化分析研究[J]. 科技管理研究, 2017, 37(21): 49-55.

[4]乔瑞庆. 以“创新优先、市场驱动”助推先进制造业集群发展[EB/OL]. [2023-05-20]. http://views.ce.cn/view/ent/202305/13/t20230513_38544487.shtml.

[5]史慧芳. 国家先进制造业集群名单出炉:苏粤浙湘领跑全国,新一代信息技术、高端装备等领域居多[EB/OL]. [2022-12-07]. https://www.cfcedu.org.cn/news/show/8cb03e7145c5492fbc74da5261e89dae/.

[6]夏丹. 集群竞赛,47个种子选手到位[EB/OL]. [2023-02-11]. https://zjnews.zjol.com.cn/zjnews/202302/t20230211_25409105.shtml.

[7]杨志明. 从广东上半年经济成绩单看产业韧性　数字化转型厚植发展新优势[EB/OL]. [2022-07-31]. https://news.southcn.com/node_54a44f01a2/63e5fa26b1.shtml.

[8]彭琳. 广东7个集群入选国家先进制造业集群[EB/OL]. [2022-12-01]. https://new.qq.com/rain/a/20221201A04LP400.

[9]李永明. 推动先进制造业集群发展迈上新台阶[EB/OL].[2021-10-09]. http://www.qunzh.com/qzxlk/qz/2021/202119/202110/t20211009_97288.html.

课题组成员简介

赵　彬，高级经济师，山东省工业和信息化研究院。

戴　昊，助理研究员，山东省工业和信息化研究院。

张文光，副处长，山东省工业和信息化厅。

唐荣涛，一级主任科员，山东省工业和信息化厅。

陈　露，工程师，山东省工业和信息化研究院。

程　琳，高级经济师，山东省工业和信息化研究院。

10

强化政策创新加力提速工业经济高质量发展

财政政策创新研究课题组

摘　要　工业是国民经济的命脉，是立国之本、兴国之器、强国之基。财政政策作为政府的经济管理手段，对工业经济发展具有统筹、引导、支撑、促进等作用。本文以山东省为例，立足财政支持工业经济高质量发展取得的显著成效，聚焦工业经济产业发展痛点、财政保障难点、政策落实堵点，有针对性地提出财政政策创新措施，从而全面提升财政支持工业经济政策效能，加力提速工业经济高质量发展。

关键词　财政政策　工业经济　高质量发展　创新

一、财政支持工业经济高质量发展的积极成效

近年来，山东省财政聚焦新旧动能转换、“十强”产业发展等重大战略部署，积极支持工业经济发展。2023 年，山东省财政分别安排工业转型发展资金 20.28 亿元、重大关键技术攻关资金 38 亿元，聚力支持工业经济加力提速。

（一）聚焦关键环节，推进产业能级攀跃提升

一是开展技改提级行动。综合实施技改专项贷、设备奖补、股权投资等财政政策，2022 年以来，累计落实资金 5.72 亿元，对 62 个重大技术改造项目给予贷款贴息，对 432 个智能化技术改造项目给予设备奖补，对 8 个技改

领域重大产业化项目给予股权投资，支持企业围绕产业链重大短板、关键零部件、核心元器件等攻坚突破，推动传统产业改造升级。二是实施产业链提升工程。聚焦山东省 11 条标志性产业链持续加大财政支持，有效提升供应链韧性和安全水平。围绕塑强配优“链主”企业，2022 年，落实资金 5 亿元，择优对前 10 名“链主”企业给予奖励。围绕产业链融合发展，落实资金 3000 万元，对“雁阵形”产业集群和优势特色产业集群给予激励，促进产业链上下游耦合聚集。三是出台工业强县激励政策。为加快县域工业经济转型升级，连续两年择优评选 20 个工业强县，给予不少于 2 亿元资金或专项债券激励，引导聚焦主导产业，塑强优势产业链条，打造优势产业集群，推动形成多极引领、多点支撑、协调联动的县域发展格局。

（二）聚焦融合赋能，提升数字经济发展质效

一是持续推进数字基础设施建设。支持实施数字强基工程，加强数字政府云网体系建设，出台 5G 基站建设奖补、新型数据中心奖励等财政政策，支持打造全国数据中心资源高地，推动建成全球首张 5600 公里确定性网络，努力建设泛在领先的数字基础设施。二是深化工业互联网应用。实施一揽子工业互联网财政政策，统筹落实资金 1.08 亿元，对工业互联网平台、园区和企业分别给予财政激励。目前，累计培育国家级“双跨”工业互联网平台 7 个，居全国第 2 位；国家级特色专业型平台 29 个，居全国第 1 位。三是支持推进产业数字化转型升级。统筹实施智能化设备奖补、“云服务券”等政策措施，推动近 10 万家中小企业系统向云端迁移。

（三）聚焦市场主体，强化优质企业梯度培育

一是加大普惠助企力度。综合运用税收优惠、采购支持、合同融资等组合式普惠政策工具，多措并举为中小企业纾困解难。2022 年，山东省授予中小企业采购合同金额 1295 亿元，占比达到 78%，政府采购合同融资金额达 84 亿元。二是突出重点精准扶持。统筹中央“专精特新”奖补资金 4.63 亿元，支持“专精特新”“小巨人”企业“卡位入链”，推进在重点产业领域补短板、锻长板，加快培育一批专注于细分市场、聚焦主业、创新能力强、成长性好的“专精特新”企业。三是积极培育企业上市。支持推进“专精特新”

企业上市融资，通过委托投资等形式，对高成长性、上市意愿强烈、可能上市的“专精特新”企业给予股权投资支持，助推“专精特新”企业迅速成长、做优做强。

（四）聚焦创新引领，加大研发投入支持力度

一是强化企业创新主体地位。全面落实高新技术企业优惠税率征收、企业研发费用加计扣除等税收普惠政策，将研发费用加计扣除比例由75%提高到100%。实施企业培育“小升高”行动，落实“小升高”补助资金10.58亿元，累计对1万余家中小微企业升级高新技术企业给予奖补支持。山东省规模以上高技术制造业增加值年均增速近15%。二是加强重大关键技术攻关。持续保持对产业创新的支持力度，以关键技术突破、国产化替代、创新产品研发为重点，促进产业提质升级。投入资金19亿元，实施100项左右重大科技创新工程项目，实施10项左右重大科技示范工程项目，促进产业链向中高端延伸。三是推动大型仪器设备协作共享。通过财政奖补鼓励科研机构和大型企业向中小微企业开放实验设施，开展技术研发与合作，使小微企业以更低的价格，获得更优质、更丰富的设备和服务，有效激发中小微企业科技创新潜能。

（五）聚焦人才引育，积蓄工业发展内生动力

一是实施泰山产业领军人才工程。2022年以来，累计落实资金1.2亿元，在制造业领域遴选培育一批泰山产业创新领军人才，加速引育在产业关键核心技术攻关、科技成果产业化等方面具备核心竞争力的产业领军人才，推动关键产业链延链补链强链。二是加大人才引领型企业培育。以“专精特新”“小巨人”企业等为重点，每年遴选一批人才竞争意识突出、人才引育工作扎实、人才作用发挥明显的创新型企业给予支持，进一步增强企业留才能力。三是支持高端顶尖人才引进。对制造业“链主”企业紧缺型、引领型等高端人才及关键团队，在统筹实施泰山产业领军人才等现有人才政策的基础上，“一事一议”按需量身打造相关扶持政策。

二、财政支持工业经济高质量发展存在的不足

（一）财政推动工业经济发展力度需进一步强化

山东省作为工业大省，近年来先后出台了多项促进工业经济高质量发展的规划和方案，但成效进度与先进省份相比仍存在一定差距。一是支持工业经济起步相对较晚。广东省从21世纪初就着手调整工业结构，苏浙等省均自2010年前后启动工业转型升级行动，安徽省在全国率先实施制造强省战略。与此相比，山东省于2022年明确制造业强省战略，凝聚全省合力发展工业经济相对较晚，需要加速追赶。二是支持力度仍有较大提升空间。根据不同产业阶段发展需求，苏浙粤等省在大规模减税降费、推动传统产业转型升级、培育新兴产业等方面不断向市场投放“政策包”，创新支持和加快工业经济发展。而山东省特别是市县基层，受制于财政资金相对紧张、产业发展思路创新不够等因素，支持工业经济发展的力度还不够足。

（二）财政撬动产业升级需进一步加力

山东省制造业多位于产业价值链的中低端，产业高端化、智能化、数字化转型亟须更多财政支持。一是传统产业改造升级有待提升。传统产业是现代化产业体系的重要组成部分，山东省传统产业比重较大，其中不少中小企业在技术改造、设备升级过程中，面临资金、技术、人才等要素短缺问题，需加大对传统产业数智化转型的支持力度。二是新兴产业亟须壮大。比如，广东省实施了十大战略性新兴产业集群行动计划，江苏省战略性新兴产业产值占规上工业比重已突破40%。然而，山东省在支持新兴产业发展上缺少战略规划，财政资金等要素资源支持力度不够，需聚力加大对战略性新兴产业投资的支持力度。

（三）财政引导企业融资需进一步畅通

山东省工业企业普遍面临资金链紧张的困境，尤其是民营经济和中小企业融资难、融资贵现象突出。一是融资政策落地存在难点、堵点。调研发现，

部分金融产品贷款周期、还款方式等与工业生产周期的适配性不高，“科创贷”等政策性金融产品手续有待简化，部分中小企业因缺乏抵押得不到金融支持的现象较为普遍，企业融资担保和抗风险能力有待提升。二是引导融资方式尚需拓展完善。从部分市财政资金股权投资改革落实情况来看，财政资金股权投资改革面临市场化程度不高、企业认可度低、股权退出有风险等问题。对比广东等省的做法，需进一步建立部门联动工作机制、推动政银企对接、凝聚政策合力，多措并举创新财政支持方式。

（四）财政资金使用效能需进一步发挥

通过调研发现，财政资金分配使用方式还存在一些问题。一是资金碎片化问题。支持工业发展的资金政策较分散，工业和信息化部、发展改革委、科技部等多个部门均有支持专项资金，同一专项资金又被细化到部门多个处室单位，扶持的对象、内容各有侧重，未能形成政策合力。二是资金使用方式问题。当前，财政支持产业发展的资金多采用事后奖补、整体激励等方式，财金协同联动支持产业发展的方法手段不多。即便与银行、担保、保险等金融机构合作，也多采用贷款贴息、保费补贴、风险补偿等传统方式。同时，市场主体申请财政政策支持，多采用线下方式，申请周期长、资金执行缓慢，同先进省份仍有一定差距，影响资金使用效益。

三、其他省市财政支持工业经济高质量发展的经验做法

（一）聚焦关键重点，加速制造业高端化提升

苏浙两省把财政资金作为重要保障，促进先进制造业链群式发展，全力支持打造先进制造业高地。江苏省聚焦资源重点支持优势集群培育和产业强链建设，加快建立以自立自强为根基的现代化产业体系。2023 年，江苏省财政安排 39 亿元，重点支持 16 个先进制造业集群和 50 个重点产业链发展。目前，江苏省 16 个先进制造业集群规模占规上工业比重达 70% 左右，10 个集群（山东省 3 个）获评国家级先进制造业集群。浙江省深入实施先进制造业集群培育工程，着力打造全球先进制造业基地。2023 年，浙江省财政统筹安

排 176.93 亿元，聚焦支持产业链提升、先进制造业转型升级、企业竞争力提升、集群服务体系构建等方面；分期设立新一代信息技术、高端装备、现代消费与健康、绿色石化与新材料、“专精特新”5 只产业基金，每只基金规模不低于 100 亿元，引导撬动社会资本，支持先进制造业集群建设。

（二）前瞻谋划布局，抢占未来产业发展先机

皖粤两省从着力支持企业研发、规模发展、创新平台等方面入手，前瞻布局量子技术、卫星互联网、干细胞、超材料、可控核聚变等若干未来产业，抢占产业发展先机。以空天信息产业为例，安徽省组建规模达 50 亿元的省空天信息产业基金，支持星座组建及重点项目。发挥政府基金撬动作用，引导龙头企业以及社会资本围绕产业链设立专项基金。出台支持政策，对承担关键共性技术研发、重大科技成果转化项目和国家科技计划项目的企业，择优给予 500 万元补贴，对新引进的火箭、卫星总装等制造企业以及存量制造类企业升级改造给予最高 2000 万元补贴等。广东省成立规模各 500 亿元的创新投资母基金和卫星产业基金，重点支持高精尖领域和硬科技前沿领域项目。加大财政补贴力度，围绕卫星综合应用、卫星研制核心领域和重要环节，对重大装备和关键零部件研制项目最高给予 3 亿元资助，对企业投资建设的特定卫星应用项目最高给予 2 亿元资助。

（三）财政赋能创新，加快科技强省建设步伐

粤浙两省坚持把科技创新强省作为首位战略，推动创新型省份和科技强省建设取得突破性进展。广东省加快构建“基础研究 + 技术攻关 + 成果转化 + 科技金融 + 人才支撑”全过程创新生态链，2023 年，广东省财政安排科技创新资金 100 亿元。加大基础研究投入力度，规定投入基础研究的资金不低于省级财政科技创新战略专项资金的 1/3。完善科技成果奖励政策，对作出重要贡献的人员按不低于 60% 的比例给予奖励。同时，扩大科研项目经费管理自主权，完善经费拨付机制，激发创新活力。2023 年，浙江省财政安排 124.29 亿元，重点支持原创性引领性技术攻关、重大科创平台、新型高校建设、人才支撑。对原创性引领性重大科技攻关项目、创新联合体实施的能形成标志性成果的重大科技项目给予 3000 万元补助经费；完善激励奖补政策，

对科技企业孵化器最高给予200万元奖励，探索实施超额利润分享、项目跟投等激励方式。

（四）强化数据赋能，助力实体经济提质增效

皖苏两省通过财政专项资金等加大支持数字经济发展，支持制造业数字化转型，提升数字化公共服务平台效能。安徽省突出产业、企业、区域三个重点，组织开展数字领航链接工程、区域转型工程、行业大脑等十大工程。2023年，统筹安排10亿元，重点支持“数字领航”典型示范、中小企业数字化应用等；同时，设立省制造业数字化转型子基金，通过实施贷款贴息、融资租赁贴息、风险补偿等方式予以支持。江苏省坚持把数字经济作为关键增量，推动建设“数实融合第一省”。深入实施制造业“智改数转”三年行动计划，不断提升数字化、网络化、智能化水平，两化融合发展水平指数达到66.4，连续8年居全国第1位。2022年，安排12.7亿元省级专项资金，为2.2万家企业开展免费诊断，实施改造项目2.7万个，企业生产效率平均提升30%左右，综合生产成本平均降低25%左右。

四、财政支持工业经济高质量发展的政策创新建议

（一）以促进转型升级为着力点，聚力制造业突破提升

一是分类实施产业突破提升。持续加大传统产业技改投入，聚焦冶金、化工、轻工等六大传统优势产业，统筹抓好改造提升；积极培育壮大新兴产业，加大对新一代信息技术、高端装备、新能源、新材料等新兴产业升级壮大支持力度；超前谋划布局未来产业发展，在氢能储能、人工智能、元宇宙等重点领域先发突破。二是促进制造业生态化集聚。统筹整合现有集群分散政策，系统谋划山东省产业链群发展布局，规划创建国家制造业高质量发展试验区。实施产业融合集群发展战略，聚力支持先进制造业集群、新兴产业集群、未来产业集群发展。深化实施标志性产业链工程，围绕山东省11条标志性产业链，推动产业链上下游协同发展和生态化聚集。三是加大先进制造业有效投资。围绕“十强”产业关键领域，实施重大产业项目“绿色通道”

服务。加大技改投资力度，统筹优化技改股权投资、贷款贴息和设备奖补政策，着力支持重大技改项目实施。发挥政府专项债等政府性资金引导作用，优先保障拉动作用大、带动能力强、效益突出的债券项目。

（二）以加大研发投入为着力点，强化科技自立自强水平

一是加大产业基础研究投入。加强资源统筹，突出需求导向，强化科技创新基础性、战略性和关键性领域资金保障，健全基础研究投入税收优惠政策，鼓励建立基金等方式多渠道投入，形成持续稳定投入机制。二是强化创新中心扶持。加大力度支持国家、省级制造业创新中心平台建设，提升创建国家制造业创新中心。优化完善新产品保险补偿政策，强化开展关键技术攻关、创新产品推广应用。三是优化人才激励机制。分类实施产业人才激励政策，对战略科技人才、产业领军人才、优秀青年人才分别给予资金资助、产业配套支持、跟踪培养等财政帮扶，并对人才资金使用进行“松绑”，提高自主性、灵活性，真正激发人才创新活力。

（三）以深化数实融合为着力点，促进数字经济做大做强

一是夯实数字经济基础支撑。充分发挥省级科技创新发展资金作用，积极推进标识解析节点和5G基站建设，聚焦工业操作系统、国产化软件、设备上云互联等关键共性领域，持续加大科技攻关支持力度，实施若干重大科技创新工程和示范工程。二是支持互联网平台园区建设。重点加大国家“双跨”平台、特色专业型平台支持力度，培育推广更多典型应用场景。加快数字经济园区建设，支持各地进行数字化聚集和网络化协同，塑造具有较强辐射带动作用的数字经济样板。三是推进企业数字化转型。围绕山东省11条标志性产业链建设“产业大脑”，打通政府、行业、企业等数据资源，加速推动企业数字化转型和产业能级跃升。加快中小企业数字化转型促进中心建设，进一步降低中小企业上云、上平台门槛和数字化改造成本，破解中小企业数字化转型困境。

（四）以推动绿色转型为着力点，擦亮低碳发展底色

一是健全多元化绿色投入机制。充分发挥山东省绿色发展基金引导作用，鼓励社会资本设立绿色低碳产业投资基金。优化完善财政资金绿色门槛制度，引导财政资源向绿色低碳高质量发展领域汇集，将符合条件的绿色低碳发展项目纳入政府债券支持范围。二是加快绿色制造体系建设。支持重点行业领域绿色低碳转型，加强对低碳零碳负碳、节能环保等绿色技术研发和推广应用支持。支持绿色工厂、绿色园区、绿色产品、绿色供应链等绿色制造示范单位创建，构建符合先行区建设规划的绿色制造体系。三是深入实施绿色采购制度。健全绿色低碳产品政府采购需求标准体系，扩大政府绿色采购覆盖范围，对国家节能产品、环境标志产品实施强制采购或优先采购。积极推动政府采购支持绿色建材促进建筑品质提升政策试点，引领建材和建筑业绿色低碳高质量发展。

（五）以提升民营经济为着力点，做强高质量发展“生力军”

一是聚力加强民营企业主体培育。深入推进民营企业梯度培育工程，结合国家政策实施新一轮高成长企业财政激励，梯度培育产业链领航企业、单项冠军企业、“专精特新”中小企业和创新型中小企业等高成长型企业，引导民营企业走“专精特新”道路。二是全力做好民营企业资金保障。有效放大财政资金乘数效应，构建全方位、多层次金融支持民营企业经济融资体系，解决民营企业融资难题。支持符合条件的民营企业上市融资和再融资，引导金融资金涌向发展潜力大、科技创新强的民营企业。三是着力减少民营企业发展成本。结合国家税费政策，持续加大减税、降费、退税、缓税、免租等力度，有针对性地增强助企纾困帮扶。不断优化民营企业营商环境，持续深化财政“放管服”改革，整顿拖欠民营企业资金行为，着力减少企业发展制度成本。

参考文献

[1]严成樑，王弟海，龚六堂．政府财政政策对经济增长的影响：基于一个资本积累与创新相互作用模型的分析[J]．南开经济研究，2010(1):51－65.

[2]李小奕．地方财政支出效率与制造业绿色转型升级[J]．财经问题研究，2021(9):75－82.

[3]成德宁．公共财政政策与技术的创新和扩散[J]．科技进步与对策，

2005(5):74-76.

[4]贾佳. 财政支持、税收优惠对工业企业技术创新绩效的影响和优化路径[J]. 工业技术经济,2017(11):133-138.

[5]胡兴旺. 创新支持中小企业发展的财政政策研究[J]. 财政研究,2011(4):34-37.

课题组成员简介

刘际宁，副研究员，山东省工业和信息化研究院。

邵　磊，工业经济研究室主任，副研究员，山东省工业和信息化研究院。

王玉禄，副研究员，山东省工业和信息化研究院。

孙　建，工程师，山东省工业和信息化研究院。

王　娜，副研究员，山东社会科学院。

李国芹，院党委委员，副院长，一级调研员，山东省工业和信息化研究院。

11

蓬莱区工业经济高质量发展调研报告

蓬莱区工业经济发展研究课题组

摘　要　本报告以工业高质量发展为主线，分析蓬莱区工业产业现状，采用多维度对蓬莱区工业在山东省县域发展水平进行综合评价，从全球、全国和全省视角对蓬莱区重点产业进行诊断，提出打响“世界级海岸葡萄酒产区、新材料低碳产业园、中国海上风电国际母港”三张名片，实施“产城融合、优化结构、集聚发展、创新驱动、品牌引领、数字赋能、绿色低碳”七条路径，做强“船舶及海工装备、汽车及零部件、葡萄及葡萄酒、化工新材料、生物医药、新能源、黄金、未来产业”八大产业，推动仙境蓬莱“争先进位、跨越发展”，走出新时代中国工业经济高质量发展的蓬莱实践新篇章。

关键词　蓬莱　工业　高质量发展　诊断咨询

一、蓬莱区工业经济概述

（一）工业结构规模

2022 年，蓬莱区规模以上工业企业 158 家，实现工业增加值增速 13.7%，增速居烟台市 11 个行政区市第 4 位；营业收入 278.79 亿元，同比下降 7%；利润总额 4.5 亿元，同比下降 24.5%；营业收入、利润总额分别居烟台市各行政区市第 9 位和第 10 位；全部工业增加值占地区生产总值比重为 28.7%，低于烟台市（36.6%）7.9 个百分点，低于山东省（32.9%）4.2 个百分点。

（二）科研创新水平

蓬莱区先后培育布局国家和省市科创平台33家，包括国家级平台1家，省级平台18家，市级平台19家；培育国家科技型中小企业160家，列入市级高企培育库109家，培育出高新技术企业97家，高新技术产业产值占工业总产值比重达68.6%，省级“专精特新”中小企业达到45家，瞪羚和“独角兽”企业21家，单项冠军企业3家，“小巨人”企业2家，重点“小巨人”企业1家。

（三）绿色低碳发展

2022年，蓬莱区规模以上工业单位工业增加值能耗1.34吨标准煤/万元，同比降低8.2%；单位工业增加值二氧化碳排放降速达到4.48%；单位工业增加值主要污染物排放化学需氧量0.67吨/亿元，同比下降30.9%；二氧化硫7.13吨/亿元，同比下降9.43%；氮氧化物6.06吨/亿元，同比下降0.96%。

（四）产业园区集聚

蓬莱区依托扎实的工业基础，先后培育形成葡萄酒、海上风电及化工新材料等特色产业园区和集群。一是葡萄酒产业集群，吸引了中粮长城、法国拉菲等众多国内外知名企业落户。二是中国海上风电国际母港，吸引了法国液化空气、东方电气、上海电气、大金重工、巨涛重工、京鲁船业等骨干企业入驻。三是化工新材料产业集群，正在建设的万华新材料低碳产业园，建成投产后年产值可达1800亿元。

（五）对外开放格局

蓬莱区充分发挥区位优势打造中日韩开放“桥头堡”，发挥东港区、栾家口港区两个国家一类对外开放港口及风电母港工作区效能，畅通对外贸易物流通道，推动外向型经济快速发展；先后引进康爱特维迅、法国液化空气烟台制造基地等项目，锻造吸引外资“强磁场”。2022年，蓬莱区实现外贸进出口150亿元，其中，出口交货值110亿元，同比增长15.79%；累计实际使用外资1.8亿美元，同比增长19.02%。

二、蓬莱区重点产业发展诊断

（一）船舶与海工装备产业

1. 产业竞争优势分析

一是产业规模较大。蓬莱船舶与海工装备产业基础扎实，涉及船舶、海工、风电、制氢等装备制造领域。2022 年，蓬莱区海洋工程产业实现产值 126 亿元，国内市场份额约 10%，国外市场份额约 7%，本地配套率约为 5%。二是基础设施完善。现有东港区、栾家口港区两个国家一类对外开放港口，以及一处风电母港工作区。配套建有亚洲最大的 5 万吨级海工滑道、起重能力 1000 吨的龙门吊等设施，能够承载各类海工模块产品的生产、总装和外运。三是技术实力雄厚。蓬莱区已落户烟台钢研、烟台科技学院等科研机构和院校，在建大金重工风电叶片、上海电气风电主机、烟台融发研发总部、山东融发戍海智能装备制造基地、中核烟台浮动式核能示范等一批集研发和生产于一体的重点项目。

2. 产业不足与短板诊断

一是产业多处于价值链低端，高附加值产品少。蓬莱区海工装备产业以高投入、低收益的建造总装为主，核心研发设计能力不足，基础共性技术研究不够系统、深入，仍以跟随模仿为主，在项目咨询、研发设计、关键设备和总包能力等高附加值环节还存在较多短板与弱项。二是本地化配套率低，配套能力有待提升。蓬莱区船舶产业本地配套主要集中在常规船用管材、船用橡胶、救生设备等原料和低技术领域；风电产业以叶片、塔架为主，发电机、传感器等核心设备仍需外购，高端设备配套能力较差；海工装备产业关键设备被欧美垄断、辅助设备以外地为主，产业链关键环节受制于人，存在较大的产业风险。三是产业集群极具潜力，效能发挥仍需加力。蓬莱区海工装备产业集群已具有较大规模，吸引多家重点企业入驻，但龙头骨干企业仍以单打独斗为主，拉动产业形成合力发挥不足，需进一步提升产业协同发展能力和水平，积极探索产业链创新发展新模式。

（二）汽车及零部件产业

1. 产业竞争优势分析

一是产业发展基础扎实。蓬莱区汽车及零部件产业具有较好的产业规模，现有改装车生产企业 2 家、零部件生产企业 60 多家，已形成“轻卡整车 + 零部件”产业体系，是蓬莱区重要的支柱产业之一。二是改装车链条较为完善。蓬莱区改装车产业拥有生产轻卡、重卡的完整技术和链条，建有中卡、轻卡、专用车的整车生产基地。改装车产品涵盖半挂车、自卸车、厢式车、宽体矿用车、环卫清扫车等主要品种，产品公告数量达上百个，年改装汽车生产能力达到 2 万辆。三是零部件市场辐射力强。蓬莱区汽车零部件生产企业有 60 余家，产品已融入一汽、东风、重汽、陕汽、青汽、安徽华菱等国内汽车企业配套体系，其中，车桥、宽体矿用车、悬挂产品占有较大的市场份额，车桥产品占国内市场份额近 1/10。

2. 产业不足与短板诊断

一是承接规划指引，产业发展需进一步聚焦。蓬莱区汽车及零部件产业以传统燃油改装车及相关零部件为主，新能源乘用车用零部件仍处于起步阶段，需要按照山东省对青岛新能源乘用车产业基地和烟台新能源乘用车产业集群布局，进一步推动现有企业加快电动化转型。二是乘用车比重较低，产业结构不够合理。蓬莱区汽车及零部件产业做大原有改装汽车生产优势，同步发展改装汽车零部件产业，形成现有以商用车为主的产业基础，导致乘用车相关零部件相对不足。三是品牌知名度较低，急需扩大行业影响力。面临省内中国重汽、潍柴动力等企业竞争压力，蓬莱区汽车及零部件产业的行业影响力与话语权较弱，急需提升综合竞争力。

（三）葡萄酒产业

1. 产业竞争优势分析

一是资源禀赋优越。蓬莱是世界七大葡萄海岸之一，充分满足酿酒葡萄种植的“3S”法则（阳光、沙砾、海洋），是中国北方在冬季唯一无须对葡萄藤进行埋土防寒的优良产区。二是产业整合度高。蓬莱区葡萄酒产业链配套基础雄厚，先后吸引中粮长城、君顶、国宾、张裕、法国拉菲珑岱、英国苏格兰、新加坡泰生小镇、加拿大盛萄菲等国内外知名企业落户，已形成完整的葡萄酒产业链条。三是研发实力领先。蓬莱区建有全国唯一的国家级葡萄酒技术性贸易措施研究评议基地，已打造5个省级科研平台、1处省级专家服务基地，中国酒业协会国家级评委占全国的1/10、山东省的一半。

2. 产业不足与短板诊断

一是地理标志识别度不高，品牌资源需进一步挖掘。蓬莱作为世界七大葡萄海岸之一的特有资源没有得到充分发挥，辖内企业品牌宣传以企业自有品牌为主，对蓬莱区葡萄酒地理标识品牌宣传力度不足。二是顺应新消费趋势，产品研发需进一步增强。新一代消费群体成为主流，低度葡萄酒、起泡葡萄酒等品种快速增长，热红酒等葡萄酒饮料成为网红产品，对企业研发提出了更高要求。三是线上场景力度不足，营销模式需进一步调整。网络销售已成为年轻群体主要购物手段，蓬莱区葡萄酒产业网红单品、线上直播等新销售模式有较大短板。

（四）化工新材料产业

1. 产业竞争优势分析

一是产业基础较为扎实。蓬莱区先后培育发展德国康爱特、烟台安诺其、蓬莱嘉信等化工重点生产企业，形成了具有一定特色的精细化工产业体系。二是园区建设完善。蓬莱化工产业园2019年通过省政府第三批化工园区认定，总体规划25平方千米，2022年两次扩区后达到10.94平方千米，已落户项目24个，是烟台市石化及化工新材料产业链的领建园区。三是产业跨越发展新机遇。蓬莱区发挥区位禀赋和产业基础优势，招大引强重点项目，万华蓬莱工业园高性能新材料一体化项目（一期）、中节能万润股份有限公司（蓬莱）新材料一期建设项目等省重大项目相继落地，为蓬莱区化工新材料产业实现跨越式发展注入强劲动能。

2. 产业不足与短板诊断

一是龙头企业带动较弱，产业链式发展制约明显。蓬莱区现有化工企业多数规模较小且产品分散，为万华等龙头企业配套服务能力不足。二是专业人才相对短缺，创新研发能力不足。蓬莱区化工新材料产业目前仅有4家企业建有专业技术研发机构，高端专业技术人才和产业技术工人短缺，已成为蓬莱区化工新材料产业高质量发展的突出短板。三是产业结构变动大，环保应急压力急剧增加。随着万华新材料低碳产业项目的布局建设，蓬莱区化工新材料产业迎来跳跃式发展，建议统筹推进做好环保、安全等相关保障设施建设，为高端化工新材料产业发展保驾护航。

三、蓬莱区工业经济高质量发展战略及重点

（一）发展战略

蓬莱区坚持“工业立区、产业强区、项目兴区、企业为本、服务至上”的发展理念，以港产城融合发展为导向，以提升产业层次、调整产业空间布局、优化产业结构为重点，延伸产业链条，发展壮大产业集群，打响“世界级海岸葡萄酒产区、新材料低碳产业园、中国海上风电国际母港”三张名片，加快推动以“船舶及海工装备、汽车及零部件、葡萄及葡萄酒、化工新材料、生物医药、新能源、黄金、未来产业”八大产业为主体的现代化产业体系建设，推动蓬莱区“争先进位、跨越发展”。

（二）重点领域发展建议

1. 船舶及海工装备产业

一是建设海工装备北方制造基地。紧抓海洋强省建设的战略机遇，发挥蓬莱区优良区位优势、港口优势、产业基础优势，瞄准海上风电、海工装备、高技术船舶等模块，建设形成海工装备北方制造基地。二是支持产业做大做强。海上风电发挥大金重工和上海电气的各自优势，在风电整机、大型管桩、塔筒、浮式平台等方面配套整合。高技术船舶，依托京鲁船业在高端远洋渔船、特种船舶优势，提升船舶制造能级和核心竞争力。三是发挥产业特色优势。充分发挥海工装备突出的军民融合产业特色，加强与央企、行业龙头合作，创建军地资源共享、产业融合、国防建设与地方经济互促共进的产业发展示范区。

2. 汽车及零部件产业

一是新能源车求技术突破。依托现有产业基础，强化整车集成，在蓬翔

新能源矿用车领域，重点发展模块化整车平台、攻关一体化设计、多功能集成技术，重点突破整车智能化、低摩阻等关键共性技术。二是改装车拓展应用领域。在室外重载 AGV 领域，积极拓展应用场景，开发装备制造业、化学工业、港口物流及其他特种行业等领域市场。改装车领域开展冷链物流、环卫车等细分领域的专用车项目引进和培育，打造轻型改装车基地。三是优化汽车零部件园区建设。调整优化汽车零部件产业园，着力打造以总装、车桥总成、悬挂总成、制动鼓总成、冲压件为主的汽车零部件产业基地，整体形成完善的新能源汽车、中轻卡整车、改装车及零部件配套产品体系。

3. 葡萄及葡萄酒产业

一是聚焦优良品种引育。聚焦世界级海岸葡萄酒产区建设，从源头开始开展优质苗木引进和繁殖，以产区自然条件为基础，以最新国际酿酒葡萄种植趋势及葡萄酒需求结构变化为导向，加快优良品种引育和基地化种植推广。二是提升装备智能化水平。支持企业大力开展技术改造，积极应用首台（套）重大技术装备等，不断提升工艺装备水平；提高葡萄酒酿造、灌装等设备的自动化、数字化、智能化水平。三是打造世界级海岸葡萄酒产区品牌。倾力打造“一带三谷”的葡萄酒庄聚集区，在珑岱、龙亭、君顶等精品酒庄基础上，持续引进国际名庄名园，推进建设集种植、采摘、酿造、酒庄、文旅于一体的葡萄酒现代化产业发展体系。

4. 化工新材料产业

一是拓展培强产业链。依托省级化工园区，瞄准高端精细化工、化工新材料、生物医药中间体等领域，全力构建高端产业链。围绕嘉信染料、康爱特维讯、安诺其等龙头企业，培强染料、颜料、热压敏材料等产业链。二是加快新材料低碳产业园建设。依托万华新材料低碳产业园发展建设高性能新材料一体化项目，发展丙烯、乙烯、聚醚等产业链，布局高端特种聚酯、可降解塑料、生物基新材料等产品。

5. 生物医药产业

一是聚焦创新药和海洋生物医药。依托建设生物医药产业园，逐步形成以创新药物为基础，瞄准国家鼓励类和紧缺类制剂，重点招引创新药、高端仿制药；以海洋生物制品为特色，聚焦海洋药物、海洋健康食品、海洋保健品、药食同源产品、新型化妆品等领域。二是聚焦医疗器械及原料药。依托建设高端原料药产业园，以高端原料药为支撑，引进原料药和医药中间体项目，打造高端原料药公共产业化平台，带动成品药剂项目落户；以高值医疗器械为方向，瞄准植入医疗器械、智慧医疗设备、高端康复器械、高值医用耗材等，构建现代化生物医药高端药械集聚发展区。

6. 新能源产业

一是推进海陆风电融合发展。加大陆上风电场开发力度，积极推进海上风电场建设，“陆海并举”推进风电开发建设，开展海上风电与海洋牧场融合、深远海漂浮式风电与光伏、储能及海上制氢项目的技术研发、海上测试等融合发展。二是推动新型储能发展。发挥国家能源蓬莱发电储能电站项目示范引领作用，在推动锂离子电池储能的基础上，关注钠离子电池储能、压缩空气储能、液流电池储能等新型储能方式，推动新型储能发展。三是加快绿色建筑发展应用。推进绿色建筑产业发展和园区建设，丰富绿色建筑产业链条，推动太阳能建筑应用，探索推进新建建筑太阳能光伏一体化设计、施工、安装，鼓励政府投资公益性建筑加强太阳能光伏应用。

7. 黄金产业

一是提高资源保障能力。引进黄金勘探力量，加大探矿增储，夯实发展基础，对蓬莱黄金成矿带深入开展地质研究，加大已探明矿体外围及深度探矿力度，探索建立多元化黄金地质勘探机制，形成多渠道、多方式黄金资源勘探合作模式。二是增强产业加工能力。提高精炼能力，通过智能化技改提升冶炼企业能力。提升精深加工能力，发展黄金精炼、精细加工，力争为各大银行提供金锭和工艺金银产品；拓展黄金在电子、医药、化工、航天等领域的应用，发展高端贵金属新材料产业。三是开展绿色矿山建设。推进绿色矿山低碳发展，实施黄金尾矿与废石综合利用项目建设，利用黄金尾矿进行绿色建材项目招引，实现矿山绿色无废、无尾排放。

四、实施路径

（一）融合发展，打造港产城融合发展示范区

一是推进风电母港港口建设，加快东方电气、上海电气、大金重工、中广核风电及储能等建设，高水平打造中国海上风电国际母港。二是科学规划产业布局，借助世界级海岸葡萄酒产区建设、海上风电国际母港建设、新材料低碳产业园区建设和汽车及零部件集聚区建设等，科学规划和调整空间发展布局。三是完善公共基础设施建设，全力打造以港兴城、以产兴城、以城促产、港产城联动、融合发展的县域新高地。

（二）创新驱动，增强高质量发展核心竞争力

一是注重产业基础创新研究，激发企业创新动力，推动企业加大关键核心技术研发创新力度，使科技创新与产业发展相结合。二是优化产业创新平台建设，推进海上风电科创中心、海上风电培训中心、叶片复合材料研发中心、国家重点实验室等项目建设，打造产业科创新高地。三是加强校企对接交流合作，加强与高水平科研院所开展深度合作，促进产学研合作和科技成果转移转化，加快创新成果产业化步伐。

（三）优化结构，构建区域性产业发展新高地

一是优存量提传统优势产业，全面推动海工装备、汽车及零部件、葡萄及葡萄酒产业、黄金产业等实施技术改造，加快向价值链中高端延伸。二是做增量扩战略性新兴产业，围绕蓬莱区优势绿色新材料、生物医药、新能源等主导产业，持续培育、引进战略性新兴产业，加快产业结构优化调整。三是提质量强产品能级品质，加强绿色新材料、葡萄酒、海工装备、新能源、绿色建筑、生物医药等生产供给，努力提高供给质量。

（四）集聚发展，培育县域优势主导产业集群

一是集聚发展优势产业集群，梳理海工装备、汽车及零部件、葡萄及葡萄酒、新材料、新能源等主攻方向，培育成主导产业特色鲜明、创新要素高

度集聚、产业协同融合发展的优势产业集群。二是聚力做强“链主”领航企业，培强万华、蓬翔、大金、长城等“链主”、核心企业，推进整体产业布局内生优化。三是融通发展“专精特新”企业，形成一批专业基础好、市场占有率高、关键环节竞争力强的“专精特新”中小企业。

（五）绿色低碳，探索可持续发展竞争新优势

一是提升产业绿色制造水平，引导产业实行节能降耗、清洁生产，把发展循环经济与绿色低碳作为产业优化升级发展的价值方向和约束准则。二是强化产业环保设施建设，推行绿色工厂建设，实现厂房集约化、原料无害化、生产洁净化、能源低碳化。三是构建产业循环利用体系，引导风电、黄金等制造业企业进行生态化改造，采用节能环保、清洁生产新技术、新工艺建设循环型企业。

参考文献

[1] 山东省工业和信息化研究院．山东省县域工业经济发展报告[M]．北京:中国经济出版社,2022.

课题组成员简介

邵　磊，工业经济研究室主任，副研究员，山东省工业和信息化研究院。

王玉禄，副研究员，山东省工业和信息化研究院。

王巧婧，经济师，山东省工业和信息化研究院。

李能丽，经济师，山东省工业和信息化研究院。

刘际宁，副研究员，山东省工业和信息化研究院。

孙　建，工程师，山东省工业和信息化研究院。

李国芹，院党委委员，副院长，一级调研员，山东省工业和信息化研究院。

王桂强，院党委书记，理事长，研究员，山东省工业和信息化研究院。

12

县域工业经济高质量发展评价诊断咨询报告

——以牟平区为例

县域工业经济研究课题组

摘　要　为深入贯彻中央和山东省委、省政府关于大兴调查研究的决策部署，全力推进县域工业经济高质量发展，山东省工业和信息化研究院构建了“县域工业经济综合竞争力评价体系”，从经济实力、质效能力、发展潜力、特色活力、绿色动力五大维度，对山东省县域工业开展全面、科学评价。应牟平区政府邀请，山东省工业和信息化研究院对牟平区工业产业发展进行了实地调研。本报告是我们构建的县域工业经济综合竞争力评价体系在个例层面的首次实践应用，在对山东省136个县级行政区工业综合竞争力开展科学评价的基础上，结合牟平区工业现状、产业发展特点以及面临的内外部环境进行深入剖析，提出该区工业及重点领域发展方向、实施路径和措施建议，以点带面，为推动山东省县域工业高质量发展提供参考。

关键词　牟平区　县域　工业经济　评价诊断

一、牟平区工业调研情况

2022年，牟平区完成地区生产总值360.6亿元，工业增加值115.2亿元；规模以上工业企业155家，实现营业收入667.5亿元，利润总额23.6亿元。牟平区现有高新技术企业41家、省级“一企一技术”中心6家、市级“一企一技术”中心 18 家、省级以上制造业单项冠军企业 3 家、“专精特新”企业 27 家、“小巨人”企业 3 家、重点“小巨人”企业 1 家、瞪羚企业 9 家。

牟平区工业以黄金及贵金属加工、机械制造、食品加工、电子信息为主导，重点培育医养健康、节能环保、高端装备等新兴产业，拥有五大工业园区，即牟平经济开发区、中小企业园、台湾工业园“东西两翼”和中韩（烟台）产业园、恒邦化工产业园“南北两园”。其中，中韩（烟台）产业园牟平片区重点发展生命科学、新能源等产业，在建“蓝色药谷·生命岛”项目布局高端研发区、干细胞与再生医学产业园、国际医用同位素与放射性药物产业园、医美抗衰产业园四大岛屿；恒邦化工产业园推动园区支柱型企业恒邦股份放大优势、做大做强、突破增量，依托黄金矿山、贵金属冶炼、高纯金属材料和国际贸易四个板块，打造千亿级高端化工产业园区。

二、牟平区工业经济综合竞争力分析

为准确定位牟平区工业在山东省县域中的地位和竞争力，我们构建了“山东省县域工业经济综合竞争力评价体系”，从经济实力、质效能力、发展潜力、特色活力、绿色动力五大维度，选取山东省 136 个县级行政区 2021—2022 年 27 项经济指标，进行综合评价分析。

（一）经济实力

牟平区经济实力在山东省排第 52 位。2022 年，牟平区完成全部工业增加值 115.2 亿元，居山东省第 64 位，工业营业收入、利润总额等指标在山东省排名靠前，工业发展具备一定的产业基础和优势。企业盈利水平与 2020 年相比有所提高，但工业增加值与收入、利润两个总量指标有差异，说明在工业企业链的连续加工生产过程中，部分环节工业中间投入较多，产生的附加值较少。

（二）质效能力

牟平区质效能力在山东省排第 25 位。2022 年，牟平区规模以上工业增加值增速为 14.8%，高于山东省规上工业增加值增速（5.1%）；规上企业全员劳动生产率为205.9万元/人，居山东省第30位，高于烟台市县域平均水平（168.1万元/人）；营业收入利润率为3.5%，居山东省第61位，与山东省县域平均利润率（3.5%）持平，低于烟台市县域平均利润率（4.3%）；资产负债率为53.1%，居山东省第29位，低于山东省、烟台市县域平均资产负债率（62.8%、57.7%）。

（三）发展潜力

牟平区发展潜力在山东省排第56位。2022年，牟平区工业投资增速、工业技改投资增速分别下降33.5%、13.8%；2021年，牟平区企业研发费用投入占生产总值的比重达4.3%，高于山东省研发经费平均投入强度（2.3%）。牟平区工业投资增速和工业技改投资增速双下降问题不利于积蓄工业经济发展后劲，需引起高度重视。

（四）特色活力

牟平区特色活力在山东省排第46位。2022年，牟平区有色金属冶炼和压延加工业（主要为黄金冶炼）营业收入为371.7亿元，占牟平区工业总营业收入的55.7%，为牟平区第一大产业，产业相对专业化系数为0.0275，主导产业集聚度居山东省第28位；高新技术产业产值占规模以上工业总产值比重为72.2%，居山东省第9位。牟平区工业主导产业区域集聚水平相对较高，但没有形成产业生态；龙头企业恒邦股份一家独大，但在山东省黄金产业链中嵌入不足，对本地区产业链上下游企业带动集聚作用较弱。

（五）绿色动力

牟平区绿色动力在山东省排第98位。2022年，牟平区六大高耗能行业营业收入占牟平区工业总营业收入的60%，高于全省六大高耗能行业营业收入占比（49.1%）；省级以上绿色工厂仅1家。

（六）牟平区工业经济综合竞争力评价

牟平区工业经济综合竞争力在山东省136个县（市、区）中居第46位，综合竞争力较强，处于山东省县区第二梯队。

三、牟平区工业产业发展诊断

（一）牟平区重点产品产量

从牟平区 2020 年统计公报公布的 30 种重点产品产量在山东省的占有率和排名情况来看，排名山东省前 8 的产品有：通信及电子网络用电缆（第 1，山东省占比 13.2%，全国占比 0.2%）、硫酸（折 100%）（第 2，山东省占比 22%，全国占比 1.4%）、传感器（第 5，山东省占比 26.1%）、冻肉（第 5，山东省占比 4.6%）、啤酒（第 5，山东省占比 5.7%，全国占比 0.8%）、10 种有色金属（第 6，山东省占比 1.7%，全国占比 0.3%）、饮料酒（第 6，山东省占比 5.3%，全国占比 0.6%）、变压器（第 8，山东省占比 1%，全国占比 0.1%）。

牟平区具备传统优势的是黄金冶炼、化工、食品等产业，战略性新兴产业产品中电子信息产业的传感器、通信及电子网络用电缆、装备制造业中的变压器，在山东省具有较强的竞争力。8 种产品产量超过山东省总量的 1%，传感器、硫酸（折 100%）、通信及电子网络用电缆、啤酒、饮料酒 5 种产品产量超过山东省总量的 5%，其中，传感器、硫酸（折 100%）、通信及电子网络用电缆 3 种产品产量超过山东省总量的 10%。

（二）牟平区重点产业

1. 医药产业

医药产业是牟平区重点培育发展的战略性新兴产业和新旧动能转换的重要支撑产业。2022 年，牟平区规模以上医药制造企业 1 家，完成营业收入 23.4 亿元，占牟平区工业比重为 3.5%，占山东省医药制造业比重为 0.7%。

发展优势。一是医药产业产品附加值高。牟平区医药产品以高附加值为主，产品技术、规模效益国内领先，医药产业营业收入利润率高达 35.9%，分别高于全国和山东省 21.2 个、21.4 个百分点，分别高于苏浙粤三省 19.3 个、18.0 个、19.2 个百分点。二是医药产业成长潜力足。生物医药产业链是牟平区也是烟台市第一个落地的产业链，将国际生命科学城作为“一号工程”，着力打造国家级生物医药产业集群，形成集聚融合发展优势。三是生物医药产业布局高端领域。牟平区坚持园区建设、项目招引同步推进，加快布局精准医疗领域，呈现出生物医药发展新业态。

发展短板与不足。一是医药产业数量多但规模小。目前，牟平区生物医药企业有500余家，但规模以上企业只有1家，行业存在企业规模小、集中度低、科研投入不足、创新能力弱等情况。二是龙头企业带动作用不明显。石药百克虽然在牟平区一枝独秀，但受集团集采和销售等制约，本地化协同程度不高，对牟平区医药产业链发展辐射带动能力不强。三是地域因素，高端技术人才难招。医药产业属于资本、技术、人才密集型产业，生物制药高端人才更是紧俏。

2. 食品产业

牟平区食品产业主要集中在鲜冷藏肉及熟肉制品、啤酒和食用植物油等领域，其中，肉鸡和果汁、果胶在山东省占有突出优势。

发展优势。牟平是全国白羽鸡产业第一县，肉鸡产量、产值均占烟台市的一半以上，仙坛股份2022年肉鸡屠宰量全国排名第8，约占山东省屠宰总量的5.8%；安德利是亚洲最大、世界第四大果胶公司，产品种类完备，产量约占全国总需求量的90%，掌握果胶行业全部核心技术，拥有较强的行业话语权。

发展短板与不足。一是盈利能力不高。牟平区食品产业2022年营业收入利润率不足3%，低于山东省食品产业（3.8%）营业收入利润率和全国同行业营业收入利润率（7%）。二是集聚效应不显著。中小企业布局分散，缺乏专业载体统筹，不利于产业集群式发展和污染监测处理。三是科技研发、市场推广服务、产业联盟等公共服务平台建设不完善。

3. 机械产业

牟平区机械优势产业集中在矿山机械和市政环卫专用车及汽车零部件领域。其中，矿山机械代表企业有兴业机械和齐邦机械，专用汽车及零部件代表企业有海德汽车、宏田汽车等。

发展优势。骨干企业实力雄厚，创新潜力大。兴业机械专注矿山无轨设备制造领域，是全国无轨矿山设备行业龙头，具有丰富的产品研发制造经验、成熟的产品线及业务线和较为固定的市场份额。海德汽车是国内环卫市政和公路养护专用车及设备研发制造领域的龙头企业，建有省级企业技术中心和市级工程技术研究中心，获得国家专利120余件。

发展短板与不足。一是整体规模较小。牟平区机械装备产业领域规模以上企业较少，户均营业收入、利润偏低，整体偏重加工制造，技术实力偏弱，价值链两端延伸不足。二是产业集聚发展不足。龙头企业独立发展态势明显，与本地其他相关企业协同配合程度较低，产业集聚发展程度不高。

4. 黄金产业

烟台是全国最大的黄金生产基地。牟平区黄金及贵金属加工占牟平区工业营业收入比重为55.7%，占山东省有色金属冶炼和压延加工业比重为4.9%，占全国同行业比重为0.5%。

发展优势。一是黄金冶炼产业体量大。牟平区黄金冶炼产业集中度高，以大企业为主导，2022年完成总产值357.1亿元。龙头企业恒邦冶炼连续8年位居中国十大行家冶炼企业榜首，是牟平区工业经济的重要支撑。二是黄金冶炼产业韧性强。牟平区布局高纯材料研发，从源头解决我国高端新材料的“卡脖子”问题，已实现高纯砷、高纯硒、高纯碲、硫系玻璃四个系列十几种产品的工业化量产。三是黄金冶炼产业智能化。牟平区加快推进黄金冶炼产业生产经营数字化，着力培育数字新模式新业态。

发展短板与不足。一是产业处于价值链底部。牟平区黄金冶炼产业深加工发展滞后，产品附加值低，2022年营业收入占全区一半以上，但利润薄，营业收入利润率仅为1.5%。二是黄金冶炼矿石主要依赖进口，容易受到诸多因素的限制。

四、牟平区工业经济发展环境分析

（一）具有临海区位优势

牟平位于山东半岛东北部，地处青烟威核心区，北滨黄海，海岸线65千米，具有丰富的海洋资源、良好的建港和发展临港工业的优势，在吸引外资投入和进出口贸易中具有极其有利的条件。随着青荣城际铁路和烟台地铁的规划建设，牟平区将成为胶东半岛“1 小时生活圈”的重要一环，区位和空间优势更加凸显，对接烟台、威海、青岛产业辐射、转移和协作具有得天独厚的优势。

（二）要素资源丰富

牟平区拥有独具特色的“山海岛泉河”资源，昆嵛山、万米沙质海岸带、养马岛、龙泉温泉、牟平河齐汇于此，文旅康养产业发展条件优越；土地资源丰富，牟平区面积占烟台市区总面积的 50% 以上；矿产资源以金矿和重要非金属矿为主，非金属矿已开发利用 5 种；海洋渔业资源为海洋食品加工业提供了优质原材料；产业工人相对充足，人均劳动力成本较低，为企业提供了良好的生产经营条件。

（三）产业基础雄厚

牟平区黄金及贵金属深加工产业体量大、优势强，近三年产值均在 300 亿元以上，占牟平区工业总产值比重在 50% 以上，“龙头企业 + 特色园区”发展成效突出；医药健康产业成长迅速，牟平新城 · 国际生命科学城成为烟台市生物医药产业链的领建园区；特色农业较为发达，年产果品 40 多万吨、出栏肉鸡 1.5 亿只，拥有农业产业化龙头企业 26 家、“农”字号上市公司 2 家；高端装备规上企业 7 家、高新技术企业 4 家，拥有一批智能制造、军民融合、专注发展的典型企业。良好的产业基础为传统产业转型升级和新兴产业培育壮大提供了广阔的发展空间。

与此同时，牟平区工业发展也存在诸多问题和制约。国际经贸环境日趋复杂严峻，逆全球化思潮泛滥，外资、外贸、外需、外协格局发生重大变化。“双碳”目标提出更严环保要求，能源环保成本持续上升，工业经济迫切需要绿色低碳发展。

五、牟平区工业经济发展方向及重点

（一）以先进制造为主导提升产业层级

增强产业创新能力，加强重要产品和关键核心技术攻关，推动产业基础高级化、产业层次高端化。培育特色新兴产业集群，推动生物医药产业向千亿级规模迈进，高端装备制造塑成显著优势，打造先进制造业集聚区。

（二）推进工业经济与数字化深度融合

围绕新基建、新动能、新优势、新融合“四新”转型目标，聚焦强企业、强行业、强区域、强链条“四强”重点任务，依托烟台高科技产业园及牟平区工业园，加快智能制造园区、数字信息产业园建设，推动产业数字化、网络化、智能化、集成化、服务化发展，实现制造模式、生产组织方式和产业形态的深层次变革。

（三）转变生产模式推动绿色低碳发展

促进有色金属冶炼、机械加工等传统产业转型升级，构建绿色制造体系，推动绿色产品、绿色工厂、绿色园区和绿色供应链全面发展，加快形成绿色集约化生产方式。深入推动中韩（烟台）产业园、恒邦化工产业园等园区循环化改造，加快完善再生资源回收体系建设。

（四）着力构建“1+4+N”现代工业体系

1是指“1梁”，即烟台市东部高技术海洋经济新区建设总体规划；4是指“4柱”，即生物医药、黄金及贵金属、食品加工、机械制造区内四大支柱产业；N是指“多极”，即发展与互联网技术相关的新产业新业态、与海洋经济相关的高技术产业、与文旅康养相关的现代轻工产业以及节能环保产业。

（五）未来产业布局重点

1. 与互联网技术相关的新产业新业态

加大新一代信息技术产业项目招引、平台建设和人才储备力度，大力引进新型显示、虚拟现实、先进计算、智能家居、互联网汽车等产业；积极对接济南、青岛、烟台等省内科研院所、研发创新机构、工业互联网平台等，尝试进入新一代信息技术与工业经济融合发展的深水区，打造工业互联网助推产业转型升级的省级示范区。

2. 与海洋经济相关的高技术产业

大力发展海洋生物产业，重点依托现有生物制药产业，发展海洋医药与生物制品等新兴产业，并积极推进海洋高端装备制造、海洋生物育种与健康养殖、海水利用、海洋高技术服务等产业做优做强。

3. 与文旅康养相关的现代轻工产业

牟平区拥有独具特色的“山海岛泉河”资源，宜发挥养马岛生态旅游岛、龙泉温泉小镇、浩岭湖医养特色小镇等旅游名片示范带动效应，打造海上游、海岛游、休闲渔业等特色项目，面向全国讲好品牌故事、小镇故事，加快推动轻工产业与文旅康养融合发展。

六、实施路径

（一）坚持走科技创新引领变革之路

紧抓新一轮科技革命引领产业变革的历史机遇期，坚定实施创新驱动发展战略，鼓励大众创业、万众创新，鼓励以企业为主体加大科技投入，完善科研创新体系，加快科技成果落地转化应用，以创新引领传统制造产业链、价值链变革，形成支撑创新发展和资源集聚的未来产业生态。

（二）坚持走数字转型赋能智慧之路

坚持分业施策和需求驱动，推进企业研发设计、生产加工、经营管理、销售服务等业务数字化转型。实施智能化技改行动，推进企业“设备换芯”“生产换线”“机器换人”“产品换代”等智能化改造，建设一批智能制造示范项目、数字化车间和“5G＋工业互联网”。

（三）坚持走产业集聚集群生态之路

强化现有产业园区升级改造，提升园区承载能力，拓展产业经济空间。深度挖潜既有优势产业，强链补链延链，支持骨干企业与产业链上下游企业组建企业联合体，开展市场开拓、技术进步等活动。助力中小企业融入产业链，鼓励抱团发展，建立集群发展生态圈。

（四）坚持走一、二、三产融合协同之路

推动制造业与现代高效农业、生产性服务业加速融合。充分利用牟平区

及周边海洋生物、农副产品的资源优势，协同发展电子商务、现代物流配送和休闲旅游服务业。大力发展服务型制造，积极拓展服务领域，推动制造业与生产性服务业相融合，由生产型向“生产+服务”型转变。

（五）坚持走资源循环利用绿色之路

围绕重点产业领域积极开展智慧节能，实现能源梯级利用，建设一批用地集约化、生产洁净化、资源节约化、能源低碳化的绿色工厂，树立一批清洁生产达标示范企业。推动工业企业向产业协同、循环利用的专业化工业园区靠拢，加强工业园区生态化改造。

七、措施建议

（一）深度融入战略大局

深度融入国家和省、市区域发展战略，积极对接青岛、烟台、威海等城市新一代信息技术、高端海工装备、新能源新材料、医养健康等产业转移，提高产业链协同创新能力和未来产业发展水平，加快构建现代化产业新体系。

（二）聚焦科技创新领域

建立以“技术”为导向的重大生产力布局规划，引导区内资源集中加强长期发展能力的建设，着力在基础性、关键性、战略性技术领域培育竞争优势，实现创新链与产业链的深度融合，提升区域创新体系整体效能。注重先进低碳技术、新能源电池回收利用、氢能储存装置、风电磁场干扰处理等领域的研发创新，提高与青岛、烟台等核心城市新能源产业的对接配套能力。

（三）持续优化营商环境

鼓励支持“蓝色药谷·生命岛”、石药百克扩产改造升级等重大项目建设，加强各项生产要素保障。加大招商引资力度，深入推进行政审批制度改革，提高管理效能和审批效率。搭建产需对接平台，推进电子商务直播基地和公共直播间发展，打造食品饮料、金属制品、机电设备等产业跨境保税仓直播总部基地。强化金融服务支持，鼓励银企对接，支持企业在多层次资本市场上市。

（四）注重人才培育引进

转变人才引进观念，重视引育技能型人才，优化人才队伍结构，因地制宜、因时而异地制定新时代人才政策，吸引集聚高层次、技能型、复合型人才。鼓励联合办学、企业办学，对民办、企办学校中人才缺口较大的特定专业给予招生补贴支持。

参考文献

[1] 山东省工业和信息化研究院．山东省县域工业经济发展报告[M]．北京:中国经济出版社,2022.

课题组成员简介

王巧婧，经济师，山东省工业和信息化研究院。

刘际宁，副研究员，山东省工业和信息化研究院。

孙　建，工程师，山东省工业和信息化研究院。

李能丽，经济师，山东省工业和信息化研究院。

邵　磊，工业经济研究室主任，副研究员，山东省工业和信息化研究院。

王玉禄，副研究员，山东省工业和信息化研究院。

李国芹，院党委委员，副院长，一级调研员，山东省工业和信息化研究院。

王桂强，院党委书记，理事长，研究员，山东省工业和信息化研究院。

第二部分

产业发展篇

13

山东省虚拟现实产业技术设备优势转为产业经济优势对策研究

宋鹏飞　党世博　邵军　张宇翔

摘　要　虚拟现实产业作为新一代信息技术的重要前沿方向，是继计算机、智能手机之后的新一代计算平台和智能终端，其产业链长、涉及面广，是引领新一轮产业变革的重要力量，被认为是下一代通用性技术平台和互联网的关键入口，是数字经济的重大前瞻领域。虚拟现实包括增强现实、混合现实等。近年来，虚拟现实产业在全球呈现出快速增长的态势，尤其是在新冠疫情期间和后疫情时代，随着人们对远程学习、数字娱乐、工业仿真、电子商务等应用需求的增加，以及5G网络、云计算、人工智能等新技术的推动，虚拟现实产业迎来新一轮的发展机遇。

关键词　虚拟现实　产业应用　对策建议

一、产业发展现状

（一）虚拟现实产业链

虚拟现实产业涉及多个领域，虚拟现实产业链主要包括硬件、软件、内容、应用，如图1所示。其中，上游的硬件主要包括关键核心零部件、终端设备，软件主要包括系统软件和工具软件；中游的内容主要包括如游戏、视频、3D全景等内容制作，体验店、主题公园等内容分发；下游的应用主要包括面向消费者、面向企业。

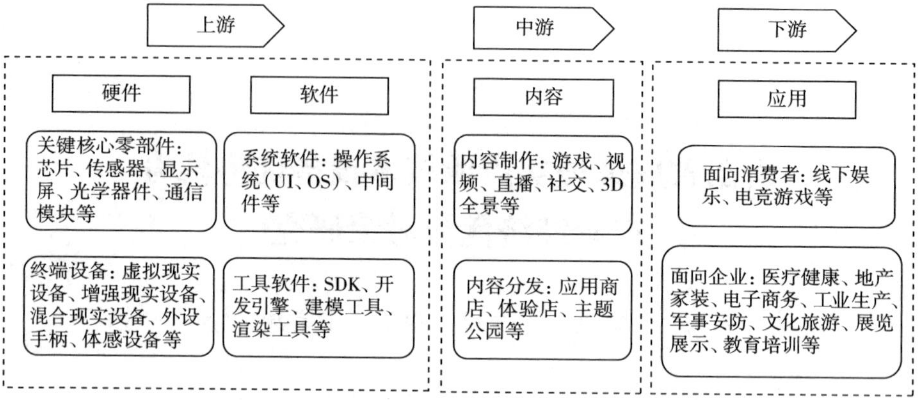

图1　虚拟现实产业链

（二）全球产业发展情况

全球各大虚拟现实领先企业，通过技术创新、市场拓展、资本运作等方式，拥有了较大的市场份额和行业影响力。从全球虚拟现实产业链分布及竞争格局来看，目前全球产业发展情况如下。

在硬件制造方面，全球虚拟现实设备头部企业为Facebook旗下的Oculus，其Quest一体机占据了全球虚拟现实头戴显示设备出货量的61%以上。其他主要的虚拟现实设备品牌包括HTC（中国台湾）、索尼（日本）、Pico（中国）、DP虚拟现实（中国）、HP（美国）等。在增强现实设备方面，微软在技术方面全球领先，主要的增强现实设备品牌包括微软、Magic Leap（美国）、Nreal（闪耀现实，中国）、魔镜（东莞千幻魔镜）。截至2022年，Nreal全球市场占有率为37%，其中消费级增强现实市场占有率为57%，成为全球出货量第一的增强现实厂商。在混合现实设备方面，目前全球领先的企业是微软，其HoloLens增强现实/混合现实头戴显示（头显）设备占据了全球增强现实/混合现实设备出货量的28%以上。

在软件开发方面，目前全球虚拟现实产业软件平台市场的头部品牌是Unity（美国）和Unreal Engine（美国），其分别占据了全球虚拟现实软件平台的53%和13%以上。其他主要的虚拟现实软件平台包括WebXR（德国）、

Android 虚拟现实（美国）、Steam 虚拟现实（美国）等。

虚拟现实设备软硬件及应用领域，在全球范围内呈现出多元化的竞争格局，没有出现一家企业在某一行业独大或垄断的情况，不同企业在不同领域和层面有各自的优势，既相互竞争又相互合作，形成了一个动态平衡和良性发展的生态环境。但从产业的国家分布来看，美国在虚拟现实产业链各领域处于绝对领先地位，中国在硬件设备生产领域市场占有率较高，除日本外，其他国家较少布局。

（三）全国产业发展情况

我国虚拟现实产业初具规模，区域创新发展动能逐渐显现，山东、江西、北京、广东、上海等地正在成为我国虚拟现实产业重点企业的主要集聚区，带动引领作用不断增强。总体来看，我国虚拟现实产业呈现出起步晚、发展快的特点。近年来，随着产业政策持续加码、资本不断投入，应用场景需求日益增长，云计算、大数据等支撑技术不断突破，我国虚拟现实产业进入战略窗口期。

1. 政策支撑

虚拟现实产业是国家“十四五”规划中数字经济七大重点产业之一，具有广阔发展前景。截至 2022 年底，已有 20 多个省份发布虚拟现实产业相关建设规划。各地各部门持续加强政策支持和规划引领。工业和信息化部等相关部门先后出台了《关于加快推进虚拟现实产业发展的指导意见》《虚拟现实与行业应用融合发展行动计划（2022—2026 年）》等文件，为相关产业快速发展提供了助力。据赛迪研究院预测，到 2025 年，国内虚拟现实产业规模有望超过 2500 亿元。

2. 产业发展情况

中国虚拟现实产业经历了 2016 年的高潮和 2017—2018 年的低谷后，进入了稳步发展阶段。2020 年后，随着 5G 网络、云计算、人工智能等技术的推动和应用，以及疫情期间线上教育、娱乐、社交等需求的增加，中国虚拟现实产业迎来快速发展的契机，在技术创新及产业应用等方面不断取得突破，区域发展优势明显。

（1）虚拟现实产业链快速发展。在技术创新方面，中国虚拟现实产业在硬件、软件、内容等方面都有了显著的进步和发展。在硬件方面，Pico、DPVR 等品牌推出了高性能、低成本、轻便易用的虚拟现实一体机产品，在国内外市场占有较高份额。在软件平台方面，暴风魔镜、爱奇艺等品牌开发了多样化的应用平台和内容库，在用户体验和内容生态方面不断优化。在内容方面，网易、腾讯等厂商利用自身优势，在游戏、影视、动漫等领域打造了高品质、高互动性的虚拟现实作品，在用户口碑和市场反响方面取得了良好效果。在产业应用方面，中国虚拟现实产业在娱乐领域以及教育、医疗、工业、旅游等多个领域实现产业化应用。

（2）集聚发展态势初步形成。2022 年，世界 VR 产业大会发布了“2022 中国 VR50 强企业”名单。从地域分布来看，北京虚拟现实 50 强企业数量领跑全国，广东、江西、上海稳定成为第二梯队。我国虚拟现实产业规模从小到大，企业竞争力从弱到强，集聚发展态势已初步形成，成为全球虚拟现实产业创新最活跃、市场接受度最高、发展潜力最大的地区之一。目前，我国规模以上的虚拟现实产业园区主要分布在江西、山东、上海、广东和北京等地。江西、山东、北京、上海、广东“五区共生”的产业分布格局基本形成。

（3）硬件企业优势突出。硬件终端市场决定着整个虚拟现实生态的建设速度，我国虚拟现实终端产品加速成熟，从“中国 VR50 强企业”产业链分布环节来看，企业在近眼显示、渲染处理等关键技术环节，以及整机设备、开发工具软件、分发平台等环节均有涉及。整机设备企业在“中国 VR50 强企业”中的占比一直保持在 20% 以上，在产业链环节中处于领先地位。代表性企业包括 Pico、爱奇艺智能、创维、Nreal、NOLO、DPVR、HTC、小派科技等。

（四）山东省产业发展情况

1. 产业政策引领

山东省高起点培育虚拟现实产业，谋划实施“一个行动计划、一套政策措施、一个产业联盟、一批行业应用、一个创新大会、一个国创中心”的“六个一”推进举措，为推动虚拟现实产业做大做强奠定了基础。2022 年

3 月，山东省工业和信息化厅牵头，联合发展改革委等 6 部门印发的《推动虚拟现实产业高质量发展三年行动计划（2022—2024 年）》提出，推动加快形成以青岛为中心，济南、潍坊、烟台、威海四市联动，其他市协同的“1 +4 +N”产业布局，到 2025 年，虚拟现实全产业链规模从 600 亿元提升到 1000 亿元以上。

2. 产业集聚加强

2022 年，山东省虚拟现实产业汇聚了国内虚拟现实产业零部件、整机、核心工具、内容应用、投资等全产业链环节的领军企业和研究机构，在硬件、内容制作、应用场景、平台服务等多个环节发力，产业链 200 余家重点企业实现营业收入 730 亿元，同比增长 20% 以上，产业规模国内领先。青岛市在虚拟现实领域积累了良好的产业基础，建设了虚拟现实产业园区，在智能硬件研发、平台服务、内容制作、应用场景等多个环节优势明显。目前，山东省拥有 13 家专业从事虚拟现实领域的高端研发机构，占据了全国总数的 70% 以上。歌尔股份占据全球中高端虚拟现实头显设备 70% 的市场份额，出货量全球第一。

（五）其他省市情况

1. 江西省

江西省高度重视虚拟现实产业发展，将其作为江西省实现“变道超车”“换车超车”的重要引擎，近年来，江西省区域影响力逐渐凸显，虚拟现实生态发展集聚区正在加速形成。

（1）政策拉动强劲。近年来，江西省政府部门对虚拟现实产业高度重视，基于电子信息产业发展基础，将虚拟现实产业作为发展新经济、培育新动能的重要抓手，举全省之力推进，成立由省长担任组长的虚拟现实产业发展领导小组；连续 5 年主办“世界 VR 产业大会”，5 年累计签约项目 562 个，总金额达 3366 亿元，项目注册率、开工率均超 90%；发布《江西省虚拟现实产业发展规划（2019—2023 年）》，是全国较早发布虚拟现实产业发展规划的省份。

（2）产业集聚优势明显。目前，江西省共有虚拟现实企业 400 多家，“中国 VR50 强企业”中已有 18 家落户江西，其中 4 家将总部设在南昌。江西省虚拟现实及相关产业营业收入由 2018 年的 42 亿元增长到 2022 年的 812 亿元，5 年扩张了近 20 倍。2023 年上半年，江西省虚拟现实及相关产业营业收入超 450 亿元，全年预计可突破千亿元。

（3）产业链基础扎实。电子信息制造业是虚拟现实产业的基础，南昌市电子信息产业实力较强，连续 3 年稳居全市八大工业主导产业首位，在移动智能终端方面拥有华勤、龙旗、美晨、黑鲨、联创电子、欧菲光电等一批行业龙头企业，因此，在虚拟现实硬件制造中的光学设备、精密仪器等核心产业方面，南昌市具有先发优势。随着虚拟现实市场及南昌市虚拟现实产业发展日趋成熟，这些本土移动智能终端企业逐步将目光瞄准虚拟现实整机及零部件制造，积极拓展业务资源。2022 年，南昌市虚拟现实研究院牵头并联合青岛虚拟现实研究院组建国家级创新中心，获得工业和信息化部批复。2023 年，南昌市已集聚虚拟现实及相关企业 282 家，基本形成了覆盖硬件、软件、内容制作分发、应用服务等环节较为完整的产业链。

2. 北京市

北京市虚拟现实企业实力持续领跑全国，据北京市科学技术委员会报道，北京市科幻产业总产值占全国科幻产业总产值的 1/3，目前北京市石景山首钢园集聚科幻企业 260 家左右。从 2022 年“中国 VR50 强企业”来看，北京市有百度网讯、中国动漫集团、如视、千种幻影、当红齐天、NOLO、为快科技、猫眼视觉等 23 家企业进入 50 强。

3. 广东省

广东省虚拟现实产业主要集中在广州，广州拥有全国领先的数字创意产业集群，因此涉及虚拟现实产业的以内容制作、推广为主。2022 年，有创维数字、影石、广东虚拟现实、丝路视觉、玖的数码、瑞立视共 6 家企业入选虚拟现实产业 50 强。

4. 上海市

上海市电子信息制造业一直稳定在 5000 亿元的规模，在人工智能领域优势显著。Unity 等国际虚拟现实应用巨头，小红书、哔哩哔哩等国内新一代互联网企业，为上海市虚拟现实产业发展带来强劲动力。2022 年，Unity、新国脉、曼恒数字、亮风台、小派科技共5家企业入选虚拟现实产业50强。2022年，上海市印发《上海市培育“元宇宙”新赛道行动方案（2022—2025年）》，提出到2025年元宇宙相关产业规模达到3500亿元。

总体来看，虚拟现实产业还处于起步发展阶段，电子信息制造业、数字创意、人工智能等产业为虚拟现实产业的发展提供了重要的技术基础及资源，传统电子信息制造业、信息技术产业较强的地区，虚拟现实产业发展也相对较快，如北京市、上海市、广东省。但是，强力适用的产业政策同样能催生产业的快速发展，如江西省。

二、技术发展方向及应用领域

（一）虚拟现实产业关键技术及发展方向

虚拟现实技术涉及硬件设备、软件平台、内容生产等领域。目前，虚拟现实技术已经取得一定的进步和突破，但仍然存在一些技术难点和“瓶颈”。

1. 硬件设备

目前，市场主流的虚拟现实设备主要有三种类型：一是与电脑端或游戏机端连接的有线头显设备（如索尼PS VR、HTC Vive等），二是可与移动端连接的无线头显设备（如Oculus Quest、Pico Neo等），三是自带计算能力的一体机头显设备（如微软HoloLens、魔镜MR1等）。其中，无线头显设备因能够提供更自由和舒适的体验，受到了更多用户的青睐。但是，无线头显设备在电池续航、显示技术等方面还存在很多问题。因此，在硬件设备方面，未来的创新方向主要为更智能、更低功耗的处理器，更低延迟的显示屏幕，更符合人体工程学和美学的外观设计等。

2. 软件平台

目前，主流的虚拟现实软件平台主要有两种类型：基于操作系统或浏览器的通用平台（如Android VR、WebXR等），以及基于游戏引擎或开发工具的专用平台（如Unity 3D、Unreal Engine等）。这些平台为开发者提供了丰富的功能和资源，但也存在一些局限性。例如，在兼容性方面，不同平台之间缺乏统一的标准和接口。因此，在软件平台方面，未来的创新方向主要有统一的标准和协议、低成本的开发工具和框架等。

3. 内容生产

目前，主流的虚拟现实内容主要有 3 种类型：一是基于现实场景的全景视频或照片，二是基于虚拟场景的游戏或故事，三是基于混合场景的交互或教育。这些内容为用户提供了丰富的选择和体验，但也存在一些不足。在内容生产方面，未来的创新方向主要有高效率、低成本的内容制作工具，更有吸引力的内容应用场景和模式等。

（二）虚拟现实产业重点应用领域

随着虚拟现实技术的发展，其应用领域已经不再仅限于游戏、影视等领域，逐渐涵盖了医疗、工业、教育、旅游、房地产等多个领域。

1. 娱乐

娱乐包括游戏、影视、主题乐园、音乐会等内容。通过虚拟现实技术，用户可以沉浸在虚拟或增强的世界中，享受刺激而富有想象力的娱乐体验。与传统游戏相比，虚拟现实游戏能够给用户带来更加真实的游戏体验，虚拟现实游乐设备可使用户无须远足，通过头戴式虚拟现实设备进入虚拟世界中，体验各种虚拟场景和虚拟装备。

2. 教育

教育包括模拟实验、三维可视化、虚拟游览等内容。特别是对实验人员的安全有较高要求的实验，虚拟实验室可以允许学生在没有危险或者资源短缺的情况下进行，从而使学生获得更加丰富的实验经验。

3. 医疗

医疗包括疾病模拟、诊断、治疗、康复等内容。通过虚拟现实技术，可以获得更安全而高效的医疗体验。例如，医生可以使用虚拟现实模拟心脏病的病理过程和治疗方法，在虚拟现实中观察心脏病的病理变化，了解心脏病的发展过程；医生也可以利用虚拟现实技术进行外科手术模拟和导航，提前规划手术步骤并实时调整手术策略。

4. 工业

工业包括设计、制造、维修等内容，用户可以获得更高效而优质的工业体验。例如，利用虚拟现实技术进行三维设计和建模，让用户可以通过手势、眼球等手段绘制和编辑三维模型，使得设计师可以更直观地感受所设计产品，提高设计效率；虚拟现实技术可以为工程师与技术人员提供实时的培训和教育，让他们在虚拟环境中模拟真实操作，提高技能和经验，减少培训成本和风险，缩短培训周期。

5. 军事

军事包括训练、作战、指挥等内容，通过模拟城市、丛林、山区等实际战场环境，让士兵在更真实的环境中进行训练，提高战斗力和应对能力；在作战方面，士兵可以通过头盔或眼镜获取实时的地图、目标、友军等信息，提高作战能力。

虚拟现实产业技术发展的核心主要体现为更高性能的硬件设备，更优质的内容，以及更高效、更低成本的行业应用解决方案。硬件终端将会朝着更轻、更小、更智能的方向发展，用户体验由当前部分沉浸向深度沉浸跨越。在内容方面，更多企业将参与到虚拟现实生态中，各行业特色内容将呈百花齐放之势，更好、更快地产出优质内容，成为企业核心竞争力。在行业应用方面，应用方案将由大型化、定制化，主要服务大型企业，向小型化、轻量化、高可复制性，更适合在中小企业应用的方向发展。

三、山东省产业面临的挑战

当前，虚拟现实产业发展前景广阔，但也面临较大挑战，山东省主要表现为应用成本较高、产业化应用不足、龙头企业较少、产业生态不够完善。

（一）应用成本较高

一是研发成本较高。目前，虚拟现实技术还处于大规模普及阶段，其硬件、软件等开发成本还无法大规模均摊，造成设备售价较高。二是市场竞争不够充分。从全球虚拟现实应用区域分布情况来看，欧美和亚太地区占比最高，有数据显示，欧美市场占据全球市场60%以上的应用市场份额。虽然Pico和DPVR两大国内主要虚拟现实设备制造商均在山东省，并且产品占据超60%国内市场份额，但其全球市场占有率仅有8%。

（二）产业化应用不足

虽然虚拟现实设备在很多领域具有应用潜力，但价格高昂，普及度还不够高。目前，虚拟现实技术应用较为广泛的领域多为大型化、定制化的重大项目，主要服务于公共事业单位及大型企业，对短期盈利能力要求不高。量大面广、应用场景更为丰富的中小企业及应用需求推广较难。

（三）龙头企业较少

山东省在虚拟现实产业整机及关键零部件制造方面优势明显，但在数字创意、人工智能等产业方面相对优势较弱，直接转型进入虚拟现实领域的企业较少，多为初创企业。进入全国前50强的虚拟现实企业只有2家，从规模来看，小微企业主体较多。从调研摸底统计口径来看，2021年，山东省虚拟现实产业链营业收入过亿元的企业只有28家，占企业总数的11.5%。

（四）产业生态不够完善

虚拟现实产业技术壁垒较高，从市场需求到技术攻关，再到落地应用，不是一家企业可以独立完成的。从布局领域来看，山东省虚拟现实企业以产品配件为主，呈现数量少而体量大的特点。由于虚拟现实产业应用场景众多，市场呈现碎片化的发展格局，山东省从事应用场景和内容制作的企业呈现数量多而体量小的特点。从产业链合作来看，山东省虚拟现实企业之间还没有形成合力，单打独斗的形式较多。同时，虚拟现实企业与其他产业间的合作开展得还不够深入，能整合产业链全要素的行业服务平台及产业生态还不够健全。

四、扩大山东省产业优势对策建议

山东省虚拟现实产业硬件优势突出，应用需求广泛，研发基础较强，应在既有优势基础上，夯实发展基础、加速扩大规模，强化对外招商、坚持高端发展，走“强基、内扩、外招、高端”的发展路线，构建山东省虚拟现实产业新优势，使山东省技术设备优势转化为产业经济优势，打造全国虚拟现实产业高地。

（一）强化研发，优化基础，打造技术创新高地

一是夯实技术基础底座。充分利用国家虚拟现实制造业创新中心（青岛）优势，打造全球领先的关键共性技术研发平台，推动“产、学、研、用”一体化发展，完善虚拟现实产业链条，提升山东省虚拟现实产业的全球竞争力。尽快突破软件及开发工具等关键核心技术，持续提高芯片、传感器等核心优势技术，抢占虚拟现实产业技术制高点。二是强化基础设施建设。加强低延迟、高带宽网络建设，加快云计算和边缘计算的发展，推进云、网、边、端协同体系建设，为虚拟现实产业提供强大的计算资源和处理能力。三是推动标准体系建设。鼓励企业积极牵头，申请国家、国际标委会落户山东省，加快构建涵盖软件制作、硬件生产、内容制作、创新应用等全产业链的虚拟现实标准体系，提高山东省在全球的影响力。

（二）加快迭代，拓宽业态，打造消费领域产品高地

一是深耕游戏领域。虚拟现实技术产品，特别是头显设备，在娱乐游戏领域的应用技术成熟度高、商业化潜力大，索尼等国际巨头已经深耕多年。山东省应发挥整机设计制造优势，开发更加轻量、舒适、性价比高的虚拟现实终端产品，积极与国内外游戏娱乐公司深度合作，联合打造深度定制款产品。吸引娱乐游戏开发公司入驻产业园区，开发沉浸式娱乐、游戏产品，带动产业链发展。二是积极拓宽多元化场景。鼓励设备制造企业及场景应用企业积极与其他娱乐业态相融合，在社交、直播、电影、教育、办公、购物等多重场景开展合作，带动山东省硬件设备破圈。例如，与社交应用融合，可实现好友形象近眼显示；与健身器材深度融合，打造虚拟健身平台，提高健身的娱乐性；与直播演唱会相融合，可在场外感受现场氛围。消费领域产品强调互动式、沉浸式体验，场景量大面广，是元宇宙的入口终端，开发高端、经济、适用的终端产品，是迅速扩大产品规模的重要途径。

（三）深度融合，智能升级，打造工业应用领域高地

一是聚焦重点应用领域。虚拟现实产业重在应用，鼓励应用场景企业，深入行业研究，发挥山东省工业基础雄厚、应用领域丰富的优势，优先在生物医

药、化工产业、装备制造等市场需求强、行业影响大、技术难度相对低的领域发掘虚拟现实优秀解决方案，实现示范应用，对应用效果好、带动作用强的示范项目，树立典型，给予资金奖励。定期开展行业典型应用推广，尽快实现大型化、定制化，服务大型企业的成熟应用案例，向低成本、小型化、轻量化、高可复制性应用方案发展，加快虚拟现实技术在中小企业行业的大面积应用。二是拓展特色应用领域。在国防军事、体育训练、教育教学、医疗等领域积极探索，推动新技术、新产品、新模式在各领域广泛应用。

（四）硬件引领，软硬件协同，打造软硬件产业高地

一是强化硬件优势。山东省虚拟现实产业整机及零部件优势明显，特别是青岛和潍坊，必须牢牢抓住并依靠现有优势，以整机带动光学、显示、零部件、内容等产业链企业集聚发展，完善产业链，引领产业发展方向，推动整机向更轻、更小、更智能方向发展，不断扩大市场规模，筑牢硬件优势根基。二是以硬促软。硬件是虚拟现实产业的基础，而软件是核心，内容是灵魂，山东省应基于产业集群及研发平台优势，以项目、平台拉动产业发展，鼓励龙头企业及研发平台积极对接国内外产业链上下游资源，承担更多省级、国家级重点项目，加强软件企业的引进和人才培育，加快引擎、渲染技术和交互系统等软件技术的研发，打造软硬件协同发展的产业格局，为山东省虚拟现实产业发展打牢基础。

（五）强化应用，构建生态，打造应用生态高地

一是以应用拉动发展。虚拟现实产业规模化发展，难点在于规模化应用，特别是企业级应用场景依赖定制化服务，较难规模化。持续推进《虚拟现实与行业应用融合发展行动计划（2022—2026 年）》落地实施，打造可复制、易推广的虚拟现实应用案例。鼓励内容制作企业，积极与各应用领域深度融合，开发、培育、解决行业需求，培育更多深耕专业应用领域的“专精特新”“小巨人”企业。二是加快构建产业生态。加快生态布局，促进内容驱动向生态驱动转变，为未来应用端百花齐放打好基础。鼓励山东省产业链龙头企业整合产业链资源，建设系统开源的开发平台，打造“核心器件 + 整机 + 软件系统 + 内容应用 + 平台”的服务生态体系，为头显设备成为下一代交互终端打好基础。

（六）强化培养，注重引进，打造人才集聚高地

一是强化人才培养，鼓励高校与企业合作开设虚拟现实专业课程，形成以企业为需求方的多元化人才培养模式，紧密对接产业发展需求，培养一批职业技能型的虚拟现实专业人才。二是加快高端人才引进，切实制定并落实落地鼓励政策，引进大量具备高端研发能力、能够为山东省虚拟现实产业注入强心剂的高端人才。对于符合条件的虚拟现实产业专业技术人才，实施高层次专业技术人才高级职称评审“直通车”政策，以大量的技能人才储备为山东省虚拟现实发展打牢坚实基础。

参考文献

[1]原顺梅，田小元，田文香．山东省虚拟现实产业发展现状分析[J]．科技广场，2022(2):80-89.

[2]袁洋．数字技术与虚拟现实 VR 产业深度融合[J]．上海商业，2023(5):75-77.

[3]徐鉴民，刘双童，姜春华，等．基于 VR 技术的无人机飞行仿真系统在教学中的应用研究[J]．电脑知识与技术，2021(15):155-157.

[4]郭超．虚拟现实技术推动文化产业发展研究：以青岛市为例[J]．中共青岛市委党校青岛行政学院学报，2023(6):86-90.

[5]山东省工业和信息化厅．关于印发《山东省推动虚拟现实产业高质量发展三年行动计划（2022—2024 年）》的通知：鲁工信电子〔2022〕49 号[EB/OL]．[2022-03-27]. http://gxt.shandong.gov.cn/art/2022/3/24/art_103863_10301548.html.

作者简介

宋鹏飞，高级工程师，山东省工业和信息化研究院。

党世博，助理研究员，山东省工业和信息化研究院。

邵　军，研究实习员，山东省工业和信息化研究院。

张宇翔，研究员，山东省工业和信息化研究院。

14

山东省传统支柱产业绿色化高端化发展路径研究

潘劲松　范玉明　徐兆伟　李洪文　张伟

摘　要　通过与国内先进省份对比，重点分析了当前山东省传统支柱产业在发展质效、资源利用、自主创新、要素支撑、区位优势、区域一体化发展等方面存在的差距与不足。围绕构建绿色化、高端化发展体系，从健全高质量工作机制、推进区域一体化发展、强化要素保障支撑与创新、推动传统产业绿色化转型、推进传统产业高端化升级、推进更高水平对外开放等方面，针对性地提出推动山东省传统支柱产业从低端生产加工向全球价值链中高端迈进的发展建议。

关键词　传统支柱产业　绿色化　高端化

山东省地处黄河流域下游，是我国重要的工业基地和北方地区经济发展的战略支点。冶金、化工、轻工、建材、纺织服装、机械等传统产业发展历史悠久，产业规模多年稳居国内前列。《国务院关于支持山东深化新旧动能转换推动绿色低碳高质量发展的意见》明确提出，以节能降碳和绿色转型为牵引，推动山东省传统支柱产业绿色化高端化发展。加快传统支柱产业绿色化高端化发展，不仅是贯彻新发展理念、落实黄河流域生态保护和高质量发展战略、实现新时代现代化强省建设目标的必然要求，也是实现山东省经济发展质量变革、效率变革、动力变革的必由之路。

一、传统支柱产业绿色化高端化发展面临的主要困境

冶金、化工、轻工、建材、纺织服装、机械等作为山东省传统支柱产业，连续多年保持了平稳发展态势，为全省经济社会持续稳定发展作出了重要贡献。但与先进省份相比，山东省面临的矛盾和问题日益突出，主要表现在以下几个方面。

（一）处于价值链中低端，产业发展质效亟须提升

2022 年，山东省规模以上制造业企业营业收入利润率仅为 3.80%，比全国平均水平低 1.55 个百分点，比江苏、浙江、广东三省分别低 1.72 个、1.77 个、1.17 个百分点，万元营业收入利润额仅为江苏省的 66.43%、浙江省的 68.22%、广东省的 76.46%。在制造业全部 31 个大类行业中，山东省仅有食品制造，文教、工美、体育和娱乐用品制造，化学纤维制造，仪器仪表制造，金属制品、机械和设备维修 5 个行业营业收入利润率高于全国同行业平均水平，江苏、浙江、广东三省则分别有 15 个、13 个、11 个行业营业收入利润率超过全国同行业平均水平。营业收入超过 2000 亿元的 15 个制造业大类行业营业收入利润率均低于全国平均水平，营业收入平均利润率只有 4.16%，比同行业全国平均水平低 1.62 个百分点。营业收入占山东省工业比重前 10 的大类行业依次为化学原料和化学制品制造业，石油、煤炭及其他燃料加工业，农副食品加工业，有色金属冶炼和压延加工业，黑色金属冶炼和压延加工业，计算机、通信和其他电子设备制造业，非金属矿物制品业，汽车制造业，金属制品业，专用设备制造业，营业收入利润率分别为 7.60%、-0.87%、1.53%、2.89%、0.65%、3.16%、6.02%、3.84%、1.94%、6.37%。其中，石油、煤炭及其他燃料加工业，农副食品加工业，黑色金属冶炼和压延加工业，计算机、通信和其他电子设备制造业，汽车制造业，金属制品业，专用设备制造业 7 个行业营业收入利润率均低于江苏省、浙江省和广东省。

（二）资源利用水平低效，高耗能高排放特征明显

2022 年，山东省石油、煤炭及其他燃料加工业，化学原料和化学制品制

造业，非金属矿物制品业，黑色金属冶炼和压延加工业，有色金属冶炼和压延加工业五大高耗能行业营业收入占全国同行业比重分别为 19.39%、14.42%、6.85%、8.24%、9.86%。以上五大行业营业收入、利润、用电量合计分别占山东省制造业的 47.41%、39.58%、65.61%。在全部 31 个制造业行业大类中，有色金属冶炼和压延加工业，化学原料和化学制品制造业，黑色金属冶炼和压延加工业，非金属矿物制品业，金属制品业，纺织业，橡胶和塑料制品业，石油、煤炭及其他燃料加工业，造纸和纸制品业 9 个行业用电量占山东省制造业比重在 3% 以上，以上 9 个行业能源消费总量占山东省制造业比重达 88.30%。自 2018 年以来，山东省制造业五大高耗能行业在山东省工业、制造业中占比不降反升，山东省工业能源消费总量和环保排放总量稳居全国前列，能源资源利用效率与先进省份差距明显。以 2021 年为例，山东省工业企业万元产值用电量 2050.25 千瓦时，是江苏省的 1.84 倍；万元产值废水排放量和一般固体废物产生量分别为江苏省的 1.80 倍、3.21 倍。其中，五大高耗能行业能源消费总量为 2.3 亿吨标准煤，占山东省制造业的 76.15%；二氧化硫、氮氧化物、颗粒物排放量分别占山东省制造业的 95.71%、91.90%、91.78%。

（三）自主创新能力不足，协同创新体系尚未建立

2021 年，山东省规上工业企业科学研究与试验发展（R&D）经费投入 1565.34 亿元，占营业收入比重为 1.51%，比广东省（1.67%）、江苏省（1.77%）、浙江省（1.59%）分别低 0.16 个、0.26 个、0.08 个百分点。与苏浙粤等创新强省相比，山东省存在较大差距。一是工业创新投入较少。2021 年，山东省规模以上工业企业研发经费为 1565.34 亿元，仅相当于广东省、江苏省和浙江省的 53.94%、57.62%、98.35%。二是企业研发人员相对较少。2021 年，山东省规模以上工业企业研发人员全时当量 34.94 万人年，比广东省、江苏省、浙江省分别少 35.97 万人年、26.13 万人年、13.28 万人年。三是研发成果转化相对较少。2021 年，山东省规模以上工业企业申请专利 98190 件，专利申请量仅相当于广东省、江苏省和浙江省的 28.80%、47.35%、61.40%。其中，工业企业有效发明专利数比广东省、江苏省、浙

江省分别少 40.83 万件、13.90 万件、1.75 万件。由于传统支柱产业普遍利润率低、资金压力大，企业对产业绿色低碳发展重视不够，产业链之间仍停留在单一的线性上下游联系，尚未形成科学合理的协同创新发展体系。

（四）资源承载能力有限，高端生产要素支撑不足

近年来，山东省土地、资源供需趋紧，资源环境容量已趋饱和。一是水资源约束压力大。据水利部门资料，山东省年均可使用水资源总量为 392.77 亿立方米，人均可使用水资源量约 390 立方米，相当于全国人均水量的 1/6 左右、世界人均水量的 1/25 左右。按照国际公认人均水资源低于 500 立方米为极度缺水标准，山东省属于严重缺水地区。山东省 16 市中，1/3 以上地区面临水资源短缺问题。在确保粮食生产安全和生态生活用水的大前提下，水资源已成为制约山东省产业可持续、高质量发展的“瓶颈”之一。二是能源结构性矛盾突出。山东省产业结构偏重、能源结构偏煤问题比较突出。煤炭在山东省一次能源消费中所占比重保持在 60% 以上，石油、天然气等优质能源占比低于全国平均水平，新能源和可再生能源开发规模比较小，能源结构优化调整任务比较艰巨。三是污染物减排压力大。2021 年，山东省一般固体废物产生量、化学耗氧量、氨氮、二氧化硫、氮氧化物等排放量依次为 25233 万吨、156.28 万吨、4.64 万吨、16.53 万吨、65.87 万吨，分别居全国第 4 位、第 2 位、第 7 位、第 3 位、第 3 位，占全国比重依次为 6.36%、6.17%、5.35%、6.02%、6.77%。与此同时，支撑产业高质量发展的高素质人才、创新、数据等高端要素保障体系尚未成熟。

（五）区位优势发挥不够，对外开放带动作用不强

山东省地处京津冀、长三角、东北振兴三大国家区域战略的交会点，既是黄河流域最便捷的出海通道，也是“一带一路”重要枢纽和东北亚地区活跃的增长极。当前，山东省进入绿色低碳高质量发展的关键期，黄河流域生态保护和高质量发展国家战略、新旧动能转换综合试验区、自贸试验区、上合示范区等重大战略叠加集聚，使山东省“战略位势更加凸显”。从国内循环来看，山东省连接南北、贯通东西，是推动黄河流域东西互济、陆海联动的重要平台。从国际循环来看，山东省是东连日韩、西接欧亚的“东西双向互

济、陆海内外联动”国际物流大通道。但是，这些区位优势未能很好地转化为经济开放发展新优势，山东省电子商务和物流开拓不足、进出口带动乏力等问题较为突出。2022 年，山东省进出口总额 33324.9 亿元，分别仅为广东、江苏、浙江三省的 40.1%、61.2%、70.1%；进出口总额占 GDP 比重为 38.1%，比广东省、浙江省、江苏省分别低 26.3 个、22.2 个、6.2 个百分点。规模以上工业实现出口交货值 9136.2 亿元，居全国第 5 位；工业出口交货值占营业收入比重仅为 8.5%，比全国平均水平（11.1%）低 2.6 个百分点，分别比广东省、江苏省、浙江省低 13.0 个、8.5 个、7.0 个百分点。全年实际使用外资 228.7 亿美元，其中制造业实际使用外资 97.7 亿美元，比江苏省分别少 76.3 亿美元和 22.2 亿美元。此外，山东省外商投资企业货物进出口总额占进出口的比重仅为 17.9%，比全国平均水平低 15.0 个百分点，远低于江苏省（50.3%）和广东省（34.9%）。

（六）产业趋同化程度高，区域一体化发展有“瓶颈”

从历史渊源来看，山东省一些传统支柱产业布局并不是依靠资源、技术、市场等优势选择，而是政府上项目、追逐 GDP、搞补贴的结果。部分区域产业结构相似、支柱产业较为雷同，区域间主导优势产业缺乏互动链接，集群规模优势不显著。2022 年，工业和信息化部公布的 45 个国家先进制造业集群中，江苏省、广东省、浙江省分别有 10 个、7 个、4 个产业集群上榜，山东省只有 3 个。由于传统支柱产业普遍投资规模大、回收周期长，产业升级和布局调整将面临高昂的沉淀成本。近年来，各市都将战略性新兴产业和高技术产业作为未来发展的主导方向，但在产业构成、数量比例与空间分布等方面缺乏差异化定位和协同发展规划，区域间存在同构化趋势。产业同构化将会造成竞争过度、资源浪费等一系列问题，同时会阻碍产业高质量发展。2020 年，山东省委、省政府印发了《贯彻落实〈中共中央、国务院关于建立更加有效的区域协调发展新机制的意见〉的实施方案》，明确强调强化区域联动发展，实施省会、胶东、鲁南三大经济圈区域发展战略，并明确了三个经济圈的发展空间和功能定位。顶层设计框架已经搭建起来了，但缺少区域联动发展的利益协调、项目协调等精准化政策。由于地方保护、行政壁垒、利益驱动等，各种要素资源得不到合理优化配置。对高新技术、战略性新兴产业的企业，各地争相引进；对产能落后的低效企业，有的地方政府采取“一刀切”办法驱赶。

二、传统支柱产业绿色化高端化发展路径及建议

2023 年以来，省委、省政府把工业经济作为“头号工程”来抓，传统支柱产业转型升级被摆到更加突出位置。加快传统支柱产业绿色化高端化升级，不仅是深化落实黄河流域生态保护和高质量发展战略的重要举措，也是破除制约深层次体制机制障碍、实现先进制造业强省目标的关键抓手。根据山东省绿色低碳高质量发展先行区建设要求，结合山东省传统支柱产业高质量发展现实需要，提出以下建议。

（一）建立健全高质量发展工作机制

一是借鉴江苏、浙江等省工业企业综合评价系统建设经验，加快推进山东省工业企业综合评价大数据平台建设。全面采集企业用地、用能、产出、排放等指标信息，摸清企业投入产出“家底”。在此基础上，初步构建省、市、县（市、区）、园区四级工业企业综合评价指标平台体系。二是建议围绕绿色低碳发展“走在前、开新局”总体目标，重点对质效目标进行分解落实。以行业标杆企业投入产出指标为参考，分区域、分行业设置相应的投资强度、亩均产出、能耗地耗、污染排放、技术水平、产品质量、安全生产等标准和门槛。三是深化落实用能、用地、用水、排污、创新、财税和金融等差别化政策，进一步完善各类要素的阶梯价格制度。在企业分类指导的基础上，完善电价、水价、城镇土地使用税、排污费等差别化收费机制，注重把降低企业成本与倒逼企业加强要素节约集约利用结合起来。加大资源要素差别化配置和叠加运用，引导更多生产要素向高质量发展主体集聚。四是建议制定高质量发展专项考核办法，加大对传统支柱产业发展的绩效考核工作力度，并及时掌握工作进展，统筹协调解决困难和问题。

（二）协同推进区域一体化发展

一是在山东省开展分行业、分区域的工业企业综合评价工作的基础上，

综合考虑资源能源、环境容量、市场空间等因素，加快研究制定推进山东省区域生产力布局调整和先进制造业集群建设具体工作方案。二是按照“一群两心三圈”规划赋予的功能定位布局产业和项目，推动重点区域产业差异化、特色化发展。聚焦新一代信息技术、高端装备、新能源新材料、现代海洋、高端化工、现代轻工纺织、现代金融服务等“十强产业”，推动国家级新区、自贸试验区、高新区、经开区、综合保税区等以新技术、新产业、新业态、新模式为核心，打造山东省高质量发展的战略支点和动力引擎。三是进一步学习长三角、粤港澳大湾区等城市群一体化发展经验，创新协同发展机制，打破经济融合的行政性障碍，尽快建立区域利益协调机制，打造大开放、大协同的区域一体化发展格局。四是从空间结构、产业组织模式、交通网络、都市圈管理等方面，加强济南都市圈与青岛都市圈的整体联动。突破省际区域，推动济青都市圈与京津冀都市圈、中原城市群、长三角都市圈、粤港澳大湾区等发展战略协同，加快跨区域、跨领域的区域间创新资源共享和产业协同发展。

（三）着力强化要素保障支撑与创新

一是加快研究制定以单位建设用地增加值为基础的土地配置制度，以单位增加值能耗为基础的用能权交易制度，以水定产、以水定城的水资源配置等制度，促进区域协同一体化发展，探索制定符合山东省发展实际的要素市场产权交易规则、服务方式、监管办法和差别化配置政策。二是优化人才引育工作。一方面适应产业绿色化高端化发展需求，加快高技能人才和职业技术人才培养；另一方面以高质量城市群、都市圈吸引有经验和影响力的复合型创新创业领军人才与团队入鲁发展，实现人才集聚与经济发展的互促共赢。三是瞄准世界前沿、行业发展和转型急需共性技术，重点聚焦清洁生产、废弃物处理、资源循环利用等绿色技术，立足现有智力优势和重点产业，统筹规划建设一批技术创新平台。以培育绿色发展领军企业为重点，建设一批绿色产业供应链，形成一批绿色发展领军企业示范集群。四是引导金融机构通过降低准入门槛、调整利率、提高审批额度等方式，为企业技术创新提供差别化绿色金融支持。将节能减排、绿色水平融入绿色金融发展体系，设置相应的绩效指标，增强绿色金融机构服务工业项目的主动性。

（四）加快推动传统产业绿色化转型

一是以绿色制造、绿色工厂、绿色园区、绿色产业链建设为抓手，推动产业结构绿色转型，淘汰高耗能、高污染的落后产能。完善绿色技术创新体系建设，不断提升绿色技术、绿色产品的供给能力。二是坚持节约优先，大力研发推广余热余压回收、水循环利用、有毒有害原料替代、废渣资源化、重金属污染减量化、脱硫脱硝除尘等绿色工艺技术装备；加快淘汰落后机电产品和技术，持续提升锅炉、电机、电器等终端用能产品能效水平。三是按照减量化、再利用、资源化原则，大力发展循环经济，促进企业、园区、行业、区域间链接共生和协同利用。以产业链龙头企业为核心，依托产业联盟建立“绿色生产 + 供应商管理 + 绿色物流 + 绿色回收 + 绿色包装”技术标准体系，打造制造业技术、产品、企业、产业的绿色竞争新优势。四是落实生产者责任延伸制度，健全节能环保法规、标准体系，加强节能环保监察，推行企业社会责任报告制度，开展绿色评价。

（五）持续推进传统产业高端化升级

一是加快推进新一代信息技术和传统产业融合发展，通过实施智能制造、数字化转型、5G 应用行动等创新工程，以智能工厂、数字化车间、数字化生产线建设为示范引领，培育一批数字化转型标杆企业，推广一批综合性强、带动面广的示范场景。充分发挥“海尔卡奥斯”“浪潮云洲”等工业互联网平台优势，鼓励上下游企业充分运用物联网、云计算等新一代信息技术，对资源管理、业务流程、研发设计等环节进行优化配置。二是全面梳理产业链上下游各环节，针对产业链供应链上的短板和弱项，从招商引资和技术攻关两个方面发力，不断提升产业链控制与主导能力。三是加快布局新能源、新材料、高端装备等战略性领域研发、采购、销售等高附加值环节，培育“专精特新”“小巨人”企业、单项冠军企业和科技型中小企业，不断提升产业链韧性和竞争力。四是以区域中心城市和都市圈为龙头、产业集聚区/产业园区为重点，加快发展工业设计等生产性服务业，推动先进制造业与生产性服务业有机融合、互动发展，培育柔性化定制、共享工厂、服务反向制造等两业融合新模式、新业态。

（六）进一步推进更高水平对外开放

一要发挥山东省区位优势，积极拓展“一带一路”市场，打造国际合作循环路径。深入挖掘山东省传统支柱产业国际市场潜力，提高出口商品的质量、档次和效益，培育对外贸易发展新动能。鼓励优势企业以工程承包、股权投资等方式参与海外资源开发、产能合作、工程技术服务、国际贸易等业务，构建上下游联动、国内外互济的全球产业链。二要发挥山东自由贸易试验区开放平台的作用，推动自由贸易试验区与各项国家级新区、上合组织合作示范区等开放政策叠加赋能。大力吸收发达国家、地区的技术、资金、人才等优势资源，加快对外产能合作和服务贸易。三要围绕提质发展传统产业、培育壮大新兴产业、前瞻布局未来产业的目标，聚焦世界500强、行业领军企业和技术先进型中小企业，重点开展新一代信息技术、高端装备、高端化工、新能源、新材料等产业靶向招商。四要加强与京津冀协同发展、西部陆海新通道、长江经济带、粤港澳大湾区等战略的对接，推动区域合作联动，在更大范围、更高层次上开放。坚持“走出去”与“引进来”并重、制造业与服务业并重，优化产业链分工布局，重塑开放发展新优势。

参考文献

[1]中国人民银行济南分行货币政策分析小组．山东省经济金融运行报告(2023)[J]．金融发展研究,2023(6):3－12.

[2]朱晓静．山东构建产业生态体系推动制造业高质量发展研究[J]．中国国情国力,2022(11):30－34.

[3]迟铭,张磊．加快山东绿色发展的建议[J]．理论学习,2017(9):26－28.

[4]张素华．山东:厚植绿色低碳高质量发展底色[J]．中国环境监察,2017(9):54－56.

作者简介

潘劲松，副研究员，山东省工业和信息化研究院。

范玉明，综合室主任，副研究员，山东省工业和信息化研究院。

徐兆伟，高级工程师，山东省工业和信息化研究院。

李洪文，经济师，山东省工业和信息化研究院。

张　伟，经济师，山东省工业和信息化研究院。

15

环保装备产业链助推山东省绿色低碳高质量发展研究

环保装备产业链研究课题组

摘　要　生态环保产业是战略性新兴产业，是生态文明建设和生态环境保护的重要支撑，是新的经济增长点，是统筹推进生态环境高水平保护和经济高质量发展重要抓手。《国务院关于支持山东深化新旧动能转换推动绿色低碳高质量发展的意见》（国发〔2022〕18 号）明确指出，壮大污染治理、固体废弃物资源化利用、环境监测等节能环保装备产业。山东省工业和信息化研究院联合山东省生态环境规划研究院组成调研组，通过分析全省生态环保产业发展状况、现场调研省内环保龙头骨干企业、研究产业链关键环节及短板难点等，提出山东省环保装备制造业高质量发展建议，以期为相关决策提供依据和参考。

关键词　环保装备产业链　大气污染治理装备　水污染治理装备　固体废弃物处理处置装备　环保监测专用仪器仪表

在生态环保产业领域内，山东省环保装备制造业起步较早，产业基础扎实，现已形成集技术研发、装备制造、产品服务、市场营销于一体的产业体系，但细分领域内产业链图谱梳理不清晰、上下游衔接不畅通、关键环节薄弱问题仍然存在，需要通过实地调研，对重点领域发展情况、产业链情况进行针对性分析，进而提出有助于山东省环保装备高质量发展的措施建议。

一、调研概况

（一）大气污染治理装备

调研发现，山东省大气污染治理设备企业数量达478家，占环保装备制造企业总量的54.8%，产业年营业收入58.0亿元，利润5.2亿元，利润率超9%，在山东省环保装备产业中占有重要地位，且产业链较为完善。生产厂家主要分布在济南、青岛、淄博等地区，以中型企业为主，产业规模在国内属于中游水平。以国舜集团为龙头的省内企业在烧结烟气脱硫、脱硝、除尘智能化控制装备方面，具备一定的市场竞争力。

（二）水污染治理装备

调研发现，山东省水污染治理装备企业中，营业收入过亿元的企业有14家，产业年营业收入125.0亿元，利润15.1亿元，利润率达12.1%。约10%的企业出现亏损，其中规上企业5家。从盈利能力来看，山东省水污染治理装备产业的营业收入利润率明显高于装备制造业4.2%的总体利润率水平，可见水污染治理装备产业具有良好的盈利能力，应投入更多要素资源促进产业膨胀和产业链延伸。

（三）固体废弃物处理处置装备

调研发现，山东省固体废弃物处理装备产业年营业收入3.2亿元，利润0.2亿元，利润率6.3%。产品涵盖10类装备领域，其中，固体废弃物及土壤修复设备企业以杰瑞环保科技有限公司为代表，输送设备企业以青岛达能环保设备股份有限公司为代表，转运压缩设备企业以山东恒阳重工科技有限公司为代表。从产业分布来看，企业主要集中在城市生活垃圾焚烧装备、破碎设备、收集设备、转运压缩设备四大领域中，其他领域企业较少；从企业规模来看，重点企业应收账款总额普遍为1亿~3亿元，缺少大型龙头企业；从产业利润率来看，虽然大多数企业规模不大，但产业整体收益较好，有良好发展前景。

（四）环境监测专用仪器仪表

调研发现，山东省环境监测仪器仪表产业年营业收入 9.4 亿元，利润 1.3 亿元，利润率超 9%，营业收入利润率达 13.8%，全国仪器仪表产业营业收入利润率为 10.4%，说明山东省环境监测仪器仪表产业利润具有突出比较优势，但产业营业收入规模多年来一直维持在 10 亿元左右，难以取得突破。以青岛崂应环境科技有限公司为代表的骨干企业一直坚持研发和市场拓展，但产业内突破性技术成果不足，大部分产品层级处于中低端，附加值最高部分依赖进口和外省供应，导致市场占有率难以明显提升。建议产业政策向利润率高、发展潜力大、有一定基础的特色产业倾斜，加大要素投入、完善产业链、做强“链主”企业、提升各环节创新动力，促进工业出特色、出亮点，进而助推山东省高质量发展。

二、环保装备产业分析

环保装备是山东省装备制造业的重要组成部分，最新“山东省环保产业统计调查”数据显示，2022 年，山东省环保产业营业收入约 4133.8 亿元，占全国（2.18 万亿元）的 19%，山东省共有 832 家环保装备制造企业，总业务收入 455.2 亿元，同比增长 10.6%，占全国（1495.2 亿元）的 30%。

（一）产业结构分析

省内环保制造企业以生产水污染治理装备和大气污染治理装备为主，并且产业链较为完善。大气污染治理装备企业数量达 478 家，占环保装备制造企业总量的 54.8%；水污染治理装备企业数量达 245 家，占环保装备制造企业总量的 28.1%（如图 1 所示）。其他门类装备企业数量均不足百家，但各有其龙头企业和发展特色。如杰瑞环保科技有限公司、青岛崂应环境科技有限公司等代表性企业在全国享有较高知名度和美誉度。

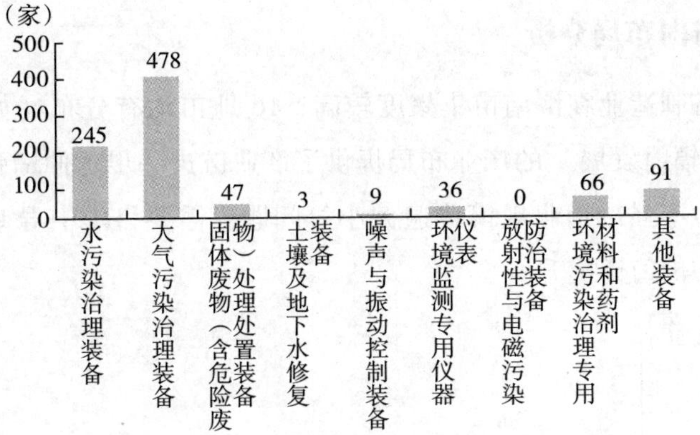

图1　环保制造业企业数量

（二）营业收入规模分析

如图2所示，在环保装备产业营业收入中，水污染治理装备营业收入占环保装备总营业收入的40.0%左右。大气污染治理装备在企业数量较多的情况下，营业收入占环保装备总营业收入不足25%，可见大气污染治理装备企业平均规模较小。此外，环境污染治理专用材料和药剂营业收入占14.0%，固体废物（含危险废物）处理处置装备占12.0%，其他门类占比均不到5.0%。

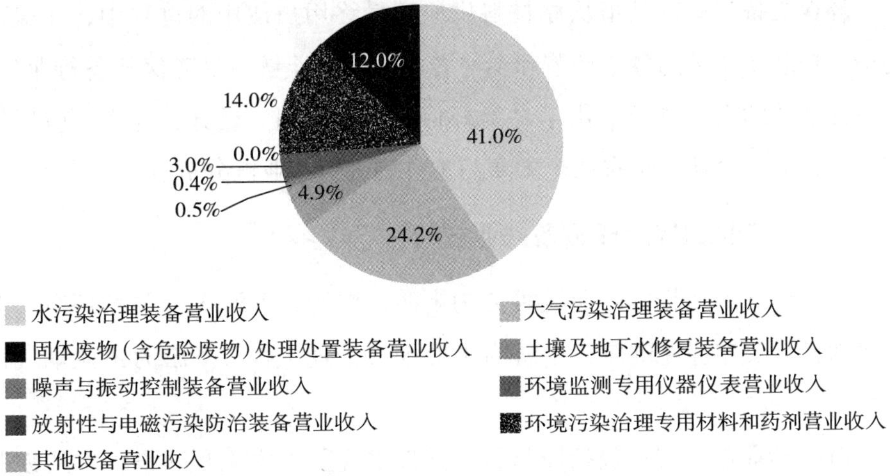

图2　环保装备产业营业收入占比

（三）省内布局分析

环保装备制造业在济南市集聚度较高，16 地市均有分布（如图 3 所示）。“一核引领、辐射发展”的产业布局提供了产业链进一步延伸增强的基础，但辐射带动能力不强、企业规模普遍偏小等问题，需要科学引导政策助推布局进一步优化和价值链提升。

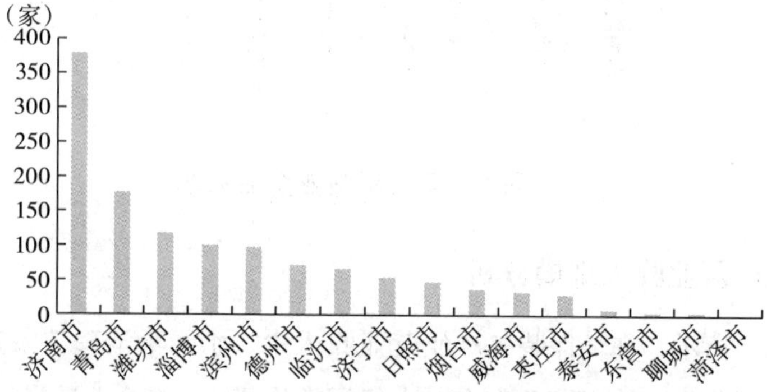

图 3　环保装备制造企业区域分布

三、产业链图谱

环保装备产业链是指从原材料供应到最终用户使用的过程中，涵盖环境污染治理装备相关的各个环节和参与者的全面产业链，是环保装备行业生产、供应和消费的有机连接。由于各类环保装备原材料、设计、生产、应用等环节区别较大，故从山东省四个主要门类分别进行产业链分析。

（一）工业烟气治理装备产业链

工业烟气治理装备产业链可分为上游、中游、下游 3 个关键环节，上游主要为材料及零部件供应，中游为工业烟气治理工程，下游为工业烟气污染领域。

（1）产业链上游：包括原材料、配件供应及土木工程建设，主要涉及钢铁和化工领域，供应商或服务商覆盖山东等 20 个省份。

（2）产业链中游：包括烟气治理设备制造、烟气治理工程设计及建设和烟气治理项目运营三个阶段。省内企业以山东国舜建设集团有限公司、青岛达能环保装备股份有限公司、山东海汇环保装备有限公司等为代表。

（3）产业链下游：主要为工业烟气综合治理超低排放技术工艺面向的应用端，包括钢铁、电力、热电及工业锅炉、工业炉窑、水泥、玻璃等工业烟气污染较为严重的领域，客户遍及北京、上海、天津、山东、河南、河北、甘肃、陕西、内蒙古等省份的30余家大型工业企业。

（二）水污染治理装备产业链

从污水处理行业产业链上下游来看，上游主要包括各类污水处理设备、污水排放管网、污水处理药剂、水质监测设备以及污泥处理设备的生产制造；中游主要是污水处理设施建设以及运营，污水处理项目运营方式主要分为BOT、TOT、DBO以及委托经营等；下游是污水处理末端市场，主要有中水回用、污泥处理以及污水排放等后续环节。

在上游领域，各类污水处理设备代表企业有杰豪环保、金隆环保、青岛思普润等，污水处理药剂代表企业有江海环保、清水源、泰和科技，膜材料代表企业有三达膜、碧盾科技、金正环保等。此外，水质监测设备以及污泥处理设备也属于污水处理上游领域，水质监测设备供应代表企业有赛默飞、聚光科技、先和环保；污泥处理设备供应代表企业有景津装备、正达环保、鑫盛环保、善丰机械。

在中游污水处理设施建设与运营领域，代表企业有北控水务、首创环保、碧水源、大禹节水、金锣水务等。

在下游污水处置末端市场，污泥处理代表企业有北控水务、启迪桑德、国联环科、中科博联等，中水回用代表企业有光大水务、兴蓉环境、孚日股份、中拓环境等。介入中国污水工程市场比较有名的外资企业有法国苏伊士水务集团、威立雅水务集团，德国柏林水务，英国泰晤士水务公司等国际巨头。

（三）固体废弃物治理装备产业链

固废处理行业上游主要是固废处理设备制造，包括焚烧设备、餐厨垃圾处理设备、污泥干化处理设备、环卫清洁设备、固废转运设备等，中游固废处理环节可分为固废分类、固废转运和固废处理，下游则主要是废弃物资源回收循环利用等。

固废处理行业上游代表企业有固废焚烧设备供应商华冠科技、绿景环保、青岛荏原环境、山东泰翔环保，餐厨垃圾处理设备供应商邦冠机械、水天蓝环保、三盛环保、山东三晟华能、山东群峰重工，污泥干化处理设备供应商恒源机械、科力达、金陵环保、杰瑞环保，固化转运设备供应商东风商用车、北汽福田、青岛达能、山东恒阳重工、山东五征环保等；中游参与者按处理固废类型可分为工业危废处理企业、餐厨固废处理企业、固废处理综合企业等；下游主要参与者包括废水处理企业天泽环保、瑞美迪、沃腾环保、鸿淳环保，飞灰处理企业无锡科熔、中科国润、福尔程环保、恩特重工等。

（四）环境监测专用仪器仪表产业链

环境监测仪器仪表产业链上游主要是零部件供应，包括硬件设备、环境监测软件及环境监测试剂等；中游为环境监测仪器仪表制造，主要为各种监测设备、监测系统制造；下游主要分为两类，一类是环境监测服务提供商，主要提供环境监测运营服务、第三方监测服务和环境监测解决方案等，另一类是直接使用部门，以国家各级环保部门为主，其他需求企业与社会组织为辅。

环境监测仪器仪表行业上游零部件制造企业主要有赛博智科科技、广州极飞科技、陕西航天动力高科技等，中游环境监测仪器仪表制造代表企业有安徽蓝盾光电子、河北先河环保、聚光科技、雪迪龙、青岛崂应、盛瀚色谱等，下游环境监测服务代表企业有谱尼测试、华测检测等。

四、山东省产业链优势与短板

（一）产业链优势

一是省内政策环境优越。《山东省国民经济和社会发展第十四个五年规划和2035年远景目标纲要》（鲁政发〔2021〕5号）明确要发展壮大环保产业；《山东省贯彻落实〈关于构建现代环境治理体系的指导意见〉的若干措施》

（鲁办发〔2020〕13号）要求积极培育生态环保产业；《国务院关于支持山东深化新旧动能转换推动绿色低碳高质量发展的意见》（国发〔2022〕18号）中明确指出，壮大污染治理、固体废弃物资源化利用、环境监测等节能环保装备产业。按照省委、省政府统一部署，省发展改革委、省生态环境厅、省财政厅、省科技厅、省工业和信息化厅、省统计局、人民银行济南分行、省地方金融监管局等相关部门先后制定出台了一系列支持生态环保产业发展的政策措施。

二是工业基础优势明显。山东省拥有完善的工业基础，以及全国最完备的工业门类。雄厚的冶金、化工、机械产业基础为环保装备产业链的原材料环节提供了充足和高水平要素保障，领先的智能化、绿色化加工和装配能力为环保装备设计生产环节提供了有力支撑，化工、钢铁、纺织等大规模传统制造业为环保装备产业提供了广阔的市场和需求。同时，山东省大量工业园区、高新技术产业园区升级和发展迅猛，为环保装备产业提供了更多的应用场景和技术工艺创新支撑。

三是环保装备技术水平具有引领性。在环保装备领域，山东省多项技术成果通过国家级、省级技术鉴定并获得科学技术奖项，多项装备入选《国家鼓励发展的重大环保技术装备目录》。在高效压滤机、烟尘烟气监测仪、污水处理设备、油泥处置设备等领域打造出一批环保知名品牌，研发掌握有机废气治理、秸秆综合利用等一批关键核心技术。比如，景津环保生产的压滤机市场占有率全国第一，发明专利获国际金奖；青岛崂应研发的“崂应”牌烟尘烟气监测仪享誉盛名，国内市场占有率达35%；杰瑞环保的异位热脱附成套设备被评为“国家重大技术装备”，油泥处置占国内市场份额的50%以上；青岛华世洁的分子筛转轮打破国外垄断，获省首台（套）认证；圣泉集团研发的“圣泉法”秸秆节能综合利用技术是具有国际水平的原始创新性技术，已申报发明专利245项，是全球秸秆节能综合利用引领者。

四是省内龙头企业平台研发实力突出。国舜集团、景津装备、杰瑞环保、青岛崂应等环保装备龙头骨干环保企业持续加大科研投入，加强研发平台建设。此次调研涉及的16家企业中，有“山东省企业技术中心”11家、“山东省工程技术研究中心”8家、“山东省博士后创新实践基地”4家。以国舜集团为例，拥有“山东省燃煤锅炉烟气污染物低浓度排放工程技术研究中心”“济南市烧结烟气高效脱硫除尘工程技术研究中心”等 9 个科技创新平台，5 个加工制造中心，2 家甲级设计院，为推进产品的创新发展及提质升级提供完善的研究、开发、实验条件。

（二）面临的挑战和短板

山东省环保装备制造业具有刚性需求持续、市场巨大的优势，但长期存在装备产品分散、单体规模体量偏小、集中度低、产业链供应链协同不畅、大型龙头企业缺乏等劣势，环保装备产业门槛低、企业数量多及环保装备产品价值低端化的情形较普遍。当前主要存在以下问题。

一是产业链韧性仍不足。各细分行业均缺少类似潍柴、济南二机床的高引领力“链主”企业，具备国际竞争力的自主品牌较少，没有构建起专利技术壁垒，较易产生同质化竞争。核心零部件、关键传感器和仪器仪表仍依赖外部供应，产业集群自给能力和凝聚力较弱，导致产业链抗市场波动能力不强。

二是产业链协同创新尚需加强。各产业链环节、各细分行业、各骨干企业之间组建技术创新联盟进行共性技术攻关的先进模式没有得到有效应用，实际上只有少数研发型企业处于比较活跃的状态，对全产业链创新发挥作用较为有限。产业链前后向关联不够紧密，技术、人才、资金等要素协同不够积极，企业在产品和工艺方面的独立创新比例远大于合作创新，科技创新活动存在碎片化问题，“孤岛现象”突出，尚未形成协同联动、共赢共生的创新生态体系，对产业链整体创新支撑不足。

三是企业发展面临多重困难。融资难、回款难、盈利能力不足，环保装备企业普遍存在应收账款回收不畅、回款周期长、垫付资金比例高等难题，尤其是民营企业资金周转压力大；恶性市场低价竞争和低水平重复等现象依然存在，导致整个行业利润偏低，盈利能力不足；技术创新能力不足，省内环保装备企业普遍属于工程应用研究型，缺少基础性理论的研究，技术创新能力较为薄弱。

四是省内产品推广应用难题依然突出。与国外同类装备相比，山东省环保装备的品质和口碑仍需提升，产品精度、可靠性、耐久性以及效率与进口设备相比还存在较大差距。下游企业对本地生产企业信任不足，虽然在疫情期间因进口受限应用了部分本省设备，但仍没有形成大规模的本地替代。

五、环保装备制造业高质量发展建议

（一）组建专班，实施标志性产业链突破工程

参照山东省“标志性产业链”组织管理方式，建议由省分管领导出任环保装备产业链“链长”，省生态环境厅、工业和信息化厅、发展改革委、商务厅等相关部门共同组成“环保装备产业链高质量发展专班”，专班办公室设在省生态环境厅，下设“大气污染治理装备、水污染治理装备、固体废弃物治理装备、环境监测仪器仪表及其他装备”四个工作组，各部门按照业务相关性共同参与办公室组建与运作。制订环保装备产业链高质量发展三年行动计划，设定明确的发展目标和节点，用工程的模式，科学高效推进产业链增强和延伸，助推环保装备制造业高质量发展。

（二）培强“链主”，打造国家级产业标杆

围绕环保装备各大领域的龙头企业，聚力培育“链主”企业，发挥龙头企业产业链引领作用，加快发展环保装备成套一体化服务和总包交钥匙工程服务，在山东省环保装备优势领域内，形成一批特色鲜明、高附加值的产品和服务，培育一批行业名牌，打造全国环保装备产业标杆。

（三）贯通上下游，提升全产业链协同水平

发挥产业链专班引领作用，支持“链主”企业与“专精特新”中小企业建立紧密合作关系，促进大中小企业共同提升、协同发展。支持“链主”企业组织省内具备较强实力的上下游厂商，打通从原料生产、零部件配套、整机装备到应用服务的全产业链，填补产业链各环节间的衔接空缺，构建起产业链有效协同的新机制、新体制、新体系，力争实现产业链的协同优化和系统验证，提高环保装备全产业链韧性和安全性。

（四）锻长补短，统筹高能级创新平台

促进省内现有环保技术和装备研发平台联动互通，针对区域和企业研发实际，支持高校、科研院所和企业联合成立新型研发机构，通过校企合作、院企合作推进现有研发平台改造升级，以研发平台汇集资源，赋能环保装备企业发展。通过政产学研合作与带动，对产业链“卡脖子”关键技术进行攻坚突破，聚力推进资源共享、研发协同，促进研发成果转化应用，打造从基础研究、技术创新、成果孵化到区域示范的环保装备全链条创新平台体系。

（五）强化要素投入，夯实基础保障

加大财政引导资金投入，设立专项基金用于环保装备重点项目建设，在环保装备集群地区设立创新创业示范基地、孵化器，优先提供政策、土地、能源等要素支撑，支持开展高水平研发活动。加大人才引育力度，有针对性地加大奖励力度、提高补贴标准，协同有关部门，在住房补贴、安家费、科研启动经费等方面给予支持。建立和完善知识产权保护机制，保障研发成果的合法权益。完善奖励机制，结合税收优惠、项目资助等措施，对在环保装备技术领域取得重大突破或具有市场应用价值的科技成果和项目给予奖励。

（六）促进行业自律，完善产业标准体系

组建省级行业联盟或学协会，建立行业自律机制，杜绝同质化恶性竞争，促进省内环保装备企业互助合作、错位竞争。鼓励行业组织、标准委员会根据山东省产业链发展实际，建立行业标准体系，明确重要行业标准和团体标准制修订方向与名录，鼓励龙头企业带头开展高水平企业标准体系建设，避免依赖国家标准或外省团体标准。鼓励环保装备企业加强同国家和国际标准化技术委员会的沟通联系，积极推动并参与国家标准和国际标准的制修订工作，提高标准话语权和市场竞争力。

参考文献

［1］邬娜傅，泽强，王艳华，等．大气环保产业链分析与对策建议［J］．环境工程技术学报，2018，8（3）：319－325.

[2] 王曦. 探讨水污染治理中生物强化技术的应用[J]. 低碳世界,2021,11(6):74-75.

[3] 周驰,薛婷,宋蓓,等. 中国固体废物监测技术问题分析及对策[J]. 中国环境监测,2022,38(6):213-220.

课题组成员简介

李尚达，高级工程师，山东省工业和信息化研究院。

姚树利，工程师，山东省工业和信息化研究院。

党世博，助理研究员，山东省工业和信息化研究院。

李晓峰，工程师，山东省工业和信息化研究院。

刘虹妹，高级工程师，山东省工业和信息化研究院。

潘劲松，副研究员，山东省工业和信息化研究院。

国　栋，经济师，山东省工业和信息化研究院。

察兴建，研究实习员，山东省工业和信息化研究院。

王樊伟，工程师，山东省工业和信息化研究院。

16

山东省智能传感器产业发展现状及提升路径研究

张宇翔　宋鹏飞　党世博　邵军

摘　要　本文围绕山东省智能传感器产业发展开展了系统研究，通过对智能传感器技术创新与发展趋势、传感器行业及产业链发展国内外现状、山东省传感器产业的优势与短板等开展研究分析，提出了一系列发展山东省智能传感器产业的政策和提升路径建议。

关键词　智能传感器产业发展　物联网微纳制造

一、概述

传感器、通信与计算机被称为现代信息技术的三大支柱，其应用涉及国民经济及国防科研的各个领域，是国民经济基础性、战略性产业之一。传感器作为装备制造业的关键基础元器件，其作用在工业、科技、国防军工、政府决策等领域均受到高度重视。

（一）传感器的定义

传感器（Transducer/Sensor）是能获取被测量的信息，并能将获取的信息，按一定规律变换成电信号或其他所需形式的信息输出，以满足信息的传输、处理、存储、显示、记录和控制等要求的检测装置。传感器一般由敏感元件、转换元件、变换电路和辅助电源四部分组成，如图1所示。

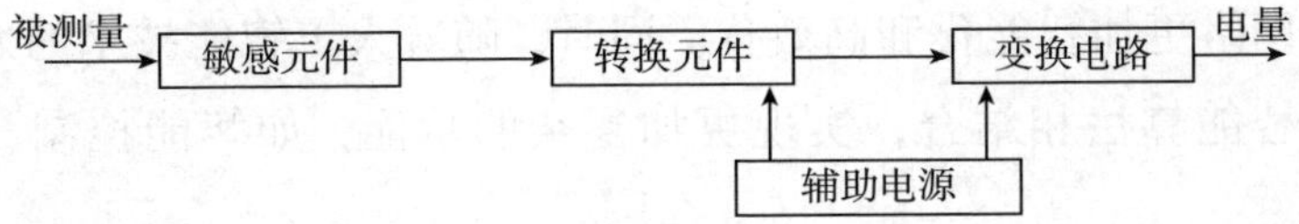

图 1　传感器组成

（二）智能传感器的特点

智能传感器（Intelligentsensor）是具有信息处理功能的传感器。它可以采集环境中的物理量、化学量或者其他类型的信息，并将其转化为可用于监测、控制和决策的数字或模拟信号。与传统传感器相比，智能传感器具有感知能力增强、内置处理功能、实时通信能力、自主决策能力、可灵活扩展组态等特点。

（三）传感器的分类

目前，传感器分类尚未有权威性的国际标准及规范，一般可以从制作材料和工艺、工作原理、信号类型、用途等不同角度进行分类。例如，金属传感器、聚合物传感器、陶瓷传感器，物理传感器、化学传感器，位置传感器、压力传感器、加速度传感器、液位传感器、模拟量传感器、数字量传感器，薄膜传感器、集成传感器等。

（四）发展历程

传感器技术大体可以分为三代（如图 2 所示）。第一代是结构型传感器。它利用结构参量变化来感受和转化信号。第二代传感器是 20 世纪 70 年代开始发展起来的物性型传感器。这类传感器采用半导体、电介质、磁性材料等固体材料为敏感元件，利用其电学、电子学特性将感知的信号转换成电信号输出。第三代传感器是自 2000 年发展起来的智能型传感器。这类传感器采用微纳制造技术，具有非常小的尺寸和重量，同时具有更高的灵敏度和精度，可以实现更加复杂的功能，通常有一定的检测、自诊断、数据处理以及自适应能力，是微型计算机技术与检测技术相结合的产物。随着物联网和人工智能等技术的发展，当前的传感器技术越来越智能化、多样化和个性化。例如，无线传感器网络（WSN）技术可以实现传感器的自组织、自管理和自适应，使得传感器网络更加智能化和高效化。同时，随着人工智能技术的发展，传感器可以与智能算法相结合，实现更加复杂的功能，如智能控制、预测维护等。

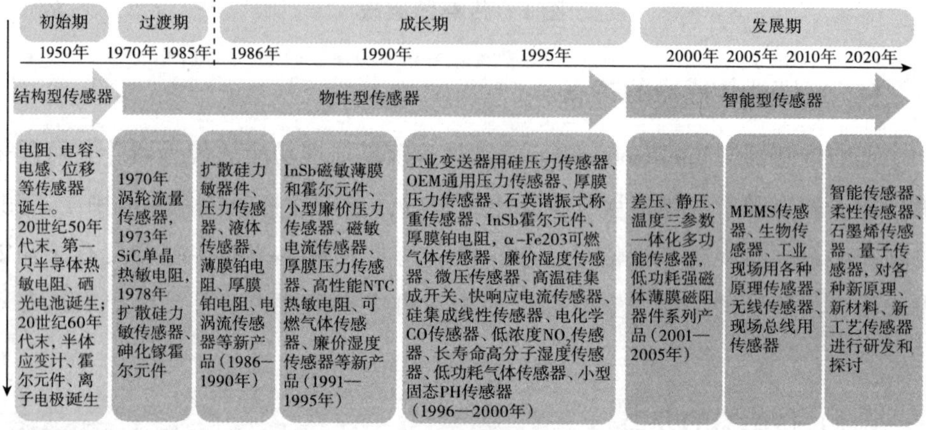

图2　传感器技术发展历程

二、传感器行业发展现状

（一）传感器产业链概述

传感器跨多学科门类，具有技术门槛高、产业链长等特点，属技术密集型产业，对原材料和工艺要求极高。从上游基础原理研究到下游应用分为研究、设计、制造、封装、测试、系统应用6个环节（如图3所示）。目前，我国在传感器研发、设计、代工生产、封装、测试、系统应用已形成完整的产业链，但尚无单一企业能覆盖全部产业环节。

1. 上游传感器研究和设计方面

美国在传感器研究和设计方面具有世界领先水平，许多知名的研究机构、大学和企业在传感器技术领域的研究，为其在传感器领域的地位提供了支撑。德国作为工业自动化和制造领域的强国，在传感器研究和设计方面表现出色。我国在传感器研究和设计领域有一些知名的研究机构，如中国科学院深圳先进技术研究院、清华大学机械工程系传感与控制研究所、上海交通大学微纳电子学研究所等。总体上讲，我国在高性能传感器材料研究、纳米/功能等新

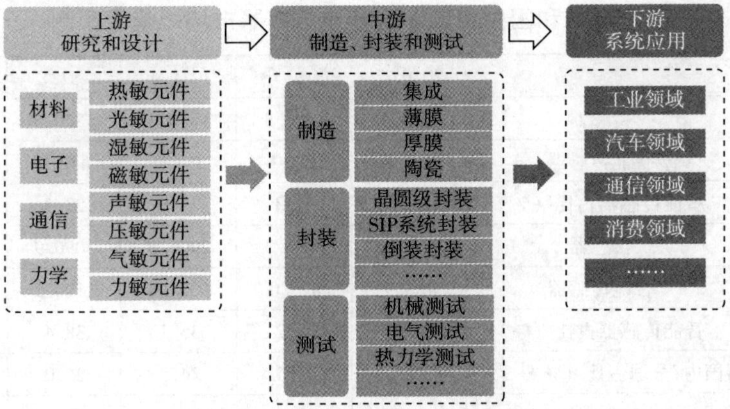

图3　传感器产业链图谱

型传感器材料研究、跨学科设计及研究等方面，还存在明显的短板和弱项。

2. 中游制造、封装和测试方面

在制造方面，国内高端市场大部分被国外产品垄断，国内企业仅占据了中低端市场。全球传感器制造、封装和测试的主要厂商有博世、GE、西门子、日本横河、霍尼韦尔、意法半导体、欧姆龙等。国内企业在微机械加工技术和封装技术方面相对落后，但部分企业封装、测试能力处于领先水平。

3. 下游系统应用方面

在系统应用环节，国内企业具有较强的系统整合与创新能力。

（二）发展趋势

1. 传感器市场概况

2022 年，全球市场规模为 1840. 5 亿美元（约合 1. 24 万亿元人民币），中国占比约为 25%（如表 1 所示）。全球传感器市场 2020 年、2021 年和 2022 年同比增速分别为 5. 6%、6. 5%、7. 6%，增速较为稳定。相比之下，中国市场在经历高速增长后增速有所下降，对应 2020—2022 年增速分别为 13. 5%、16. 9%、6. 6%。国内市场仍由外资主导，高端传感器芯片约 80% 依赖海外，全球龙头企业如爱默生、西门子、博世、意法半导体、霍尼韦尔等跨国公司占据约 60% 的国内市场份额。

表1　全球和国内传感器与智能传感器市场规模及预测

		2019年	2020年	2021年	2022E	2023E
全球（亿美元）	传感器	1521.1	1606.3	1710.3	1840.5	2036.7
	智能传感器	320.1	358.1	391.2	432.9	489.3
	智能传感器占比（%）	21.0	22.3	22.9	23.5	23.8
国内（亿元）	传感器	2188.8	2484.3	2905.2	3096.9	3324.9
	智能传感器	783.9	875.0	1020.4	1190.2	1429.6
	智能传感器占比（%）	35.8	35.2	35.1	38.4	43.0
传感器国内/全球占比（%）		20.6	22.1	24.3	25.0	23.1
智能传感器国内/全球占比（%）		35.0	34.9	37.3	40.8	41.3

资料来源：赛迪顾问。

2. 智能传感器市场预测

传感器正由传统型向智能型方向发展，市场日益繁荣。我国传感器市场预计2023年全球占比为23.1%，其中，智能传感器占比约为43.0%，远高于全球23.8%的占比。随着物联网的不断普及和发展，传感器成为连接物理设备与互联网的关键技术。物联网应用领域众多，包括智能家居、智能城市、智能交通等，这些领域对智能传感器的需求不断增加，推动了全球智能传感器占比进一步提高；智能手机市场的繁荣推动了传感器市场的增长；无人驾驶汽车、虚拟现实和增强现实设备、智能家居等新兴应用领域对传感器的需求快速增加。

3. 技术创新与发展趋势

全球传感器行业在技术创新方面进展显著，不断推动行业的发展，主要体现在以下领域。

（1）微纳制造技术。通过微纳制造技术，可以在微米或纳米尺度上制造传感器部件，从而实现更高的灵敏度和分辨率。微纳制造技术还可以大规模生产传感器，降低成本，提高可靠性。

（2）微机电系统技术。微机电系统（MEMS）是一种将传感器、执行器和电子元件集成到微小芯片上的技术。MEMS传感器具有体积小、功耗低、性能稳定等优势，用于制造加速度传感器、压力传感器、陀螺仪等。

（3）柔性传感器。柔性传感器采用柔性基底材料制造，可以实现灵活曲折的形状，并可应用于曲面、皮肤等不规则表面。柔性传感器在可穿戴设备、健康监测、机器人等领域具有潜力，并且拓展了传感器的应用范围。

（4）光学传感器。光学传感器利用光学现象来感知环境变化，如光强、颜色、距离等。光学传感器在工业自动化、医疗、安全监控等领域得到广泛应用。近年来，光学传感器向高分辨率、多功能、低功耗和小型化等发展。

（三）传感器行业在全球各区域和国家的特点

传感器行业正在快速发展，并在全球各地区和国家呈现出不同特点。

从全球各区域来看。北美地区是传感器市场的一个重要地区。美国和加拿大在传感器技术研发与应用方面具有较强实力，尤其是在汽车、航空航天、医疗和工业自动化领域。欧洲传感器市场规模较大，各国如德国、英国、法国等在传感器技术方面具有优势。特别是在汽车、工业自动化和消费电子等领域，欧洲的传感器行业发展迅速。亚洲地区是全球最大的传感器市场，并且以中国为主导。中国传感器市场规模巨大，并在全球市场中占据重要地位。亚洲其他国家如日本、韩国、印度等也在积极发展传感器产业。拉丁美洲、中东和非洲等地区的传感器市场相对较小，但也在逐渐增长。这些地区主要在农业、能源和环境监测等领域应用传感器技术。

从主要国家来看。美国在智能传感器领域拥有丰富的技术和创新实力。美国的传感器技术先进，美国的公司在自动驾驶汽车领域进行了大量研究和开发，如特斯拉、Waymo 等；在航空航天行业广泛应用传感器，用于飞机和航天器的监测、导航及控制；医疗保健行业采用了许多智能传感器，用于监测患者的生理参数、医疗设备的状态等。德国在智能传感器的开发和应用方面处于领先地位，尤其是在工业自动化和汽车工业领域。德国的工业自动化行业广泛使用传感器实现设备监测、过程控制和质量检测。德国的汽车工业使用传感器提供安全、舒适和智能化的功能。日本在机器人技术领域投入了大量研究和开发资源，智能传感器在机器人应用中扮演着重要角色；同时，在医疗保健行业也广泛应用了传感器，用于监测患者的生理参数、康复治疗等。中国的传感器行业近年来快速发展，正在迅速赶超其他国家。在一些领域，中国已经取得一定的领先地位。

（四）我国传感器行业发展概况

1. 行业发展现状

我国智能传感器行业已形成较为完整的产业链，但与国际先进水平相比，一些核心技术和高端产品仍有差距，综合水平尚待提高。一是高端传感器依赖进口。工业自动化仪表中许多高参数要求的传感器，基本靠国外进口。某些特种用途和特殊量程的传感器，如航天传感器基本可以自给自足；部分极端环境下使用的特种传感器，性能指标达到国际先进水平。二是传感器精度及稳定性不足。如压力传感器，国产硅基传感器的温度漂移值较国外产品相差50%～100%，精度及量程比也存在较大差距。

2. 产业区域分布

近年来，我国智能传感器行业快速发展，截至2023年2月9日，中国智能传感器行业注册企业共有16875家，其中，2019年新注册企业数量创历史高峰，达2762家。2020—2022年，中国智能传感器行业注册企业数量下降。从地区企业分布来看，华东地区的传感器制造企业数量最多，约占全国传感器制造企业总数的56.86%；其次是中南地区，占比达到了23.09%；华北地区约占8.36%；西北地区约占4.44%（如表2所示）。

表2　我国传感器企业分布情况

单位：家

省份	制造企业	应用企业	贸易企业	省份	制造企业	应用企业	贸易企业
北京	53	167	258	江西	26	76	101
上海	178	276	1639	辽宁	25	325	172
广东	147	2406	1159	河北	25	312	256
天津	66	143	267	吉林	15	148	71
重庆	19	343	162	山西	14	160	103
四川	31	486	204	黑龙江	10	121	140
江苏	462	1693	1161	贵州	8	67	72
安徽	214	824	298	广西	7	93	70
山东	186	623	973	甘肃	3	59	38
浙江	138	1887	839	宁夏	3	12	36
陕西	59	1123	623	海南	2	25	24

续表

省市	制造企业	应用企业	贸易企业	省市	制造企业	应用企业	贸易企业
湖北	54	647	336	内蒙古	1	12	75
福建	51	110	92	新疆	1	22	41
河南	33	91	57	西藏	1	2	13
湖南	30	294	257	云南	0	46	22
				青海	0	6	6

区域分布特点。我国传感器上市企业主要集中在长三角区域，其他地区分布规模大致相当。**长三角地区**：在温度、气敏、热敏、磁敏、光电、图像、称重等领域配套完备。**珠三角地区**：以热敏、磁敏、超声波、称重为主的传感器产业链条完整。**京津地区**：以高校和科研院所的研发为主，在新型传感器的研发方面具有优势。**东北地区**：主要产品为气敏传感器、湿敏传感器、力敏 MEMS 传感器。**中部地区**：在热敏电阻、气体传感器和数字液位传感器等产业方面基础良好。

3. 市场结构及产品应用分布

在中国各类型传感器市场占比结构中，汽车电子领域市场占比最高，达 24.2%；工业制造领域市场占比为 21.1%；网络通信领域市场占比为 21%；消费电子市场占比为 14.7%。预计汽车电子领域今后依旧占据最大份额，但占比会逐年小幅下降，消费电子和医疗电子领域占比会逐年提高。

汽车电子领域，压力传感器市场占比达 29.5%；加速度传感器市场规模紧随其后，占比为 28.4%。

网络通信领域，图像传感器市场占比最高，达 21.6%；加速度传感器和压力传感器市场占比紧随其后，分别为 21.6% 和 19.8%。

工业制造领域，流量传感器市场规模占比最高，为 21.5%；其次为压力传感器，占比为 14.8%。

消费电子领域，加速度传感器市场占比达 16.6%，图像传感器市场占比为 15.3%，流量传感器、温湿度传感器以及生物传感器等占比较为均衡。

医疗电子领域，生物传感器市场规模占比达 40.2%；温湿度传感器市场规模占比为 12.6%；压力传感器与图像传感器占比相当；光电传感器和加速度传感器在该领域内的应用较少，占比相对较低。

4. 重点企业经营情况

2022 年上半年，50 家上市传感器企业的营业收入总额为 1510.15 亿元，平均营业收入额为 30.20 亿元，营业收入超过平均数的企业有 14 家，有 25 家上市传感器企业上半年营业收入不足 8 亿元。2022 年上半年，营业收入最高的企业是歌尔股份，营业收入达 436.03 亿元，位列中国半导体行业协会中国 MEMS 厂商十强榜单第 1；第 2 是韦尔股份，营业收入为 110.72 亿元；第 3 是通富微电，营业收入为 95.67 亿元。综合来看，经营业绩较好的传感器上市企业主要集中在长三角区域，市场集中度较高。

三、山东省传感器行业概况

2021 年，山东省工业和信息化厅发布了《山东省推动智能传感器产业发展行动计划（2021—2023 年）》，提出“经过三年发展，山东省智能传感器产业取得明显突破，创新能力和技术水平走在全国前列，产品结构不断优化，供给能力有效提高，产业竞争能力达到国内一流”的发展目标。

（一）产业规模初步形成

山东省传感器产业经过近年来的发展具有了一定规模，据初步统计，共有智能传感器生产企业 80 多家，主要集中在济南、青岛、淄博、烟台、潍坊、威海 6 市，在声学、压力和非制冷红外传感器等方面有较突出的优势。

（二）产业体系不断完善

山东省传感器产业发展较快，初步形成涵盖研发设计、制造、封装测试、材料等环节的完整产业链。在传感器研发设计方面，青岛市具备一定国内比较优势，头部企业歌尔股份在青岛市打造全球研发中心；烟台市艾睿光电的非制冷红外成像芯片在国内处于领先水平。在晶圆制造方面，山东齐芯微系统科技股份有限公司拥有 MEMS 传感器研发制造项目（年产 MEMS 传感器 15 亿个）。在封装测试方面，济南市盛品电子是国内少数拥有 MEMS 智能传感器封装制造核心技术的企业，是华为、紫光等龙头企业的快速封装服务商。在材料方面，山东天岳研发的碳化硅材料打破国际垄断；烟台鲁鑫贵金属的键合金丝生产规模国内领先，连续多年被认定为全国电子百强企业；有研科技在德州市投资建设8英寸、12英寸硅片规模化生产基地。

（三）重点企业多点分布

济南市依托智能传感器封测技术优势，支持MEMS传感器及模组封装相关产业，形成了规模化封装测试代工能力，同时强化产业链上下游配套，推动智能传感器由封装向模组、设备、系统和解决方案等全产业链延伸。重点园区及企业有济南智能传感器产业园、山东华科半导体研究院、睿感（济南）传感器有限公司、山东岱微电子有限公司等。

青岛市以消费电子和智能家电产业链带动相关智能传感器设计、制造、封测能力提升。重点园区及企业有青岛微电子产业园、中青科智能传感器科技产业园、中科传感技术（青岛）研究院、歌尔全球研发中心、青岛智腾微电子有限公司、青岛天仁微纳公司等。

淄博市依托重点企业和传感器研究院，建设集MEMS芯片设计研发、工艺加工、封装测试、产品应用和配套服务等于一体的综合性研发产业基地。重点推进基于MEMS微加工技术的压电陶瓷喷墨头、压电陶瓷扬声器、编码器和传感器芯片等项目。重点园区及企业有MEMS研究院（高新区）、高新区电子信息产业园、集成电路材料产业园（临淄）、传感器微电子产业园（博山）等。

烟台市打造光电智能传感产业新高地，发展重点包括半导体激光器、非制冷红外传感器、MEMS传感器、微波器件、气体传感器等。重点企业有烟台睿创微纳技术股份有限公司、烟台新型半导体技术研究院等。

潍坊市依托重点优势企业开展声学、光学传感器技术研发，传感器和MEMS制造工艺及装备提升。重点园区及企业有潍坊光电产业园、智能电声科创园、歌尔股份、共达电声股份等。

威海市在半导体封测、智能穿戴领域初步形成产业集聚。重点园区及企业有威海荣成歌尔电子信息产业园、威海南海数字产业研究院、克莱特（威海）产业园等。

（四）产业发展特点突出

一是市场前景广阔，产业链环节缺失明显。山东省在传感器应用领域国内领先，市场前景广阔。据统计，传感器相关企业有1800多家，其中生产型企业86家，应用型企业723家，贸易型企业890家。作为制造业大省的山东，积极推进新旧动能转化，传统产业在自动化、数字化、智能化转型升级过程中亟须高性能、高精度智能传感器。

二是产业基础较好，但创新型中小企业发展较慢。山东省在声学器件、压力传感器和非制冷红外传感器等领域具有一定的领先优势，在气体传感器、智能电表、半导体激光器、水质监测、微波器件、太赫兹探测器等领域也涌现了一批中小企业。但产业整体呈现两头在外的现象，产品配套及系列化程度较低，且品种和系列不齐全，创新型中小企业发展较慢。

三是产业布局不断优化，技术创新依旧乏力。虽然近年来各市在智能传感领域积极培育新增长点，并取得了一定的成效，但从整体来看，山东省智能传感器产业新增长点呈现零星点状分布，产业链和技术创新的活跃度仍然不足。

四、存在的问题及发展建议

（一）传感器产业发展存在的问题

1. 基础研究环节薄弱，资源配置和创新能力不足

基础研究环节薄弱。基础研究乏力，新原理、新器件和新材料在传感器特性方面的研究不足，真正应用于生产实际，产生规模经济效益的很少。资源配置和创新能力不足。传感器企业中95%以上是小微企业，缺乏相应的应用开发和技术创新能力。

2. 技术人才和高端装备紧缺

技术人才紧缺、产品可靠性不足、传感器工艺技术装备相对落后等都严重制约了传感器行业的进一步发展。

3. 产品系列不全，性能指标影响新兴产业发展

传感器产品成系列、成体系的较少，系列中比较易生产的重复生产和恶

性竞争较为严重，产品技术指标和可靠性与国外相比也有一定的差距。

4. 传感器产业资源分散、产业集中度较低

产业资源分散体现在企业布局散，产业结构、市场、资金、技术等方面，传感器企业以小微企业为主，盈利能力一般不强。

（二）重点产业发展建议

1. 大力支持 MEMS 传感器产业

MEMS 传感器由于其制造和产品的个性化特点，还未形成通用制造流程，与集成电路发展相比，技术更新换代缓慢，产品与客户的关联度高，不易形成市场垄断，这一特点有利于山东省发挥既有优势实现产业突破。发展建议如下。

一是设立 MEMS 传感器产业化专项。以产业化为导向构建 MEMS 传感器制造体系，扶植有特色的 MEMS 传感器企业做大做强，提高市场占有率，提升传感器芯片自主能力。

二是通过二次开发集成电路产线构建 MEMS 传感器制造体系。支持对合适的集成电路产线进行二次工艺开发，以适应 MEMS 传感器个性化制造需求。选择合适的科研机构，建立 MEMS 传感器芯片研发平台，对建设 MEMS 传感器中试平台予以重点支持，为 MEMS 传感器量产工艺验证提供服务，构建完整的 MEMS 传感器制造体系。

三是做大做强本土 MEMS 传感器企业。选择市场规模大和存在供应链风险的产品，如汽车传感器、仪器仪表传感器和量大面广的消费传感器等，对有一定基础的 MEMS 传感器企业进行重点扶持。

四是优化完善 MEMS 传感器产业链。针对大用户的产品需求，组织 MEMS 传感器大用户与生产企业进行联合产品研发和应用验证，并结合集成电路产线二次工艺开发，实现传感器大规模量产，完善 MEMS 传感器产业链，提升国产传感器的市场占有率，解决传感器芯片受制于人的问题。

2. 重点支持先进智能传感器产业

重点支持光纤传感器等先进传感器产业的发展，对促进国家经济转型升级和提高国家创新能力有着重要的意义，应重点支持各类先进传感器发展，

包括光纤传感器、激光雷达传感器、纳米传感器、生物传感器、智能传感器网络、环境传感器等。

一是通过强基工程专项资金对先进传感器产业的研发和产业化予以扶持。

二是推动共性技术公共服务平台的建设，促进上下游产业链的交流与合作。建议由相关行业协会牵头，加快成立先进传感器共性技术公共服务平台，形成生产企业、研究所、大专院校、用户单位、上游材料设备企业定期的互动交流机制，联合相关机构共同开展关键技术的研发。

三是以需求为导向加大先进传感器技术研究，广泛开展应用示范与研究合作。基于“应用拉动创新”模式，推动企业、研究机构和用户单位的深入合作，以军事、航天、高端装备制造、机器人、无人驾驶汽车、智能电网等重点行业的应用需求为指引，开展多传感器融合技术、人形机器人技术、仿生传感器技术、柔性化设计技术和 MEMS + NEMS + 薄膜技术等传感器先进技术的研究。

（三）智能传感器产业政策建议

1. 加强统筹规划提升传感器产业战略地位

做好《山东省推动智能传感器产业发展行动计划（2021—2023 年）》的后续政策制定，继续把智能传感器作为山东省重点支持产业予以优先发展。

2. 注重传感器技术产业化人才培养

设立人才培育扶持专项政策，鼓励高校开设传感器专业课程，常态化培养不同层次的专业化人才，建立长效机制人才培养体系，为产业发展持续提供专业和复合型人才。

3. 加强公共平台和产业生态体系建设

搭建行业技术研发、检测和标准知识产权公共服务平台，建立智能传感器专业组织，构建完善的技术创新研发和产业生态。

4. 制定智能传感器品牌培育鼓励政策

制定财政支持政策，通过提供财政补贴、税收优惠等方式，鼓励企业增加研发投入和产能建设，提高智能传感器品牌的竞争力，通过提高产品质量和技术水平，促进智能传感器品牌的发展和成长。扶持山东省智能传感器产业品牌的成长与壮大，营造小微型高科技企业产品的公平竞争市场环境。

5. 打造区域化和专业性的产业园区

根据山东省各市在智能传感器领域的发展特点，分区域打造技术产品特色明确、产业链完整、具有国际化市场能力的产业集群，以集群化方式培育和构建区域化的产业生态。充分发挥山东省在声学、压力和非制冷红外等智能传感器领域既有的突出行业优势地位，用规模化效应迎接传感器国际化竞争带来的机遇和挑战，进一步提升产业核心竞争力，带动上下游产业发展，形成完善且稳固的智能传感器产业链。

参考文献

[1]智者先行."智能制造"缺它不可！一文了解传感器技术的发展和趋势[EB/OL].[2023-07-24].https://news.orangecds.com/zixun/176103_176105.html.

[2]文秘帮.传感器的智能化发展趋势[EB/OL].[2022-08-21].https://www.wenmi.com/article/pwl6nx026i0q.html.

[3]架构师技术联盟.《2023 技术趋势报告》(亿欧)[EB/OL].[2023-02-11].https://new.qq.com/rain/a/20230211A0010700.

[4]山东省人民政府行业规划.山东省推动智能传感器产业发展行动计划(2021—2023 年)[EB/OL].[2021-07-09].http://www.shandong.gov.cn/art/2021/7/9/art_307622_10330691.html.

作者简介

张宇翔，研究员，山东省工业和信息化研究院。

宋鹏飞，高级工程师，山东省工业和信息化研究院。

党世博，助理研究员，山东省工业和信息化研究院。

邵　军，研究实习员，山东省工业和信息化研究院。

17

山东省黄金产业链发展研究

黄金产业链发展研究课题组

摘　要　黄金是唯一具有商品属性和金融属性的金属，是具有全球战略意义的稀缺地质资源。从商品属性来看，黄金饰品一直是社会地位和财富的象征，同时黄金因其优异的化学、物理和电子性能，在电子、通信、航空航天、化工、医药等工业方面被广泛应用；从金融属性来看，黄金作为资产保值增值及规避金融风险的重要工具，在应对金融危机、保障经济安全中具有不可替代的作用，在国家资产储备中占据重要位置。本课题调查分析黄金产业链具体发展情况，研究提出黄金产业链智能化、绿色化、融合化发展的意见及建议，为山东省推进新型工业化作出贡献。

关键词　黄金产业链　发展　科技创新

黄金产业从资源勘察、开采到冶炼成标准金锭，再到广泛用于各行各业制作不同产品，形成了从黄金生产、加工、销售到产业发展与管理、配套服务等要素组合的黄金产业链。黄金产业链包括上游矿山资源勘察和开采、中游冶炼、下游黄金饰品和工业用金三个环节，其中，资源开发环节由于开发周期长、固定资产投资额大、利润水平较高，是黄金产业链利润分布的主要环节；而冶炼环节属于工业生产，市场竞争较激烈，毛利率较低。

一、全球黄金产业发展情况

全球有 80 多个国家生产金，遍布六大洲，目前中国、俄罗斯、澳大利亚、加拿大、美国为前五大产金国。根据世界黄金协会数据，黄金产量超过 100 吨的国家有 11 个。2022 年，全球总计生产黄金 3624. 8 吨，比 2021 年增加 48. 3 吨。其中，我国生产黄金 372 吨，成为全球最大的黄金生产国，占全球总产量的 10. 3%。

二、全国黄金产业发展情况

我国黄金产业链条完整，产量连续多年居全球首位，在黄金生产、黄金消费、黄金加工、黄金进口等方面均居全球前列。从金矿储量来看，我国金矿储量居全球第 9 位，以中小型矿山为主，中低品位矿床较多，地质勘查程度较低。截至 2022 年末，山东省以 967. 93 吨的金矿储量位居全国第一。从黄金产量来看，我国黄金产量规模一直领先世界，2022 年全国黄金产量为 372. 0 吨，同比增长 13. 1%。知名的大矿有紫金山金铜矿、焦家金矿、三山岛北部海域金矿、贵州烂泥沟金矿、西岭金矿等。从黄金销量来看，我国是全球最大的黄金消费国，2022 年，中国黄金珠宝市场规模已突破 8000 亿元，主要为黄金首饰用金和工业用金等，其中黄金首饰用金占比最大。

三、山东省黄金产业链发展情况

山东省是我国黄金产业第一大省，黄金资源丰富，开采历史悠久，冶炼技术水平国内外领先，已形成上游的地质勘探、矿山设计，中游的开采、选冶、精炼、尾矿综合利用，下游的黄金首饰、金丝、金盐、贵金属靶材、投资储备等完整的黄金产业链。

（一）发展基本概况

山东省黄金储量、产量自 1975 年已连续 48 年稳居国内第一。2022 年，山东省矿产金产量达155.5吨，会同冶炼金、回收金等黄金产量合计约为356.6吨，同比增长11.8%。从储量来看，山东省黄金资源储量居全国首位，根据山东省黄金协会数据，截至2022年末，山东省黄金行业在国内拥有探矿权、采矿权500余个，保有黄金资源储量近4400吨（世界黄金资源量10万吨、中国黄金资源量1.57万吨）；拥有海外权益资源量200余吨，年均黄金产量达10吨；资源总价值突破万亿元。山东省黄金储量超百吨的特大型金矿床有三山岛金矿、西岭金矿、水旺庄金矿、纱岭金矿、海域金矿、滕家金矿、新立村金矿等。

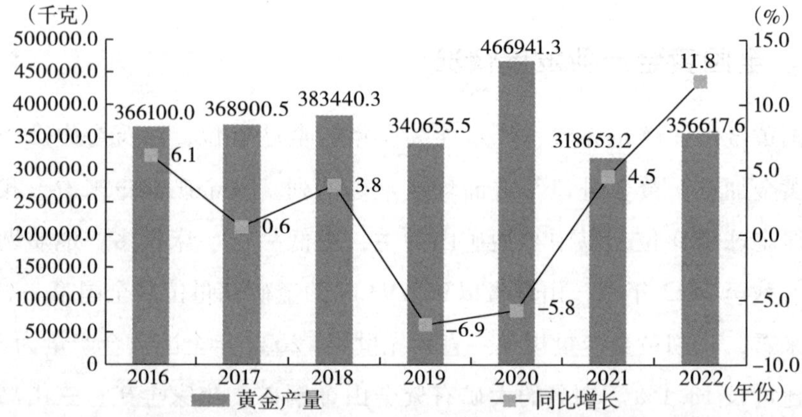

图1　2016—2022年山东省黄金产量及增速走势

从产量来看，2007年、2011年、2015年，山东省矿产金产量分别达50.20吨、100.04吨、151.30吨，均成为当年全国第一个年产黄金超50吨、100吨、150吨的省份。2022年，山东省黄金生产稳中向好，矿产金产量155.5吨，同比增长52.3%；工业总产值1745亿元，同比增长14.2%；营业收入2541.9亿元，同比增长52.0%；利润总额39.9亿元，同比增长347.3%。从精深加工来看，山东省黄金精深加工骨干企业主要有山东鲁鑫、招金励福、招金精炼、山东精炼等。2022年，山东省黄金精深加工80.7吨，其中黄金制品30吨，黄金首饰11.5吨，金盐45.39吨（含金30.9吨），金丝8.3吨。金丝、金盐产品长期占据国内细分市场龙头地位，金盐主要用于电镀行业，占国内市场的60%；金丝主要供应电子生产企业，占国内市场的50%。

(二) 产业链条完整

地质勘探有山东黄金地质勘探公司、招金地勘公司等7家企业，矿山设计有山东黄金烟台设计研究院等10余家企业，矿山机械装备有山金重工、兴业机械等上百家企业，采选业有35家采选生产企业，冶炼和精炼有山东黄金冶炼、中矿金都冶炼、恒邦冶炼、招金精炼等企业。文教旅及商贸服务有黄金培训中心、烟台黄金职业学院、珠宝首饰城等。

(三) 集群效应凸显

山东省黄金产业坚持集群引领，加快推动黄金产业提质升级、延伸链条，形成了以黄金为主，多金属、多元化、上下游一体化发展新格局，主要有莱州黄金产业集群、牟平黄金及有色金属产业集群、招远黄金产业集群、乳山金属精炼产业链等。

(四) 骨干企业引领

2022年，根据山东省黄金协会数据，山东省有黄金矿山企业72家。营业收入过百亿元的企业有4家，分别是山东黄金集团、招金集团、恒邦冶炼、中矿集团，其中，营业收入过500亿元的企业有2家，分别是山东黄金集团、招金集团。以山东黄金集团、招金集团、恒邦冶炼、中矿集团4家企业为主导的黄金产量占山东省黄金产量的95%以上。

四、山东省黄金产业链发展的制约因素

(一) 产业链不同环节价值发展不平衡

黄金产业在经过探、采、选等上游环节之后，其产品便具备了高价值和稳定性，贵金属矿采选业的营业收入利润率一般在20%以上。中游冶炼环节受原料、技术、环保、政策等多重制约，目前其营业收入利润率维持在1%左右。下游深加工环节更多强调和利用的是黄金的一般商品属性，产品价值的独特性不及上游产品，议价能力一般，根据资源型产业边际报酬递减规律，其追加的资本、设备及人力投入并不能带来同步、同比例递增的产出和效益，

呈现明显的相对收益下降趋向。

（二）资源短缺成为上游采选业发展“瓶颈”

黄金产业属于资源型产业经济，贵金属矿产资源是黄金产业链可持续发展的命脉。截至 2022 年末，山东省黄金资源储量突破 4400 吨，占全国黄金总储量的 28%，龙头企业山东黄金集团的黄金资源保有量超过 2650 吨，但黄金作为不可再生资源，其储量随着开采不断减少，全球黄金资源的争夺日益激烈，勘探增储难度逐渐加大。此外，由于国内露天矿产基本开采完毕，金属矿深部资源开采难度大幅提升，必然带来黄金开采成本的增加，影响采选企业的利润水平。

（三）尾矿再利用局限造成中游冶炼困境

冶炼企业焙烧氰化尾渣可制作建材，由水泥企业利用，具备高循环利用价值。自 2019 年起，山东省在水泥和有色冶炼企业之间开展焙烧氰化尾渣“点对点”定向利用豁免试点，但试点范围限于烟台市内，由于产生单位向水泥企业转移运输环节成本较高，受运输半径限制，仅烟台市周边和青岛市、威海市、潍坊市可作为尾渣综合利用产品的主销市场，在距离较远地区销售会造成企业成本负担加重，经济效益下降。高硅尾渣的处置利用也存在投入成本过高、价格不具优势、销售渠道不畅等问题。

（四）微笑曲线两端拓展不力制约下游规模化、产业化

一是创意设计和品牌运作不力。山东省黄金饰品加工行业规模相对较小，2022 年，黄金首饰消费仅占山东省黄金消费量的 14. 3%，并且处于产业价值链的中低端。在创意设计方面，大部分产品款式、工艺雷同，市场占有率低；在品牌运作方面，虽然有招金集团、山东黄金集团等企业品牌，但无论是工艺设计还是销售渠道都不如百泰集团、粤豪珠宝、国富黄金等国内龙头企业，缺少具有独特创意的品牌化产品，黄金珠宝首饰交易局限于本土发展，交易市场不活跃。二是深加工技术转化应用不足。山东省黄金深加工技术成果产业化还处于初级阶段，工业用金仅利用了金的高稳定性和高导电性，其他一些重要性质，如纳米金粉的极高化学活泼性、随颗粒和光照波长变化呈现的

多色性以及某些含金化合物的特殊医疗效果等前沿成果尚未开发利用，贵金属纳米新材料、3D 打印材料的研究及应用才刚起步。

五、黄金产业链发展重点

（一）实施矿藏资源勘查新战略

加大大中型矿山深部及外围的勘查找矿力度，通过攻深找盲、探边摸底，提交新增资源储量。重点提高莱州、牟平、招远、乳山等成矿区带地质勘查程度，提交一批大型金多金属找矿靶区，实现地质探矿突破。加大地质勘查资金和技术投入，引导社会资金投入，扭转黄金地质勘查投入较低的困局，夯实资源基础，提升黄金矿产资源的可持续发展能力。

（二）支持矿企布局全球矿业资源

在地质勘探、资源开发、产品制造、品牌营销等产业链全环节，加强跨国、跨境合作，畅通经贸往来和技术交流通道。积极响应“一带一路”倡议，在“一带一路”沿线国家投资矿业、设立矿权，开发金、铜等多金属矿。收购优质资源矿山、入股矿业巨头，通过海外并购合作，布局全球资源，稳步拓宽企业资源版图，在扩大资源储量和增加产量的同时，均衡及分散风险。

（三）推进全产业链技术自主可控

大力推进关键核心技术攻关，实现找矿、采矿、选矿、冶炼、环保全产业链技术自主可控，加快构建自主可控、安全可靠的产业链、供应链，提高科技贡献率和可持续发展能力；研究低品位矿石提金工艺，加强生产技术现场管理、持续优化生产工艺流程，高效开采、高效选矿，提高矿山开采回收率、选矿回收率，降低损失率、贫化率，推进产业链降本增效。

（四）打造国内外一流的黄金品牌

加强高端化品牌建设，对标国际顶级珠宝首饰品牌，整合行业研发设计力量，设立珠宝首饰设计中心，提升产品文化创意、设计感和时尚感，加大品牌特色培育和宣传力度，提升黄金珠宝首饰加工销售企业的品牌影响力，打造国内国际一流黄金知名品牌。

六、山东省黄金产业链升级路径及对策

（一）黄金产业链升级路径

1. 优结构，拉长补齐产业链条

加强产业延链补链强链研究，强化全产业链招商，积极引进资本、技术、人才和深加工企业，突出项目带动谋发展，推动上游采选传统环节向绿色、智慧矿山建设升链，中游冶炼优势环节向尾矿回收和废渣综合利用延链，下游精深加工短板环节向创意设计和品牌运营补链、向高新技术应用领域建链，加快建立高质量发展的特色产业集群和纵横交融的立体生态体系。

2. 兴科技，创新发展自立自强

加强基础研究和原始创新，紧紧围绕产业链关键环节、关键领域、关键产品，布局“补短板”和“锻长板”并重的创新链，全面提升创新链整体效能。引导龙头骨干企业坚持创新驱动发展，加快技术工艺改进，挖掘盈利增长点，提高企业运营安全性。支持上下游企业开展联合科技攻关，提升技术含量和产品附加值，推动产业链协同创新。完善高层次人才引进政策，扩大现有高学历人才培养规模，提升专业技术人才创新能力。

3. 融智慧，“智改数转”赋能增效

把智能化改造和数字化转型作为黄金产业链优化升级的重要抓手，依托互联网、大数据、云计算、人工智能等新一代信息技术，以建设“智慧矿山、数字矿山、智能工厂、智慧车间”和山东省黄金工业互联网平台为重点，深入推进“两化”融合。积极推进生产装备数字化、生产过程智能化、企业管理信息化、无线传感网络化和环境在线监测监控，提高生产效率和资源利用率，改善生产作业环境和提高矿山安全生产水平，实现生产方式从粗放向精细转型、管理模式从静态向动态转型、产业结构从低端向高端转型。

4. 添绿色，产业环境协调共进

推动产业集聚区绿色生态圈建设，重点引进关联度高、带动性强的项目，研发并推广环保新技术、新装备、新工艺，实现项目间、企业间、产业间的

首尾相连、环环相扣，保持黄金资源循环利用、绿色发展的产业集群最优发展形态，持续推进产业与环境协调发展。

5. 重安全，切实保障资源安全

金矿等矿产资源属于战略物资，保障战略性资源安全是产业发展的基石，是构建新发展格局的安全底线，必须加快构建黄金产业链供应链安全体系，全力保障黄金资源安全。应支持山东省黄金龙头企业加强海外并购和探矿增储，建立黄金资源海外利益保护和风险预警防范机制。

（二）促进产业链升级对策建议

1. 全产业链谋布局、育生态

（1）立足产业优势推进顶层规划。根据山东省工业和信息化厅发布的《山东省推进黄金产业转型升级实现高质量发展的意见》（鲁工信原〔2021〕191 号）、《山东省黄金工业“十四五”发展规划》（鲁工信发〔2021〕6 号）等政策文件，依托胶东地区世界第三大黄金成矿带、世界级特大型金矿富集区的资源禀赋，推动黄金产业链向“一带一路”沿线地区延伸，构建山东省黄金产业新发展格局。

（2）推动链式集聚形成立体生态。以技术创新、应用创新、模式创新为驱动，以山东省黄金冶炼、招金冶炼、中矿冶炼、恒邦冶炼等企业为中坚，以黄金精炼、工业用金、尾矿回收利用等为主攻，开发与发展原创技术和新产品，促进高端产业项目招引和集聚，推动黄金产业集群高水平跃升，形成集黄金选冶、尾矿利用、精深加工、黄金制品创意设计、金融投资于一体的立体产业生态体系。

2. 上游产业扩资源、重环保

（1）统筹利用国内国际资源市场。以采矿权整合重组为着力点，加快推进省内黄金资源，特别是烟台市 16 个区块 58 家矿山企业的整合进度，采取政府引导、市场运作方式，保护和合理开发利用矿产资源，提高产业集中度，有序推进矿山企业产能恢复。深入实施“走出去”战略，以实现黄金资源“国内一半、国际一半”格局为目标，积极响应国家共建“一带一路”倡议，加速黄金产业的国际化进程，鼓励上游企业在全球范围内进行资源和市场布局，更好地利用全球资源突破省内黄金采选业发展“瓶颈”，实现资源扩张和可持续发展。

（2）多渠道多元化开展环境治理。深入贯彻“负责任开采”战略，从制度和监管两端发力加快绿色矿山、安全矿山建设，对新建矿山严格实施矿业开发准入条件，依法落实矿业开发前的各项制度，同时加大矿山地质环境保护执法力度，实现开发前筹备预防、开发中监督落实、闭坑前环境恢复的全过程监管。

3. 中游产业提技术、立标准

（1）改进元素回收复用工艺技术。大力引进黄金冶炼废液回收稀贵金属等高新技术项目，加大循环液、尾矿中各种有价元素回收技术和工艺的创新升级，推进尾矿、贫液等资源化利用和无害化处理，以及微晶石和尾渣的新研发再利用，以“吃干榨净”为目标，提高综合回收水平，从根源上减少环保隐患。

（2）完善尾渣综合利用规范标准。积极协调政府有关部门完善尾渣处置规范标准，争取扩大氰化尾渣“点对点”豁免试点范围，对氰化尾渣转移运输给予政策支持，有效解决氰化尾渣处置难问题。明确以高硅尾渣为原料的建材产品参数标准，推出生产销售或购买使用的专项补贴，鼓励省内市政项目优先采购，逐步带动提升产品市场认可度。

4. 下游产业创三品、促应用

（1）注重创意设计，拓展品牌资源。对接国内外专业院校和师资力量，大力推动院企合作新模式，培养自主创新型设计人才，打造黄金文创领域人才新高地。依托招远黄金创意产业园、黄金首饰加工特色小镇等基地建设，吸引众多黄金饰品创业者、设计师、手工制作师，着力突破黄金珠宝精炼、设计、加工等环节的关键核心技术，提升黄金制品创意设计能力，聚力黄金珠宝高端制造产业园建设。鼓励园区企业开展技术研发、工业设计、信息咨询、商业服务等生产性服务，强化黄金珠宝交易市场的配套服务功能，并通过设立抖音、快手等黄金珠宝直播电商基地，拓展线上销售渠道，全网塑造、推广企业品牌和区域品牌，打造中国黄金首饰创意产业集聚地。

（2）壮大产业规模，抢占新兴市场。持续壮大下游深加工产业规模、提升产业水平，聚力打造全国工业用金精深加工基地。在巩固提升山东省金丝、金盐、金钯等产品国内市场首位度的同时，积极抢占电子、建筑、能源、航天等新兴领域市场份额，不断拓展工业用金新方向，借助院校科技资源与企业应用转化双向优势，进一步加快黄金科技前沿成果的产业化应用。

5. 关联产业强配套、搭平台

（1）主攻智能方向，重塑配套优势。结合矿山实际需求，加强先进适用智能矿山装备制造，积极探索互联网、大数据等信息技术在矿山机械装备领域的应用，协同创新推进智能综采成套设备、智能快速掘进设备、连续化辅助运输、矿用机器人等核心技术取得突破，自主研发智慧矿山综合管控平台系统，致力提供高效、安全、环保的矿山建设一体化解决方案，支持黄金采选、冶炼、精炼等企业实现由数据化、信息化向数字化、智能化升级，并抢滩新能源装备制造新赛道，打造智能化新能源矿山机械装备制造基地，重振省内矿山机械产业，推动黄金产业链实现整体突破。

（2）提升关联产业，强化平台支撑。以服务创新、场景创新、模式创新为内核，大力发展黄金金融市场和电子商务，结合胶东沿海旅游资源，着力提升黄金金融、黄金投资交易、金银精矿国际贸易、黄金旅游、黄金创意文化等关联产业，构建黄金创意领域的完整产业链。以提升公共服务能力为目标，以数据信息共享为重点，加快建设供应链金融服务、黄金储运和黄金文创等产业平台，鼓励发展质检鉴定、节能认证、交易运营、仓储物流、贸易服务、研发创意、资金结算、人才培训等中介服务，逐步形成社会化、市场化、专业化的公共服务支撑体系。

参考文献

[1] 诸赟．协同推进黄金市场健康发展[J]．中国金融,2023(10):85.

[2] 郝海英,张巧霞,熊晓东,等．新型贵金属材料在5G时代的研究现状及应用展望[J]．贵金属,2020(41):5.

[3] 刘玉强．绿色矿业体系建设探析[J]．黄金,2020(9):5.

[4] 刘冰．中国黄金产业发展现状及展望[J]．中国有色金属,2021(8):47.

课题组成员简介

刘际宁，副研究员，山东省工业和信息化研究院。

王巧婧，经济师，山东省工业和信息化研究院。

李能丽，经济师，山东省工业和信息化研究院。

王　菲，经济师，山东省工业和信息化研究院。

邵　磊，工业经济研究室主任，副研究员，山东省工业和信息化研究院。

李国芹，院党委委员，副院长，一级调研员，山东省工业和信息化研究院。

18

推动现代乳制品高质量发展报告

孙建　王玉禄　邵磊　李广青　李国芹

摘　要　乳制品是山东省优势传统产业，规模水平多年居全国前列，近年来，山东省乳企坚持差异化竞争策略，深耕附加值较高的低温奶品类和学生用奶等细分市场领域，获得一定竞争优势，但无论是规模体量还是品牌影响力、渠道掌控力、产业链能力，整体与伊利等国内一线乳企及部分头部区域品牌还有很大差距，特别是新形势下还面临一系列制约高质量发展的因素。一方面，消费者对产品质量和个性化要求显著增加，消费内容也从基础消费品类日益向能提升生活品质的中高端消费品类和服务消费、品牌消费等方向转变，这就要求企业必须聚焦消费者行为趋向，构建与之匹配的组织运营模式。此外，生产交付和成本压力不断提升，生产要素需求日益趋紧等因素，对企业精细化运营管理能力提出新的要求。另一方面，伊利、蒙牛等实力企业加速全品类战略，对地方乳企低温奶基本盘造成一定挤压。因此，山东省乳制品企业应全面把握社会经济发展趋势，坚持“三品”战略不断推动供给侧提质增效，不断满足需求侧改善体验新需求，提升竞争实力，实现高质量发展。

关键词　乳制品　SWOT 分析　高质量发展对策

一、全国乳制品产业发展情况

近 10 年，全国乳制品行业快速发展，我国已成为世界上发展潜力最大的乳制品生产和销售市场，综合发展水平位居全球前列。

（一）产业规模稳步增长

2022 年，全国市场规模从 2006 年的 1684 亿元增加至 2022 年的 6600 亿元，居世界第二位，年均复合增速超 10%。乳制品规模以上企业 622 家，乳制品产量达历史最高的 3117.7 万吨，同比增长 2.0%，较 2018 年增长 16%，连续 4 年实现正增长，年均复合增长率 3.8%；实现营业收入 4717.3 亿元，利润总额 385.1 亿元，分别较 2017 年增长 31.4% 和 57.2%。

（二）产业素质不断增强

2017—2022 年，100 头以上的规模化养殖比重由 58.3% 提升至 72.0%，奶牛年均单产由 7.0 吨提升至 9.2 吨（如图 1 所示），原奶产量由 3038.6 万吨提升至 4027 万吨；乳制品监督抽检合格率连续多年在 99% 以上，乳蛋白、乳脂肪、菌落总数抽检平均值达世界先进水平；伊利、蒙牛上榜荷兰合作银行“2023 年全球乳业 20 强”榜单，其中，伊利排名第五，连续 10 年蝉联亚洲乳业第一名，蒙牛排名第八。3 家企业上榜 Brand Finance “2023 全球最具价值乳品品牌 10 强”榜单，品牌价值分别为伊利 124.05 亿美元、蒙牛 60.95 亿美元和惠氏启赋 19.24 亿美元。

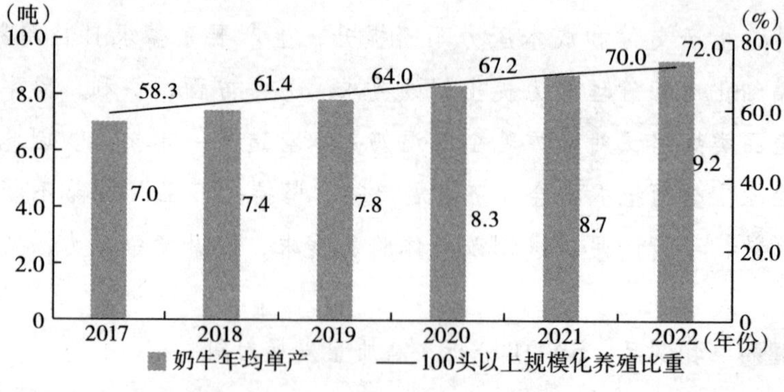

图 1　2017—2022 年全国奶牛年均单产和 100 头以上规模化养殖比重情况

资料来源：由公开资料整理所得。

（三）市场格局趋于稳固

2008 年以来，产业门槛的提高和监管措施的日趋严格，加速了中小企业和奶牛养殖散户的出清，经过多年的发展，中国乳制品行业已成为中国消费品行业集中度最高的行业之一，形成了伊利和蒙牛双寡头引领的三级竞争的市场格局。2017—2022 年，中国乳业前 20 强（D20）销售收入占全部规上乳制品企业合计总额的比重从 55. 7% 上升到 72. 9%，伊利、蒙牛合计从 35. 7% 波动上升至 45. 7%（如图 2 所示），其他区域性乳企和地方性乳企市场占有率均为个位数。未来，双寡头及部分头部区域乳企在奶源掌控、产品研发、品牌影响力和渠道建设等方面的规模优势将持续放大，预计市场份额将持续向头部乳企集中，但速度会有所减缓，双寡头引领多方竞争的态势将保持较长一段时期。

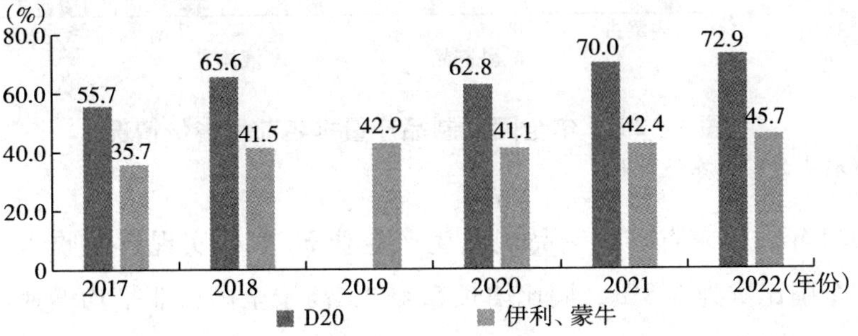

图 2　2017—2022 年 D20 和伊利、蒙牛销售收入占全部规上企业比重

资料来源：由公开资料整理所得（D20 2019 年数据缺失）。

二、山东省乳制品产业发展现状

乳制品是山东省传统优势产业，产业链条较为完善，奶牛存栏、生鲜乳产量、乳制品加工量均居我国前列，是全国重要的消费市场和主要产地，产品基本覆盖固态、液态、冷鲜等品种，伊利、蒙牛和光明等国内一线乳企都在山东省建有生产基地，山东省代表企业有淄博得益乳业、济南佳宝乳业、青岛圣元等。

（一）行业运行整体平稳

2018年以来，山东省乳制品产量整体处于上升通道中，占全国总产量比重基本保持在7.6%以上，稳居前四位。2022年，山东省乳制品总产量239.1万吨，同比下降1.5%，低于全国行业平均增速3.4个百分点，占全国比重7.7%，排名第三（如图3所示）。其中，液体乳213.6万吨，同比下降2.2%；固体及半固体乳制品25.5万吨，同比增长4.5%。

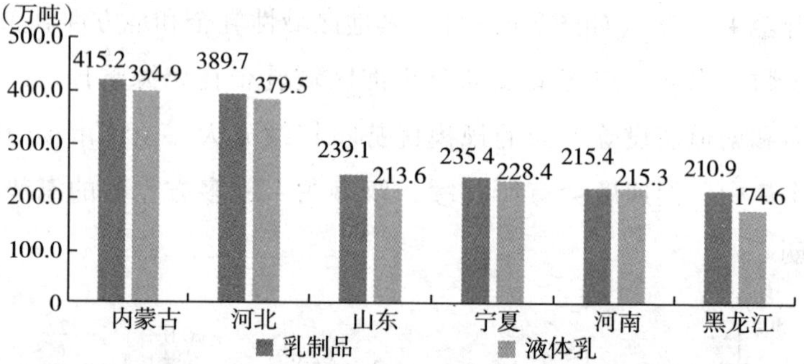

图3　2022年全国乳制品产量排名前六省份情况

资料来源：山东统计局。

2022年，山东省有乳制品规上生产企业50家，实现营业收入320.7亿元，占全国比重为6.8%，同比增长5.4%，高于全国行业平均增速约3.3个百分点；利润总额20.2亿元，占全国比重为5.2%，同比下降21.7%，低于全国行业平均增速约23.3个百分点，增收不增利态势明显。

（二）产业水平稳步提升

2022年，山东省奶牛存栏86.4万头，增长0.3%，万头以上奶牛场达到29个，规模化比重达到93%，较“十三五”末提高3个百分点，高于全国平均水平20个百分点。奥克斯畜牧种业入围全国畜禽种业阵型企业，是国家奶牛育种联合攻关项目和国家“十四五”奶牛种源关键技术攻关项目的牵头单位，其“荷斯坦牛特色种质培育关键技术研发与应用”项目获山东省2022年度科技进步奖一等奖，澳亚集团体外胚胎生产技术攻克难关，所得胚胎移植受胎率40%以上，达到国际水平。截至2022年底，山东省行业拥有国家级技术中心、研究中心3个，省级实验室等研发平台5个，国家级、省级瞪羚企业等“专精特新”企业3个，山东省奶牛平均单产达到9.5吨，部分达到13吨以上，居全国领先水平。大力推进“智慧牧场”建设，推进TMR精准饲喂管理，建立“用数据决策、用数据管理、用数据创新”的管理新机制。华澳大地奶牛场荣获全国“畜牧业数字化转型样板场”和“畜牧业信息化种子工程样板场”，得益乳业获山东第八届省长质量奖，数字化转型经验做法荣获2022年中国奶业数字化转型卓越案例奖，带动了山东省低温乳制品全产业链数字一体化、高端化发展。

（三）差异竞争成效显著

目前，全国乳制品行业发展格局较为稳定，形成伊利和蒙牛两家全国性龙头企业。山东省地方乳企采取差异化竞争策略，依靠地域屏障通过线下渠道及对应的冷链储存运输建设，发挥本土奶源“新鲜”“品质”优势，避开竞争激烈、格局稳固的常温白奶市场，深耕区域口感更好，新鲜度、营养价值更高的低温奶产品和学生用奶等细分市场，形成较高的品牌知名度和市场占有率，形成区域性的低温奶行业壁垒，使优势得以凸显。

三、产业发展趋势和方向

（一）集中一体化

从纵向上看，中游乳制品加工企业加速向上整合，通过掌控上游奶源，可以从奶牛选育、饲料投喂、疾病防治、原奶检测等方面实现全过程质量管理，确保原奶质量水平，也可以有效平抑原奶价格波动。同时，上游奶牛养殖利润率低、集中度低、抗风险能力差，中游乳制品加工企业工业化、规模化程度显著高于上游奶牛养殖产业，利润率较高、集中度高、议价能力占优势。因此，加工企业有能力、有动力通过收购或控股上游奶源推动产业链整合。从横向上看，乳企通过入股、兼并等方式，短时间内进入更多细分领域，可以快速扩大自身产品线，增加新的盈利增长点，预计未来乳企之间特别是头部乳企对地方性乳企以及细分产品领域乳企的兼并整合将呈加速趋势。

（二）高端多样化

在消费升级背景下，乳制品日益从基础消费品类向能提升生活品质的中高端消费品类和服务消费、品牌消费、保健消费、绿色消费等方向转变，以蛋白营养为卖点的传统基础白奶产品已无法满足消费者的多样化需求，营养价值更高、口感更好的低温鲜奶，以及面向特定人群且具有特定口味和功能属性的产品越来越受到消费者的认可与青睐，如乳制品市场上的动物奶、植物奶、奶酪棒、奶片、羊奶粉、驼奶粉等，以及添加益生元、膳食纤维、多种维生素、DHA 等物质面向糖尿病患者、青少年儿童、肠道功能下降者等特定人群的保健型产品等品类，不断涌现的消费者个性化、多样化需求为乳制品市场提供新的持续发展动力，促使乳制品企业从营养成分、加工工艺、生产设备、品牌渠道、品质控制以及包装包材等方面不断进行创新和提升，提升产业整体发展质效。

（三）低碳绿色化

在“双碳”目标下，绿色低碳生态型发展已成为社会共识，工业企业推进生产清洁化及节能减排，既是破解当前各生产要素制约趋紧形势、提高经济效益的现实选择，也是响应国家节能环保政策、体现社会责任、塑造品牌形象的长远部署。目前，伊利、蒙牛、圣牧、恒天然、雀巢等国内外乳业巨头纷纷制定了净零排放目标，推进环境、社会、公司治理（Environmental，Social and Governance，ESG），打造绿色牧场、绿色工厂，采用低碳环保包装技术和材料，持续降低能源消耗，提升能源利用效率，减少碳排放量。

四、山东省乳制品产业 SWOT 分析

（一）优势分析

山东省地处京津冀、长三角、东北振兴三大国家区域战略交会点，市场辐射广泛，空间巨大；本地乳企精耕区域市场多年，在当地拥有较高的市场占有率和品牌知名度，已建立起从省城到地级市，再到县级市，最后覆盖乡

镇、村的销售渠道网络，特别是送奶入户、学生饮用奶配送、自助售奶机等直营模式，具有较强的差异化和自有封闭渠道竞争优势。

（二）劣势分析

综合运行水平偏低。如图4所示，山东省行业利润率等盈利能力指标长期低于全国行业平均水平，2022年，山东省乳制品总产量占全国的7.7%，但营业收入和利润分别仅占全国的6.8%、2.5%，利润率低于全国近2个百分点，单吨盈利844.8元，仅为全国水平的68.4%；乳制品深加工总体滞后，自2018年以来，山东省液体乳产量占比一直在90%以上，干酪、黄油、乳蛋白以及各类功能性高附加值产品很少，缺乏有核心竞争力的“拳头产品”；龙头引领带动不足，几乎每个市都有乳制品企业，但散而不强，缺少优势明显、品牌知名度高、竞争力和辐射带动能力强的龙头骨干企业，50家规上生产企业至今未有一家企业上市，也没有一家企业到异地建厂或有兼并重组案例，并且营业收入规模多在10亿元以下。

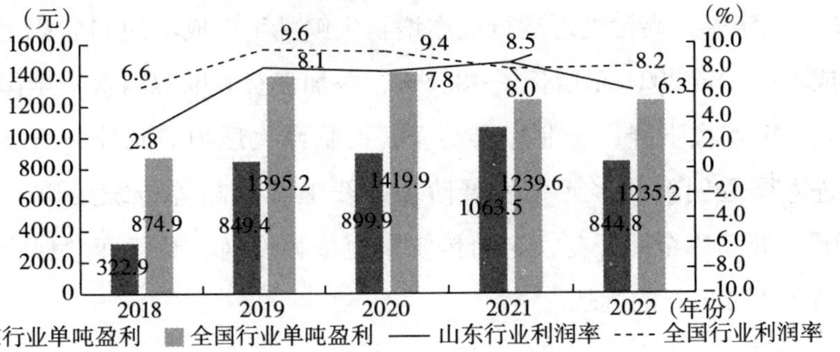

图4 2018—2022年山东和全国行业单吨盈利及利润率情况

资料来源：国家统计局、山东统计局。

（三）机遇分析

从消费发展轨迹来看，根据全球乳制品消费一般规律，人均GDP在3万美元以上、2万~3万美元、1万~2万美元及1万美元以下的国家，年人均乳制品消费量分别为226.49千克、191.25千克、150.29千克、82.69千克。2022年，我国人均GDP约1.3万美元，随着人均GDP的增加，人均乳制品消费量大概率呈上升趋势。从人均消费量来看，根据中国农业科学院数据，

2022 年中国人均乳制品消费量折合生鲜乳为 42 千克，约为世界平均水平的 1/3，亚洲的 1/2,《中国居民膳食指南（2022）》推荐的最低摄入量的 38.4%。从城乡差异来看，2021 年，农村居民人均年奶类消费量为 9.3 千克，仅为同时期城镇居民的 51.1%，农村市场潜力存在相当大的提升空间。此外，2019—2022 年中央一号文件都涉及奶业振兴有关内容，农业农村部“十四五”规划提出优化奶源区域布局等九大任务，工业和信息化部、国家市场监督管理总局等和山东省政府、工业和信息化厅、农业农村厅等也先后出台实施多项行业政策措施，为产业发展不断释放政策利好。

（四）挑战分析

从市场竞争来看，目前蒙牛、伊利等已在山东省进行产能和渠道布局，后期随着冷链物流和渠道建设的逐步完善升级，以及凭借强大的品牌影响力和规模优势，大概率将挤压本地乳企市场份额，低温奶区域市场格局将重构。从产销来看，2022 年，世界玉米和小麦价格分别较 2021 年平均价格上涨 24.8% 和 156%，粪污处理运行成本增至生鲜乳生产成本的 11% 以上，生鲜乳生产成本平均较 2021 年增长了 48.1%，叠加消费萎靡等因素，全国液奶消费出现 8 年来首次下降，企业库存高企，面临巨大压力。此外，当前消费品领域已进入渠道创新和多元化发展阶段，线上和商超等传统渠道均遭遇增长“瓶颈”，新零售全面开花，这给传统渠道依赖度高、经营理念保守的山东省乳制品企业带来新的挑战。

五、推动产业高质量发展的对策建议

立足新发展阶段，坚持高质量发展导向，利用现有奶源、生产体系、渠道和品牌优势，在巩固提升现有行业优势的基础上，发挥产供销一体化的供应链优势，紧抓数字经济历史机遇，加大市场开拓力度，不断提升品牌知名度和市场占有率，不断推动行业实现高质量发展。

（一）强化政策扶持引导

加强工业和信息化等行业部门协调联动，在生产要素保障、粮改饲等方面整合落实政策资源，出台地方支持政策；发挥政府在促进消费中的作用，进一步完善“学生饮用奶计划”“农村中小学生营养餐计划”；充分调动行业协会的积极性和主动性，做好服务工作。

（二）强化龙头企业培育

支持佳宝、得益等龙头企业与产业链上下游企业组建企业联合体，开展市场开拓、产业协同、技术进步等活动；支持企业围绕战略完善产品线、业务线，布局目标领域优质项目，整合生产服务能力；鼓励重点企业成立产业发展基金，引导社会资本参与产业项目实施。

（三）完善市场服务体系

推动成立产业联盟，以联盟为纽带增强产业凝聚力，促进产业链上下游企业间的业务协同；推进产学研联动机制建立，在饲草营养控制、良种培育、产品监测、疾病预防、技术融合及转化等方面展开联合攻关，形成技术合作、人才培养、研发平台建设、产业化的产学研联动机制；加大与外部专业奶牛养殖机构合作，形成多元生鲜乳供应来源。

（四）提升差异竞争水平

以数字化重塑竞争力，全面提升企业研发、生产、管理和服务的智能化水平；继续发挥山东省及周边市场的奶源、渠道、品牌、产品等优势，加强销售渠道和销售网点建设，加快推动线上线下渠道业务的深度融合，进一步采取措施确保送奶入户和学生用奶领域用户稳定，强化渠道和消费者黏性，构筑区域品牌影响力；精耕优势乳品品类，创新研发特色品类，完善产品矩阵，注重核心单品打造，锤炼低温鲜奶核心业务，以“鲜战略”持续赋能业绩增长；厘清品牌定位、精确定位和细分市场，加大品牌差异化建设力度。

参考文献

[1]刘浩．内蒙古传统乳制品产业发展优势、问题与路径[J]. 北方经济，2021(9):42－44.

[2]薛光辉，赵秀新，胡智胜，等.2021年山东省奶业发展情况、存在问题及

对策建议[J]. 中国奶牛,2022(11):60－64.

[3]汤军,王颖洁,李昱哲. 横看成岭侧成峰,乳业全景剖析[Z]. 东吴证券,2022.

[4]魏红梅,黄冬祎. 需求景气,强者恒强[Z]. 东莞证券,2022.

[5]周铃雅,等. 掘金乳业,攻守兼备[Z]. 五矿证券,2023.

[6]吉蕾蕾. 创新打造乳业增长新引擎[N]. 经济日报,2023－12－11(11).

[7]柴少宗,杨俊."双循环"经济形势下石家庄乳制品产业竞争力研究[J]. 食品研究与开发,2023,44(9):227－228.

[8]李胜利,刘长全,夏建民,等.2018年我国奶业形势回顾与展望[J]. 中国畜牧杂志,2019,55(3):129－132.

[9]高晓峰,刘晓雪,黄锐. 中垦华山牧:全产业链布局,一体化供应[J]. 中国乳业,2020(11):25－28.

作者简介

孙　建，工程师，山东省工业和信息化研究院。

王玉禄，副研究员，山东省工业和信息化研究院。

邵　磊，工业经济研究室主任，副研究员，山东省工业和信息化研究院。

李广青，研究实习员，山东省工业和信息化研究院。

李国芹，院党委委员，副院长，一级调研员，山东省工业和信息化研究院。

19

黄河流域生态保护背景下的山东省化工产业高质量发展指南研究

潘劲松　王玉伟　苏俊杰　李晓峰　姚树利

摘　要　本课题重点从发展质效、绿色低碳水平、要素保障能力、研发投入、创新生态建设、管理机制等角度，对当前山东省化工产业高质量发展“瓶颈”制约因素进行深入分析。同时，紧紧把握新一轮技术创新和发展新格局调整大趋势，以绿色、低碳、智能化转型为重点，从要素保障、信息技术应用、绿色低碳发展、创新能力提升、化工园区建设、管理能力创新六个方面入手，提出山东省化学工业高质量发展指南建议。

关键词　生态保护　化工产业　高质量发展　指南

党的二十大报告指出，高质量发展是全面建设社会主义现代化国家的首要任务。推动高质量发展，是保持经济持续健康发展的必然要求，是适应我国社会主要矛盾变化的必然要求，更是遵循经济规律发展的必然要求。加快化工产业高质量发展不仅是贯彻新发展理念、落实黄河流域生态保护和高质量发展战略、实现新时代现代化强省建设目标的必然要求，也是实现山东省经济发展质量变革、效率变革、动力变革的必由之路。

一、当前山东省化工产业高质量发展“瓶颈”制约因素

“十三五”以来，山东省化工产业以安全生产转型升级专项行动为统领，

大力推动新旧动能转换，稳步推进产业提质增效，发展水平明显提高，在先进制造业强省建设进程中发挥了重要支撑引领作用。但与先进水平相比，山东省化工产业层次偏低、精细化程度不高、自主创新能力不强等问题依旧突出，仍存在不少短板和不足，转型升级任务十分艰巨。

（一）产业质效水平有待提高

2022 年，山东省化工产业营业收入利润率仅为 3.45%，比山东省工业、全国化工分别低 0.69 个、3.37 个百分点。从山东省 16 市高端化工产业发展来看，山东省仅济南 1 市营业收入利润率同比实现正增长（比上年增加 3.41 个百分点）。从大类行业来看，山东省石油、煤炭及其他燃料加工业与橡胶塑料制品业营业收入利润率低于全国平均水平以及江苏、浙江、广东三省。从化学原料和化学制品制造业与石油、煤炭及其他燃料加工业营业收入比值来看，山东省仅为 1.04∶1，低于全国平均水平（1.40∶1）以及江苏（4.65∶1）、浙江（1.80∶1）、广东（1.49∶1）三省。不计入石油、煤炭及其他燃料加工业，化学原料和化学制品制造业，化学纤维制造业及橡胶和塑料制品业三大类行业，2022 年山东省化工产业营业收入仅有 16108.03 亿元，低于江苏省的 17781.87 亿元和浙江省的 16526.15 亿元。

从沿黄九市来看，2022 年，九市共有化工企业 2536 家，占山东省化工企业的 51.60%。其中，规模以上化工企业 1651 家，占山东省规模以上化工企业的 47.25%。九市规模以上化工企业实现营业收入 1.81 万亿元、利润 434 亿元，分别占山东省化工业的 65.14%、43.17%；九市规模以上化工企业营业收入利润率只有 2.40%，比山东省化工业低 1.05 个百分点。分行业来看，九市石油、煤炭及其他燃料加工业，化学原料和化学制品制造业，化学纤维制造业，橡胶和塑料制品业四大类行业（以下简称四大类行业）营业收入利润率均低于山东省平均水平。

（二）绿色低碳发展任务艰巨

2022 年，山东省汽油、柴油、石脑油、石油沥青、烧碱、碳酸钠、化肥、橡胶轮胎外胎等产品产量占全国比重分别为 19.54%、22.78%、26.48%、45.59%、27.17%、14.89%、7.77%、46.02%。四大类行业营业收入占全国同行业比重分别为 19.39%、14.42%、1.73%、9.18%，占山东省制造业比重分别为 13.29%、13.86%、0.20%、2.87%；四大类行业用电总量达到 1194.5 亿千瓦·时，占山东省制造业比重 26.02%；据测算，四大类行业化学耗氧量、氨氮、二氧化硫、氮氧化物等主要污染物排放量和一般固废产生量分别占山东省制造业总量的 32.84%、57.93%、70.68%、28.99%、57.93%。据统计局数据，2021 年，山东省一般固废产生量、化学耗氧量、氨氮、二氧化硫、氮氧化物等排放量依次为 25233 万吨、156.28 万吨、4.64 万吨、16.53 万吨、65.87 万吨，分别居全国第 4 位、第 2 位、第 7 位、第 3 位、第 3 位，占全国比重依次为 6.36%、6.17%、5.35%、6.02%、6.77%；沿黄九市工业领域废水、化学耗氧量、氨氮、二氧化硫、氮氧化物等主要污染物排放量和一般固废产生量依次为 82525 万吨、25270 吨、881 吨、75055 吨、141541 吨和 15253 万吨，分别占山东省工业比重为 61.65%、60.28%、64.21%、60.00%、57.99% 和 61.04%。

（三）关键要素保障能力不强

一是水资源约束压力大。根据水利部门资料，山东省年均可使用水资源总量为 392.77 亿立方米，人均可使用水资源量约 390 立方米，相当于全国人均水量的 1/6 左右、世界人均水量的 1/25 左右。近年来，山东省工业年用水量基本稳定在 32 亿立方米左右，占山东省总用水量约 1/6。其中，沿黄九市工业年用水量大约 20 亿立方米，占山东省工业用水总量的 60% 左右。山东省 16 市中，1/3 以上地区面临水资源短缺问题。沿黄九市中，有 5 市水资源超载或临界超载。在山东省已认定的 84 个化工园区中，半数以上化工园区面临水资源短缺问题。二是项目建设用地紧张。随着近年来土地政策收紧，建设用地指标越发稀缺，园区土地资源与用地指标“两条线”问题突出。由于前期产业布局和土地规划粗放，产业入园门槛相对较低，目前多数园区面临低效工业用地退出难、低效用地再开发成本高、存量建设用地开发手续烦琐等困境。据估测，山东省 16 家高端化工“链主”企业 2023 年在建和拟建的 35 个项目土地需求超过 1.7 万亩，面临现有园区可利用面积不足的窘境。

（四）协同创新体系尚未建立

2021年，山东省规模以上工业企业研发经费为1565.3亿元，居全国第4位，相当于广东省的53.9%、江苏省的57.6%、浙江省的98.4%；规模以上工业企业申请专利98190件，申请量相当于广东省的28.8%、江苏省的47.4%、浙江省的61.4%。其中，有效发明专利数比广东省、江苏省、浙江省分别少40.8万件、13.9万件、1.7万件。化工四大类行业全年研究与试验发展（R&D）经费支出为302.3亿元，占营业收入的1.13%，比山东省工业、制造业研发经费占营业收入的比例分别低0.38个、0.47个百分点。从R&D经费内部支出占营业收入的比重来看，山东省石油、煤炭及其他燃料加工（0.53%）与化学原料和化学制品制造（1.42%）2个行业低于山东省制造业平均水平（1.60%）；沿黄九市工业企业R&D经费内部支出占营业收入比重平均为1.48%，低于山东省工业平均值（1.51%）。由于山东省化工产业以中低端、传统大宗基础产品为主，企业普遍利润率低、资金压力大，对自主创新重视不够，产业链之间仍停留在单一的线性上下游联系，尚未形成科学合理的协同创新发展体系。

（五）创新生态系统亟须改善

受文化环境、产业结构等影响，山东省近年来对人才吸引力明显不足。2021年，山东省规上工业企业R&D人员全时当量仅相当于广东省、江苏省、浙江省的49.27%、57.03%、72.06%。与世界著名公司相比，山东省化工企业普遍存在内部创新体系不完善、创新机制不灵活、创新人才尤其是领军人才缺乏、企业技术的主体地位作用发挥不明显等问题。除少数企业外，山东省大部分化工企业科研经费占销售收入的比重不足1%，与国外公司3%～8%的投入强度相比有很大差距。从行业整体来看，山东省化工产业以基础原材料和中间产品为主，专用产品、终端产品严重不足，企业服务终端市场的产品创新、创制能力亟待加强。从国际先进化工园区的成功经验来看，重视技术研发配套、不断推出符合市场需求的新产品或新工艺是保持企业健康发展和园区创新活力的重要因素之一。山东省大部分化工园区的创新平台建设仅停留在提供房屋出租的1.0版，与能同时提供协同创新、融资、项目推广、人才培育等综合服务的2.0版乃至3.0版差距较大。

（六）管理机制内生动力不足

山东省化工产业规模大、市场主体众多，真正形成与产业规模相匹配的产业管理能力，以及相应的国际影响力的企业非常少。与国际先进水平相比，其主要存在以下明显差距：一是多数企业战略管理薄弱，战略发展存在盲目性，企业战略执行与实际发展尚有差距；二是企业资本运作能力不足，成本管理薄弱，企业销售利润率偏低，企业管理运营离现代化组织及流程模式仍有相当距离；三是企业数字化转型缓慢，信息化建设与管理实际需求还有差距；四是全面风险管控措施不到位，内控体系不完善，安全环保事故时有发生；五是现代企业制度没有完全建立起来，企业国际化经营水平普遍偏低。此外，从园区管理来看，严重缺少既懂行政管理又熟悉产业发展的复合型人才，现有人员管理能力和专业技能远不能满足园区专业化与精准化的服务需求。

二、山东省化工产业高质量发展指南建议

当前，山东省正处于建设绿色低碳高质量发展先行区、开创新时代社会主义现代化强省建设新征程的关键时期。为全面推进山东省化工产业高质量发展，重点从发展思路、坚持原则、主要任务三个方面，提出以下指南建议。

（一）发展思路

充分把握新一轮技术创新和发展新格局调整大趋势，以推动高质量发展为主题，创新要素保障，以绿色、低碳、智能化转型为重点，深入实施创新驱动和绿色可持续发展战略，全面加快化工生态强省建设。

（二）坚持原则

一是坚持绿色发展。

二是坚持创新发展。

三是坚持园区化发展。

四是坚持高端化发展。

（三）主要任务

1. 全力做好要素保障创新工作

（1）统筹考虑能源、水资源消耗总量、能源和水资源产出率、污染物排放、环境影响控制、单位土地销售收入、单位土地利润等多重目标，对园区存量和新建项目进行评估与质量诊断，按评估结果进行等级分层管理，推进资源要素向高质量示范园区、优秀企业、优质项目集聚。

（2）围绕绿色低碳发展“走在前、开新局”总体目标，以行业标杆企业投入产出指标为参考，同国家、省相关产业准入标准相衔接，结合行业产品升级和技术改造方向，分区域、分行业设置相应的投资强度、亩均产出、能耗地耗、污染排放、技术水平、产品质量、安全生产等标准和门槛。

（3）以“不与人争水、不与生态环境争水”为前提，在山东省化工园区和重点监控点开展“以水定园”“以水定产”水资源论证行动，研究制定与水资源承载力相匹配的山东省化工产业布局调整方案。对于产业结构和规模与水资源承载能力脱钩的园区，及时开展产业发展规划调整，并根据园区实际情况，制定差异性水资源约束政策。

（4）借鉴世界一流化工园区在规划建设、生态环保、安全应急、科技创新、人才培养、智慧园区、产城融合等方面的发展经验，深入研究区域空间管控、生态共建、产业协作、科技合作等协同工作机制，研究山东省化工园区与核心城市、都市圈和城市群产业链、创新链融合一体化发展意见。

（5）统筹设立省级要素池，对山东省经关停、整合、压减产能等方式腾出的土地、能耗、环保、原油配额等要素指标进行省级收储。以促进区域协同一体化发展，探索符合山东省化工产业发展实际的要素市场产权交易规则、服务方式、监管办法和差别化配置政策。

2. 积极推进信息技术创新应用

（1）以数据驱动、平台赋能为应用着力点，围绕工程建设、经营管理与决策、生产运行、设备管理、安全环保、质量管控等重点业务领域，运用5G、大数据、人工智能和工业互联网等新一代信息技术，推动核心业务与信息技术的深度融合，进一步提升重点业务领域数字化、智能化应用水平。

（2）在石油化工、化肥、氯碱、橡胶加工等传统行业，选择一批主业突出、核心竞争力强、管理水平高的企业为突破点，依靠智能化、数字化等手段提升精细化管理、风险防范、决策支持等能力。

（3）积极引导有条件的化工中小企业在核心关键领域进行数字化升级与改造，大力推动化工中小企业电子商务应用和新模式新业态培育。在化工中小企业聚集区，组织开展数字化能力评估诊断、智能工厂建设咨询、专题讲座、技术交流和典型应用分享等服务。

（4）在石油化工、化肥、氯碱、轮胎、化工新材料等细分领域，围绕经营管理、生产运营、设备健康、安全环保、供应链协同等核心业务环节，加快推广经营决策、生产运行优化、设备管理、安全环保、能源管理、电子商务、供应链协同、工程设计等一批关键共性技术应用。

（5）在山东省范围内开展行业智能制造评估诊断和对标引导，重点面向经营管理、生产运行、生产控制、安全环保、设备管理、质量管控、供应链协同优化等智能制造应用领域与关键环节，树立一批行业典型标杆和建立创新示范模式。

（6）持续推进化工园区的智慧化建设，重点突出化工园区公共基础设施和公共服务的一体化、园区安全环保和应急救援的一体化，加快建成政府相关部门与辖区内化工园区和危险化学品企业联网的远程监控系统。

3. 深入实施绿色低碳发展战略

（1）推进企业和园区开展以节能、节水、减排为重点内容的绿色转型升级与循环化改造，创建节能、节水、减排标杆企业和标杆园区。

（2）以炼油、石化、化肥、氯碱、无机盐、精细化工、合成材料等行业为重点，加快推广高效催化、溶剂替代、直接转化、微反应等清洁生产技术。引导企业参加绿色石化工艺、绿色工厂、绿色产品、绿色园区和绿色供应链认定工作，构建行业全生命周期绿色制造体系。

（3）高度关注用能结构和能源转型，大力发展可再生能源，加大太阳能、风能等可再生能源的传统用能替代。研究制定化工行业碳达峰行动方案，加快推进碳减排和低碳业务工作，做好二氧化碳捕集和资源化利用。

（4）结合园区产业发展现状和未来趋势，从企业小循环、园区中循环、社会大循环三个层面构建循环经济体系，通过延链、补链和强链，提高产业关联程度和循环链接效益。

（5）深入开展化工园区挥发性有机物（VOCs）集中统一整治，建设VOCs监测监控体系。推进生产设施密闭化、连续化改造，积极推动集中式处置中心建设，推进危险废物的无害化处置和资源化利用。

（6）牢固树立以人为本、安全发展的理念，持续强化企业主体责任，完善安全生产标准体系建设。开展全员安全技能提升培训，提升从业人员的专业素质能力、操作技能，增强安全意识。

4. 全力提升产业升级创新能力

（1）从原料路线多元化、节能与碳减排、资源综合利用、“三废”治理、本质安全、智能化和数字化升级等方面，加快绿色工艺、绿色产品以及先进共性技术在传统工艺和装置中的推广应用。

（2）以自主可控、安全高效为目标，大力推动跨领域跨行业协同创新，在催化、过程强化、先进膜分离、工业生物技术、信息与先进控制技术等领域，攻克一批产业关键共性技术和重大技术装备难题，确保产业链、供应链安全稳定。

（3）围绕航空航天、电子信息、新能源、汽车、轨道交通、节能环保、医疗健康、建筑等行业对高性能、安全、绿色产品的需求，加快现有产业链向专用化、精细化、高端化发展。

（4）进一步加强以企业为主体的行业创新平台建设，在聚氨酯、氟硅材料、膜材料、高性能聚烯烃、高性能纤维、生物基材料等领域，组建一批产业技术创新战略联盟、协作组等协同创新组织，推动跨领域、全产业链创新。

（5）加强材料改性、复合技术研发，大力发展树脂/树脂、树脂/纤维、树脂/金属等合金材料、复合材料，加快新材料技术创新成果规模化应用。

（6）全面提升企业在研究制定科技创新规划、产业发展规划、创新政策和技术标准中的参与度。发挥企业“出题者”和“阅卷人”作用，支持企业更多承担科研任务，激励企业加大研发投入，促进各类创新要素向企业集聚。

5. 加强化工园区承载能力建设

（1）强化生态保护红线、环境质量底线、资源利用上线和环境准入负面清单约束，严格化工园区建设和准入标准。发挥区域比较优势，坚持产业合理集聚和科学高效管理，优化化工园区布局，促进差异化、协同化发展。

（2）推动化工园区配套设施建设与安全风险防控、环境保护、资源综合利用、可持续发展融为一体，建立装置—企业—化工园区三级风险管控体系。

（3）加强化工园区内企业间、产业间的循环链接改造，构建化工园区层面的基础设施、公用工程、公共服务共享与循环使用的“大循环体系”，企业间的能量和物料循环利用的“中循环系统”，企业内节能、节水综合利用的“小循环系统”。

（4）以大数据为核心，全力推进大数据技术与化工园区产业发展深度融合、迭代演进，加快化工园区信息系统和公共数据互联互通、开放共享，切实提升化工园区智慧管理水平。

（5）鼓励化工园区结合产业发展方向，进一步梳理产业链图谱和关键环节清单，强化产业链招商和创新要素集聚。加强化工园区科技金融、科技成果孵化等新型创新平台建设，提升化工园区培育、服务创新型企业的能力。

（6）进一步探索化工园区管理体制机制改革，加快化工园区运行机制和工作模式创新，加快提升化工园区专业化管理运营水平，有效推动化工园区的建设与招商。

6. 不断提高企业管理创新能力

（1）深入推进企业体制机制改革，加快建立权责法定、权责透明、协调运转、有效制衡的公司治理机制。学习与借鉴国际一流公司先进管理制度、管控方式与工具，提升国际化经营的能力。

（2）利用大数据、区块链等信息技术优化生产流程，强化能源、原材料消耗的统计监测和生产成本管理。通过提升管理水平和核心竞争力，培育一批专业特色突出的“小巨人”企业和单项冠军企业。

（3）深入实施质量兴业战略和品牌发展战略，开展质量强企活动，进一步完善品牌信誉体系和标准体系建设。

（4）围绕企业发展战略以及生产经营目标，不断优化管理流程，建立全面的风险管控工作机制和监控机制，完善决策、投资等高风险领域的内控制度。

（5）鼓励企业在工程设计、装备设计、项目总包、装置检维修、系统验证、批量应用、标准制定等环节加快由产品生产供应商向产品和专业服务解决方案提供商转型。

（6）加强责任关怀组织和基础体系建设，建立责任关怀评选表彰激励机制，推动责任关怀自我评估、两方评估和三方认证工作的开展，切实提升行业公众形象。

参考文献

[1]兰建平．“亩均论英雄”：努力寻求高质量发展的区域实践[J]．浙江经济，2018(9)：17－20.

[2]杨挺．化工园区发展重在高质量[J]．中国石油和化工产业观察，2020(12)：36－37.

[3]杨挺．中国化工园区建设管理的“六个一体化”[J]．化工进展，2021(10)：5837－5844.

[4]张志元．我国制造业高质量发展的基本逻辑与现实路径[J]．理论探索，2020(3)：87－92.

作者简介

潘劲松，副研究员，山东省工业和信息化研究院。

王玉伟，经济师，山东省工业和信息化研究院。

苏俊杰，高级工程师，山东省工业和信息化研究院。

李晓峰，工程师，山东省工业和信息化研究院。

姚树利，工程师，山东省工业和信息化研究院。

20

新能源商用车现状及发展路径研究

新能源商用车产业链研究课题组

摘　要　发展新能源汽车是我国坚定不移的国家战略。当前，我国正处于从汽车大国向汽车强国转变的关键阶段，但新能源商用车整体上还处于起步阶段。山东省作为全国商用车生产第一大省，加快商用车新能源化发展转型，对山东省汽车工业经济高质量发展具有重要意义。山东省工业和信息化研究院通过分析全省新能源商用车发展状况，研究产业链关键环节及短板难点等，提出山东省新能源商用车高质量发展建议，以期为相关决策提供依据和参考。

关键词　新能源商用车　新能源重卡　新能源客车　甲醇内燃机　氢燃料电池

一、新能源商用车发展现状

（一）新能源商用车产销情况

2022年，我国新能源商用车产销分别完成34.23万辆和33.82万辆，同比分别增长81.5%和78.9%。其中，新能源客车销量为10.34万辆，同比增长24.0%；新能源货车销量达23.48万辆，同比增长122.2%。2022年，新能源商用车动力电池装车量达33404.8毫瓦时，同比增长49.6%。2023年1—10月，我国新能源商用车累计销量27.29万辆，同比增长约25.0%。

2023 年 1—10 月，山东省新能源商用车累计销量 4. 69 万辆，同比增长 92. 44%，在全国的占比为 17. 19%。

（二）新能源商用车产业发展特点

全国新能源汽车新车产销量占汽车总产销量的比例保持提升，但增速回落。新能源商用车保持了较高的增长速度。传统汽车产销量连续调整下降。传统汽车产量 2018—2022 年分别减少 169. 5 万辆、205. 6 万辆、61 万辆、132 万辆、265 万辆，2023 年 1—10 月减少 9. 1 万辆。

新能源商用车两大技术路线产品处于不同发展阶段，市场占比差别较大。新能源商用车中纯电动商用车占比为 98%，燃料电池商用车占比为 0. 9%。

新能源商用车渗透率提升较快，细分产品渗透率差别较大。2023 年 10 月，新能源商用车渗透率达 14%，表现出强势增长的良好态势。在细分产品中，新能源轻客渗透率达 36. 9%；新能源重卡的渗透率仍比较低，仅为 2. 9%。

新能源重卡市场增长。重卡领域，受新冠疫情以及房地产市场收缩等因素影响，自 2021 年以来重卡整体市场销量有所下滑。而新能源重卡逆势增长，市场销量快速增长。自 2022 年以来，新能源重卡年度销量均在 2 万辆以上，2023 年 1—10 月新能源重卡累计销售 23439 辆，同比增长 38%。市场渗透率快速上涨，从 1% 以下快速上涨至 2023 年 9 月的 2. 9%。

天然气重卡爆发式增长。天然气重卡具有高经济性、高环保性特点。2023 年 1—10 月，国内天然气重卡市场累计销量达到 13. 06 万辆，增速高达 389%。2023 年 9 月，天然气重卡销量同比增长 743%；10 月，天然气重卡实销 2. 33 万辆，同比增长 1478%。2023 年，天然气重卡价格一路下探，运营成本大幅下降，天然气重卡市场总销量将超过 2020 年的 14. 2 万辆，2023 年成为天然气重卡史上销量最高的年份。

二、对当前发展的认识

（一）我国新能源商用车已进入新的发展阶段，但整体仍然处于起步阶段

我国新能源商用车已进入新的发展阶段，2019—2021 年，整个新能源商

用车的市场渗透率在2%左右，2022年约为8%，2023年1—10月略有提升，约为9%。新能源商用车，一方面在较低水平上实现强势增长，另一方面细分产品市场渗透率悬殊。大中客车的新能源渗透率远超其他品类，轻微卡的新能源渗透率相对一般，而中重卡的新能源渗透率较低。

新能源商用车整体仍然处于起步阶段。新能源商用车自身的续航里程、充电时间、低温运行性能等，还有待持续提升。与燃油车相比，新能源商用车的购置成本、使用成本、便利化程度仍然存在较大差距；与新能源乘用车市场渗透率30.4%相比，整体还处于起步阶段。

（二）新能源商用车发展存在严重的技术路线之争

当前纯电商用车对氢燃料电池车具有较大的比较优势。纯电商用车技术相对较为成熟，如潍柴蓝擎悦EH Pro新能源轻卡的最大续航里程可达320公里，可满足城配、快递、绿通等使用场景下用户对续航里程的需求。纯电商用车充分利用现有优势，进一步发掘换电形式纯电商用车，巩固市场地位。氢燃料电池商用车受制于制造成本、使用成本较高，虽广受关注但发展远不及预期。

新能源商用车发展，技术路线较多，主导路线形成的影响因素多，在不同阶段具有较高的不确定性。氢燃料电池商用车具有长途重载能力优势，续航里程、充电时间、低温运行性能等均优于纯电商用车。随着政府层面对氢能发展定位发生着积极变化，氢燃料电池车的未来发展具有高确定性，但当前仍然较为困难，汽车企业的车型开发最终由市场需求决定。

（三）国际竞争加剧，贸易环境发生变化

中国汽车产品以优异的质量价格比获得很好的市场认可，尤其新能源汽车所占份额近两年在国际市场迅速增长，2023年1—11月，汽车整车出口441.2万辆，同比增长58.4%；新能源汽车出口109.1万辆，同比增长83.5%。

国际技术与产业竞争加剧，美西方国家不断加大对新能源汽车产业的支持力度，同时对我国新能源汽车产业进行打压。美国的《通胀削减法案》为电动汽车提供高达3690亿美元的税收抵免，要求电动汽车必须有50%以上的电池部件与材料在北美制造或组装才能获得税收优惠。欧盟委员会的《关键原材料法》等一系列政策对电动汽车电池的原材料本土化等加以限制，同时对电动汽车上下游企业提供税收减免和资助、对消费者实行欧盟和国家层面双重补贴政策。

三、发展趋势

（一）全球主流国家已就绿色转型达成共识，“双碳”目标倒逼产业结构调整

截至2022年底，全球有27个国家承诺到2040年轻型车新车销售零排放。《欧盟气候法》驱动重型车碳减排标准不断加严。2020年3月4日，欧盟委员会正式公布《欧洲气候法》提案，提出到2050年实现气候中和，交通排放相较于1990年减少90%。重型车排放标准持续加严，2019年，欧盟重型车CO_2排放标准要求到2030年重型车减排30%；2023年3月，欧盟委员会通过货车排放标准新要求，提出到2035年货车新车全部零排放。

“双碳”目标倒逼产业结构调整，可有效抑制发展高耗能产业的冲动，同时推动战略性新兴产业、高技术产业、现代服务业进步，拉动巨量的绿色金融投资，带来新经济增长点和新就业机会。

（二）政策支持，规划引领，我国电动车产业发展加速

2018年，国务院印发《打赢蓝天保卫战三年行动计划》，京津冀“2+26”城市、长三角等八个区域被列为大气污染防治重点区域；2022年1月，国务院印发《“十四五”节能减排综合工作方案》；2022年10月，国务院办公厅印发《新能源汽车产业发展规划（2021—2035年）》。

在上层战略规划的指引下，2020年，五部委联合下发《关于开展燃料电池汽车示范应用的通知》，设立五大城市群，针对燃料电池汽车关键核心技术、产业化应用进行突破，采取“以奖代补”形式，按照各个城市目标完成情况拨付奖励资金；相关部委先后发布《减污降碳协同增效实施方案》（生态环境部等七部委）、《工业领域碳达峰实施方案》（工业和信息化部等三部

委)、《关于组织开展新能源汽车换电模式应用试点工作的通知》（工业和信息化部)、《关于组织开展公共领域车辆全面电动化先行区试点工作的通知》（工业和信息化部等八部委）等文件，旨在通过示范应用、模式创新、场景探索等方式，建立健全绿色低碳交通发展经济体系，推进货运市场的电动化进程，推进经济社会发展全面绿色转型。

（三）我国公共领域全面电动化试点启动

现阶段，新能源商用车长途运输续航里程还不能满足市场需要，但在城市公交、出租、环卫、邮政快递、城市物流配送等公共领域具有较好的适用性，公共领域电动化潜力巨大。从公共领域新能源汽车历年接入量占比情况来看，我国公共领域新能源汽车（含营运乘用车、商用车）历年接入量占比呈逐年缩小趋势，从 2017 年的 54.6% 降至 2022 年的 25.9%。2023 年 2 月 3 日，工业和信息化部、交通运输部等八部门联合印发《关于组织开展公共领域车辆全面电动化先行区试点工作的通知》（以下简称《通知》)，计划在 2023—2025 年力争实现新增公共充电桩与公共领域新能源汽车推广数量比例提升至 1∶1；车辆电动化水平大幅提高。试点领域新增及更新车辆中新能源汽车比例显著提高，其中，城市公交、出租、环卫、邮政快递、城市物流配送领域力争达到 80%。

（四）标准建设提速，有效支撑产业快速发展

电动汽车标准体系包括整车技术通用、关键部件、能源系统等，现有有效标准 110 项，其中国家标准 82 项、行业标准 28 项，电动汽车标准有效支撑了产业快速发展。

六部门出台氢能标准建设指南，聚焦多项关键技术设备。国家标准委与国家发展改革委、工业和信息化部、生态环境部、应急管理部、国家能源局等部门联合印发《氢能产业标准体系建设指南（2023 版)》（以下简称《指南》)。这是国家层面首个氢能全产业链标准体系建设指南。《指南》提出，到 2025 年，支撑氢能制、储、输、用全链条发展的标准体系基本建立，制（修）订 30 项以上氢能国家标准和行业标准。《指南》明确了近三年国内国际氢能标准化工作重点任务，加快制（修）订氢能全产业链关键技术标准，其

中包括加快制定一批氢安全、可再生能源水电解制氢、高压储运氢设备、氢液化、液氢储运设备、输氢管道、加氢站设备、燃料电池系统及其零部件、燃料电池汽车等方面的标准。

电动汽车换电标准体系已完成构建。标准化是产业的重要支撑，电动汽车充电标准、统一的充电接口支撑了新能源汽车和充电基础设施的快速发展，目前，电动汽车换电标准体系已完成构建。

（五）氢燃料电池商用车的优势潜力大，产业化周期开启

与燃油车相比，氢燃料汽车燃料可再生，无碳排放，且能量转化效率较高，燃料电池工作直接将化学能转化成电能，理论上燃料电池热电转化效率可达 85% ~90%，远高于燃油内燃机。2023 年 2 月，亿华通发布 M180 氢燃料电池发动机，发动机额定点效率达 52%，最高效率达 64% 以上，相较于传统内燃机具备效率优势。与纯电动汽车相比，氢燃料电池汽车续航里程长、冷启动能力强。氢气质量能量密度较高，且氢燃料电池能量转换效率较高，氢燃料电池汽车的续航能力较优，福田汽车研发的智蓝欧曼氢能重卡搭载了液氢储供系统，储氢量达到 110 千克，续航里程已经超过了 1000 公里。燃料电池降本仍然是其重要发展方向。氢燃料电池乘用车、商用车均贵于同类型电动车。自 2023 年 7 月起，陆续有 4 家燃料电池国家级研发中心启动建设，促进燃料电池产业化降本、规模化发展。

工业和信息化部的最新信息显示，2023 年以来我国燃料电池汽车保持良性发展态势，产业发展进入提速关键期，这是对当前我国燃料电池汽车产业发展一个重要判断。近期，中国燃料电池汽车大会在北京大兴召开，财政部、工业和信息化部、科技部、国务院国资委以及中国科学技术协会、中汽中心等出席，会议发布了《共建中国氢能高速行动倡议》，包括国务院国资委等部门建议在高速公路网络上加快建设加氢站，建设中国氢能高速。全国首批氢能领域减排交易即将完成上市交易，通过减排交易可以有效提高燃料电池汽车的经济效益，将开启燃料电池汽车产业化周期。

（六）现阶段新能源重卡进入产业前期快速导入期

重卡保有量虽然只占汽车保有量的 4%，但碳排放量占比约 33%，乘用

车保有量约占汽车保有量的88%，而碳排放规模占比约45%，重型货车污染物及碳减排面临较大挑战。电动重卡是交通运输领域推动减碳的重要手段。国外重型车零碳政策加速落地，市场活跃。

近年来，全球各国车辆清洁化进展较快，主要国家和地区在重型车领域的推广力度逐渐加大。据国际能源署（IEA）统计，2022年全球新上市零排放的中重卡车型，超90%的车型为电动车型。分国家来看，2021—2022年中国零排放重卡车型上市数量快速增长。

电动重卡具有显著的低使用成本优势，但在推广应用中也存在一定局限性，如车辆载重受限、充电设施配套体系不够完善、电池寿命短等，未来电动重卡大规模推广还有赖于多个方面因素的持续改善。

现阶段电动重卡采购成本相对较低，相较于燃料电池重卡，其将成为未来一段时间重卡电动化转型的主流选择。在主流动力电池生产企业积极推动下，采用“车电分离”模式的换电重卡凭借首购成本低，亦有望实现快速渗透。

四、对于山东省新能源汽车发展的几点思考

发挥山东省商用车产业基础雄厚优势，坚持战略引领，牢牢抓住新能源商用车发展机遇，推进产业技术创新和成果转化，加快新能源商用车产业链建设，吸引和积聚上下游企业，迅速建立区域企业数量优势、技术优势，形成产业优势，以建设全球领先的商用车产业带为发展目标，推动山东省汽车工业高质量发展。

（一）坚持战略引领，牢牢抓住新能源商用车发展机遇

山东省商用车产业在全国占有较高比重，是重要优势产业。当前，商用车产业格局正在加速重构，抓住商用车新能源化转型历史性机遇，关系到山东省整个汽车产业的未来发展。

新能源乘用车的电动化发展历程为商用车新能源化转型提供了宝贵的可借鉴经验。商用车的新能源化转型整体处于起步阶段，仍然需要政策驱动。山东省必须抓住机遇，有针对性地加大政策支持力度，保障政策能够可靠落

地。加快产业生态基础建设，注重基础先行，大力度支持加氢站、充电桩等基础建设，推动纯电、氢燃料电池等车辆对燃油商用、专用等车辆的替代，扩大商业化示范运营，推动山东省商用车发展从政策驱动向“政策＋市场”的双轮驱动转变，率先建立区域发展优势。

（二）大力推动新能源商用车企业合作，推进技术创新和成果转化，加快产业链建设，快速形成产业优势

从新能源乘用车的产业发展可以看到，“政府引导＋技术＋资本”产业发展模式越发突出，从起步到大规模产业化时间周期大大缩短，后来者几乎不会再有机会。

新能源商用车技术和产业竞争日趋白热化，加快新能源商用车产业链建设，加快吸引和积聚上下游企业，加大新能源商用车招引力度，补齐短板弱项。紧紧围绕市场需求，关注新能源商用车领域重点企业区域布局需要，发挥传统商用车产业基础优势、规模优势和市场优势，加大新能源商用车招引力度，迅速补齐山东省新能源商用车短板。

潍柴动力和比亚迪的合作为行业发展提供了有益的示范。作为中国汽车及零部件行业的领军企业，潍柴动力和比亚迪在新能源商用车动力总成合资合作，打造贯穿新能源商用车的电池、电机、电控、电驱动总成的研发制造基地，完善新能源商用车动力总成产业链，山东省新能源商用车动力总成实现本地化配套，整车的品质、可靠性、经济性和品牌竞争力将得到大幅提升，在推动山东省完善新能源商用车产业链建设方面将发挥重要作用、产生深远影响。

（三）以建设全球领先的商用车产业带为发展目标，推动山东省汽车工业高质量发展

烟台市—青岛市—潍坊市—济南市—聊城市及沿线城市，集聚了一汽青岛汽车、潍柴集团、福田汽车、中国重汽、中通客车等大型商用车企业的主要产能以及大批零部件配套企业，产品种类覆盖商用车全部产品类别，产业体系完备，产业规模大，带动能力强。当前，沿线各市已形成各具特点的商用车优势产业集群，国内外少有的商用车产业带已初步显现，在此基础上，

以建设全球领先的商用车产业带为发展目标，巩固现有产业优势，大力支持新能源商用车发展，推动山东省汽车工业高质量发展。

作者简介

李文全，正高级工程师，山东省工业和信息化研究院。

姚树利，工程师，山东省工业和信息化研究院。

孙　颖，高级工程师，山东重工集团。

李尚达，高级工程师，山东省工业和信息化研究院。

国　栋，经济师，山东省工业和信息化研究院。

21

山东省新能源材料高质量发展研究

新能源材料高质量发展研究课题组

摘　要　新能源材料是指支撑新能源发展的、具有能量储存和转换功能的功能材料或结构功能一体化材料。新能源材料对促进新能源发展具有重要作用，关系到国民经济、社会发展和国家能源安全。我国“十四五”规划纲要提出，力争2030年前实现碳达峰、2060年前实现碳中和，《2030年前碳达峰行动方案》指出，到2030年，当年新增新能源、清洁能源动力的交通工具比例应达到40%左右。新型储能和新能源汽车将成为能源领域碳达峰、碳中和的关键支撑，锂电池作为新能源汽车和电力调节最有竞争力的储能技术，也将迎来更多发展机会。

关键词　新能源材料　锂电池　高质量发展

一、锂电池材料及产业链

（一）锂电池

锂电池分为金属锂电池和锂离子电池两类，目前市场上大部分用的是锂离子电池，即狭义锂电池。锂电池是一种二次电池，主要依靠锂离子在正极和负极之间的移动来工作。在充放电过程中，锂离子在两个电极之间往返嵌入和脱嵌：充电时，锂离子从正极脱嵌，经过电解质嵌入负极，负极处于富锂状态；放电时则相反。

锂电池按照应用领域分类可分为储能电池、动力电池和消费电池。储能电池涵盖通信储能、电力储能、分布式能源系统等；动力电池主要应用于动力领域，服务的市场包括新能源汽车、电动叉车等；消费电池涵盖消费与工业领域，包括智能表计、智能安防、智能交通、物联网等。

（二）锂电池材料构成

锂电池产业链关键材料主要包括正极材料、负极材料、隔膜材料、电解液材料及其他材料。

正极材料主要有钴酸锂、磷酸铁锂、锰酸锂、三元材料镍钴锰酸锂（NCM）和镍钴铝酸锂（NCA）等，成本约占锂电池成本的20%～25%，毛利率为10%～15%。正极材料对电池性能至关重要。锂电池通过锂离子的脱嵌和过渡金属的氧化还原反应实现化学能与电能的转换。正极材料的种类与性能直接影响电池的电压、能量密度、循环寿命和倍率性能等，目前磷酸铁锂和三元材料被广泛使用，并在不同应用场景中各具优势。磷酸铁锂的低成本、高安全和长寿命，使其适用于对能量密度要求较低但安全和寿命要求较高的场景，如商用车和储能领域。三元材料的高比能优势，使其适用于需要高能量密度和客户体验的场景，如乘用车领域。近年来，随着电池成组技术的提高，磷酸铁锂能量密度的不足得到改善，且成本和安全优势使其在乘用车领域的应用越来越广泛。

负极材料成本约占锂电池成本的5%～12%，毛利率为10%～15%。在锂电池中，负极材料起着储存和释放能量的作用，对其首次库仑效率、循环性能和倍率性能等有着重要影响。负极材料主要有碳材料和非碳材料两类。碳材料包括天然石墨、人造石墨、复合石墨、中间相炭微球、硬碳、软碳等，非碳材料包括硅基材料、锡基材料、钛酸锂等。目前，石墨类负极材料由于价格低廉、循环性能及安全性能较好、比容量较高、性能均衡等，在锂电池中处于主流地位。

电解液主要由锂盐、溶剂和添加剂三类物质组成，决定了电池的循环、高低温和安全性能，电解液成本约占锂电池成本的15%～20%，毛利率超过35%。电解液锂盐以六氟磷酸锂为主，它的单一性质并不是最突出的，但在碳酸酯混合溶剂电解液中具有相对最优的综合性能。常见的电解液有机溶剂主要分为碳酸酯类溶剂和有机醚类溶剂。为了获得性能较好的锂离子电池电解液，通常使用含有两种或两种以上有机溶剂的混合溶剂，使其能够取长补短，得到较好的综合性能。

隔膜主要分为干法隔膜和湿法隔膜，成本约占锂电池成本的25%～30%，毛利率高达50%以上。隔膜是锂电池的重要组成部分，它的性能决定了电池的界面结构、内阻等，直接影响电池的容量、循环以及安全性，性能优异的隔膜对提高电池的综合性能具有重要作用。锂电池隔膜主要分为干法隔膜及湿法隔膜两个主要的技术路径，干法隔膜的特点是生产成本较低，主要应用于智能移动终端以及储能领域；湿法隔膜的优势主要体现在轻薄性上，在动力电池高能量密度的发展趋势下，“湿法基膜+涂覆层”隔膜更适合制造高能量密度的动力电池。

（三）锂电池产业链

产业链上游主要涉及材料，包括原料开采、材料生产等。原材料包括锂钴镍等正极材料原料，石墨负极材料原料和铜铝集流体原料，以及隔膜、胶带、铝塑膜所用的化工原料。锂电池材料包括正极、负极、隔膜、电解液四大关键材料和集流体、外壳等辅料。

产业链中游是提供加工、封装、组装的电池制造商。电池制造主要指动力电池生产制造环节，包括极片制造（前段）、电芯组装（中段）、电芯检测和电池封装（后段）等产业环节。

产业链下游是锂电池的应用与回收利用，其中，应用领域包括新能源汽车、消费电子、储能系统等行业；回收利用包括前驱体及再生原材料等材料的回收。目前，国内锂电池产业链已形成从锂矿采选、锂电池关键材料生产、锂电池制造应用到回收及再利用的完整生产链体系。

二、国内外锂电池产业发展态势

（一）世界锂电池产业发展态势

随着全球掀起的电动化浪潮及储能市场的崛起，在其中扮演关键角色的锂电池，需求端迎来了爆发式增长。受此需求带动，锂电池企业扩产在全球范围内展开，如火如荼地进行着。

从总体来看，2022 年，全球锂电池产能已超过 2000 吉瓦时，并有望在未来 4 年内保持 33% 的年复合增长率，有望在 2026 年实现超 6300 吉瓦时的锂电池产能。

从分布情况来看，亚洲锂电池产能在 2022 年占绝对主导地位，实现 84% 的产能占比，并有望在未来 4 年内继续占据主导地位。与此同时，作为新能源汽车另外两大消费市场的欧洲与美洲，通过鼓励政策的颁布，推动本土电池产业链建设。考虑其建设周期后，美洲与欧洲电池产能占比有望在 2025—2026 年实现显著提升。

分地区增速来看，2022 年，亚洲锂电池产能增速最高，达到了 77%；其次是美洲与欧洲。与此同时，为刺激本土锂电池产业链建设，近年来美国、欧盟相继颁布法案，鼓励电池企业出海欧美。从未来增速来看，考虑欧美产能建设及释放周期，2025 年将是其产能释放时间点，当年产能增速将达到峰值。

分国家来看，2022 年，锂电池产能排名前五的国家分别是中国、美国、波兰、瑞典、韩国，合计占比达到了 93%，产能格局实现了高度集中。其中，中国占据了全球 80% 的产能份额。同时，日韩头部电池企业，如 LGES、SK 及松下等，多数以客户布局为导向，从而优先选择在中国、美国布局产能，在日韩产能布局较少，且未来鲜有扩产规划。

（二）国内锂电池产业发展态势

近年来，国内对新能源汽车的支持力度不断加大，不仅促进了汽车产业的技术进步，也推动了锂电池产能的快速增长。工业和信息化部电子信息司公布的数据显示，2022 年，全国锂离子电池产量达 750 吉瓦时，同比增长超过 130%，行业总产值突破 1.2 万亿元，是上一年行业总产值 6000 亿元的 2 倍。

目前，中国的锂电池生产规模已经占据全球的主导地位，锂电池产能的增长速度也远高于其他国家。我国锂电池主导地位体现在供应链的垂直整合上，从原材料开采到电动汽车生产，我国已经建立了一条完整的产业链。

从锂电池关键材料出货量来看，2022 年，锂电池正极材料出货量为 194.7 万吨，同比大幅增长 77.97%，其中三元材料出货量 64 万吨，同比增长 47%；磷酸铁锂正极材料出货量 111 万吨，同比增长 132%。据预测，2023 年我国锂电池正极材料出货量将达 229.1 万吨，2024 年将进一步增长至 260.2 万吨。2022 年，锂电池负极材料出货量约为 143.3 万吨，同比增长 84%。据预测，由于受到石墨出口管控的影响，2023 年出货量将保持增长但增速将减缓，出货量将达 167 万吨，2024 年将达 189 万吨。2022 年，电解液出货量 84 万吨，同比增长 70%。2023 年上半年，中国锂电池电解液出货量达 52 万吨，同比增长 57%。2022 年，锂电池隔膜出货量达 131 亿平方米，同比增长 65.8%。据预测，2023 年我国锂电池隔膜出货量约 145 亿平方米，2024 年约 170 亿平方米。

从企业竞争格局来看，在正极材料方面，2022 年，湖南裕能市场份额近 15%，排名第 1；德方纳米排名第 2；以三元材料和钴酸锂为主的天津巴莫出货量占比约 5%，排名第 3。在负极材料方面，市场份额较为分散，2022 年前六大企业市场份额总和约为 79%，但各企业市场占有率差别较小。其中，贝特瑞凭借 26% 的市场份额排名第 1。其次分别为上海杉杉（杉杉股份子公司）、江西紫宸（璞泰来子公司）、中科星城（中科电气子公司）、广东凯金、商太科技，占比分别为 16%、11%、9%、9%、8%。在电解液方面，2023 年上半年，天赐材料以 33.7% 的市场份额排名第 1；比亚迪以 13.9% 的市场份额排名第 2；新宙邦、瑞泰新材、法恩莱特市场份额分别为 11.9%、8.9%、5.4%，居第 3 ~ 5 名。

三、山东省锂电池产业发展态势

（一）山东省锂电池产业发展基本现状

近年来，山东省将锂电池产业作为新能源产业的重要领域和储能应用的重要支撑，加强关键技术攻关，推进重点项目建设，积极构建龙头骨干企业与配套企业协同发展的产业体系，推动锂电池产业高速发展。

在锂电池产量方面，2021 年，山东省锂电池产量达 26633.8 万只，同比增长 50.1%；2022 年，山东省锂电池产量 30413.7 万只，同比增长 15.2%。

在产业链方面，目前山东省锂电池产业已经形成了涵盖上游锂电池原材料制备、中游锂电池制造、下游锂电池应用在内的全产业链条，打造了胜华新材、精工电子、丰元锂能等优秀企业，锂电池产业链企业数量超过 1000 家，其中锂电池制造企业达 639 家。

在研发能力方面，2010 年之前，山东省锂电池领域几乎没有专利申请。2010—2022 年，山东省锂电池领域专利申请数量快速上涨，2022 年，山东省锂电池领域新申请专利达 707 件。目前，山东省锂电池领域专利总数已超 3500 件，位列全国第 10，为山东省锂电池产业发展提供了良好技术支持。

（二）山东省锂电池产业布局

2022 年底，山东省发布《山东省新型储能工程发展行动方案》，提出重点打造枣庄“北方锂电之都”、东营电化学储能产业园、泰安“泰山锂谷”新型储能基地、威海亘元锂电池新材料产业园和滨州万润锂电新材料基地，规划了“十四五”期间山东省锂电池产业发展的重点地区，明确了对锂电池产业发展的大力支持。

据不完全统计，山东省有锂电池产业基地 39 个，其中枣庄锂电池基地最多达 8 个，青岛市 6 个，东营市 5 个，泰安市 4 个，济南市 3 个，滨州市 3 个，烟台市 3 个。

山东省锂盐年规划产能约 7 万吨，正极材料年规划产能约 165 万吨，负极材料年规划产能约 57 万吨，隔膜年规划产能约 12 亿平方米，电解液年规划产能约 75 万吨，铜箔年规划产能约 16 万吨，动力与储能电池年规划产能 303 吉瓦时，电池回收年规划处理能力 60 万吨，乘用车年规划产量 240 万辆。

四、山东省锂电池材料高质量发展瓶颈制约

（一）产业结构不够优化

一是锂电池产业链不完善，主要集中在中游的电池制造环节，而在上游

原材料和下游应用环节的发展相对不足，导致了产业结构的单一性，在产业链上的话语权和掌控力不够强，缺乏足够的竞争力。例如，在上游原材料方面，由于缺乏关键的原材料和配件，一些关键的原材料和配件需要从其他地区采购，这既增加了企业的运营成本，又影响了企业的生产效率。二是在锂电池材料的关键环节正极材料、电解液、隔膜材料等因布局较晚而成为影响产业发展的短板。在正极材料方面，企业技术水平相对较低，缺乏具有自主知识产权的关键技术和产品，市场竞争力不足。在电解液方面，企业主要生产传统的电解液，而在高能量密度的电解液等高端领域的研发和生产能力较弱，与国际先进企业差距较大。在隔膜材料方面，以传统隔膜材料为主，高强度、高孔隙率等高端产品的研发和生产能力较弱。

（二）技术创新能力不足

一是关键领域科技研发能力较弱。尽管山东省在锂电池材料领域取得了一些进展，但与国内外先进水平相比，其技术创新能力和研发水平还有较大的提升空间。山东省在锂电池材料的生产制造环节较为集中，而在研发、设计等高端领域相对较弱。这导致了产业结构的单一性，缺乏足够的创新性和竞争力。特别是在关键材料领域，山东省科技研发和专利布局较晚，专利内容多集中在功能、应用层面，在原始创新专利方面落后较多，缺乏具有自主知识产权的关键技术和产品，制约了山东省锂电池材料产业的发展。二是技术人才缺乏。锂电池制造行业是典型的交叉学科领域，技术集成难度高、开发难度大，需要大量的高端人才进行研发和创新。目前，山东省在人才培养、引进和使用方面还存在一些问题，导致高端人才短缺，这严重制约了山东省在锂电池材料领域的发展。

（三）市场竞争不断加剧

一是锂电池材料产能急剧扩张。近年来，随着新能源汽车产业的火爆，锂电池产业迅猛发展，下游电池的供不应求，激发了上游产能急速扩张。由于下游需求的扩大传导至上游产能布局时被进一步放大，整个行业的规划产能已远超实际需求，当上游扩建产能集中释放时，产能阶段性过剩便开始显现。与此同时，越来越多具备较强的资金实力和技术优势的企业跨界进入锂电产业，进一步加剧了市场竞争的激烈程度。二是锂电池材料价格大幅下降。2023 年，锂电池材料产能全面过剩，这种过剩状态预计在 2024 年还将继续存在，终端领域降本压力将继续向锂电池材料行业传导，产业链中游超额利润被压缩。2023 年上半年，受原材料价格剧烈波动、市场供需变化等因素影响，锂电池核心材料价格均出现不同程度的下降。据相关市场机构统计，截至 2023 年 6 月，正极材料、电解液价格较上年底下滑超 35%，负极价格下滑超 30%，湿法隔膜价格下滑超 25%，干法隔膜价格降幅为 5% ~8%。

（四）废旧电池回收利用体系不完备

一是回收产业链体系尚未建立。目前，锂电池回收规模较小，回收产业集中度低，仍处于产业秩序混乱阶段。发布的电池回收管理办法覆盖度不足，因小企业分布分散而加大了监管难度。二是标准及技术规范发展滞后。标准及技术规范的制定和推广是综合利用规模化应用的前提。虽然车用动力电池的生产设计、信息追溯、拆解规范、余能检测等相关规范已经发布，但因为缺乏对应的强制性标准或可操作性的技术规范，不同厂家的电池结构、材料体系差距较大，综合电池重组及评价不规范，不利于电池规范化、规模化综合利用。三是尚未建立起共生共赢的产业链生态圈。我国动力电池回收综合利用按照上下游产业链可分为三个层次：生产层、综合利用层和再生层，目前这三个层次相对孤立，没有建立起共生共赢的产业链生态圈，三个层次的协同性不足，信息数据未能共享。

五、山东省锂电池材料高质量发展的相关建议

（一）优化区域产业布局

一是围绕锂电池全生命周期产业链布局发展。高质量编制锂电产业发展规划，将锂电产业作为山东省重点产业进行培育。在强化关键环节补齐短板，加大招商引资力度，积极在锂电池材料的正极材料、电解液、隔膜材料领域有效突破，加快形成全产业链条完整、供应能力明显提升的新格局。二是实施龙头企业培育计划。聚焦锂电池材料骨干企业和高成长性企业，积极引导

资源、技术、人才等要素向重点企业聚集，不断撬动本地头部企业持续滚动发展。三是高标准打造锂电配套产业区。积极构建“多点支撑、全域联动”的现代产业集群发展体系，合理布局锂电产业，防止盲目投资、“一哄而上”、低水平重复建设，避免出现新的产能过剩。

（二）增强技术创新能力

一是建立产业协同创新体系。积极对接国家战略科技力量和资源，优化完善产业创新资源布局，强化企业科技创新主体地位，推动头部企业和链主企业研发机构本地化，支持企业与科研院所、高校联合建设省级及国家级企业技术中心、工程（技术）研究中心、重点实验室、产品质量监督检测中心等高能级创新平台，主导制定国际标准、国家标准和行业标准。探索建设锂电产品交易中心；推进共性关键技术攻关与产业化示范应用，攻克一批关键核心技术，对符合条件的锂电产业科技研发项目，优先列入省科技计划项目，优先推荐申报国家重大科技专项。二是夯实科技人才支撑。加大锂电产业人才培育力度，绘制锂电产业人才图谱，组织重点锂电企业走进高校招聘产业人才；建立锂电产业专家智库，定期举办锂电产业研讨会、高峰论坛等一系列产业交流会议，借智借力助推锂电产业高质量发展；建立人才及重大项目互动招引机制，支持具有重要影响力的技术创新和研发成果在山东省开展工程测试、中试与成果转化。

（三）提升政策保障能力

一是建立推动锂电产业发展高效工作机制。建立省级重大锂电项目联席会议制度，组建锂电产业联盟，统筹研究锂电产业发展重大问题，定期协调解决行业发展面临的问题。二是出台加快锂电产业发展的实施意见。制定具有针对性的扶持政策，强化相应的补助和奖励，形成促进产业高质量发展的政策集成、叠加效应；推行网上审批、并联审批和投资项目容缺审批；加大扶持力度，采取一事一议、一企一策等方式，制定针对性政策措施。三是强化要素保障。采用弹性年期出让、先租后让、长期租赁等多种供地方式，促进龙头企业培育和重大项目落地，保障企业依法享受政策红利。

（四）构建锂电产业绿色智造体系

一是加快构建锂电产业全生命周期产业体系。引导企业布局“锂电产业全生命周期价值链”，建立健全废旧电池梯级开发及综合回收利用体系，支持企业建设循环经济全产业链和绿色供应链示范项目，布局锂电池回收和再利用产业体系，制定针对动力电池回收利用的相关指导意见，提高资源回收利用率和再生锂电材料使用率。二是积极推动锂电产业领域碳达峰。加快节能降碳先进技术研发和推广应用；建立健全锂电产业碳排放标准认证体系，开发碳足迹数字化管理平台，构建完善锂电产品碳足迹因子数据库，深化碳足迹管理交流合作，推动形成全国互认的碳足迹核算体系。

课题组成员简介

姚树利，工程师，山东省工业和信息化研究院。

李尚达，高级工程师，山东省工业和信息化研究院。

李文全，正高级工程师，山东省工业和信息化研究院。

潘劲松，副研究员，山东省工业和信息化研究院。

国　栋，经济师，山东省工业和信息化研究院。

李晓峰，工程师，山东省工业和信息化研究院。

22

2022年度山东省战略性新兴产业发展报告

王鹏　李洪文　张建峰　张彤彤

摘　要　推动战略性新兴产业融合集群发展，构建新一代信息技术、人工智能、新能源、新材料、高端装备、绿色环保等一批新的增长引擎。战略性新兴产业代表先进生产力的发展方向，决定着产业发展的规模、结构、质量和效益，是山东省构建现代产业体系的重要支撑，也为山东省全面开创新时代现代化强省建设新局面提供了重要战略支点。山东省战略性新兴产业取得长足发展，具备产业结构提档升级、高新企业数质双增、高技术制造业稳步增长、创新动力蓬勃迸发、数字赋能态势强劲等发展特点，本文重点选取新一代信息技术、高端装备、先进材料、新能源汽车、绿色环保等重点产业，就产业现状、突出优势、面临问题和发展路径展开分析研究，并提出了意见和建议。

关键词　战略性新兴产业　新一代信息技术

一、山东省战略性新兴产业发展现状

（一）产业结构提档升级

山东省以“四新”经济赋能高质量发展，“四新”经济投资活力充足、规模扩大，全年增速为12.7%；占全部投资的比重为54.4%，较上年提升3.2个百分点。分领域来看，节能环保活动、现代综合管理活动投资高速增长，增速分别为24.7%、24.1%，合计拉动“四新”经济投资增长7.3个百分点；新型能源活动、互联网与现代信息技术服务、新技术与双创服务活动投资增速提升，分别增长18.0%、12.0%、5.7%。

（二）高新企业数质双增

高新技术企业总数超过2.6万家，比上年增长6000家，新增数量再创历史新高；山东省入库科技型中小企业数量比2021年增长近6500家，同比增长22.3%；山东省组织实施121项重大科技创新工程项目，突破了一批关键核心技术。4家企业登陆科创板，总数达到21家。淄博、威海、日照、临沂、德州5个城市入选国家创新型城市，新增数量居全国第一。

（三）高技术制造业稳步增长

高技术制造业增加值增长14.4%，高于规模以上工业增加值增速9.3个百分点。其中，锂离子电池制造、集成电路制造和电子专用材料制造等新能源新材料相关行业增长较快，增加值增速分别为86.9%、38.6%和60.7%，分别高于规模以上工业增加值增速81.8个百分点、33.5个百分点和55.6个百分点。

（四）创新动力蓬勃迸发

2项大科学装置纳入国家重大科技基础设施布局，建设国家重点实验室21家、省实验室9家、省重点实验室261家；累计争取获批国家企业技术中心198家，培育国家技术创新示范企业57家，数量均居全国首位；有效发明专利数量比2017年末增长102.1%。

（五）数字赋能态势强劲

数字经济占地区生产总值的比重4年提高8个百分点，达到43%，其中核心产业增加值占地区生产总值的比重超过6%；高标准建设国家级工业互联网示范区，先后培育出4个国家级“双跨”工业互联网平台和115个省级工业互联网平台；济南、青岛国家级互联网骨干直联点开通运行，累计开通5G基站14.9万个。

二、山东省战略性新兴产业重点产业发展情况

（一）AI 产业

AI 即人工智能，山东省现有骨干企业近 1000 家，核心产业产值超 100 亿元，带动相关产业规模超 1000 亿元，已形成从基础支撑、核心技术到行业应用较为完整的产业体系。

（二）宽禁带半导体产业

宽禁带半导体广泛用于新能源汽车、智能电网、轨道交通、半导体照明、新一代移动通信、消费类电子等领域，具有广阔的应用前景，已经成为全球半导体产业新的战略竞争高地，山东省有一定的产业基础，极具发展潜力，拥有宽禁带半导体企业 20 余家，其中，山东天岳 SiC 衬底产能约为 50000 片/年，在半绝缘型 SiC 衬底领域国内市场占有率第一，位居世界前列。

（三）VR

VR 又称虚拟现实，是新一代信息技术的重大前沿领域。近年来，山东省在智能硬件、内容制作、应用场景、平台服务等多个环节发力，集聚 VR 全产业链企业及相关机构 200 余家，2021 年产值超过 600 亿元，VR 产品出货量突破 1000 万台，增长 130% 以上，拥有 13 家专业从事 VR 领域的高端研发机构。

自 2022 年以来，山东省着力打造以青岛为中心，济南、潍坊、烟台、威海四市联动，其他市协同的“1 + 4 + N”VR 产业区域布局，同时，推进优化完善产业链条、健全产业发展生态，强化技术协同创新、提升公共服务能力，开展行业应用示范、赋能前沿新兴领域，培育壮大市场主体、激发市场内在活力，加强人才引进培育、有力支撑产业发展五项重点任务。

（四）高端软件产业

山东省在基础软件、工业软件、应用软件、嵌入式等领域具备相对优势，中创中间件、瀚高数据库、中孚信息安全、华天计算机辅助软件、浪潮企业管理软件、海尔工业互联网平台、东方电子能源管理软件等位于国产第一梯

队。2022 年，软件业务收入 10657.6 亿元，稳居全国第 4 位，同比增长 19.2%，高于全国平均水平 8 个百分点，增速在全国软件产业前十强省市中居第 2 位，“两名城带多名园、百名企育千名品”的齐鲁软件发展格局正在加速形成。

（五）工程机械制造业

山东省现有规模以上工程机械制造企业 600 余家，2022 年实现主营业务收入约 1000 亿元，产业规模居全国第 2 位，形成了济宁、临沂两大产业集群，拥有山推股份、山东临工、雷沃工程等龙头企业，构建起包括整机制造、关键部件、原材料在内的较为完整的产业体系。

（六）高端农机制造业

农机装备产业是山东省传统优势产业，产业规模连续多年保持全国第一，已形成门类较为齐全、配套相对完备的产业体系，产品涵盖七大门类 3500 多个品种，可基本满足主要农作物生产全程机械化和部分新兴领域关键环节机械化作业需求。山东省现有农机装备制造企业 2000 余家，其中规模以上企业约 450 家，实现营业收入 870 亿元，产业规模继续保持全国首位。

（七）海工装备产业

2022 年，造船完工量、新接订单量、手持订单量分别达到 264.3 万载重吨、476.5 万载重吨和 1076.6 万载重吨，分别排名全国第 5、第 5 和第 4，占全国的比重分别为 7.0%、10.5% 和 10.2%。其中，海工装备产值居全国首位，约占全国的 37%。重点监测的 35 家船舶企业 2022 年实现营业收入 330 亿元，同比增长 17%。2022 年，船舶手持订单量突破 1000 万载重吨，继续保持历史高位，散货船船型占比达 77.9%，集装箱船等高端船型占比上升至 14.4%。“链主”企业青岛北海造船新接订单量排名全国第 3、全球第 6，超大型矿砂船全球市场占有率第一。

（八）先进材料产业

2022 年，以先进材料为代表的新能源新材料产业实现营业收入 13822.7 亿元、增加值2512.1亿元，分别同比增长1.9%、11.4%，整体规模位居全国前3。新材料领域新增国家单项冠军企业8家、省级瞪羚企业41家、“独角兽”企业1家，分别累计达到34家、143家和4家，占山东省的比例分别达25.2%、8.1%和16.7%，数量居十强产业前列，引领发展势头逐步显现。

（九）新能源汽车产业

“十四五”时期是我国由汽车大国迈向汽车强国重要的战略窗口期。当前，我国在全球新能源汽车领域已取得一定的先发优势，新能源汽车渗透率、中国品牌市场占有率快速提升，新一代通信技术、互联网、大数据、云平台、人工智能等先进技术与新能源汽车有机结合，汽车产业正在加速向低碳化、电动化、智能化和网联化转型。2022年，山东省新能源汽车产量30.5万辆，同比增长138.3%，占全国的4.3%，分别是广东省的23.5%、陕西省的30.0%、上海市的30.8%。

三、山东省战略性新兴产业发展存在的主要问题

（一）产业集聚度不高，龙头企业不强

与国内其他先进地区相比，山东省起步较晚，基础相对薄弱，产业规模小、发展层次低的问题依然突出。例如电子元器件产业，以消费电子、元宇宙为代表的电子企业主要集中在长三角等地市以及北京、深圳、西安等中心城市及周边，山东省虽然拥有歌尔微、海信宽带、艾睿光电等部分新兴产业企业，但龙头企业数量相较于长三角等地市差距仍较大，产业集聚性不够。目前，省内基础元器件相关企业规模不够大，缺少龙头企业的带动作用，影响资源的吸引、产业的壮大、生态的健全。又如新能源产业，“2022全球新能源企业500强”前50名国内有19家企业上榜，如广东省的光大环保、欣旺达电子，江苏省的协鑫集团、天合光能、阿特斯阳光电力，浙江省的天能集团等，没有山东企业。

（二）部分产业链缺芯少核，存在空白环节

山东省智能家电产业链对外依存度高，存在断链风险。从上游关键物料

来看，美国将浪潮集团列入“实体清单”，CPU 等芯片进口受限，对下游智能家电整机设备采购商造成冲击。EMC 设备、高端 MCU、陶瓷振荡器等 43 个智能家电关键物料供应商主要为美国、日本、德国等单一来源国家，亟待战略备货和自主创新远近兼备应对风险冲击。从多元化供给渠道来看，超声波焊接器、信号发生器、高速贴片机等 33 个智能家电重要物料依赖美国、日本等国进口，韩国、意大利、荷兰等多国可供给渠道尚未打通。高带宽示波器、UPS 系统等 158 个智能家电基础物料具备国内同准或降准供应能力，降准占比达 32.91%，亟须进一步提升创新链与供应链融合稳定性。从省内配套率来看，受劳动力、土地等要素成本上升影响，省内智能家电中上游企业数量少、规模小、集聚度低，海信集团省内配套率不足 50%，且配套企业掌握核心零部件技术有限，核心竞争力不高。

（三）同质化、低端化竞争问题突出

山东省锂电池行业发展迅猛，但同质化、低端化问题突出。从专利标准来看，目前山东省锂电产业相关企业取得专利数量超 2413 项，制定标准数量突破 117 项，但多集中于正极材料纳米化、碳酸酯类电解液制备等同质化竞争领域，在隔膜涂覆浆料制备、动力电池干法涂布工艺等含金量较高的领域鲜有建树。从创新平台来看，目前山东省拥有 164 家锂电产业相关科技创新平台，国家级高新技术研发与服务平台仅 1 家，且缺乏国内外知名锂电特色产业创新基地，相较于江苏、天津等先进省份存在不足。例如，江苏省依托清华大学锂离子电池实验室建设了华东锂电技术研究院，天津市依托力神电池建设了国家锂离子动力电池工程技术研究中心。

（四）金融保障支撑能力亟待提升

现有金融政策对战略性新兴产业支持不到位，已成为当前限制项目落地、门促进产业发展的“卡脖子”问题。人工智能行业是高投入产业，对资金要求较高。从融资强度来看，2021 年，在有融资活动的 1485 家人工智能企业中，北京市融资额为 13972 亿元，广东省融资额为 3339 亿元，上海市融资额为 2966 亿元，江苏省融资额为 1392 亿元，天津市融资额为 1199 亿元，浙江省融资额为 1071 亿元，山东省融资额仅为 115 亿元，占融资总额的 0.8%，位列全国第12，甚至低于吉林省、甘肃省、四川省、湖南省。

（五）人才引领产业发展作用有待加强

山东省受限于产业结构、产业发展阶段、品牌知名度以及区位因素等，对产业人才吸引力不足。从高层次人才来看，高层次管理人才、创新型工程技术人才和复合型高技能人才队伍建设还很薄弱，技术拔尖、经营领军等人才紧缺。如济南二机床，企业高层次技术技能人员储备不足，同时，行业新技术、新工艺没有及时出现在大、中专的教学中，产业界未能深入参与专业人才的培养。从一线技能人才来看，一方面，受工作环境、工作强度等影响，一线岗位吸引力不足，特别是工科类高端人才，虽备受企业关注，但对职业院校毕业生吸引力不强。另一方面，院校专业设置与产业发展不匹配，人才培养结构和定位不尽合理，致使一线技能人才非常紧缺。如豪迈数控，具备电器装配和布线技工、掌握计算机编程技术并能够提出算法的数控系统开发人才，掌握现代工业母机设计思想和技能的高端技术人才等非常缺乏。

四、推进山东省战略性新兴产业加快发展的措施建议

发展战略性新兴产业是一个复杂的系统性工程，涉及组织、人才、财税、金融、产业、科技、贸易等方方面面的体制机制和政策，应当适应新时代的新形势和新目标要求，对战略性新兴产业相关的体制机制和政策进行优化调整，确立推进战略性新兴产业的实施路径。

（一）强化组织领导，提升人才质量

（1）强化组织领导。组建战略性新兴产业专业领导机构，分别在省、市层面成立战略性新兴产业建设领导小组，强化领导小组对省、市战略性新兴产业建设的牵头抓总、统筹协调作用，协调解决工作推进过程中的重大问题。领导小组针对战略性新兴产业在不同阶段的发展目标设立引导性指标，并依据相关指标考核各地战略性新兴产业的建设成效，以此加强对省、市战略性新兴产业发展方向的引领。在领导小组运作过程中，应创新战略性新兴产业各部门协调联动机制，针对涉及多部门协作的战略性新兴产业平台建设、奖

励补贴规定、规划指导意见等制定工作任务，选取各部门业务骨干成立专班统筹推进，减少各部门间的利益冲突，加快政策措施落地。

（2）升级人才政策。夯实战略性新兴产业人才供给基础，加快学校教育课程改革和教学方式创新，增强新增劳动力对新一轮科技革命和产业变革的适应能力，提倡终身学习，重视职业教育，不断提升存量人力资本水平。强化人才价值的市场化引导，充分发挥市场对创新要素资源的估值与配置，引进和培养新型工业化建设所需的关键原材料、关键零部件、数字设计、工业机、技术集成等领域的研发人员。培育山东省本土的战略性新兴产业专家和企业家，以国家和省级科技计划、专项战略计划等重大任务为牵引，发现和培养更多高层次复合型人才。

（二）优化财税和金融政策，降低要素成本

（1）优化财税政策。发挥税收政策对企业转型升级和技术进步的引导作用，针对战略性新兴产业建设的重点行业与攻关领域，加大税费支持力度，升级企业再投资引导措施，对企业利润转投资行为减免部分所得税，加大企业关键设备采购的税前扣除力度，降低中小企业设备采购负担。优化关键零部件与核心技术的中间产品进口关税结构，避免与下游终端产品税率倒挂，降低企业生产成本。将高污染、高耗能产品纳入消费税征收范围，适当加大征收力度和扩大范围，以此促进企业绿色转型。在防范债务风险的大前提下，为建设高新技术产业园区和绿色低碳发展园区发售专项债券，推动重点产业园区转型升级。

（2）改进金融政策。改进金融系统业绩考核机制，加大引导金融系统对战略性新兴产业实体的让利行为，优化银行业资金分配结构，推动信贷资金向实体经济倾斜，降低工业企业融资成本。探索建立支持战略性新兴产业发展的金融创新机制，鼓励金融机构通过金融科技改进风险评估和管理措施，创新供应链金融工具和手段，加强对产业链上下游科技型中小企业的资金支持，着力提高商业银行向初创企业和中小微企业的贷款比重，构建培育产业链领军企业和“专精特新”“小巨人”企业的金融支持路径。进一步完善直接融资市场，推动更多战略性新兴产业链企业上市融资。

（三）调整优化产业政策，加快科技自主创新

（1）调整优化产业政策。针对现有产业政策开展合规性检查，着力提高产业政策与其他政策之间的兼容度，逐步清理有悖国际规则和市场秩序的产业补贴措施，减小针对终端产品的补贴力度，逐步将补贴重心转向前端研发环节。发挥消费者“用脚投票”的作用，将资金支持方向由生产者转向消费者，通过市场化手段提高补贴效率。整合规范现有产业基金，改进产业基金绩效考核方案，减少政策性基金过于“逐利求稳”的现象。推动产业基金支持市场失灵程度较高的研发与小试、中试阶段，提高产业基金投资方向的精准度，力争5～10年内在集成电路、高端机床、工业软件等山东省制造业“卡脖子”较为严重的技术领域实现突破。

（2）强化自主创新政策。坚持开放包容的技术创新导向，鼓励高等院校、科研机构及企事业单位协同海外技术团队积极开展全球联合研发，创新技术合作模式，拓宽技术合作边界，以此应对外围“技术封锁”，实现对“卡脖子”技术和关键零部件的突破。完善现有“双创”机制，吸纳海内外优秀团队加入省内“双创”队伍，加大孵化器和创客空间的开放力度，引入风投资本和产业基金给予支持，推动“双创”平台建设成为全国性技术创新高地。继续加大知识产权保护力度，完善知识产权保护实施细则，支持重点企业在关键技术环节加强知识产权储备。积极参与国家技术标准制定，扩大山东省在标准领域的影响力与行业话语权。规范技术交易市场，推动先进制造业相关技术专利与版权服务的交易，推动知识产权的价值实现。

（四）持续优化产业发展基础，支持成果高效转化

（1）持续优化产业发展基础。不断完善战略性新兴产业发展需要的新型基础设施、专业化中介服务等，构建有利于战略性新兴产业发展的软硬条件。加快数字基础设施建设，推进以5G、人工智能、超算中心为核心的数字新基建，搭建全国领先的云计算、边缘计算等多元普惠的算力基础设施，为推进战略性新兴产业搭建发展基础。发展生产性服务业，发挥创投、风投集聚优势，创新投贷保联动支持战略性新兴产业等融资方式，精准围绕重点产业实施优惠利率中长期信贷专项贴息政策。聚焦集成电路、人工智能，发展研发

和设计服务、信息服务和检验检测认证服务；聚焦生物医药、先进高分子材料，发展供应链管理服务、知识产权服务、节能环保服务等。

（2）推进科技成果高效转化。针对科技成果转化率较低、产业链和创新链融合发展不够等问题，紧跟技术前沿，创造条件加快从基础到小试、中试的转化过程，使科研成果尽快转化为生产力。加强关键核心技术攻关，支持优势企业、产业技术研究院牵头组建共性技术研发平台或联盟。整合山东省产业发展基金，借助国企平台公司等资金力量，布局重点领域科技重大专项，围绕第三代半导体衬底材料、大规模集成电路装备材料、先进高分子及金属材料等重点领域，组织省级科技重大专项，鼓励企业牵头承担国家技术攻关任务，并对形成应用成果的企业给予不同额度奖励。积极为战略性新兴产业提供市场化应用场景，编制山东省重点自主创新产品和优质产品推荐目录，实施新技术、新产品场景应用和重大创新成果产业化示范工程，同时加大对首台（套）产品的采购支持力度，帮助企业加快产品迭代速度，尽快抢占市场。

参考文献

[1]邓龙安. 新发展格局下战略性新兴产业融合发展对现代产业体系的驱动机理:基于新一代信息技术产业作用的分析[J]. 经济研究导刊,2023(17):26－28.

[2] 孟菲,鲁志国,高粼彤. 中国战略性新兴产业技术创新效率时空演化及驱动因素分析[J]. 统计与决策,2023(16):91－95.

作者简介

王　鹏，高级工程师，山东省工业和信息化研究院。

李洪文，经济师，山东省工业和信息化研究院。

张建峰，副研究员，山东省工业和信息化研究院。

张彤彤，研究实习员，山东省工业和信息化研究院。

23

山东省汽车电子产业现状及发展对策研究

刘金旺　王娟　池广顺　刘虹妹　赵玉玺

摘　要　快速发展的汽车产业为汽车电子产品提供了广阔的应用市场，中国汽车电子市场随着汽车产业一起进入快速发展时期。整车对产业和经济的带动作用固然明显，但零部件配套等产生的带动效应也不应被低估。整车制造对整个汽车产业产值贡献只有约1/3，而其余2/3均由汽车产业链上其他企业贡献。随着信息化和智能化的不断发展，在未来的汽车电子产品中，围绕安全、节能、环保、舒适和娱乐等方面的元器件及其周边产品将快速发展。山东作为工业大省，是中国重要的汽车制造基地之一，研究山东省汽车电子产业发展具有十分重要的意义，本文将探讨山东省汽车电子产业现状及发展对策研究。

关键词　汽车电子产业　发展对策

一、汽车电子产业的含义

（一）汽车电子的含义

汽车电子是汽车电子控制系统与车载电子电气系统的总称，其中，汽车电子控制系统包括发动机电子系统、底盘电子系统、驾驶辅助系统与车身电子系统，车载电子电气系统包括安全舒适系统及信息娱乐与网联系统。

（二）汽车电子产业的主要产品和应用

汽车电子产业链上游为零部件及元器件，主要包括传感器、处理器、软件算法、通信模块、显示屏、三电控制系统等。中游为系统集成，主要包括发动机电子系统、底盘电子系统、自动驾驶系统、车身电子系统、安全舒适系统、信息娱乐与网联系统。下游应用为整车环节。从汽车电子的市场份额分布来看，整体竞争较为激烈，市场份额相差不大。其中，占比最多的是动力控制系统，占整体市场的28.7%。其次为底盘与安全控制系统，占比为26.7%；车身电子占22.8%，车载电子占21.8%。全球汽车电子产业涵盖了多个产品和应用领域，具体如下。

（1）底层控制系统：包括发动机控制系统、车身电子控制系统、车载网络等。这些系统负责汽车的基本运行和控制，是汽车电子产业的基石。汽车芯片ECU代表企业：恩智浦、瑞萨、德州仪器和意法半导体、高通、英特尔等。微控制单元MCU代表企业：TI、ST、NXP、英飞凌等。车联网控制单元TCU代表企业：LG电子、电装、大陆、法雷奥、哈曼、伟世通、博世等。仪表集成商代表企业：大陆集团、博世、德尔福、康奈可、电装等。

（2）车载娱乐系统：汽车娱乐系统提供音乐、视频、导航等功能，提升驾驶者的体验和舒适性。中控屏供应商代表企业：大陆、电装、伟世通、博世、佛吉亚、日本精机、德赛西威、华阳、友衷科技等。声学系统代表企业：普瑞姆、艾思科集团、丰达电机、先锋电子等。

（3）智能驾驶辅助系统：如自适应巡航控制、自动泊车、车道保持辅助等，为驾驶者提供安全和便捷的驾驶体验。HUD集成商代表企业：大陆集团、日本精机、伟世通、电装、华阳多媒体、华为等。

（4）车联网系统：使汽车与互联网连接，实现远程监控、远程控制、云服务等功能。信息交换车联网（V2X）代表企业：大陆、高通、大唐电信、恩智浦、华为等。智能座舱算法代表企业：科大讯飞、商汤科技、虹软科技、中科创达等。OTA代表企业：科诺达、艾拉比、德赛西威等。企业汽车语音识别代表企业：科大讯飞、云知声、思必驰、普强信息等。

（5）电动汽车电子系统：包括动力电池系统、电驱系统、电控系统等。

国内代表企业：比亚迪、华为、弗迪电池、宁德时代等。

二、汽车电子行业竞争格局

全球汽车电子行业被国际寡头垄断，全球前十大汽车电子供应商的市场占有率已经达到 70%。国外汽车电子产业起步较早，依托本国汽车巨头进行全球扩张，产业化优势明显，国内汽车电子作为后发市场，与国外巨头差距较大。目前，国内汽车电子市场的高端产品基本被海外汽车电子巨头垄断，相对低端的产品领域由于门槛相对较低，成为国内汽车电子企业的突破口，但是竞争相对激烈。

1. 德国

作为全球汽车制造强国，德国在汽车电子领域具有丰富的经验和技术优势。德国的汽车电子企业在底层控制系统、车载娱乐和安全系统等方面具有较强的竞争力。

2. 日本

日本是世界上最大的汽车电子市场之一，拥有众多的汽车电子企业和技术供应商。日本的汽车电子产品以高品质、可靠性和创新性闻名于世。

3. 美国

美国是全球汽车电子技术的领先者之一，在智能驾驶、车联网和电动汽车等领域取得了重要突破，硅谷也成为全球汽车电子创新的重要中心。

4. 中国

中国已成为全球最大的汽车市场，国内各大汽车厂商纷纷布局汽车电子领域。中国汽车电子产业发展现状良好，产业规模不断扩大，产业总产值已超过 2 万亿元，占全国汽车产业总产值的比重超过 30%，效益水平不断提高，产业分布较为集中，主要集中在江浙沪、珠三角、长三角等地区，重点产品主要包括汽车电子控制系统、汽车电子安全系统、汽车电子信息系统等。中国的汽车电子产品在成本优势和市场规模方面具有一定的竞争力。

三、全球汽车电子产业的发展趋势

当前，汽车产品向新能源、轻量化、智能网联的方向快速发展，产品制造周期显著缩短，制造效率大幅提升，产品差异化、个性化趋势显著，定制化生产模式逐步形成。大数据技术通过互联网社交圈引导消费的作用日益增强，新能源汽车和智能网联汽车逐渐成为产业发展的主战场。

1. 智能化

智能汽车是汽车电子产业的重要趋势之一。通过引入感知、识别、决策和执行等智能化技术，汽车可以实现自动驾驶、智能交通管理、车辆互联等功能。

2. 电动化

随着环保意识的增强和能源问题的日益突出，电动汽车成为全球汽车电子产业发展的重要推动力。电动汽车依赖于电池、电机和电控系统等先进的电子技术，以实现零排放和高效能源利用。

3. 连接性

车联网技术的快速发展使得汽车能够与外部网络进行连接，并实现与其他车辆、交通基础设施、交通管理中心等的信息交换和共享。这一趋势为智能交通、导航、娱乐等领域提供了更多的发展机会。

4. 安全性

随着汽车电子产品的不断增多和功能的复杂化，汽车安全性问题日益凸显。汽车电子产业需要加大对安全性的研究和投入，以保障用户的生命财产安全。

四、汽车电子产业发展的难点

汽车电子产业发展面临技术创新与标准制定、发展速度与法规政策、智能化与数据安全、供应链管理与成本控制、人才培养与科技创新等多个难点和挑战。

（一）技术创新与标准制定之间的矛盾

汽车电子是典型的技术密集型产业，涉及半导体核心技术及其系统集成技术在汽车制造过程中的应用，对企业在软件和硬件方面的综合实力要求较高。由于汽车电子与安全性直接相关，对元器件的要求比较苛刻，汽车电子要求在承受高温、高压、震动和有水等环境条件下仍能保证高精度和准度，具有较高的技术门槛。不同厂商、不同国家之间存在竞争关系，技术标准的制定往往存在分歧，制约了产业的发展。

（二）供应链管理和成本控制的挑战

汽车电子产品的制造过程涉及多个环节，其中包括零部件的供应链管理。由于产业链上的各个环节属于不同的企业，汽车制造业需要进行信息整合、协同配合。由于汽车电子产业对技术的要求较高，企业需要在前期研发阶段进行大量投入，同时行业产品和技术具有更新速度快的特点，为了保持企业的技术优势，企业必须在新产品和新工艺开发方面进行持续的资金投入。因此，行业的新进入者只有投入较高的资金成本，才能满足合格供应商的基本要求。

（三）零部件企业与整车厂的配套问题

汽车电子产品一般要经过从客户意向选择到持续性改进的多项认证程序，包括新产品设计开发和送样之前进行评估，新产品设计开发和送样后客户针对新产品进行测试，合格后才能进入小批量试验阶段。通过将产品装机进行实际工作状态测试，检验产品性能以及与整车的匹配效果，小批量试验合格才能实现批量供货，整个认证至少需要 1 年。在认证流程中，任何环节出现差错都将使认证时间延长，而对于验证合格的产品，客户提出持续性改进建议并保持长期稳定采购。

（四）人才培养和科技创新的匹配度

汽车电子技术融合了电子技术、汽车技术、信息技术、计算机技术和网络技术等，因此汽车电子产业的发展对学科交叉型人才高度依赖。汽车电子产业的技术人才不仅需要具备较高的理论知识和研发经验，还需要对汽车行业具有深刻的认识和理解，对汽车产品的设计、开发、制造、销售和管理体系要有准确的把握。由于国内汽车电子产业发展时间尚短，国内相关技术人员以汽车或电子专业为主，缺乏具备综合技术的复合型人才。

五、山东省汽车电子产业现状

山东省是中国重要的汽车制造基地之一，现有汽车生产企业 187 家（传统能源汽车企业 159 家，新能源汽车企业 28 家），零部件企业 627 家，智能网联汽车企业 10 家，27 个汽车整车项目，122 个汽车零部件项目。资产总额达 5223 亿元，从业人员 269 万人，2021 年总收入 4419 亿元，总利润 229 亿元；2022 年 1—10 月总收入 2947 亿元，总利润 325 亿元。据山东省汽车行业协会统计，山东省共有汽车及零部件企业 1340 余家，其中整车企业 30 家，专用汽车企业 284 家，零部件企业 1000 余家。2021 年，山东省汽车行业实现营业收入 5404.96 亿元。山东省集聚了包括潍柴集团、中国重型汽车集团、山东重工集团、一汽解放、北汽福田、上海通用东岳汽车公司、上海通用五菱青岛分公司、山东凯马汽车制造有限公司等大型知名品牌车企，已形成济南、青岛、烟台、潍坊、淄博、威海、日照、聊城八大整车制造生产基地。从车型全国占比来看，依然存在“商用车强、乘用车弱”的特点。虽然山东省的新能源乘用车产业相对较弱，但是微型电动汽车产业走在全国前列。目前，山东省被纳入统计范围的微型电动汽车整车生产企业 22 家，电池、电控等与之配套的生产企业 70 余家，即整车生产企业与配件生产企业总数近百家。山东省正在建成济南、青岛、淄博、烟台、潍坊、聊城等一批新能源汽车产业集聚区，新能源汽车产量达 50 万辆左右，新能源汽车产业产值达 2500 亿元。

六、山东省汽车电子产业发展存在的问题

山东省汽车电子产业在技术和市场方面都有一定的基础，但仍存在一些问题，如产业规模相对较小、缺乏龙头企业、创新能力不足、产业生态圈不完善等。

（一）行业集中度低，缺乏龙头企业

行业集中度较低，企业规模较小，整体竞争力较弱。由于汽车电子企业起步较晚，虽然过去几年中国汽车电子产业在国内汽车产业飞速发展的带动下发展迅速，企业的技术实力、服务水平都得到较大提升，但是省内汽车电子企业与国际大型的汽车零部件、汽车电子企业相比在技术积累、经验等方面仍存在不足。山东省汽车电子行业集中度较低，缺乏具有显著带动作用的龙头企业。

（二）研发投入不足，整体创新能力相对较弱

汽车电子产业是一个高技术、高研发密集度的领域，对创新能力要求较高。相较于发达地区如广东、上海等，山东省在科技研发投入方面还存在一定的差距，山东省汽车电子产业企业整体创新能力相对较弱。当前，“汽车产业上半场是新能源、下半场是智能网联”已成为业界共识。山东省在智能网联领域发展缓慢，仍处于转型升级阶段，仅有中国重汽、中通客车等商用车企业从事相关研发生产，在感知及控制技术以及激光雷达、计算平台等关键领域基本空白，在商用车试验场、车路一体化、电气化公路等建设布局上与先进省市差距较大，汽车产业研发创新能力不足。

（三）产业链相对薄弱，缺乏产业生态圈支持

汽车电子产业的发展需要完善的供应链体系和产业生态圈支持。山东省汽车产业呈现出典型的“商用车强，乘用车弱”特点，乘用车配套主要由国外知名配套企业垄断。新能源汽车产业发展相对较晚，造成山东省的汽车电子产业链相对薄弱，整体上缺乏零部件供应商和配套企业的支持，无法形成完整的产业链。这导致山东省的汽车电子企业面临研发及生产成本高、生产周期长、供应链不稳定等问题，影响了其竞争力和市场份额。

（四）新能源汽车不均衡，产业配套统筹发展不足

作为全国重要的汽车生产大省，山东省有着雄厚的汽车工业基础，产业规模居全国前列，新能源汽车产业正在聚链成群，但山东省新能源汽车集中

于低速电动车，新能源乘用车缺乏龙头企业。新能源产业链（包括芯片、动力电池、乘用车、商用车、专用车以及零部件等）生产统筹发展不足，特别是在新能源汽车的核心部件领域较为薄弱。数据显示电池、电机、电控“三电”系统等关键配套企业 2022 年营业收入约 50 亿元，仅占山东省汽车产业的 1%。目前，虽然山东省各市围绕新能源汽车产业链布局积极性很高，山东省特别是济南、青岛两地大力实施新能源汽车产业集群发展战略，全面梳理产业链上下游产品和企业，加速布局新能源汽车产业集群，但目标方向还不精准，省级层面统筹指导力度需要进一步加大。

（五）市场竞争激烈，缺乏技术优势和品牌影响力

全球经济增长呈现总体放缓态势，国内经济下行压力持续加大，汽车行业增速放缓，行业竞争加剧，企业发展面临着很大挑战。各个国家和地区都在加大对汽车电子产业的扶持力度。发达国家如德国、日本、美国等在汽车电子领域有着较强的技术优势和品牌影响力，国内部分地区也形成了优势品牌企业，而山东省在汽车电子产业缺乏大型的优势品牌企业，特别是缺乏产值高、附加值高的汽车电子品牌。

七、山东省汽车电子产业发展对策

（一）强化产业政策扶持

在新一轮竞争合作中，山东省要紧抓新能源汽车这一战略制高点，全力提升汽车产业综合竞争力，实现汽车强省建设的重要突破。为此，零部件生产要围绕电动化、网联化、智能化发展方向，重点聚焦新能源汽车、智能网联汽车以及汽车电子等高附加值产品，引导汽车零部件产业向高端化、智能化、绿色化发展。政府可以通过加大财政补贴力度、推出税收优惠政策等方式，引导和激励企业加大对汽车电子产品的投入与研发。此外，政府还可以鼓励并支持企业在世界级汽车电子产业中心地区建立分支机构，以便更好地获取技术信息和市场机遇。发挥政策的集成效应，用足用活智能制造、工业互联网发展、重大技术改造、高成长型企业发展等支持政策，引导企业积极

申报“专精特新”“小巨人”、“一企一技术”研发中心、技改项目贷款贴息、智能工厂（数字化车间）等项目，争取各级政策资金支持。

（二）加大龙头汽车产业项目招引力度

山东省应围绕汽车及零部件生产企业，加强补链延链强链项目的招引，强化与骨干企业对接沟通，收集上下游企业、项目、投资、关键技术合作意向，有针对性地谋划实施一批汽车整车及配套延伸项目。建议相关市借鉴济南引入比亚迪的成功经验，合理招引新能源乘用车企业；鼓励传统燃油汽车企业依托现有产能，积极调整产品结构、加大对纯电动技术的研发投入，引导燃油车企业加快向新能源汽车转型，打造汽车产业新高地，提高山东省新能源汽车产量。

（三）培育汽车产业链、布局技术创新体系

目前，在山东省建设的国家级制造业创新中心达到 4 家，其中与汽车产业相关的是国家燃料电池技术创新中心。该创新中心以燃料电池关键技术研发为核心使命，重点面向交通运输、工程机械、储能、发电等领域，聚焦燃料电池共性关键技术研究、应用开发技术研究、测试评价技术研究和相关研发平台建设，推动重大研究成果产业化。要积极围绕汽车产业链加快布局省级创新中心，围绕新能源汽车电驱、智能芯片、车联网、智能化应用布局产业应用技术创新中心，构建梯次合理的制造业创新中心培育建设体系。

（四）打造先进零部件产业集群

围绕传统能源汽车关键零部件、新能源汽车关键零部件和智能网联汽车关键零部件三大领域，积极布局核心零部件企业，引育汽车零部件领军企业和一级供应商。梳理汽车传统能源零部件企业与新能源零部件企业差异，引导企业在现有产品领域进行延伸，支持零部件产业向节能型和环保型、高技术型和高质量型发展，提高零部件企业利润率。促进零部件企业向高端化、规模化、集群化发展，打造山东省汽车先进零部件产业集群，形成全省汽车及零部件生产企业专业化、协作分工的发展格局，助推省内汽车整车及零部件企业做大做强。推动省内及跨省产业链、供应链高效协同，引导省内优势

汽车零部件企业与比亚迪、上汽通用等龙头整车企业对接合作，提高本地零部件使用率。同时，推动零部件出口，积极推进品牌战略建设和国际化发展。

（五）深化产学研合作

加强产学研一体化合作，促进关键技术、产品和市场需求之间的无缝对接。政府可以鼓励企业与高校、科研院所合作建立产学研合作平台，共同开发新型汽车电子产品和技术，提升产业创新能力；鼓励汽车及零部件配套企业加大研发投入，联合高校及科研院所发挥各自优势共建研发机构，攻克一批关键核心技术，提升企业自主创新能力和核心竞争力。依托政府部门、高校、科研院所和骨干企业，采取联合共建或整合共享研发设备、检测设备、人才资源等方式，建设高端研发创新平台，开展创新资源共享、创新成果孵化转化、知识产权运营、政策咨询等各类科技创新服务工作，打造资源共享、风险共担、协同发展的区域产学研创新模式。

（六）重视人才队伍建设

深入实施柔性引才、"泰山产业领军人才"等人才工程，加大对汽车及零部件生产企业的高层次人才项目申报指导力度，积极引进汽车产业高端人才和专业技术人才。引导企业充分发挥用工主体作用，积极主动拓宽招聘渠道，利用各类招聘平台，密切与各类人力资源服务机构的联系，积极参加各类用工招聘及人才招引活动。同时，充分发挥项目对人才的吸引作用，坚持"招商引资与招才引智相结合、项目实施与人才引进同步进行"的原则，以项目招引人才，以产业聚集人才。

参考文献

[1]孙欣．新能源汽车产业,青岛机会何在?[N]．青岛日报,2023-08-21.

[2]江苏省人民政府．关于印发江苏省"十四五"新能源汽车产业发展规划的通知［EB/OL］．［2021-11-06］．http://www.jiangsu.gov.cn/art/2021/11/24/art_46144_10124132.html? gqnahi=affiy2.

[3]马艳．重庆聚力打造智能网联新能源汽车产业集群［N］．中国工业报,2023-08-25.

[4]山东省人民政府．关于印发《山东省汽车产业中长期发展规划(2018—2025年)》的通知［EB/OL］.［2018－06－07］. http://www.shandong.gov.cn/art/2018/7/20/art_2259_28262.html.

作者简介

刘金旺，高级经济师，山东省工业和信息化研究院。

王　娟，高级经济师，山东省工业和信息化研究院。

池广顺，工程师，山东省工业和信息化研究院。

刘虹妹，高级工程师，山东省工业和信息化研究院。

赵玉玺，助理经济师，山东省工业和信息化研究院。

24

山东省消费电子产业链现状和高质量发展路径研究

王鹏　李洪文　张建峰　张彤彤

摘　要　2022年，山东省消费电子产业认真落实党的二十大精神，坚决贯彻中央打好产业基础高级化、产业链现代化攻坚战决策部署，2022年实现营业收入5609.3亿元，同比增长21.5%，为加速工业经济高质量发展，以及数字强省建设提供了有力支撑。“链主”企业发展势头良好，四大“链主”企业营业收入增长迅猛，对山东省产业拉动作用显著。本文从“链主”企业的视角出发，针对产业现状、优势领域、产业链环节、突出问题等方面，分析了山东省消费电子产业发展态势，探讨了产业的基础情况和优势资源，并指出存在的问题。重点对影响山东省消费电子产业发展的重大问题和关键因素进行了深入剖析，对推动山东省消费电子产业进一步壮大，提出了意见和建议。

关键词　消费电子　电子制造业　智能消费设备

一、基本情况

（一）行业运行情况

2022年，山东省消费电子制造业营业收入5609.3亿元，同比增长21.5%。营业收入占山东省工业营业收入的比重为5.2%，较上年（4.5%）提高0.7个百分点（如图1所示）。2022年，山东省消费电子制造业实现利润总额191.9亿元，同比下降4.7%，占山东省工业利润的比重为4.3%，较上年（3.8%）提高0.5个百分点，与营业收入正相关（如图2所示）。

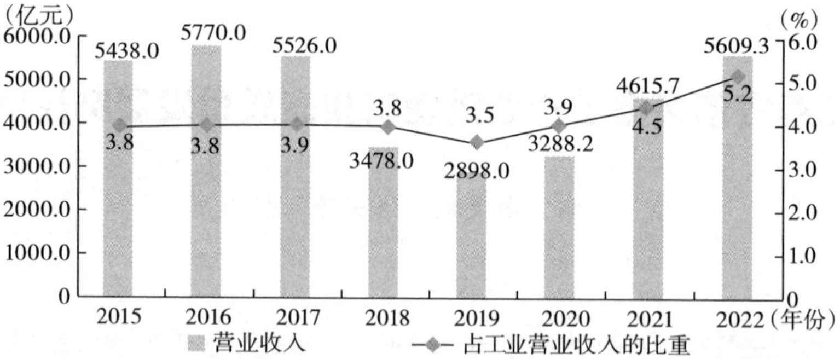

图1　2015—2022年山东省消费电子制造业营业收入变化情况

图2　2015—2022年山东省消费电子制造业利润变化情况

（二）重点行业情况

电子器件制造业和电子元件及电子专用材料制造业营业收入增幅居前，分别为23.70%和20.80%；广播电视设备制造业、通信设备制造业营业收入降幅较大，同比分别下降30.80%、28.20%（如表1所示）。

表1　2022年山东省消费电子制造业重点行业情况

指标名称	企业单位数	营业收入		利润总额	
		累计（亿元）	增减（%）	累计（亿元）	增减（%）
全省合计	—	5609.30	21.50	191.90	-4.70

续表

指标名称	企业单位数	营业收入		利润总额	
		累计（亿元）	增减（%）	累计（亿元）	增减（%）
计算机、通信和其他电子设备制造业	815	4936.20	11.79	156.11	-12.16
计算机制造业	75	1031.20	7.20	29.00	-7.60
通信设备制造业	48	141.30	-28.20	5.50	0.00
广播电视设备制造业	14	35.20	-30.80	-0.20	-166.70
雷达及配套设备制造业	5	2.70	17.40	0.40	100.00
非专业视听设备制造业	24	386.30	-4.50	12.30	6.00
智能消费设备制造业	39	1043.80	15.80	11.80	-58.30
电子器件制造业	189	651.90	23.70	14.90	-44.20
电子元件及电子专用材料制造业	368	1590.10	20.80	81.00	13.40
其他电子设备制造业	50	53.70	-2.00	1.40	-39.10

在消费电子重点细分行业中，电子元件及电子专用材料制造业、智能消费设备制造业、计算机制造业、电子器件制造业、非专业视听设备制造业5个行业规模较大，分别占山东省消费电子制造业的32.2%、21.1%、20.9%、13.2%、7.8%，合计占比达到95.2%（如图3所示）。

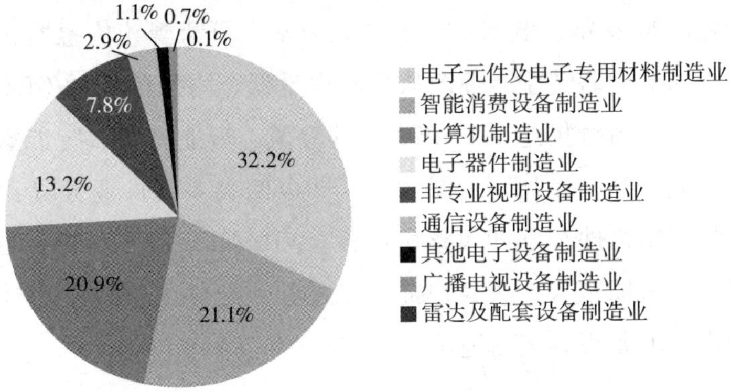

图3　2022年山东省消费电子重点行业营业收入占比情况

（三）“链主”企业情况

“链主”企业发展势头良好，海尔、浪潮营业收入分别增长5.4%、

25%，海信、歌尔营业收入分别增长4.6%、30%，四家“链主”企业对山东省产业拉动作用显著。其中，电视机产量为2545.6万台，同比增长28.1%，增速比上年大幅提升16.2个百分点，且高于全国平均增速21.7个百分点，占全国电视机总产量的比重提高至13.0%，增加2.26个百分点。产业链头部企业海信集团2022年全球电视机出货量突破2454万台，同比增长16.1%，是全球前五品牌（三星、海信、TCL、LG、小米）中唯一逆势增长的企业；出货量跃居世界第二，三年间实现从全球第四上升至全球第二，是我国电视企业的最高排名；全球份额达到12.1%，是我国电视市场销售额最高的企业。山东省电视机产业头部效应日益明显，将驱动山东省智能家电产业链进一步壮大。

2022年，歌尔营业收入增速居四大“链主”企业之首，是山东省消费电子行业发展的优秀代表，极具研究价值。

二、歌尔总体情况

歌尔成立于2001年，成立初期主要从事微型声学元器件业务，2008年上市之前便于微型电声元器件和蓝牙耳机等市场占据领先地位。2010年，歌尔切入苹果供应链为其供应声学零部件；同年7月，建立光电产业园，进军光电行业。2014年，歌尔提出了“大声学、可穿戴、传感器、精密制造”四大业务方向的战略转型，逐渐从技术含量低、附加值低的OEM模式转向ODM、JDM模式，持续推进VR/AR、智能穿戴、智能音频、智能家居等新兴产业布局，形成“4+4+N”发展战略，即以四大零组件业务（声学、光学、微电子、精密结构件）和四大整机业务（VR/AR、TWS耳机、智能可穿戴、智能家居）为战略核心，为客户提供“零件+配件+整机”整体解决方案，强化全球声光电龙头方案商地位。

（一）发展特点

（1）零件、整机全面布局，三大业务协同发展。歌尔以微型声学元器件起家，在“零整协同”战略指导下逐步形成精密零组件（MEMS+扬声器+光学模组等）、智能声学整机（耳机+音箱）和智能硬件（VR/AR+智能可穿戴+智能游戏机+智能家居）三大业务矩阵，覆盖苹果、华为、小米、Meta、索尼、Pico等全球知名品牌客户。歌尔成长轨迹紧密贴合消费电子创新趋势，2018年因手机需求疲软歌尔营业收入首次出现下滑，2019—2020年TWS耳机成功接力手机业务，驱动业绩重回高增长，近两年VR/AR、智能可穿戴、智能游戏机等需求增长又为歌尔注入新成长动能。2022年，在手机等消费电子需求低迷的背景下，歌尔前三季度仍实现营业收入741.5亿元，同比增加40.5%，新兴业务成长性和零整协同效应凸显。

（2）VR/AR产业前瞻布局构筑强壁垒，打造全球XR代工龙头。VR/AR是消费电子行业创新成长点，亦是歌尔未来核心增长引擎。①VR：各品牌硬件升级和内容生态拓展同步演绎，苹果MR的推出有望刷新大众对VR的认知，推动VR产业迈入新一轮高成长期，预计2025年全球VR销量达3500万台，2022—2025年CAGR达53%。歌尔VR产业布局较早，已成为Meta、Pico、索尼等头部VR品牌核心代工厂商，在中高端VR代工市场份额接近80%，此外还具备优秀光学、声学能力，可提供菲涅尔透镜、Pancake等多种VR光学方案，有望充分受益于VR行业快速发展。②AR：前景广阔且发展空间更大，除Birdbath、棱镜等基础AR光学方案外，歌尔还重点布局衍射光波导、微显示等前沿技术，可提供DLP、LCOS、LBS、Micro-OLED等多种光机模组，与高通、WaveOptics、Kopin等厂商密切合作，长期亦将受益于行业增长。

（3）TWS业务韧性十足，智能可穿戴、游戏机等硬件持续贡献增量。①TWS:行业仍有成长空间，预计全球TWS耳机出货量CAGR达17%，渗透率将从2021年的23%提升至2025年的42%。TWS整机制造环节价值占比最高，复杂组装技术构筑较高壁垒，歌尔为全球TWS代工龙头，与苹果、小米、华为等品牌合作多年。北美大客户某款产品停产短期或对TWS业务造成影响，但目前歌尔与大客户的其他零组件/整机业务合作仍正常开展，且后续仍有概率恢复该产品的生产。此外，歌尔还有望受益于安卓系统TWS抢占白牌份额带来的增长机遇，TWS业务仍具备较强韧性。②智能可穿戴产品等：功能升级有望催化智能手表需求快速扩张，歌尔为可穿戴产品龙头方案商，与华为、Fitbit、索尼等合作密切，具备较好发展前景。歌尔还提前布局医疗领域，满足智能手表医疗健康功能普及需求。此外，歌尔为索尼 PS5 核心代工厂商，智能家居业务亦逐步拓展，多款硬件将持续贡献增量。

（二）优势领域

目前，歌尔为全球 VR 代工龙头，是 Meta、Pico、索尼等头部厂商的独家或核心代工厂商，在智能可穿戴领域则积累了华为、Fitbit、索尼等丰富的客户资源。此外，其还为索尼等厂商提供游戏机代工服务。零整协同垂直整合发展战略能为客户提供一站式服务以提高黏性和效率，同时，与全球科技巨头共同推进产品创新能进一步强化歌尔技术优势。

1. 产业布局完善，打造 XR 生态链

歌尔从 2012 年开始布局 VR 产业，2016 年进入 AR 领域。①在产业投资方面，2016 年，歌尔与 Kopin 签署战略合作协议并投资取得其 10.1% 股权，拓展光路设计和显示技术，并于 2018 年与其共同推出行业级 AR 眼镜 Golden - i - Infinity；2018 年，歌尔与衍射光波导领先方案商 WaveOptics 签订独家协议生产衍射光波导元件，并领投 C 轮融资 2600 万美元，2019 年推出与其合作的 AR 眼镜样机；2022 年，歌尔投资微纳光学厂商驭光科技并取得 10.52% 股权。②在产学研结合方面，2017 年歌尔与中国科学院长春光机所共同出资建立歌尔长光研究所，2019 年成立青岛虚拟现实研究院，并与国内外知名院校展开深入合作。③在海外大厂合作方面，歌尔与高通、英飞凌等领先技术厂商达成了长期战略合作。2022 年，高通先后发布基于骁龙 XR2 平台的 XR 和 AR 眼镜参考设计，歌尔均全程参与其设计研发和制造过程。

2. 歌尔为全球 VR 代工龙头

①VR 光学、声学能力突出。在 VR 光学方面，歌尔具备光学镜片、光路设计、光机模组等技术优势，可提供非球面透镜、菲涅尔透镜、Pancake 等多种 VR 光学方案；此外，歌尔自研的兼具卓越音质和私密性的近耳声学模组、创新的超轻复合材料和超轻金属等，目前已在主流产品中应用。

②全球 VR 代工龙头。歌尔具备成熟自动化能力，能够为客户提供高精度、定制化、柔性化、自动化生产方案。2016 年，歌尔开始为索尼代工 PSVR 头显，2020 年成为 Meta 畅销机型 Quest2 的独家供应商，目前已成为 Meta、

Pico、索尼等众多 VR 品牌的核心代工厂商，在中高端 VR 代工市场占据近 80% 的份额，龙头地位稳固。

③VR 整体解决方案商。歌尔作为领先的 VR ODM 厂商，拥有强大的垂直整合、系统集成能力以及多年的技术经验积累，能够为客户提供 VR 外设、3D 音效视听、内容采集显示等多种解决方案。

（三）产业链地位

歌尔是 VR 代工龙头，VR 产业链主要包括零部件、整机组装、软件系统平台、内容生态等环节，在硬件产业链中芯片、光学、显示环节是核心，对终端头显的用户体验影响较大，且具备较强的技术壁垒。从成本结构来看，以 Meta Quest2 为例，其 BOM 成本约为 299 美元，其中芯片成本为 135 ~ 150 美元，占比最高达 50%；光学元组件成本为 18 ~ 30 美元，占比为 6% ~ 10%；显示屏成本为 60 ~ 75 美元，占比为 20% ~ 25%；其他零部件成本为 30 ~ 45 美元，占比为 10% ~ 15%；整机组装成本为 9 ~ 15 美元，占比为 3% ~ 5%（如表 2 所示）。

表 2　VR 产业链价值链拆分

参与环节	价值量	主要公司
整机组装	9 ~ 15 美元（整机中占比约 3% ~ 5%）	歌尔、立讯精密、和硕、广达
芯片	135 ~ 150 美元（整机中占比为 45% ~ 50%）	高通、全志科技、瑞芯微、海思、三星、联发科
光学元组件	18 ~ 30 美元（整机中占比为 6% ~ 10%）	歌尔、舜宇光学、玉晶光、3M、Kopin
显示屏	60 ~ 75 美元（整机中占比为 20% ~ 25%）	京东方、三星、LG、维信诺、视涯
其他零部件	30 ~ 45 美元（整机中占比为 10% ~ 15%）	歌尔、韦尔股份、博世、意法半导体

歌尔是 Meta、索尼、Pico 等众多 VR 龙头厂商的核心或独家代工厂，在技术、良率和经验等方面具备显著优势，截至 2022 年，歌尔在高端 VR/AR 整机代工领域中市场占有率接近 80%。其在 VR 产业链中具有无可争议的行业地位，但仅占行业价值的 19% ~ 30%，与其产业链地位不匹配。

三、歌尔存在的问题和启示

作为代工厂商，歌尔长期依赖大客户订单，统计显示，2017—2021 年，歌尔对前五大客户的销售额占比分别达到 65.86%、66.45%、69.26%、79.07%和 86.54%，可以说，前五大客户牢牢占据了歌尔销售额的半壁江山，且该数据增长迅速。

（一）与单一客户深度绑定

2021 年，歌尔对其第一大客户苹果的销售额为 332.39 亿元，占比高达 42.29%。自 2022 年以来，受国际局势不稳定、通货膨胀、汇率不稳定等多重因素影响，消费电子市场持续低迷，甚至一度跌至冰点。2022 年底，苹果以质量数据造假为由，将部分订单转移至其他厂商，造成歌尔直接损失和资产减值损失 20 亿～24 亿元，年度归母净利润 17.1 亿～21.37 亿元，同比降低 50%～60%。

（二）技术储备和创新能力仍需加强

只有具备强大的技术和创新能力，才能在市场竞争中脱颖而出。由于歌尔与苹果的关系过于紧密，其创新能力和技术水平受到了限制。歌尔需要与苹果保持紧密的合作关系，以确保其订单的稳定性。这也使得其很难在技术和创新方面有所突破，被迫把自己的能力打造成和苹果紧密绑定的状态，短期内无法适应其他客户需求。

（三）缺乏多条腿走路的能力

从长期来看，很多代工企业深陷“大客户”依赖症，喜欢把鸡蛋放在一个篮子里，缺乏多条腿走路的能力。歌尔拿下 Meta 的订单，成为其头显产品 Oculus 的核心供应商。歌尔的核心收入来源也从最开始的精密零组件、智能声学整机和智能硬件（按贡献由大到小排序），调整为智能硬件、智能声学整机和精密零组件。歌尔尝试摆脱对苹果的依赖，但似乎又陷入了对 Meta 的依赖中，大客户战略依旧是歌尔无法避开的一颗“隐雷”。

歌尔是山东省消费电子行业发展的一个缩影，消费电子产业链在关键领域面临的创新能力不足、应用场景不充分、生态不健全等问题依然突出。

四、山东省消费电子高质量发展路径

应当立足山东省实际，抢抓新一轮科技革命和产业变革机遇，坚持“创新引领、应用牵引、生态发展”，全方位推进消费电子产业链条化、规模化、国际化，在经济社会重要行业领域实现规模化应用，为山东省加快构建未来产业发展体系，全面建设数字经济强省提供有力支撑。

（一）创新协同攻关

（1）加快消费电子产业创新平台建设。推进培育消费电子领域重点实验室、工程研究中心和技术（产业/制造业）创新中心等，在基础理论、关键共性技术等方面率先突破，打造“研究开发—中试验证—场景应用”全链条技术应用研究中心。

（2）加速高端消费电子企业梯队培育。构建产品集成度、生产协作度较高的消费电子产业链，做强“链主型”企业，进一步招引全球性行业总部或研发总部落地。制定完善消费电子新兴企业评价标准，培育一批细分领域“专精特新”企业，加快产业链上下游协同、面向特定场景、具备商用潜力的应用技术研发。充分发挥龙头企业引领作用，着力构建大中小企业融通发展新格局，全面提升关键器件、终端外设、业务运营、内容生产、专用信息基础设施的产业化供给能力。

（二）产业链补链强链

（1）夯实消费电子基础底座。加快 IPv6、5G +、卫星互联网、工业互联网、车联网等新一代网络技术开发运用及基础设施建设，适当超前部署自动感知终端网络。加快建设高效低碳的数据中心、智算中心等新型存算基础设施，夯实超大规模、实时的算力支撑。推进云网协同和算网融合发展，支持发展 GPU 实时渲染等高性能计算，鼓励算力、算法、数据、应用资源集约化和服务化创新。

（2）打造消费电子产品矩阵。促进一体式、分体式、车载式等多样化 VR 终端产品发展，推进光学器件、人机交互、存算等模块迭代升级，提升终端产品的舒适度、易用性与安全性。支持 AR 设备云化、轻量化发展，推进全息衍射光波导技术研发及量产，在细分行业形成全站式解决方案。积极布局高性能 MR 头显等整机产品研发制造，加速 MR 产品在工业、设计、展览、医药和建筑等领域的推广渗透，鼓励 MR 技术与“5G + 8K”技术融合创新。

（三）应用生态提升

（1）打造“消费电子 + 元宇宙”消费空间。推进线上商城和线下消费融合发展，支持零售企业建设 AR 购物、元宇宙商城等虚实融合购物空间，探索打造元宇宙智慧商圈。大力发展 3D 虚拟会展，探索构建“万人同屏、实时互动、精准触达”营销模式。推进虚拟数字人在消费领域的应用落地，探索实践 D2A（Direct - to - avatar，直接面向用户虚拟形象）新兴商业模式，构建“人、物、场、事件”耦合共生的元宇宙营销体系。

（2）推动“消费电子 + 元宇宙”融合发展。以山东省特色文化元素为载体，打造融合型、分享型和沉浸型数字应用生态。加快开发 AR 实景导览、VR 解说、景观全息呈现等沉浸式旅游产品，打造一批“消费电子元宇宙应用”网红打卡点等地标性景观。

五、保障措施

（一）强化组织领导

省级相关部门共同组建消费电子产业高质量发展工作小组，建立统筹协调、协同联动机制，整合创新企业、行业专家、智库单位等力量召开联席会议，加强行动计划的组织落实、跟踪评估、督促指导，探索多种发展模式和路径。依托科研院校、龙头企业、产业联盟等力量组建元宇宙专家库，为产业发展提供智力支撑。

（二）加大政策引导

研究制定加快消费电子产业发展的扶持政策，整合各类要素资源，优化创新政策措施。对有影响力的消费电子企业或机构在省内布局总部、公共服务平台、孵化基地等，给予一定政策支持。积极争取国家、省产业扶持政策对消费电子产业发展的支持，支持企业申报消费电子相关领域的关键核心技术攻关和科技计划项目。

（三）加快人才引育

引导高校提升消费电子人才培养能力，聚焦大数据、人工智能、区块链、虚拟现实技术等专业领域，加强计算机科学与技术、信息与通信工程、软件工程等学科专业建设。鼓励企业与高校、科研院所开展产学研合作，培育一批兼顾数字技术与人文艺术的复合型人才。实施人才引育计划，从全球引进元宇宙领域高端人才和团队，支持省内企业与全球行业龙头企业进行人才双向交流培养，促进人才链与产业链有机融合。

（四）加强资金保障

发挥政府产业基金等作用，强化对消费电子关键技术、企业成长和产业发展的支撑保障。鼓励消费电子龙头企业、科研机构联合社会创业投资机构共同设立专注于早期和长期投资的消费电子产业发展基金。引导金融服务机构对创新性强、融合性广的消费电子企业给予信贷支持。

参考文献

[1]康秋虹．关于消费电子类制造业成本核算与管理控制研究[J]．广东经济,2023(13):77－79.

[2]刘戈．从中国制造到中国智造:消费电子出海十年[J]．国际品牌观察,2023(9):11－19.

作者简介

王　鹏，高级工程师，山东省工业和信息化研究院。

李洪文，经济师，山东省工业和信息化研究院。

张建峰，副研究员，山东省工业和信息化研究院。

张彤彤，研究实习员，山东省工业和信息化研究院。

25

山东省纸基功能材料产业发展研究

张彤彤　徐兆伟　王鹏　李洪文　张建峰

摘　要　党的二十大报告指出，要加快发展方式绿色转型，实施全面节约战略，发展绿色低碳产业，倡导绿色消费，推动形成绿色低碳的生产方式和生活方式。造纸工业是与经济社会发展和人民美好生活密切关联并具有可持续发展特点的重要基础原材料产业，是山东省传统优势产业，也是山东省推进“链长制”工作机制的42条重点产业链之一。纸基功能材料是未来先进材料拓展应用的一个新的重要方向。本文深入研究了纸基功能材料的制备方法、功能化过程以及在多个领域的广泛应用，分析了我国和山东省的造纸行业以及纸基功能材料行业的发展态势，探讨了产业的基础情况和优势资源，并指出存在的问题。同时，本文详细剖析了影响纸基功能材料产业高质量发展的关键因素，通过这些分析，对纸基功能材料产业的现状有了更全面的认识。

关键词　纸基功能材料　造纸产业　高质量发展研究

目前，经济全球化趋势显著，宏观经济、贸易争端、气候变化、资源能源效率提升、城市化智能化进程、数字化转型及生物经济等多元因素，正深刻作用于全球各行业，造纸业亦深受影响。在此背景下，纸基功能材料作为新一代纤维材料的代表正快速发展，有望为造纸行业突破当前发展“瓶颈”提供创新解决方案。为促进山东省造纸产业结构升级，加快新旧动能转换，引领高质量发展，巩固大省强省地位，开展本研究。

一、纸基功能材料的分类、功能化及其应用

（一）纸基功能材料的分类

纸基功能材料是一类通过特殊制备工艺和功能化处理，赋予纸质材料特定功能的材料。其主要包括以下几类。

纳米纤维素。纳米纤维素是一种具有高比表面积和高强度的纸基功能材料，通常通过化学或机械方法从天然纤维素中制备。纳米纤维素因其优异的力学性能、透明性和生物可降解性，在复合材料、光电子器件、生物医药等领域具有广泛应用。

纸基复合材料。纸基复合材料是指将纸与其他材料（如塑料制品、陶瓷制品、金属等）复合，形成拥有多种功能的复合材料。纸基复合材料具有质轻、高强度、防水、防潮等性能，广泛应用于包装、建筑和汽车等领域。

纸基涂层材料。纸基涂层材料是指在纸张表面涂覆一层或多层特定功能的涂层，以赋予纸张抗菌、防火、防水、抗紫外线等功能。纸基涂层材料应用于食品包装、医疗用品、户外广告等领域。

（二）纸基功能材料的功能化处理

纸基功能材料的功能化处理主要是通过表面改性、填充、涂覆等方法，赋予纸基材料特定的功能。例如，通过表面改性可以提高纸张的抗菌性、抗静电性等；通过填充可以提高纸张的强度、防火性能等；通过涂覆可以实现纸张的防水、防潮等功能。

（三）纸基功能材料的应用领域

纸基功能材料因其质轻、环保、可生物降解等优势，在众多领域具有广泛应用前景。其主要应用领域包括包装领域、建筑领域、汽车领域、卫生用品领域、光电子器件领域、生物医药领域等。

二、当前我国纸基功能材料产业的发展态势

根据2022年度包装盛会Packcon中国包装展的报道，新冠疫情这几年虽对产业链新材料的发展和落地造成一定影响，但整体进步还是很明显的。以水性涂层材料为例，新产品已经实现了从几年前的理论研究到月产能2000吨的跨越；纸浆模塑行业更是呈井喷式发展，在替塑降塑的国家政策支持下得到了快速成长。下面是对纸基新材料发展现状和方向的介绍。

（一）水性环保阻隔涂布纸产业进一步发展

据不完全统计，2023年，水性环保阻隔涂布纸的产能接近2000吨/月，相较于上年同期800吨的产能，增长明显，但整体的数量基数还是比较小的，以食品包装纸为主，而且以出口为主，未来产能的大幅增长仍依赖于国内外政策的支持和驱动。

目前，国内主要的水性环保阻隔涂布纸生产企业有庞度、森盟、榕信、五光十色、APP（亚洲浆纸业有限公司）、冠豪、锐泽、南王、克拉夫特、福莱、久顺、凯丰、辉煌、大亚、华邦古楼、六可、东宇等。

食品原纸生产企业有五洲、APP、太阳、仙鹤、冠豪、岳纸、恒达、华邦古楼、江河、思特雷斯等。

国内主要的终端使用企业有铭凯、紫丹、艾录、丰华、普乐等。

涂布相关设备生产企业有航天华阳、新德宝、新发现、峰明、明亮、茂微、高大、宏硕、海航、欧诺、奔跃等，主要集中在浙江区域。

品牌商大力推动的企业有百胜、麦当劳、宜家、联合利华、宝洁等。

（二）纸浆模塑餐包、工包发展齐头并进

根据测算，2022年，中国纸浆模塑产能规模约为179万吨，占全球产能规模（442万吨）的比重为40.5%；产量规模突破150万吨，达到157万吨。

其中，一次性餐具目前已经成为行业发展的重要赛道。2022年，全球一次性餐具产能为75万吨，占全球纸浆模塑总产能的比重为17%；我国一次性餐具产能为51万吨，约占全国纸浆模塑产能的29%。随着“禁塑令”的不断

深化，“以纸代塑”的声音越来越多，众多企业加速布局一次性餐具业务。国内主要的餐包生产企业有众鑫、韶能、金晟、远东、泉林、科艺、沙伯特等。

对于工业包装，近几年纸浆模塑最大的一个发展方向是精品工业包装。2022 年，我国精品工业包装产能约为 15 万吨，占比为 8%。此类包装产品目前主要应用于药品盒、电子商品盒、礼品盒、化妆品盒等。目前，由于设备技术的明显提升，纸浆膜塑的平滑性和可印刷性也得到提升。同时，结合替塑油等新兴技术路径，实现了包覆膜的去塑化，进一步驱动制品可回收性能的发展。目前，国内主要的工包企业有汇林、裕同、永发、金箭、植本、界龙、凯成、合兴等。

（三）无醛饰面纸基新材料和方案得到产业链重视与推动

传统的三聚氰胺浸胶工艺无法彻底解决甲醛超标的问题，目前新兴的预浸渍装饰纸解决方案，正在逐步推动产业链的创新升级。

该技术不仅环保无醛，还能够异型包覆，具有很好的市场应用前景。目前，其最大的市场依旧在欧洲，在欧洲的占比接近 30%，在国内占比不到 3%，具有极大的市场规模和发展潜力，不过需要从原纸企业到下游印刷、浸胶、压板和制品企业通力合作，从产业链整合角度全力推动新产品、新方案的落地，促进我国在这方面市场的培育和成长。

经过两年多的努力，相关产能已经从零增至每月近千吨级的规模，而且未来规划产能超过 5000 吨/月。品牌商也越发重视此类产品的推广和采用，宜家在这方面发挥了引领示范作用。另外，兔宝宝、TATA 木门（北京闼闼同创工贸有限公司）、索菲娅等终端品牌也对此投入了大量研发和关注，正逐步促进无醛饰面纸市场的发展。

（四）降解材料的发展回归理性、有序

纸基淋膜材料目前还是以传统 LDPE（低密度聚乙烯，一种塑料材料）为主，其次是聚乳酸（PLA）淋膜纸，较五年前有了较大提升，市场占比超过 5%。不过现阶段随着人们对可降解塑料的性能深入研究和探讨，PLA 和 PBAT 的行业布局发展逐步回归理性，从无序发展走向合理共存，甚至限制一次性用品的使用。2023 年 6 月 29 日，台湾省环保部门宣布，台湾的餐馆、零

售店和公共机构将于 8 月 1 日起禁止使用 PLA 制成的餐具，包括盘子、便当容器、杯子。

另外，新的降解材料也得到了快速成长，以 PHA 为例，已经从过去几年的理论和实验室验证阶段，推进到了产能落地阶段。例如，蓝晶在江苏盐城的一期项目 5000 吨已于 2022 年投产，未来还会新增二期和三期数万吨的项目，作为海水可降解材料，值得关注和期待。

（五）相关标准的制定发展，为纸基新材料的顺利落地提供坚实基础

过去几年，在中国造纸院和环保纸产业专委会的推动努力下，水性环保阻隔涂层的相关标准，从立项到通过取得了诸多成绩，包括由中国造纸院牵头的《水性涂层纸杯（含水性涂层纸杯纸）团体标准》，环保纸产业专委会、IQTC 牵头的《食品接触用环保型涂布纸和纸板材料及制品团体标准》等。创新的发展离不开标准的制定，否则将陷入无序状态。特别是对于食品级材料和制品的发展而言，必须以严格的标准为基础，以确保监管的有效性和长期可持续性。

三、山东省纸基功能材料产业的基本情况

据行业协会统计与分析，2022 年，山东省造纸行业在浆纸产量及关键经济指标上均遭遇波动，导致整体经济效益呈显著下滑趋势。

（一）总体情况

1. 木浆产量概况

木浆产量稳步增长：2022 年，山东地区造纸用原生木浆产量达到 693 万吨，同比增长 3.75%，占全国同类纸浆总产量的 1/4 以上（26%）。回顾过去 10 年（2012—2022 年），山东省造纸用原生浆的年产量平均增速保持在 4.30%，显示出持续且稳定的增长态势。

纸及纸板产量略有下降：2022 年，山东地区的纸及纸板总产量达到 2015 万吨，相比上年略有减少，减幅为 0.98%，占全国总产量的比例为 16.22%。这一变化反映了市场供需的微调。

2. 盈利水平显著下滑

2022 年，山东省造纸行业面临严峻挑战，销售收入虽达 1435 亿元，但同比下降 1.37%，占全国销售收入的 15.76%。利税总额大幅下滑至 105 亿元，降幅达 22.79%；利润总额更是缩减至 65 亿元，同比下降 28.57%，占全国造纸行业的 18.26%。此番困境主要源于生产成本激增、市场需求疲软及纸张价格走低，三者合力压缩了行业利润空间。

（二）山东省代表企业发展现况分析

据行业权威数据统计，山东省晨鸣、华泰、太阳及博汇四大纸业巨头在 2022 年度均荣耀上榜中国企业 500 强及中国制造业企业 500 强榜单，同时在全国纸及纸板产量排名中稳居前 10，这一成就充分彰显了山东省大型纸业企业在国内市场的强劲竞争力和稳健的发展态势。

1. 大企业引领增长，产量占据主导

2022 年，山东省造纸行业的领军力量，包括太阳、晨鸣、华泰、博汇、世纪阳光及亚太森博六大企业，在木浆与纸及纸板的生产领域占据主导地位，其贡献率分别高达 95% 和 62%，凸显了省内造纸业的集中优势。太阳与晨鸣两大企业尤为突出，以年产超千万吨的庞大规模引领行业潮流，全年浆纸产量分别实现 1237 万吨与 849 万吨的佳绩。二者均积极实施“林浆纸一体化”战略，不仅巩固了市场领导地位，还彰显了大型企业集团的综合竞争实力与行业引领力。

2. 强化主业，实现提质增效

面对疫情挑战，各企业聚焦核心业务，实现稳健扩张。太阳纸业在广西壮族自治区北海市成功推进了一项高效且规模宏大的林浆纸一体化项目，该项目年产能达到 350 万吨，树立行业新标杆。华泰集团围绕造纸与化工主业，强化产业链韧性，投资百亿元推动产业升级，包括纸浆扩能与纸机技术改造，转向生产高附加值文化纸等。博汇纸业新投产的 45 万吨/年高档信息纸与 20 万吨/年化机浆项目，采用顶尖技术与智能化装备，大幅提升产能与效率。亚太森博浆纸则多元化发展，扩建 100 万吨/年高档纸与环保项目，推动绿色转型。世纪阳光与齐峰新材等也分别推进新项目，以增强产品多样性与竞争力。各企业通过技术革新与产业升级，积极应对市场变化，共谋高质量发展之路。

四、纸基功能材料产业存在的问题

近年来，纸基功能材料产业蓬勃发展，成为制浆造纸工业中不可或缺的一部分，众多国产产品已在全球市场上赢得了一席之地。然而，随着市场竞争的白热化，提升我国纸基功能材料的技术研发实力与创新能力成为迫切需求。相较于国际先进水平，我国在纸基功能材料的制备技术与产业发展上仍存在一定的差距，这些差距主要体现在以下几个方面。

（一）提升自主创新能力的紧迫性

高附加值纸基功能材料的市场竞争力深刻依赖于其技术含量。当前，我国纸基功能材料产业以中小型企业为主体，尽管发展迅速，但在技术研发与综合实力方面仍面临国际竞争的压力。这些企业在产品技术创新上多集中于模仿阶段，原创性技术与产品的匮乏不仅限制了国产自主品牌的崛起，也削弱了其在全球市场上的竞争力。深入分析，我国纸基功能材料自主创新能力不足的核心原因在于研发投入的显著不足与高端人才的稀缺。相较于发达国家，我国企业在该领域的研发投入存在明显差距，资金缺口高达数倍，加之政府在资金扶持上的力度相对有限，共同制约了技术创新步伐的加快。

（二）知识产权保护意识的强化需求

尽管近年来我国在纸基功能材料领域的知识产权保护工作取得了进步，但与国际顶尖水平相比，仍存在不容忽视的差距。这一现状在企业层面尤为明显，表现为对专利申请的积极性普遍不高，导致许多具有创新价值的原创产品未能及时且有效地通过专利制度获得应有的保护。相较之下，科研院所对知识产权的重视程度较高，然而，企业在与科研机构的合作中常面临持续性合作难题，这限制了专利技术的积累和竞争力的长期构建，影响了行业的整体发展后劲。

（三）关键科技难题亟待攻克

作为国际高新技术材料领域的竞争焦点，纸基功能材料技术创新的关键在于原料制备、专用化学品研发、材料设计及制备工艺的优化。当前，我们面临着一系列亟待解决的科学与技术难题，包括但不限于分子结构设计的创新、流体动力学的深入应用、界面化学的精准控制，以及纤维分散技术、材料成型与增强技术的突破。这些难题的攻克，对于提升我国纸基功能材料领域的自主创新能力与国际竞争力具有至关重要的作用。

（四）产业规模与产业链的优化需求

我国纸基功能材料产业以中小型企业为主，整体规模相对分散，集中度有待提高。尽管近年来在装饰纸、食品包装纸及信息记录类特种纸等领域投资力度有所加大，促进了部分企业的规模扩张，但整体上企业规模仍偏小且数量众多。这种现状限制了技术创新投入的深度与广度，加剧了技术流失的风险，对我国纸基功能材料产业的持续健康发展构成了一定挑战。因此，优化产业规模结构，完善产业链条，促进资源高效整合与协同创新，成为推动该领域良性发展的关键所在。

五、推动纸基功能材料产业繁荣发展的策略

（一）深化跨学科合作，精准捕捉市场需求，拓宽应用场景

纸基功能材料已演化为一种集高新技术于一体的功能载体，成为众多先进科技产品不可或缺的支撑部分。其研发与生产高度依赖化工、材料科学及高分子等领域的专业知识。当前，造纸业面临的一大挑战是，从业者对精细化工及材料科学本质特性的理解尚不充分，尤其在开发高端特种纸产品时显得尤为突出。

为此，应强化跨学科交流与合作，鼓励造纸工作者跨越传统界限，积极融入相关行业的先进技术与知识体系。通过主动学习与应用跨界思维，发掘不同领域间的技术交集与创新潜力，将其他行业的成熟技术灵活迁移并优化

改造，以适应纸基功能材料的独特需求，进而实现技术创新的突破。在这一过程中，主动感知并引领市场需求同样重要，通过深入市场调研与客户需求分析，不断拓展产品的应用领域与市场空间，为纸基功能材料产业的持续繁荣奠定坚实基础。

（二）优化资源配置，强化产学研协同，构建高效自主创新体系

鉴于纸基功能材料的独特性与复杂性，部分企业倾向于技术封闭与产品独立，导致行业内技术重复建设现象普遍，加剧了市场竞争的激烈程度。为突破这一“瓶颈”，企业应积极寻求外部合作，与同行、大学及科研机构建立广泛的合作网络，实现资源共享与优势互补。

在此基础上，我们应致力于构建高效的产学研合作机制，确保研究、开发与市场推广各环节紧密衔接，形成风险共担、利益共享的创新生态。通过明确合作各方的权责利，建立健全的风险回报与利益保护机制，激发各方参与创新的积极性与创造力，共同分享技术创新带来的红利，推动纸基功能材料产业向更高水平迈进。

（三）加大研发投入，引领创新浪潮，深化知识产权战略布局

为转变盈利模式，我们需从同质化竞争中脱颖而出，聚焦于提升投资回报率，实现从模仿跟随到自主创新的跨越。纸基功能材料行业，其特殊性在于高额的研发投入贯穿始终，从初期研发到中试调整，再到市场验证，每一步都充满挑战。

因此，我们应以高新企业为标准，重新规划企业发展蓝图，加大对科研创新的投入力度。勇于尝试、敢于试错，建立起高效的新产品开发机制，确保对市场需求变化作出快速响应。同时，深化知识产权战略，加强专利布局与保护，为技术创新成果保驾护航，构建持续竞争优势。

（四）重塑思维范式，培育卓越创新文化

我国纸基功能材料行业面临的一大挑战是，虽能复制国外产品以满足基本需求，但高端市场仍依赖进口。这揭示了一个深刻道理：技术之外，文化同样关键。科研人员需秉持精益求精的工匠精神，这是攀登技术巅峰不可或

缺的内在动力。

在创新过程中，我们需打破传统思维桎梏，注重概念创新与市场推广并行推进。通过有效传播新理念、新思维，建立广泛的文化认同，为技术推广铺平道路。同时，市场反馈成为优化研发路径的重要参考，确保技术创新紧贴市场需求。

此外，借鉴国际同行在概念提出与政策争取方面的成功经验，我们应更加积极主动地塑造自身品牌形象，争取政策与资源的支持，为纸基功能材料行业的创新发展注入更强动力。

（五）构建高素质人才梯队，驱动纸基功能材料产业持续发展

纸基功能材料产业的持续繁荣，离不开一支集管理、研发、生产、营销于一体的高素质人才队伍。当前，人才短缺已成为制约我国纸基功能材料企业科技创新的关键因素。

为解决这一问题，需加强人才培养与引进，构建多元化、高层次的人才梯队。企业家作为核心引领者，应致力于营造鼓励创新的企业文化与管理机制，为技术创新提供肥沃土壤。工程技术人员则需秉持创新思维，勇于探索，不断研发出具有市场竞争力的新产品。同时，营销与策划人员须紧密关注市场动态，精准把握消费者需求，有效推广创新产品，引领市场潮流。

通过各方人才的紧密协作与共同努力，推动纸基功能材料产业不断迈向新的高度。

参考文献

[1]张美云，宋顺喜，杨斌．纸基功能材料科学技术发展研究[C]//2016—2017年制浆造纸科学技术学科发展报告，2018.

[2]中国造纸学会特种纸专业委员会．高附加值特种纸产品未来可期[J].造纸信息，2022(4)：38－41.

[3]陈京环．特种纸市场及其前景预测[J]．造纸信息，2022(5)：58－58.

[4]付玉婷．山东将开展现代轻工纺织业高质量发展六大行动　包括造纸等传统优势产业链实施优选项目，“双招双引”重点签约项目[N].2023－11－29.

[5]赵振东，高兴杰．聚焦主业做强实业推进山东造纸产业高质量发展——山东省造纸行业2020年发展综述和“十四五”设想[N]．2023－11－29.

作者简介

张彤彤，研究实习员，山东省工业和信息化研究院。

徐兆伟，高级工程师，山东省工业和信息化研究院。

王　鹏，高级工程师，山东省工业和信息化研究院。

李洪文，经济师，山东省工业和信息化研究院。

张建峰，副研究员，山东省工业和信息化研究院。

26

山东省碳纤维产业创新发展研究

张建峰　张伟　张彤彤

摘　要　碳纤维是新材料领域中一个重要的“卡脖子”关键领域。碳纤维及其复合材料是技术密集型和资本密集型产业，具有可加工性、强度高和重量轻等一系列其他材料不可替代的优异性能，广泛应用于军工和民品领域，是各国争相发展的战略性新兴材料。本文在梳理总结山东省碳纤维产业发展现状的基础上，深入分析当前山东省碳纤维产业发展面临的主要问题，提出了促进山东省碳纤维产业创新发展的路径和建议。

关键词　碳纤维　创新发展　路径建议

碳纤维及其复合材料，被誉为现代工业的璀璨明珠，因其性能卓越广泛应用于多个高端领域。它兼具柔软可加工性和耐高温、耐腐蚀等特性，为军工、民品及风能、高铁动车等产业提供了重要支持。然而，国外技术封锁和产品垄断限制了我国碳纤维的发展。近年来，山东省碳纤维产业崭露头角，光威集团等企业突破关键技术，推动产能大幅提升。山东省碳纤维产量和消费量均居全国前列，彰显出强大的发展潜力。加快碳纤维高质量发展，不仅有助于优化产业结构、解决关键材料短缺问题，还是推动国产替代、培育发展新动能的关键。这一战略性新兴产业对山东省乃至全国的经济社会可持续和高质量发展具有深远影响。面对国际竞争压力，我们应继续加大研发力度，提升碳纤维产业的自主创新能力，确保国家安全和经济发展的关键支撑。

一、国际及国内碳纤维产业发展概况

1. 国际上碳纤维产业发展概况

碳纤维核心技术主要分布在美国、日本以及欧洲。中国和韩国是近年来碳纤维产业得到快速发展的国家。截至2020年，全球碳纤维的需求量达到10万多吨，比上年增长了3%，这个数字是在碳纤维受到新冠疫情影响和全球民航产业遭遇重挫的情况下取得的，充分表明了碳纤维产业的勃勃生机。在国际上，生产碳纤维的代表企业主要有日本东丽、日本三菱和日本东邦等，2020年下半年以来，日本、美国加强了对碳纤维及其复合材料出口中国的政策管控，导致我国碳纤维的境外供应变得更加困难。

2. 国内碳纤维产业发展概况

前些年，我国碳纤维产业起步晚、进展缓，直至20世纪末才实现规模化生产。近10年，我国碳纤维产业迅速崛起，以吉林、山东、江苏等地为主形成产业聚集地，产能跃居全球第2，约占全球总产能的30%。优秀企业如中简科技、中复神鹰、吉林碳谷、光威复材等崭露头角。然而，我国碳纤维产业仍面临挑战——产能分散、产品低端，与国际先进水平差距明显。随着绿色经济的发展，碳纤维需求激增，导致其供需失衡，价格飙升。2022年，我国碳纤维产量达2.5万吨，消费量超5万吨，半数以上依赖进口。因此，需持续加强研发，提升碳纤维质量，满足市场需求，推动产业高质量发展。

二、山东省碳纤维产业发展概况

1. 整个产业链都取得了长足发展

（1）在原材料环节。山东省在丙烯腈、二甲基亚砜溶剂等领域拥有科鲁尔、鲁西化工、齐鲁石化等一批骨干企业。在丙烯腈领域，山东科鲁尔化学有限公司（万达与中石化合资）投资12.5亿元、年产丙烯腈26万吨及配套项目二期工程已于2021年9月建成并通过验收。

（2）在碳纤维及其复合材料制备环节。山东省拥有国内碳纤维领域第7家上市公司——光威复材。光威复材是我国第7家从事碳纤维研发并获得成功的民营企业，也是我国第一家供应军用碳纤维产品的民营企业。光威复材实现了碳纤维的连续稳定化生产并由此改变了世界碳纤维产业格局。截至目前，光威复材已经建立起了涵盖原丝、织物、预浸料、复合材料、碳纤维、制成品、检测等较为完整的产业链。

（3）在下游应用环节。威海碳纤维产业以光威复材为引领，已集聚405家企业，产业链覆盖航空航天、军用装备、风力发电及体育休闲等领域。德州碳纤维应用基地拥有50余家相关企业，如泰山体育的碳纤维自行车畅销全球，并将投产年产12万辆的巨型工厂。泰山瑞豹的碳纤维车架技术达到国际水平，服务于国家队比赛。济南的中国兵器集团第五十三研究所是兵器行业碳纤维复合材料的主要供应商。东营的胜利新大实业集团在复合材料输油管道领域领先，碳纤维连续抽油杆技术国际先进。山东江山纤维科技有限公司则是碳纤维中间材料的领军企业，产品广泛应用于多个行业。青岛的中车青岛机车研制的下一代碳纤维地铁列车成功试跑，展现更轻、更节能、更智能的特性。这些发展凸显了山东省在碳纤维及复合材料产业的全面实力。

（4）在研发创新方面。山东省拥有国家碳纤维制备及工程化国家工程实验室、国家碳纤维工程技术研究中心山东分中心、国家碳纤维产业计量测试中心、国家碳纤维产业计量测试联盟4家国家科技研发中心和测试评价平台，建有山东省碳纤维制备及应用技术重点实验室、山东省碳纤维及制品工程技术研究中心、山东省碳纤维工程技术研究中心等一批高水平研发平台。

2. 龙头企业打开广阔发展空间

威海光威复材是我国碳纤维及复合材料产业的领军企业，拥有完整的产业链，产品涵盖从原丝到复合材料制品的各阶段，成本优势显著，正成为复合材料解决方案供应商。在军品领域，光威复材凭借严格的质量和稳定性要求，为军用碳纤维稳定供货，尤其是T300产品已稳定供应多年，T700、T800级产品亦具备批量生产能力，高端产品逐步应用于航天领域。在民品领域，光威复材的风电碳梁业务处于核心地位，并持续研发大丝束碳纤维，追求产品升级以拓展民航市场。光威复材致力于碳纤维生产设备国产化，研发投入大，专利丰富。光威复材通过收购威海光晟与北京蓝科，进一步延伸产业链。目前，光威复材碳纤维产能达1855吨，碳纤维、碳梁、预浸料在建产能分别为5030吨、170万米、85万平方米，展现了强劲的发展潜力。

3. 重大项目建设方兴未艾

国泰大成新材料科技产业园碳纤维项目于2020年开工，占地570亩，预计年产7500吨碳纤维原丝和3000吨碳纤维，主要生产中高端产品，填补国内空白，广泛应用于新能源、轨道交通等领域。同时，济南打造的“山东碳都”项目旨在建设碳纤维之都，增强我国高新材料实力，推动行业发展，填补高性能碳纤维生产空白，打破进口依赖。该项目还将推动中低端制造业升级，发展高端、精密、尖端制造业。此外，天辰齐翔在淄博投资22亿元建设年产10万吨高性能碳纤维项目，威海光威则启动复合材料研发制造中心和碳纤维装备国产化项目。这些项目不仅将扩大碳纤维产能和应用，还将形成高端碳纤维及复合材料产业链，带动形成千亿级产业集群，提升山东省在该领域的整体实力，促进产业升级和发展。

4. 山东省碳纤维产业迎来新的机遇期

（1）政策利好行业发展。随着我国、山东省对碳纤维产业的高度重视，有关部门出台了一系列政策，对碳纤维产业的发展给予了巨大支持。《中华人民共和国国民经济和社会发展第十四个五年规划和2035年远景目标纲要》《关于扩大战略性新兴产业投资培育壮大新增长点增长极的指导意见》《山东省新材料产业发展专项规划（2018—2022年）》等长期统筹规划的出台，明确了碳纤维的重要战略地位和发展方针，为碳纤维行业的发展提供了长期驱动力。

（2）国产替代推动行业发展。长期以来，我国碳纤维及其复合材料都需要大量进口，高度依赖国际市场。2020年下半年以来，日本和美国等国家加强了对高端碳纤维及其复合材料出口到中国的管控，导致我国进口高端碳纤维的难度进一步加大，这也为我国碳纤维自主替代提供了一次机遇。

（3）需求量的上涨带动整个行业的发展。我国碳纤维及其复合材料产业正处于爆发增长期，未来碳纤维需求市场增速将保持在17%左右。随着碳纤维及其复合材料需求量的进一步上升，投资机构也非常看好碳纤维及其复合材料产业的发展前景，大量资本的涌入给碳纤维产业带来了刺激作用，使其呈现出前所未有的新热点和新动态。随着碳纤维技术不断得到突破，需求领域也将进一步得到拓展。山东省企业要抓住契机，在中低端碳纤维领域实现反超，进而带动高端碳纤维产品的突破。

三、当前山东省碳纤维产业面临的主要问题

1. 生产工艺与核心装备技术落后

山东省碳纤维产业面临技术依赖和装备国产化水平低的双重挑战。当前，碳纤维产业化装备以引进为主，企业难以根据工艺要求定制装备，导致生产能力远未达到设计目标。技术不成熟，企业多依赖借鉴和仿制，缺乏核心技术和技术底蕴。以光威复材为例，尽管在碳纤维产业化方面取得进展，但在原材料如上浆剂、油剂，以及自动铺丝机、精密交错卷绕机等核心装备上，仍高度依赖进口。此外，生产高强、高模碳纤维所需的石墨化炉，其温度需达2800摄氏度以上，但国内生产的产品性能不稳定，且技术材料受限。这些问题不仅导致生产线产能释放率低，产品质量和稳定性不高，还因碳纤维成型工艺成本占比大、生产规模化程度低，使得市场对生产周期与价格的接受度低，限制了产业规模的发展壮大。

2. 基础科学研究不力，高端碳纤维与国内外存在差距

山东省碳纤维产业面临严峻挑战，低端产能过剩而高端产能不足，制约了行业整体发展。碳纤维企业在核心技术、产品优势、产业链布局及知识产权保护等方面存在短板，综合实力和竞争力亟待提升。基础研究薄弱，技术机理不明确，且受限于人才和专业基础。高校和研究机构的研发多仿制国外产品，缺乏自主创新。光威复材 T800 级碳纤维供货有限，大丝束领域无进展；而中简科技在小丝束领域取得突破，上海石化则投产大丝束生产线，但与国际先进企业如日本东丽相比，山东省碳纤维生产技术仍有 20～30 年的差距。

3. 缺乏应用设计能力，“不会用、用不好”问题突出

山东省碳纤维产业在市场推广中面临挑战，企业过于依赖产品促销而忽视应用服务，导致产品市场受欢迎程度不高。省内碳纤维及复合材料企业往往局限于模仿国外技术和领域，采用“成型加工”方法生产，缺乏设计、制

造、使用一体化的能力。同时，可持续发展研究的不足导致碳纤维产业缺乏终端客户持续需求的拉动。与国外相比，山东省碳纤维产业在原始技术创新和创新能力上明显不足。企业往往跟随国外应用趋势，缺乏自主开发新应用领域的能力。这主要源于山东省碳纤维企业缺乏应用设计能力，在相同领域开发差异化产品的能力不足。

4. 人才问题没有得到根本性解决

经过多年的努力，山东省碳纤维产业的研制工作取得了较大进步，培养出一批专业性的人才。但是，山东省在碳纤维产业的人才数量明显不足，而且缺少能够掌握关键技术的人才，直接影响了碳纤维及其复合材料的生产、推广和应用，难以支撑山东省碳纤维产业的整体发展。同时，我们的科研体制是僵化的、效率低下的。例如，项目申报、评奖、项目重复研究、仪器设备重复购置、低效率使用、无谓的出差、无谓的会议等，都造成了巨大的资源浪费。此外，在如何调动广大科技人员、专家学者的创造性潜力方面，没有进行深入的探讨，也没有采取主动的措施。

5. 生产成本高制约应用发展

山东省的碳纤维生产成本高，这不仅是经济上的问题，更是高端技术开发不足的问题。比如，产能没有有效释放、装备技术不过关、上浆剂占比高、纤维合格率低等。碳纤维高昂的价格使其应用范围和应用量受到了极大限制，同时制约了碳纤维的扩大应用和发展，很现实的一个问题是，成本下不来，应用上不去。以汽车行业为例，2022 年，我国汽车产量为 2747. 6 万辆，按照燃油车减重 25%、电动汽车减重 50% 的需求计算，汽车领域对碳纤维的需求达到了 10 万吨。目前，汽车用碳纤维价格高达 400 元/千克，远高于其他轻量化材料，只能适用于对价格不敏感的豪华型汽车和跑车。高成本是汽车用碳纤维大规模产业化的一大障碍，也是生产汽车用碳纤维的企业亟须解决的一大难题。

6. 缺少回收再利用研究

碳纤维及其复合材料，在从原材料到合格产品的整个生产制造过程中，会产生大量的废弃物，包括复合材料的边角料、不合格的产品以及未固化的预浸料等。边角料的再利用和到期制成品的回收再利用涉及碳纤维产业的可持续发展，是一个关键性问题，也是一个战略性问题。随着绿色经济的深入发展和环保监管的升级，对碳纤维材料进行回收和二次利用的研究亟待开展。在大规模碳纤维工业品的制造报废品和大规模寿命终了产品报废源源不断倾倒而来之前，要做的事很多，而留给我们的时间并不长，碳纤维回收再利用研发迫在眉睫。

四、对山东省碳纤维产业创新发展的对策建议

1. 重点培育工艺与装备硬实力，建立先进完整产业体系

在碳纤维制备工艺创新上，要打破同质化竞争，突破工艺思维的局限，追求大道至简的新工艺方法及应用技术；要明确一个理念，那就是结构的复杂性设计无法弥补材料性能。在碳纤维核心技术装备上，要重点突破用来大规模化工业生产的成套工艺与装备技术、工业及装备复合材料应用成套技术以及高性能、低成本碳纤维成套技术，着力提升山东省碳纤维及复合材料领域硬实力。在汽车、风电、压力容器等颇具潜力的工业领域，建立先进完整的集碳纤维复合材料设计—制造—应用于一体的产业技术体系，加强在能源、新基建等重点民用领域的产业发展，形成碳纤维研发、生产和应用的完备产业链，提高工业领域应用复合材料的技术水平，逐步推动山东省碳纤维及其复合材料硬实力大幅提升。

2. 加强企业的自主创新能力

要提升山东省碳纤维产业的竞争力，首先，需激发企业原始创新能力，突破关键核心技术，发展低成本、高性能碳纤维及其复合材料技术，实现高端装备自主可控。同时，须自主研制大直径、拉压性能平衡的碳纤维，并发展第 3 代先进复合材料。在民用碳纤维领域，应抓住国际市场的机遇，发展大丝束、高质量、低成本工业级碳纤维，推动其在风电和汽车领域的应用。其次，强化创新主体地位，特别是中小企业，因为它们贡献了 70% 以上的技术创新，并倾向于颠覆性、原创性创新。应支持中小企业发展，打造“专精特新”企业，培育“隐形冠军”企业。同时，赋予高校、科研机构、中小企业等更多自主权，鼓励科研创新，充分激发各类创新主体的潜力。

3. 加强技术驱动，推动生态产业链建设

碳纤维复合材料的特殊性在于其可设计性，因此下游客户在产品研发阶段需深度参与，终端需求直接影响生产布局。许多潜在客户尚未意识到碳纤维的替代潜力，碳纤维生产企业应主动合作，从零开始共同开发产品。借鉴国外先进经验，碳纤维企业应牺牲短期利润以积累经验，确保未来市场份额。建议山东省碳纤维企业联合国内外技术强大的复合材料设计公司，与终端企业共建产业生态链。首先，研究应用的结构负荷和运行条件，找到最佳碳纤维品种，并创新成型工艺。设计过程应突破现有工艺限制，根据应用需求大胆创新，丰富碳纤维产品种类。其次，建议碳纤维企业与终端客户展开紧密合作，甚至相互参股，构建高壁垒的应用生态系统。

4. 持续加强创新人才队伍建设

山东省需厚植企业家成长土壤，尊重企业家精神，简政放权，营造良好营商环境，培养“比尔·盖茨式”创新企业家；同时，需培养跨界型人才，融合物理、数学、化学与材料力学设计人才，突破碳纤维应用设计“瓶颈”。此外，需创新科研体制，摒弃传统评价体系，建立以贡献、创新和能力为标准的人才评价体系，赋予科研人员更大自主权，并给予创新激励。改革教育体制，以二三十年为维度，发掘学生天赋，因材施教，培养具有好奇心、探究心、专业兴趣和素养的创新型人才。通过这些措施，山东省将能够吸引和聚集高端人才及团队，为碳纤维产业及相关领域的发展提供强有力的支撑和推动。

5. 持续推进工艺革新与规模效益，打开降本空间

为了促进山东省碳纤维产业向低成本、高质量转型，我们需要采取一系列有力措施。首先，加快干喷湿纺法工艺的推广，替代传统湿法纺丝，以提升纺丝速度和产量，降低成本约75%。其次，优化氧化工艺，借鉴国际先进技术，如日本的做法，缩短预氧化时间，提高生产效率50%以上。再次，通过扩大产能实现规模化生产，降低单耗成本。从次，引入先进设备，如自动铺丝机、铺带机等，提高生产效率，减少废品率。最后，研发颠覆性低成本技术，如利用天然纤维替代原料，研发短流程和等离子体碳化技术，为碳纤维产业提供技术支撑。

6. 尽早开展可回收利用研究

碳纤维产业蓬勃发展，回收利用市场虽已形成规模，却面临诸多挑战。在生产碳纤维复合材料过程中，废丝、边角料及有毒废气等废弃物不仅污染环境，还造成资源浪费。因此，碳纤维及其复合材料的回收再利用问题亟待解决。当前，碳纤维回收面临两大难题：一是生产过程中约50%的原料产生的有毒气体需高成本净化，其回收再利用成为重点；二是碳纤维及其复合材料的回收技术尚待突破。新型可回收碳纤维的应用技术与市场发展亟须推动。碳纤维回收任务艰巨，需政府及全社会大力支持，并通过研发新技术完善回收体系。

参考文献

[1]林刚．碳纤维产业“聚”变发展:2020 全球碳纤维复合材料市场报告 CNTE21[J]．纺织科学研究,2021(5):23.

[2]王一冰,胡拥军．“新材料之王”大丝束碳纤维国产替代加速[J]．中国石化,2022(11):5.

[3]赵晓青．碳纤维复合材料回收再利用的现状分析[J]．化工设计通讯,2020(10):2.

[4]未来智库．碳纤维行业深度报告:碳纤维成型工艺及瓶颈探讨[R/OL]．[2020-04-27]. https://baijiahao.baidu.com/s?id=1665102308614971399&wfr=spider&for=pc.

作者简介

张建峰，副研究员，山东省工业和信息化研究院。

张　伟，经济师，山东省工业和信息化研究院。

张彤彤，研究实习员，山东省工业和信息化研究院。

27

乡村振兴背景下的山东省传统建材产业链绿色发展研究

派驻山亭第一书记工作组

摘　要　乡村振兴战略是我国促进农村经济发展和社会稳定的重要政策。2023年初，山东省委、省政府印发了《关于做好2023年全面推进乡村振兴重点工作的实施意见》。在这一背景下，发挥建材等传统基础产业的保障和支撑作用，带动农村经济快速发展，对乡村振兴具有重要意义。特别是随着环保意识的增强，如何保障乡村振兴在工业发展带动过程中实现绿色发展，已成为亟待解决的问题。绿色低碳建材能够在全生命周期内减少对自然资源的消耗和生态环境的影响，具有极大的碳减排和市场发展潜力。本次研究深入山东省乡村振兴工作一线，由多位长期驻村坚守的第一书记和相关行业协会联合开展，翔实的资料、切身的体会、细致的观察、具体的工作贯穿了研究全过程，对乡村振兴背景下的山东省传统建材产业链绿色发展提出了对策和建议。

关键词　传统建材　绿色发展　产业链

一、传统建材产业链绿色发展对乡村振兴的意义

山东省传统建材产业链绿色发展对实现乡村振兴战略目标有着提升发展潜力、保护乡村环境、增加就业机会、促进和谐稳定等重要作用，是乡村振兴的关键抓手和重要引擎。特别是在山东省广大农村地区，其建材资源丰富，

具备易发展、配套全、见效快等基础优势。

绿色建材产业的发展可以促进乡村经济的增长和发展。绿色建材具有环保、节能、资源综合利用等优势，在乡村建设、改造和提升中具有广泛应用前景。通过推动绿色建材产业的发展，可以带动乡村经济的转型升级，提高乡村经济的可持续性和竞争力。

绿色建材产业的发展可以提高乡村生态环境的保护水平。绿色建材具有环保、节能、资源综合利用等优势，对降低能耗和减少环境污染具有重要作用。在乡村建设和改造中，采用绿色建材可以有效地减少环境污染和资源浪费，提高乡村生态环境的保护水平。

绿色建材产业的发展可以为当地居民提供更多的就业机会。绿色建材产业的发展需要大量的技术、管理人员和劳动力资源，属于劳动密集型产业，可以为当地居民提供更多的就业机会和岗位。同时，绿色建材产业的发展还可以带动相关产业的发展，进一步扩大就业机会。

绿色建材产业的发展可以促进乡村社会的和谐稳定。随着社会经济的发展和人们生活水平的提高，人们对生活环境和环保理念的要求也越来越高。采用绿色建材进行乡村建设和改造，可以提高乡村居民的生活品质和幸福感，促进乡村社会的和谐稳定。

二、绿色建材产业发展的机遇、挑战、发展目标

（一）绿色建材产业具备三大机遇

1. 市场需求持续增长

随着人们对环保和健康的关注度不断提高，绿色建材产品的市场需求呈不断增长的趋势，绿色建材陆续进入千家万户，被普通消费者接纳、认可、追求，为山东省发展绿色建材产业提供了良好的市场机遇。

2. 产业技术不断进步

随着科技的不断进步，越来越多的绿色建材技术和产品涌现，为山东省发展绿色建材产业提供了强大的技术支持。

3. 政策扶持力度加大

国家和山东省政府对绿色建材产业的发展给予了越来越多的政策支持，为绿色建材产业的发展提供了有利条件。

（二）绿色建材产业面临三大挑战

1. 技术创新能力不足

尽管绿色建材产业的技术不断进步，但是山东省在技术创新方面还存在不足，缺乏具有自主知识产权的核心技术和产品。

2. 产业链不完整

绿色建材产业的产业链不够完整，上下游企业之间缺乏有效的协同创新机制，导致技术创新无法有效转化为实际生产力。

3. 环保压力增大

随着环保政策的不断加强，市场对绿色建材产业的环保要求越来越高，也对绿色建材产业的环保转型提出了更高的要求。

（三）绿色建材产业发展目标

《山东省建材工业十四五发展规划》提出，绿色建材和装配式建筑拓展新型建材发展空间，把大力发展装配式建筑作为加快产业转型升级、促进建筑业持续健康发展的重要举措，到2025年，全省新开工装配式建筑占新建建筑比例达到40%以上的发展目标。在政策推动和消费升级的双重驱动下，装配式建筑和绿色建材产业进一步协同发展，将促进形成以优势企业为核心、涵盖全产业链的装配式建筑产业集群。

《山东省建材行业碳达峰工作方案》提出，推动建材产业结构调整，降低能耗，实现碳达峰目标。该方案提出了一系列重点任务，包括严格控制水泥产能、推动原料和燃料替代、提高固体废物资源利用率等，为建材行业节能减排画出了路线图和时间表。

《山东省传统产业技改升级行动计划（2023—2025年）》提出，推动传统建材产业的转型升级，提高产品质量和市场竞争力。一系列措施包括推进传统建材产业的技术创新、加快传统建材产业的环保转型、促进传统建材产业的绿色发展等。

三、山东省建材产业现状

建材产业是支撑国民经济发展的重要基础型产业，服务于建筑业及汽车、电子、电器、医疗、水利等150多个行业，带动电力、煤炭、石化等工业及商务、金融、批发零售等服务业共110多个行业。建材产业是山东省制造业的传统优势产业，生产集中度高、产业规模大、技术水平相对来说较为先进。2022年，受外部多重不利因素叠加影响，建材市场需求受到严重冲击，行业发展遇到较大阻碍。

（一）山东省建材产业运行情况

1. 产业经济运行数据下滑

根据统计局数据，2022年，山东省建材产业共有规模以上企业3969家，相较于2021年增加362家。山东省建材产业实现销售收入4710.45亿元，居全国第3位。山东省建材产业利润总额为295.61亿元，居全国第1位。其中，非金属矿采选业利润20.1亿元，同比增长8.2%；非金属矿物制品业利润275.51亿元，同比减少18.82%。

2. 重点建材产品市场萎缩

根据中国建筑材料联合会数据，在调度的26种重点建材产品中，2022年，山东省建材产业有19种产品产量同比下降，其中，水泥、平板玻璃产量分别同比下降19.3%、8.9%，增幅分别低于全国均值8.5个百分点、5.2个百分点。在产量保持增长的产品中，玻璃纤维纱、玻璃纤维增强塑料制品分别增长10.9%、43.0%，延续了前两年的强劲增幅，体现出新能源等战略性新兴产业快速发展对上游产业的有力拉动。

（二）山东省传统建材产业发展特点

1. 建材产业园区建设取得成效

山东省建材工业近年来高度重视园区建设，2022年，行业园区建设取得新进展。临沂市装配式建筑产业集群入选山东省十强产业“雁阵形”集群库，岱岳区新材料和新型建材产业集群入选山东省十强产业“雁阵形”集群储备库，岱岳区（玻璃纤维新材料）特色产业集群入选 2022 年度山东省特色产业集群。

2．行业龙头企业示范效应提升

山东省建材产业能长期居于全国前列，省内建材骨干企业的带动作用明显。山水集团、中联水泥、金晶玻璃、泰山玻纤、泰山石膏等在国内外有重要地位的领航型企业持续引领行业发展。2022 年，肥城联谊工程塑料有限公司、天鼎丰非织造材料有限公司入选第七批国家级单项冠军示范企业；泰山石膏有限公司入选山东省十强产业集群领军企业库。

（三）山东省传统建材各细分产业情况

1．水泥

水泥是第一大建材子行业，主要产品为通用硅酸盐水泥。山东省水泥工业的规模在国内长期名列前茅。截至 2022 年底，山东省共有 85 条水泥熟料生产线。2022 年，山东省水泥产量 1. 34 亿吨，同比下降 19. 3%，居全国第 4 位，约占全国产量的 6. 3%；熟料产量 7396. 8 万吨，同比下降 15. 5%，约占全国产量的 5. 4%。截至 2022 年底，山东省除特种水泥熟料和化工配套水泥熟料生产线外，2500 吨/日及以下水泥熟料生产线全部整合退出。

2．平板玻璃

平板玻璃产业在山东省建材行业中占据着重要的传统优势地位，其特点主要体现在高度的产业集聚、先进的技术水平以及显著的龙头企业带动效应。平板玻璃主要分为浮法玻璃和光伏压延玻璃两种，传统上以建筑用浮法玻璃为主，近年来随着新能源产业的快速发展，光伏压延玻璃比例逐年提高。2022 年底，山东省有平板玻璃生产企业 12 家，浮法生产线 26 条，设计日熔化能力达 14370 吨。2022 年，山东省平板玻璃产量 8271. 5 万重量箱，居全国第 4 位，同比下降 8. 9%，约占全国产量的 8. 2%。玻璃深加工企业约 2000 余家，其中规模以上企业 400 余家，加工产品涉及建筑、工业、交通、新型农业以及装饰装修等多个领域，主要产品有镀膜玻璃、中空、钢化、夹层玻璃以及艺术玻璃等。2022 年上半年，山东省浮法玻璃产量 4176. 53 万重量箱，同比减少 5. 3%；7 月，主要产品价格继续下滑，山东省浮法玻璃企业均处于亏损状态，部分企业亏损幅度超过20%。

3. 建筑陶瓷

建筑用陶瓷砖是山东省建筑陶瓷行业传统特色产业之一，高峰时期，山东省仅淄博、临沂两大产区就分别拥有500多条、200多条建筑陶瓷生产线，是仅次于广东省的全国第二大建陶产区。2022年，山东省有建筑陶瓷生产企业76家，从业人员28205人，生产线124条。其中，陶瓷砖生产线120条，日总产能261.72万平方米；陶瓷瓦生产线4条，日总产能90万片。2022年，山东省陶瓷砖总产量约3.75亿平方米，同比下降约5.3%，约占同期全国总产量的4%。在山东省现有的76家建筑陶瓷企业中，72家使用天然气生产，天然气使用率达94.7%，其中，淄博和临沂的建筑陶瓷企业已全部实现天然气生产。

四、山东省传统建材产业面临的问题

（一）产业结构不合理

传统建材产业存在产能过剩、产品同质化严重等问题，市场竞争激烈、企业效益不佳，使得整个产业链难以协同发展。由于缺乏统一的规划和引导，传统建材产业的发展相对分散，没有形成规模效应。同时，由于供应链的复杂性，整个产业链很难实现优化和升级。传统建材产业的企业生产集中度较低，数量众多，平均规模较小，难以实现产业的集聚和规模化效应，缺乏具有国际竞争力的大型企业。

（二）技术创新能力不足

传统建材产业技术水平相对较低，缺乏具有自主知识产权的核心技术和产品，使得整个产业链的协同创新能力不足，在新型建材领域难以实现突破和发展。

（三）资源利用效率低

传统建材产业的资源利用效率较低，存在资源浪费和环境污染等问题，限制了产业链可持续发展。生产过程需要消耗大量的资源与能源，污染排放严重，给生态环境造成了较大压力。

（四）缺乏协同创新机制

传统建材产业链上下游企业之间缺乏有效的协同创新机制，导致技术创新无法有效转化为实际生产力，进而影响整个产业链的协同发展。传统建材产业的产品附加值较低，多数产品的附加值仅为原材料价值的数倍。同时，产业链较短，缺乏对上下游产业的带动和引领。

（五）受严格生态环保政策的影响

当前，山东省建材产业中新兴产业规模较小，严格的生态环保政策对建材产业的发展提出了新要求，使传统建材产业链上下游协同发展面临更大挑战。

五、山东省传统建材产业发展方向

山东省传统建材产业下一步发展的方向可能会受到多重因素的影响，包括政策导向、市场需求、技术进步等。依据《山东省建材工业“十四五”发展规划》目标，需明确高端化、集群化、智能化、绿色化四大重点发展方向。

（一）向高端化发展

加大技术研发投入，提升产品的技术含量和附加值，推动产品向高端化方向发展。例如，水泥行业可能会积极发展特种水泥，平板玻璃行业可能会攻克关键技术，填补产业空白，发展高端产品。

（二）向集群化发展

加大力度推动产业集聚，形成具有区域特色的产业集群。例如，一些建材行业可能会在山东省的重点发展区域集中资源，形成具有竞争力的产业基地。

（三）向智能化发展

在数字化和智能化的时代，加大对智能化设备和先进实用技术的推广应用，推动生产的自动化和信息化。

（四）向绿色化发展

为了符合环保要求和市场需求，注重资源的综合利用和环保技术的应用，推动生产的绿色化和可持续发展。例如，防水材料行业可能会推进集约集聚发展，石材行业可能会提升品牌影响力，发展精深加工产品。

六、山东省传统建材产业绿色转型分析

（一）产业结构优化方面

传统建材产业存在资源消耗大、环境污染重的问题，因此需要通过产业结构优化降低对环境的影响。一是推动传统建材产业向高端化、智能化方向发展，提高产品的附加值和市场竞争力。二是促进传统建材产业与其他产业之间的融合，形成新的产业体系和经济增长点。三是严格控制高污染、高耗能、低效益的建材项目，淘汰落后产能，推动产业升级。

（二）技术创新方面

传统建材产业需要不断进行技术创新，开发和应用绿色环保的新技术与新工艺，提高生产效率和产品质量。一是加强与高校、科研机构的合作，引进与吸收新技术、新工艺和新产品。二是加大技术研发力度，推动传统建材产业的绿色化和智能化，提高生产效率和产品质量。三是推广应用新型节能环保材料，提高传统建材产业的资源利用效率和环保性能。

（三）环境保护方面

传统建材产业需要积极采取环保措施，减少对环境的影响。一是加强环保意识教育，提高企业和员工的环保意识与责任感。二是实施清洁生产，采用环保设备和工艺，减少生产过程中的废弃物排放和能源消耗。三是推广应用新型环保建材产品，提高产品的环保性能和市场竞争力。

（四）政策法规方面

政府需要制定相应的政策法规，鼓励和支持传统建材产业绿色转型。一

是加大对传统建材产业的环保投入力度，支持绿色技术和产品的研发与应用。二是推广应用新型节能环保材料和设备，促进传统建材产业的转型升级。三是加强对传统建材产业的环保监管和管理，对不符合环保标准的企业进行处罚和整改。

七、山东省传统建材产业链绿色发展路径

（一）推广适宜技术产品

借鉴其他地区的经验和技术，结合山东省的实际情况，推广适宜的绿色建材技术和产品，提高绿色建材产业的技术含量和市场竞争力。

（二）健全绿色建材载体

研究山东省绿色建材产品的认证、采信和推广应用情况，提出促进绿色建材推广应用的措施和政策建议，推动绿色建材在乡村振兴建设中的应用。建立绿色建材采信库，借鉴国内外经验，将符合标准的绿色建材产品和技术纳入采信库，并定期进行更新和维护，提高市场认可度和信任度。

（三）加强企业技术创新

鼓励企业大力开展新产品研发和技术创新，形成具有自主知识产权的产品和技术，提高企业的核心竞争力。针对山东省传统建材产业链中的关键技术和设备，研究其创新能力和研发水平，提出促进技术创新和研发的措施与政策建议。

（四）产业链协同发展

研究山东省传统建材产业链上下游企业的协同发展状况，分析产业链各环节的“瓶颈”和问题，提出促进产业链协同发展的措施和政策建议。借鉴国内外经验，推广绿色建筑和装配式建筑，提高绿色建材产品的应用范围和使用量，促进绿色建材产业的发展。

（五）加大政策引导和扶持力度

借鉴国内外经验，加大政策引导和扶持力度，鼓励社会投资和建材企业

转型升级，推动绿色建材产业的发展。根据山东省传统建材产业链中的资源综合利用和环保状况，提出促进资源综合利用、降低环境污染的措施和政策建议。

（六）开展国际合作

借鉴其他国家和地区的经验与技术，开展国际合作，引进先进的绿色建材技术和产品，提高山东省绿色建材产业的发展水平。

八、政策建议与展望

在乡村振兴背景下，山东省传统建材产业作为农村经济发展的重要组成部分，应积极推动绿色发展，以实现经济、社会和环境的可持续发展。传统建材产业链的绿色发展需要从多个环节入手，包括制定绿色发展战略、延伸产业链条、推动产业融合、加大产业集聚以及拓展市场渠道等，以实现产业的高效发展和绿色发展。

（一）强化双碳产业政策体系建设

制定明确的双碳目标，建立完善的政策法规体系，以双碳目标为导向，制定相应的政策法规，包括财税政策、金融政策、市场准入政策等；鼓励和支持企业加大低碳技术和产品的研发力度，推动绿色建材、智能制造等新兴技术与传统建材的深度融合，提高建材工业的能源利用效率和资源利用率。建立完善的环境管理体系，加大企业内部的环境监测评估和建材行业的监管力度，推动整个行业向低碳方向发展。

（二）加快绿色建材产业集群建设

产业集群化是推动产业链上下游企业协同发展、提升产业区域竞争力、构筑国际竞争优势的重要途径。建议政府和行业协同发力，发挥“链主”企业龙头带动作用，构建产业链上下游、大中小企业梯度培育体系，推动产学研用深度融合，推动形成建材与其他产业耦合发展，打造一批高水平、特色化的绿色建材生产集群。

（三）深入实施绿色建材下乡

绿色建材下乡是推动山东省绿色建材产业发展的重要抓手，应充分考虑农村市场的特点和需求，创新推广方式和服务模式。建立绿色建材下乡活动试点，通过示范效应带动绿色建材下乡的全面实施。通过宣传教育、政策引导等方式，提高消费者对绿色建材的认识和接受程度，促进绿色建材消费市场的形成。制定绿色建材下乡政策措施，包括财政补贴、税收优惠、推广应用等，促进绿色建材在农村市场的推广应用。鼓励企业加大绿色建材的研发和生产力度，提高产品质量和技术水平，满足农村市场的需求。通过搭建信息服务平台，发布绿色建材产品信息、技术指导等，为农民提供便捷的信息服务。加强对绿色建材下乡活动的监管和评估，确保活动的有效实施和达到预期效果。

（四）持续推动转型升级

以绿色发展为导向，推动传统建材产业的革新与升级，研发与推广适用于多样化应用场景的装配式、模块化和功能化绿色建材产品。发挥领航企业带动作用，攻克一批关键技术，形成以数字经济为引领、生产性服务为支撑、建材传统产业和新兴产业协同发展的新格局。通过技术创新和产业升级，提高绿色建材产业的技术含量和附加值，推动产业向高端化、智能化、服务化方向发展，提升产业竞争力。通过引进先进的生产技术和设备，优化生产工艺，提高资源利用率，降低能耗和减少环境污染。通过技术创新、产业升级等方式，推动传统建材产业向高端、高附加值领域转型。

（五）加强科技创新

鼓励和支持企业加大科技创新投入，推动绿色建材的研发和创新，提高产品的质量和性能，培育“专精特新”“小巨人”企业、单项冠军企业和“隐形冠军”企业。加强与高校和科研机构的合作，开展绿色建材产学研合作，推动科技成果的转化和应用，提升产业的科技水平。

（六）加强行业品牌建设和平台联盟建设

提高产品质量和服务水平，加强品牌建设，提升企业形象和竞争力。通过质量管理体系认证、环保认证等方式，提高企业的信誉度和市场竞争力。通过搭建绿色建材产业服务平台，为企业提供技术咨询、信息交流、人才培训、市场拓展等服务，降低企业的运营成本，提高企业的生产效率和服务水平。通过建立绿色建材产业联盟，整合产业链上下游企业资源，加强企业间的合作，实现资源共享、优势互补、互利共赢，提升产业的整体竞争力。

（七）推动绿色建材的应用

加强绿色建材的研发和应用，推广绿色建筑和装配式建筑，提高绿色建材的使用比例。例如，可以推广节能门窗、保温墙体、高效节能玻璃等绿色建材产品，促进绿色建筑的发展。与供应商建立绿色供应链，要求其提供环保、低碳的产品和服务，从源头上减少碳排放。例如，可以选择采用环保原材料、能源和水资源等，降低生产过程中的污染物排放。

（八）强化行业标准体系建设

建立健全行业绿色低碳标准体系，以支撑绿色制造和能源消耗的高效管理。进一步完善绿色制造和能源消耗相关的配套标准及资源综合利用的标准，提高资源的利用效率。

为推动绿色建材的广泛应用，应加快绿色建材评价标准的制定和修订，并积极推进绿色建材产品的认证工作。将绿色建材产品认证数据纳入相关行业采信数据库，为绿色建材的推广和应用提供有力支持。

（九）推进数字化和智能化发展

制定并执行针对重点领域的基础共性关键技术指标，以这些指标为导向，构建特定细分领域的智能制造创新服务平台。引导各类创新资源（如技术、人才和资金等）向智能制造领域集中，以实现资源的优化配置和高效利用，从而推动智能制造领域的快速发展。

九、结语

党的二十大强调，建设现代化产业体系、全面推进乡村振兴的重大任务，特别是在绿色建材产业领域，要加快其生产、认证和推广应用，以绿色消费为动力，推动美丽乡村建设，进而促进乡村产业的全面振兴。在山东省，积极推动绿色建材产业的发展，不仅能够极大地推动乡村经济的稳步增长，提高乡村生态环境质量，还能够创造更多的就业机会，为乡村社会的和谐稳定注入新的活力。这一举措对实现乡村振兴战略目标具有不可估量的意义，是深入贯彻习近平新时代中国特色社会主义思想，积极响应党中央、国务院决策部署的具体体现。同时，它展示了我们在新的发展阶段下，积极贯彻新发展理念，构建新发展格局，推动经济社会全面绿色转型，践行绿色低碳生活方式的坚定决心和有力行动。

参考文献

[1]山东省工业和信息化厅．山东省建材工业“十四五”发展规划[Z]. 2021－11－17.

[2]山东省住房和城乡建设厅．山东省绿色建材推广应用三年行动方案(2022—2025年)[Z]. 2022－04－03.

[3]山东省人民政府办公厅．山东省人民政府办公厅关于推动城乡建设绿色发展若干措施的通知[Z]. 2022－05－06.

工作组成员简介

张　伟，经济师，山东省工业和信息化研究院。

李一村，副处长，山东省工业和信息化厅政策法规处。

王诗伟，副总经理，山东土地集团枣庄有限公司。

薄兆明，讲师，山东电子职业技术学院。

高　健，工程师，山东省信息技术产业发展研究院。

刘建文，综合管理部部长，山东土地集团枣庄有限公司。

宋　伟，秘书长，工程师，山东省砂石协会。

28

做强做大山东省高端装备制造　夯实新型工业化战略支撑研究

做强做大高端装备制造研究课题组

摘　要　山东是装备制造业大省，产业规模较为宏大，产业体系较为完备，2022 年，营业收入达到 2.4 万亿元，居全国第 4 位，其中高端装备营业收入突破 1 万亿元，占比达 48.1%，在农机装备、工程机械、汽车、海工装备、轨道交通等行业领域形成较强的竞争优势。但同发达国家和先进省份相比，山东省装备制造业还存在产业链现代化水平不高等问题，亟待着眼于服务全国先进制造业发展战略全局，着力推动山东省制造业强省建设，聚焦“四大支撑”领域，夯实“工业母机”基础支撑，做强仪器仪表设备关键环节，做优船舶与海工装备“蓝色增量”，前瞻布局高端装备未来产业；优化“三大保障”，建立集群共建工作体系，完善科技创新体系，健全资金支持政策体系；塑造高端装备制造核心竞争优势，做强新型工业化战略支撑。

关键词　高端装备　新型工业化　战略支撑

一、山东省装备制造业和发达省份的整体差距

通过对鲁苏浙粤四省装备制造业在产业规模、产业利润、产业结构、龙头企业、科研创新能力、产业数字化水平六个方面进行比较，全方位梳理山

东省装备制造业的差距与不足，分析山东省装备制造业高质量发展面临的问题与挑战。

（一）产业规模小

从鲁苏浙粤四省装备制造业的规模来看，2022 年，山东、江苏、浙江、广东四省装备制造业营业收入分别为 2. 39 万亿元、8. 60 万亿元、4. 82 万亿元、10. 19 万亿元。2022 年，全国装备制造业总营业收入为 50. 87 万亿元，山东、江苏、浙江、广东四省分别占全国的 4. 70%、16. 91%、9. 48% 、20. 03%，这四省共占 51. 12%。山东省装备制造业营业收入虽然位列广东、江苏、浙江三省之后，居全国第 4 位，但与三者相比有较大差距，广东、江苏、浙江三省分别是山东省的 4. 26 倍、3. 60 倍、2. 02 倍。

（二）产业利润少

从鲁苏浙粤四省装备制造业的利润总额来看，2022 年，山东、江苏、浙江、广东四省装备制造业利润总额分别为 1012. 5 亿元、5070. 5 亿元、3092. 1 亿元、5604. 4 亿元，四省合计 14779. 5 亿元。2022 年，全国装备制造业利润总额为 28769. 0 亿元，山东、江苏、浙江、广东四省分别占全国的 3. 52%、17. 62%、10. 75%、19. 48% ，四省共占利润总额的 51. 37%，和营业收入占比相当。但山东省装备制造业利润水平和广东、江苏、浙江三省相比有较大差距，广东、江苏、浙江三省分别是山东省的 5. 54 倍、5. 01 倍、3. 05 倍。

（三）产业结构不合理

从鲁苏浙粤四省装备制造业的结构来看，装备制造业的中高端技术多集中于电子信息、铁路船舶航空航天、电气机械器材、仪器仪表 4 个行业，2022 年，山东、江苏、浙江、广东四省 4 个行业的合计营业收入分别为 9637. 23 亿元、50614. 77 亿元、25481. 47 亿元、70709. 46. 23 亿元，占各省装备制造业的比例分别为 40. 40%、58. 82%、52. 81%、69. 42%，江苏、浙江、广东三省 4 个行业的规模分别是山东省的 5. 25 倍、2. 64 倍、7. 34 倍。

（四）龙头企业数量不足

中国机械工业企业管理协会发布了“2022 年中国机械 500 强”名单，从上榜企业数量的地区分布来看，浙江、江苏、广东、上海、山东位列全国前 5，其中浙江省 89 家、江苏省 82 家、广东省 66 家、山东省 34 家，山东省和浙苏粤三省相比差距明显。

根据全国工商联发布的“2022 中国制造业民营企业 500 强”榜单，从鲁苏浙粤四省的上榜企业数量来看，浙江省共有 94 家企业入围中国制造业民营企业 500 强，上榜企业数量居全国第 1，其次是江苏省 82 家、山东省 61 家、广东省 49 家；在装备制造业领域的上榜企业中，浙江省 32 家、广东省 31 家、江苏省 8 家，山东省仅有歌尔股份、泰开集团、青特集团 3 家企业入选，差距十分明显。

（五）科研创新能力有待加强

在研发经费投入总量方面，鲁苏浙粤四省装备制造业研发经费投入分别为 533.25 亿元、1759.51 亿元、924.91 亿元、2251.28 亿元，山东省和其他三省差距明显，江苏、浙江、广东三省分别是山东省的 3.30 倍、1.73 倍、4.22 倍。在研发经费投入增长率方面，2018—2021 年，山东省研发经费投入增长 19.05%，同期江苏、浙江、广东三省研发经费投入分别增长 60.85%、41.58%、40.30%，是山东省研发经费投入增长率的 2 ~ 3 倍。

在发明专利方面，2020—2022 年，山东省高端装备制造业发明专利授权量分别为 2412 件、3715 件、5014 件，和同期的江苏省、广东省相比，山东省发明专利大约为两省总和的一半。

（六）产业数字化水平偏低

在工业互联网平台应用方面，由国家工业信息安全发展研究中心发布的《工业互联网平台应用数据地图（2021）》，对各省市的工业互联网平台应用现状、主要特征与发展态势进行深入分析，客观描绘出工业互联网平台应用全景图。山东省在工业互联网平台应用水平、工业互联网平台应用普及率、企业工业设备上云率三项核心指标方面均落后于江苏、浙江、广东三省。在产业数字化成熟度方面，根据工业互联网知名平台卡奥斯 COSMOPlat 发布的 2022 中国产业数字化成熟度指数报告，广东省、江苏省、山东省、浙江省排名前4，综合得分分别为3.34、3.23、2.81、2.70，山东省和广东省、江苏省相比还有较大差距。

二、做强高端装备重点领域“四大支撑”的分析

（一）夯实“工业母机”这个基础支撑

整体情况：山东省是通用机床生产大省，产业基础雄厚，产业链优势显著。2022 年，山东省营业收入 200 多亿元，居全国前 3 位，现有规模以上机床企业 100 余家，主要集中在济南、枣庄、潍坊等地，产业链的优势环节为金属成型机床、金属切削机床和特种加工机床等整机产品，济南二机床的数控全自动冲压生产线国际市场占有率达 40% 以上、国内市场占有率达 80% 以上，为“世界三大数控冲压装备制造商”之一，有基础、有条件在高端数控机床领域高质量发展。

短板差距：产业链整体自主可控水平还有待提升，在核心部件和关键技术方面存在薄弱环节。核心部件：高端数控机床用数控系统、主轴、光栅尺、刀库等，山东省没有生产厂家，特别是金属成型机床的伺服液压拉伸垫完全依赖德国力士乐公司，自走式夹紧器、湿式离合制动器、滑块锁紧装置、工业机器人等全部依赖欧日进口。关键技术：山东省数控机床在五轴联动技术、误差补偿技术、直线电机进给驱动技术、数字化精密测量技术等方面与欧美、日本、韩国和中国台湾有较大差距，在复合加工、高速高精、精度保持等关键性能指标方面还相对落后，用户不敢用、不愿用，国产设备推广不力，又反过来导致供给端核心技术积累与迭代升级缓慢，形成恶性循环。

发力重点：着眼实现高端数控技术自主可控，加快补齐短板。①组建高端数控机床省实验室。支持济南二机床依托省技术创新中心，联合山东大学、省机械设计研究院建立省实验室，对接争取国家“高档数控机床与基础制造装备”科技重大专项，重点攻关精密数控机床传感器制造、五轴高档数控系统、万能摆角铣头等重大技术。②填补国产配件供应链衔接空缺。以机床供

应链联盟为平台，精准对接武汉华中数控、北京精雕科技、南京工艺装备制造等省外优质配套企业，逐步建立配套适配的供应关系，补齐数控系统、丝杠、导轨等供应短板。③组织实施国产化替代应用示范项目。在新能源汽车、电子信息、轨道交通、工程机械、农机装备、船舶海工、航空航天、核电等重点领域，开发、开放一批典型应用场景，试点国产机床替代，形成国产工业母机成套、成线、成规模示范应用，同时加强跟踪监测与分析评估，为技术改进提供应用数据。

（二）做强仪器仪表设备这个关键环节

整体情况：长期以来，山东省仪器仪表制造业由于产业、企业规模都比较小，在规划政策支持上处于“边缘化”状态。自2015年规模达到顶点后（规模以上企业数为366家，营业收入达886.48亿元），经历较大下滑后逐步回升，目前仪器仪表制造业有规模以上企业312家，营业收入346.7亿元，占全国的3.5%。

差距短板：山东省仪器仪表行业发展整体水平与苏浙粤三省相比差距明显，是高端装备制造业发展的一块短板。从营业收入规模来看，山东省只相当于江苏省（2562.5亿元）的1/7、浙江省（1625.1亿元）的1/5、广东省（1585.4亿元）的1/4。从规模以上企业的数量来看，山东省不足浙江省的一半、江苏省的30%，且平均营业收入不足1.3亿元，普遍规模较小。从产品结构来看，山东省高精度仪表、工装模具在线检测设备、智能综合分析仪等高端产品比重低于30%，难以对高端装备、信息技术等产业提供配套和支撑。

发力重点：以扩规模、提质量为方向，加快补齐短板，夯实新型工业化关键支撑。①将仪器仪表制造业纳入高端装备产业链。出台专项提升行动计划，制定中长期发展目标，编制技术路线图和产业链图，省政府领导亲自抓。②推广“制造商+用户”联合开发模式。分领域梳理汽车、钢铁、石化、纺织、医药等用户企业需求，发布新建项目和改造需求目录，通过举办对接活动，吸引仪器仪表制造企业提供从设计到产品的打包服务，共同开发、拓展高端产品品类。③建立仪器仪表重点企业库。对营业收入首次达到5000万元、1亿元、3亿元的企业，分别给予不同数额的一次性奖励；对通过“新三板”、齐鲁股权交易中心上市融资的企业，给予挂牌补助或政策性基金跟投。

（三）做优高技术船舶与海工装备这个“蓝色增量”

整体情况：船舶工业被称为“综合工业之冠”，与207个工业中类中的146个有直接关联。近年来，在全球航运高需求、高运价推动下，国际船舶与海工装备需求急速释放，尤其节能环保的新型集装箱船、汽车运输船、液化气船等需求旺盛。2023年前三季度，我国造船完工量、新接订单量和手持订单量分别增长10.6%、76.7%、30.6%，山东省三项指标增长分别达10.7%、97.1%、43.6%，部分船企生产计划已经排到2026年。

短板差距：山东省海工装备产值占全国总产值的36.9%，居全国首位，海洋油气开发装备、深远海渔业养殖装备、海洋新能源装备、海上航天发射装备走在全国前列。山东省与先进省份的差距主要集中在船舶制造领域。一是产业规模小。2022年，山东省造船完工量为323.9万载重吨，江苏省造船完工量为1743.3万载重吨、占全国份额的46.0%，是山东省的5.38倍；2022年造船完工量全国前10的企业江苏省有4家，山东省只有北海造船1家。二是高附加值产品少。山东省船企主建船型为散货船、客滚船、中小型集装箱船、远洋渔船等，市场占比有一定优势，但技术含量相较于大型豪华邮轮、LNG运输船等高技术船舶存在差距。三是船舶海工装备研发设计、配套能力弱。国内大型船舶设计院所主要分布在上海、大连等地区，山东省高端、新型船舶海工装备设计以跟随模仿为主。大多数关键核心配套设备仍然无法自产，山东省共236家配套企业902项产品获中国船级社认证，与江苏省785家2109项产品获认证相比，配套产业规模小、配套产品种类少。

发力重点：瞄准高技术船舶、高端海工装备、核心配套三大领域，形成新优势。①组建青烟威船舶海工装备区域产业联合体。引导龙头企业开放创新要素、共享产能资源，采取定向扶持、内部孵化、技术分享、订单保障、质量一致性管控等方式，加速培育更多深度嵌入供应链的配套中小企业，提升集群根植性，争创国家级先进制造业集群。②丰富高技术新能源远洋船舶谱系。以北海造船、招商局金陵船舶（威海）等龙头企业为依托，加强与中船重工船舶设计研究中心、亚欧海洋产业技术及装备研究院等省内外平台合作，集中开发一批 LNG 动力船舶、氨燃料动力预设超大型油船、电池混动驱动高端客滚轮等国际领先的主力新船型，争取更多设计和建造订单。③布局建设高技术船舶与海工装备应用验证平台。为行业提供技术配套、中试、工艺验证等服务，加快国内、省内配套产品“实船化”应用，带动提升动力系统、电气系统、舱室设备、甲板机械、通信导航、智能系统等核心配套能力。

（四）前瞻布局高端装备未来产业

成功典型案例：各先进省市积极对高端装备未来产业进行前瞻引导和布局，通过新兴科技和新兴产业的深度融合，在高端装备制造领域开辟了新赛道、造就了新优势，带动了经济社会的长远发展。深圳市大力发展高端医疗器械产业。深圳市将高端医疗器械列入“20 + 8”产业集群重点发展方向，组建了国家高性能医疗器械创新中心，聚焦关键技术、基础材料、核心部件等“卡脖子”问题，积极构建高性能医疗器械产业全链条创新生态，已经形成产业发展的新高地。合肥市积极抢占人工智能产业赛道。合肥市积极出台促进人工智能产业发展的政策措施，大力支持头部企业招引培育，培育了中科类脑、科大讯飞、华米科技等行业领军企业，依托全国首个人工智能领域的国家级产业基地——“中国声谷”，聚力开展前沿理论研究、关键技术研发、应用场景示范、生态体系打造，在类脑研究、智能语音、可穿戴智能终端等方面形成了国际领先优势。

发力重点：目前，山东省在磁悬浮技术、智能网联汽车、空天信息等领域，具有良好的创新基础，应抢抓新技术产业化风口，在政策引导、创新平台、项目引育、市场培育等方面，强化前瞻布局、协同发力，打造未来产业发展高地。①加快磁悬浮技术装备示范应用。以省政府名义出台加快轨道交通装备产业发展的意见措施，设立省级轨道交通产业发展基金，加快中车四方智汇港、潍坊磁悬浮示范园区建设，依托天瑞重工创建磁悬浮产业技术标准创新中心，试点布局中低速磁悬浮观光旅游专线，以线路建设聚集产业资源，撬动磁悬浮技术装备迭代升级。②大力推进智能网联汽车研发应用。发挥浪潮云洲、卡奥斯等工业互联网平台优势，加强与中国重汽、比亚迪、上汽大众等整车企业，以及相关配套企业深度合作，共同研发智能网联汽车车型，探索智能网联及智能驾驶系统解决方案。鼓励济南、淄博等市，率先进行智能汽车综合性应用试点，探索智能汽车商业化发展模式。③打造空天信息装备产业发展高地。依托中国科学院空天院、北京理工大学前沿技术研究院、山东产业技术研究院等，创建空天信息国家技术创新中心，扩大济南空天信息产业园、烟台东方航天港等特色园区规模，布局建设卫星总装基地、大飞机配套、微纳系统等重点项目，建好火箭发动机测试平台、海上发射基地，推动卫星火箭研发、空天装备制造、信息终端生产、空天信息应用全产业链发展。

三、优化高端装备重点领域“三大保障”

以上四个领域，是推动山东省高端装备制造业产业基础高级化、产业链现代化的基础和关键，需要持续用力、久久为功。在具体路径上，建议采取集群共建模式，完善科技创新体系，不断优化政策供给，推动四个领域做大做强。

（一）建立集群共建工作体系

把握先进制造业集群集聚发展趋势，重点推进青烟威船舶和海工装备、济枣潍数控机床共建集群，实现“1+1>2”效应。①建立省级层面“群长制”。分别召集两个集群相关地市，建立协调会议制度，推动共同成立决策咨询委员会或专家咨询委员会，共同编制集群共建方案，提出发展目标、合作框架，明确各地分工合作、错位发展定位。②丰富产业合作形式。设立统一的集群重点项目库，按比例共同出资建立产业基金，共用中试研发平台等基础设施，通过区（市）县共建产业联盟、合作园区、配套基地等形式，将各地研发设计、整机制造、配套服务、市场销售等比较优势整合起来，拉长产业链、提高配套率。③实行扶持政策互认。集群内各地发布的市级技改补贴、首台（套）目录扶持、创新平台补助资金等政策，其他地市企业、机构可以同步申请。

（二）完善科技创新体系

优化布局一批重大科学装置和科技基础设施，提升科技创新自主能力；

引导企业深化产学研合作，提高企业技术创新能力；加大招才引智力度，聚集高端人才，促进创新链和人才链深度融合。①打造高能级创新载体。聚焦高端装备重点领域，以产业转化应用为牵引，招引中国科学院相关科研院所等国内外知名科研机构落户山东省；布局建设制造业创新中心、产业创新中心、技术创新中心、重点实验室等重点科研载体，引导重大创新平台和高校院所联合开展高端装备“卡脖子”技术攻关。②提高企业技术创新能力。支持山东省高端装备企业加大产学研合作，引导企业联合科研院所、高等院校力量，组建联合技术攻关团队，破解产业发展技术难题；支持企业牵头承担国家重大科技专项，鼓励支持企业创建国家企业技术中心、工程研究中心等，增强企业技术创新能力。③引育高端创新人才。大力引进海内外装备制造业高层次人才、领军型团队和人才。鼓励企业布局海外“人才飞地”，鼓励跨国公司、省外头部企业在山东省设立研发中心，支持省外研发机构与省内相关机构共建实验室和人才培养基地；重视培育和用好本土人才，依托泰山领军人才系列行动，以高层次、急需紧缺专业技术人才和创新型人才为重点，培育一批高素质专业化人才队伍。

（三）健全关口前移的资金支持政策体系

针对四个领域技术密集的特点，特别是最需要资金支持的创新前期阶段，应优化省级层面资金支持政策事后奖补方式、加大政府基金跟投参股力度，增强政策激励、引导作用。①改变创新平台认定后给予资金支持方式。对新创建国家级、省级制造业创新中心、技术创新中心、产业创新中心等平台的，组织专家评审组建方案，符合条件的拨付一定比例启动资金；将平台建设与科研项目有机结合，根据承担国家重大科技攻关任务和省级重大协同创新项目，专项给予配套支持。②加大首台（套）认定奖励和推广应用支持力度。按照国际、国内和省内，每年分档认定一批首台（套）装备，分别给予一次性奖励；试行首台（套）应用奖励，对首购用户按购买金额分别给予一定比例的风险补贴。③完善技改资金支持方式。设立四个领域专项技改设备奖补资金，把申报门槛由500万元降低为100万元，提高单个技改项目补助金额；采取事前一次认定、分批支持方式，按开工前、建设中、竣工后分批次拨付补助资金。④优化政府引导基金制度设计。完善“母子基金”运营架构，鼓励产业链龙头企业、社会化机构、新型研发机构等牵头设立四个产业子基金，新旧动能转换高端装备产业基金作为母基金，以参股方式进行支持，打造“基金丛林”。同时，在一定程度上放宽防止基金管理资产流失、保值增值要求，提高政府引导基金投资容错率。

课题组成员简介

姚树利，工程师，山东省工业和信息化研究院。

李尚达，高级工程师，山东省工业和信息化研究院。

李文全，正高级工程师，山东省工业和信息化研究院。

潘劲松，副研究员，山东省工业和信息化研究院。

国　栋，经济师，山东省工业和信息化研究院。

李晓峰，工程师，山东省工业和信息化研究院。

第三部分

信息化应用篇

29

“智改数转”助推山东省新型工业化发展研究

牛宗宝　池广顺　王志成　邵军

摘　要　新型工业化是未来经济发展的重要趋势，也是推动高质量发展的必然选择。党的二十大报告提出，到 2035 年基本实现新型工业化的奋斗目标，强调要加快推进新型工业化，建设现代化产业体系。“智改数转”是推进新型工业化和制造业发展过程中的“必答题”，已经成为世界各国的发展核心战略，全国新型工业化推进大会对加快工业企业“智改数转”进行了新一轮部署。本文在准确把握新时期新型工业化的时代内涵与特征的前提下，系统梳理山东省新型工业化发展形势，“智改数转”各关键环节对新型工业化的推动作用，提出山东省塑造新时期工业现代化发展新动力、新优势的若干政策建议，为我国实现新型工业化目标持续贡献山东力量。

关键词　智能化改造　数字化转型　新型工业化　发展建议

党的二十大报告明确提出，到 2035 年基本实现新型工业化。2023 年 9 月召开的全国新型工业化推进大会是首次以新型工业化为主题召开的全国性会议，习近平总书记作出重要指示，“新时代新征程，以中国式现代化全面推进强国建设、民族复兴伟业，实现新型工业化是关键任务”。山东省正处于转型发展的关键时期，加快“智改数转”有利于进一步提高全要素生产率、绿色发展水平，促进质量变革、效率变革、动力变革，深入推进新型工业化，加快构建现代化产业体系。

一、新型工业化面临的形势

工业是立国之本，是国民经济的命脉。党的十八大以来，我国工业综合实力大幅提升，产业链、供应链韧性和竞争力持续增强，但仍面临诸多困难和挑战。

我国正处于工业大国向工业强国迈进的重要关口期。随着新一轮科技革命和产业变革深入发展，全球产业结构和布局深度调整，大国竞争和博弈日益加剧。总体来看，我国工业仍处于全球价值链中低端，自主可控能力还不强，工业大而不强的格局尚未根本改观，正处在由制造大国、网络大国向制造强国、网络强国转变的关键时期。

新一轮科技革命和产业变革正在重塑产业结构。以大数据、云计算、人工智能等新一代信息技术迅速发展和广泛应用为主要内容的新一轮科技革命与产业变革迅速发展，企业供应链布局由传统的成本和效率导向，转向更加重视韧性和安全，呈现出本地化、区域化、多元化等新特征新趋势，产业链重组、供应链重塑、价值链重构不断深化。

关键核心环节自给自足成为新趋势。我国是技术创新投入和产出大国，但仍然面临突出的“卡脖子”风险，中美经贸摩擦进一步暴露关键核心技术短板问题，需要依据要素禀赋条件和比较优势，准确把握世界前沿技术进步态势及自身技术差距的变化规律，选择适宜的技术创新方向，进而快速实现技术追赶，在不确定性和风险增加的情况下增强产业技术的自主可控能力。

当前，山东省同全国一样，处于工业化中后期，山东省工业“大而不强”“全而不优”的缺点仍然明显，整体还处于转型升级、爬坡过坎的关键阶段，实现全面建成现代化强省目标，推进新型工业化是根本支撑。“智改数转”作为推动新型工业化发展的重要引擎，将进一步提高山东省产业高端化、智能化、绿色化、集群化发展水平，夯实山东省实体经济基础，已成为工业提质增效和抢占发展制高点的必选题。

二、“智改数转”与新型工业化的关系

“智改数转”和新型工业化相辅相成，密不可分。“智改数转”，是指通过推动和深化应用云计算、大数据、人工智能、区块链等新一代信息技术与制造业深度融合，以数字化技术创新驱动潜能，促进工业经济各种要素资源高效利用，提升制造企业在设计、生产、管理和服务等各环节的智能化水平，加速数字化赋能产业发展。为新型工业化提供了技术支持和创新动力，是推进新型工业化的强大引擎。而新型工业化对我国工业发展及如何推进工业化进程提出了新的挑战和要求，使得“智改数转”内涵不断丰富和延伸。

三、“智改数转”发展情况

（一）全球发展情况

数字化转型正由效率变革转向价值变革、由企业内向产业链和价值链拓展，面向实体经济的工业互联网平台快速发展。各国加强数字化转型支出，未来几年全球数字化转型支出将持续保持两位数稳定增长。IDC 2022 年第一版《全球数字化转型支出指南》报告预测，2022 年，全球数字化转型支出达到 1. 8 万亿美元，同比增长 17. 6%，2022—2026 年数字化转型支出年复合增长率约为 16. 6%。从行业来看，离散制造和流程制造将占 2022 年全球数字化转型支出的近 30%。从地区来看，美国在 2022 年的数字化转型支出最大，约占全球数字化转型支出的 35%，西欧排名第 2，中国紧随其后。

（二）国内发展情况

“智改数转”步伐不断加快、水平持续提升。2023 年 1—11 月，我国数字化研发设计工具普及率为 79%，关键工序数控化率达 60. 9%，“数字领航”企业 58 家，5G 基站总数达 328. 2 万个，具有一定影响力的工业互联网平台超过 340 家。工业机器人、工业软件等数字产品和服务能力不断提升，人工智

能企业数量超过4400家，钢铁、石化、锂电池等领域系统集成能力达到国际先进水平。截至2023年12月底，我国已培育421家国家级示范工厂、万余家省级数字化车间和智能工厂。大飞机、新能源汽车、高速动车组等领域示范工厂研制周期平均缩短近30%、生产效率提升约30%；钢铁、建材、民爆等领域示范工厂本质安全水平大幅提升，碳排放减少约12%。

各地各部门政策引导、创新机制不断完善。目前，全国31个省（区、市）均出台了促进工业“智改数转”政策。广东省印发《广东省制造业数字化转型实施方案（2021—2025年）》，全面推进制造业数字化转型，促进广东省战略性支柱产业集群和战略性新兴产业集群高质量发展。江苏省提出建设“数实融合第一省”，把产业数字化转型作为发展数字经济的主战场。2021年，江苏省政府发布《江苏省制造业智能化改造和数字化转型三年行动计划（2022—2024年）》，截至2022年底，江苏省“两化融合”水平连续8年位居全国第1。浙江省以“数字浙江”建设为引领，大力实施数字经济“一号工程”，高质量推进产业数字化，塑造“数实融合”新范式，着力推进“产业大脑+未来工厂”建设，纵深推进制造业数字化转型。福建省聚力打造“数字应用第一省”，持续组织实施数字技术应用场景拓展工程，形成了较为完善的数字经济政策支持体系，许多做法走在全国数字化发展的前列。

（三）山东省发展情况

山东省深入实施“万项技改、万企转型”，2023年1—11月完成500万元以上技改项目12113个，技改投资增长10.6%，高于全部投资5.5个百分点。2023年5月，山东省“数字强省”建设工作推进会在济南召开，明确要求以数字赋能高质量发展为主题，统筹推进山东省数字化、网络化、智能化发展，统筹推动数字产业化、产业数字化、数据价值化和治理服务数字化，努力实现数字经济走在前、数字政府建设走在前、数字社会构建走在前。

一是数字底座持续夯实。开通5G基站超过17万个，建成全球首张确定性网络，时延抖动等性能指标达到国际领先水平，可以为大规模机器通信、远程操控等提供有效支撑；拥有济南、青岛两个国家级互联网骨干直联点，是全国首个“双枢纽”省份；物联网终端数超过1.64亿个，接入流量居全国首位。

二是核心产业加速做强。2022 年，山东省信息技术产业营业收入超过 1.6 万亿元，同比增长 17.9%。其中，软件业营业收入突破万亿元大关，增长 19.2%，增速居十强省市第 2 位，产业规模近两年连续超越上海、浙江，占全国总规模的 9.9%，较上年提高 1.5 个百分点。电子信息制造业增加值增长 17.9%，增速超出全国平均水平 10.3 个百分点，其中，集成电路制造业增加值同比增长 38.6%。

三是数字赋能态势强劲。“一业一策”制定转型目标和实施路径，重点行业智能化水平走在全国前列，建材、轻工、化工 3 个行业数字化水平居全国首位，机械、纺织、医药 3 个行业数字化水平居全国第 2 位。2022 年，山东省信息化和工业化融合发展指数达到 117.1，居全国第 2 位；产业数字化指数达到 80.3，居全国首位。

四是数据价值深度释放。2022 年，山东省大数据产业业务收入超过 1600 亿元，占全国的比重达 12.5%。数据赋能取得积极成效，加快构建大数据中心山东工业云体系，开通全国首个数据赋能中小企业数字化转型服务平台，成功创建全国首个工业大数据中心体系建设示范区。数据管理能力不断强化，178 家企业通过数据管理能力成熟度模型（DCMM）贯标评估，数量居全国首位。山东成功跻身全国首批数据治理创新应用综合试点省。

五是平台体系优势突出。高水平建设山东半岛工业互联网示范区为牵引，在工业和信息化部衡量工业互联网发展水平的 15 项主要指标中，13 项位居全国前 3、6 项排名第 1。国家级跨行业、跨领域平台数达到 4 个，占全国的比重达 14.3%。国家级特色专业型平台达 29 个，居全国首位。平台应用场景成效显著，入选国家级平台创新领航应用案例 31 个、新型工业化产业示范基地工业互联网平台赋能数字化转型试点 4 个、国家移动物联网典型案例 11 个，均居全国首位。

四、“智改数转”关键环节和关键技术

《中国两化融合发展数据地图（2022）》数据显示，2022 年，我国“两化

融合”发展水平达59.6。近年来，我国凭借海量数据和丰富的工业数字化场景的先天优势，大部分工业企业对“智改数转”或多或少具备一定的认识，在供应链管理、生产管理、智能制造等方面有较为成功的应用实践。“智改数转”正在逐步渗透工业产品全生命周期，覆盖研发、生产和管理（采购、销售、财务、人力、办公等）关键环节。“智改数转”带来工业企业制造数字化转型的浪潮，工业企业数字化转型产业链日趋成熟。

（一）关键环节和主要数字化工具

“智改数转”的关键任务是进一步实现硬件设备数字化、产品设计创新化、生产体系智能化、运营管理协同化、数据要素安全化、全生命周期平台化等。本课题的确定与关键环节和关键任务相对应，包含硬件设备数字化环节、研发设计数字化环节、生产制造数字化环节、经营管理数字化环节、信息系统和数据安全数学化环节。

1. 硬件设备数字化

工业硬件设备为“智改数转”提供底层支撑。硬件设备数字化途径主要包括两个方面：一是将传统的机械设备通过添加传感器、控制器、通信模块等数字化元件，实现设备的智能化、网络化和自动化；二是采购配套智能设备，如生产相关设备（工业机器人、智能机床、3D打印）、非生产相关设备（XR设备、监控终端设备）等。

2. 研发设计数字化

研发设计是推动工业企业全流程数字化转型的起点和难点。产品研发设计过程数字化是指通过使用3D设计软件和虚拟现实技术，进行数字化仿真，提高产品设计的效率和质量，并降低产品开发成本。常见的工业制造设计工具包括CAD（计算机辅助设计）、CAM（计算机辅助制造）和CAE（计算机辅助工程）软件。其中，CAD软件主要用于产品的三维建模和绘图，CAM软件用于生成数控机床程序，CAE软件则用于进行产品的仿真分析和优化设计。此外，还有一些专门针对某些行业或领域的设计工具，如电路板设计软件等。

3. 生产制造数字化

生产制造是绝大部分制造企业直接创造价值的重要环节。生产制造数字化通过物联网技术实现设备、工序的数字化和监控，完成设备、工艺和质量数据的实时采集、传输与分析，并通过人工智能等技术进行优化调整和异常预警，提高生产效率和产品质量。工业企业在数字化产线推进方面意愿强烈，通过数字化生产制造，规模化、网络化、定制化、智能化生产势在必行（如表 1 所示）。

表 1　主要生产制造数字化工具

类型	代表	作用
生产计划与排程工具	SAP、Oracle、MES	制订生产计划和排程
质量管理工具	SPC、FMEA、PPAP	质量管理和控制
物料管理工具	ERP、MRP、WMS	物料采购、库存和供应链管理
产品生命周期管理工具	PLM、PDM	产品生命周期，产品数据管理
设备维护管理工具	CMMS、EAM	设备维护和保养管理
自动化控制工具	PLC、SCADA	自动化控制和监控
数据分析与优化工具	SPSS、Minitab	生产数据分析和优化

4. 经营管理数字化

工业企业经营管理活动涉及采购、销售、财务、人力、办公等，经营管理数字化可以实现这些环节任务协同，减少生产经营过程中的信息不对称，降低时间成本（如表 2 所示）。

表 2　主要经营管理数字化工具

类型	代表	作用
企业资源计划工具	ERP	整合企业各个部门的信息和流程，实现信息共享和协同
客户关系管理工具	CRM	客户信息、销售机会和客户反馈管理
供应链管理工具	CRM	物料采购、库存和供应链管理
人力资源管理工具	HRM	员工信息、薪酬福利和绩效考核管理
数据分析与决策工具	BI	分析和挖掘企业数据，提供决策支持和预测
项目管理工具	PMP	项目规划、执行和监控管理

5. 信息系统和数据安全数字化

工业数字化转型安全是指在工业数字化转型过程中，保障信息系统与数据的安全性、可靠性和完整性，防范与应对各种网络安全威胁和风险的措施及方法。随着工业互联网、物联网、云计算等新一代信息技术的广泛应用，工业数字化转型已成为制造业高质量发展的重要驱动力。

（二）关键技术赋能“智改数转”提档升级

技术的发展不断驱动工业企业数字化转型，通过智能传感、先进控制和人工智能等为制造业赋能。5G 网络助推人、机、物、系统全面互联，实现网络能力提升和基础设施的集约共享，工业互联网的蓬勃发展为工业企业打造了生产全要素、全产业链、价值链全面连接的平台体系，区块链技术使数据可信、数据协作、数据可追溯成为可能，新一代信息技术的创新发展为工业“智改数转”提供了坚实的技术基础。目前，以新一代信息技术为代表的关键技术贯穿工业企业实体的全生命周期，即研发设计、生产制造、设备运维、营销和服务等全过程，实现产品设计虚实融合、产品制造柔性定制、网络连接可靠互信、管理层决策智能。在“智改数转”过程中，主要数字化技术包括底层核心技术、工业硬件技术、工业软件技术和工业安全技术（如表 3 所示）。

表 3　主要数字化技术

核心技术		技术要点	主要应用环节
底层核心技术	5G	高速率、低时延、广连接	硬件设备数字化
	IoT	大规模、低功耗、稳定网络连接	硬件设备数字化
	大数据	大容量存储、快速查询、数据建模	生产制造
	云计算	数据安全性、数据隐私性、运行可靠性	生产制造
	人工智能	多源异构数据标注、算法模型优化	生产制造
	区块链	数据加密、分布式存储、共识机制	系统和数据安全
工业硬件技术	工业机器人	运动规划、人机交互、智能控制	生产制造
	XR 设备	感知交互、敏感传输	研发设计
	智能传感器	传感器多功能、高性能	生产制造
工业软件技术	研发设计、生产控制	格式兼容性、工业软件云化	研发设计、生产制造
工业安全技术	工控安全	网络边界安全性、恶意代码风险防范性	信息系统和数据安全

五、存在的问题及短板

（一）政策侧重普惠目标，缺少有效合作机制

“智改数转”是自上而下的政策引导，从政策效果角度来看，亟须建立政府、企业、金融机构三方合作机制，加快形成发展合力。“智改数转”涉及面较广，基层企业情况复杂，企业差异化需求明显，政策细化程度有待加强。在金融扶持方面，制造业企业“智改数转”现金流问题突出，虽然大多数政策均明确提出支持金融机构创新服务机制，但制造业“智改数转”工程与一般银行融资不同，未来难以形成明确的经营性收入。

（二）企业战略认知不足，缺少贯彻执行规划

企业缺少贯彻执行的有效管控机制，“智改数转”全过程实施还存在一些困难。部分企业受限于传统型、惯性化运作理念，对国际国内发展形势、产业发展趋势和经济发展态势理解不够，对“智改数转”的战略作用认知不深，导致“智改数转”进度不一；部分企业缺少专门的领导组织机构，缺乏明确的推进方案；大多数企业将商业机密等信息安全作为“智改数转”的首要前提。企业在接受诊断时，普遍需要提供日常生产经营的主要数据，这些数据一旦泄露，将会造成无法挽回的经济损失。

（三）核心数字技术人才缺乏与需求关系存在供需矛盾

在不同发展阶段，“智改数转”的实施要求也不同，企业亟须能够将战略咨询、架构设计、数据处理等关键任务集中起来，并能实现“总集成”的复合型人才，数字化人才短缺已经严重影响企业的技术改造进程，也阻碍着传统产业向全球价值链中高端迈进。同时，人才招引培育与企业规模、薪酬诉求也存在一定矛盾。

（四）服务机构水平参差不齐，缺少行业认定标准

一方面，业务和设备数字化水平不高，造成数据采集难度较大，企业“智改数转”对具备相关技术经验的服务商要求较高，仍然存在服务机构发展

与企业需求不平衡的问题。另一方面，由于缺乏统一的服务质量和能力评价标准，各类服务商解决方案质量不一，企业难以评判和选择最合适的合作伙伴，影响了改造升级的效果和效率。标准的缺失限制了行业内的经验交流和技术共享，不同企业、服务商之间的互操作性和兼容性问题凸显，难以形成规模效应和协同创新的良好生态。

六、发展建议

（一）强化政策合作机制，精准对接需求

政府、企业、学术界等多方合作，强化政策的配套性，制定涵盖技术应用、服务评价、安全合规等多个维度的行业标准和认证体系。建立数字化转型合作机制，如产业联盟、创新中心、技术转移中心等，为企业提供更多的技术支持和服务。整合行业协会和相关部门资源力量，从企业共同的痛点问题或生产控制共性环节入手，对企业“智改数转”情况进行科学评估并进行合理性、差异化激励。

（二）树立示范标杆，充分发挥引领作用

打造一批标杆性应用示范场景，培育一批智能制造示范基地、园区、先导区，充分展示数字化对传统产业改造升级的引领作用。引导企业深化对“智改数转”战略价值的认识，建立专责领导机构，明确转型蓝图，引导“链主”企业建设供应链协同平台，带动上下游企业同步实施“智改数转”。统筹研究制定相关政策及配套措施，整合财税、金融、人才、土地等方面的政策力量，提高政策精准度，全力推动企业“智改数转”。

（三）加速数字化人才培养与储备，提供人才资源保障

在各级教育体系中嵌入编程、人工智能、大数据分析等相关课程，鼓励跨学科教育，如结合计算机科学与管理学、经济学、社会科学等，培养既懂技术又懂业务的复合型人才。加强校企合作，通过实习实训、联合项目、工学交替等方式，让学生获得实践经验。加大顶尖人才引育力度，通过税收减

免、住房补贴等优惠政策吸引海外优秀人才回国发展。出台相关政策，加大对企业“智改数转”人才在技能等级评定、职称评审、培养政策等方面的支持力度。

（四）营造优良产业生态，构建市场化推进机制

加快构建“多方参与、开放合作”的市场化推进机制，聚焦中小企业数字化转型痛点、堵点、难点，鼓励企业加快研发轻量化 ERP、MES 和低代码开发平台、智能传感器、云 PLC 等软硬件产品，进一步降低中小企业上云上平台门槛和数字化改造成本。集聚整合山东省优质服务资源，打造产业对接、成果展示的合作交流平台，营造优良产业生态；参与全国工业互联网平台深度行活动，积极向省外输出解决方案，赋能沿黄流域重点城市和企业数字化转型，打开潜在市场。

参考文献

[1]山东省工业和信息化厅．山东省制造业数字化转型行动方案(2022—2025 年):鲁工信发〔2022〕6 号[A/OL].[2022 - 10 - 14].http://gxt.shandong.gov.cn/art/2022/10/17/art_103863_10318533.html.

[2]山东省工业和信息化厅．山东省传统产业技改升级行动计划(2023—2025 年):鲁工信发〔2023〕13 号[A/OL].[2023 - 09 - 28].http://gxt.shandong.gov.cn/art/2023/9/29/art_103863_10337890.html.

[3]山东省人民政府办公厅．关于印发“十大创新”“十强产业”“十大扩需求”2022 年行动计划的通知:鲁政办字〔2022〕28 号[A/OL].(2022 - 03 - 27).http://www.shandong.gov.cn/art/2022/7/25/art_100623_40684.html.

[4]余东华．新质生产力与新型工业化:理论阐释和互动路径[J].天津社会科学,2023(6):9 - 14.

[5]赵敏．新型工业化内涵及评价指标[J].新型工业化,2023(8):90 - 102.

作者简介

牛宗宝，高级工程师，山东省工业和信息化研究院。

池广顺，工程师，山东省工业和信息化研究院。

王志成，经济师，山东省工业和信息化研究院。

邵　军，研究实习员，山东省工业和信息化研究院。

30

工业互联网赋能制造业集群式发展路径研究

工业互联网赋能制造业研究课题组

摘　要　工业互联网是第四次工业革命的重要基石，发展工业互联网是我国制造业数字化转型升级的基本路径，也是加快推进新型工业化历史进程的关键驱动力。利用新一代信息技术，工业互联网优化工厂生产、管理流程，帮助企业降本增效，强化上下游协作，提高产业合作效率，构建数据协作网络，推动产业集群式发展。工业互联网赋能制造业集群协作式发展，将极大地促进区域产业升级和供应链优化，加速供给侧结构性改革，为建设现代化产业体系，推动经济高质量发展提供强大动力。本课题通过摸清山东省工业互联网基础禀赋和融合发展水平，分析国内工业互联网赋能典型案例，找到山东省工业互联网赋能存在的问题，探索山东省工业互联网赋能制造业集群式发展路径，加快推动山东省新型工业化进程。

关键词　工业互联网　制造业　集群式发展

一、工业互联网概念及发展趋势

（一）工业互联网概念

根据工业互联网产业联盟出台的《工业互联网体系架构》描述，工业互联网的定义为“工业互联网是互联网和新一代信息技术与工业系统全方位深度融合所形成的产业和应用生态，是工业智能化发展的关键综合信息基础设施”，“工业互联网作为全新工业生态、关键基础设施和新型应用模式，通过人、机、物的全面互联，实现全要素、全产业链、全价值链的全面连接，正在全球范围内不断颠覆传统制造模式、生产组织方式和产业形态，推动传统产业加快转型升级、新兴产业加速发展壮大”。

（二）工业互联网发展趋势

一是政策持续加力。目前，运用新一代信息技术推动制造业数字化转型，以新模式、新业态打造产业竞争新优势已是共识。从 2023 年 10 月 18 日召开的全球工业互联网大会上获悉，目前我国工业互联网政策、技术、产业、标准、人才等体系已基本构建，下一步将不断强化政策引导，完善工业互联网发展“1 +5 + N”政策体系，以央地协同的政策“组合拳”方式，促进工业互联网与重点产业链深度融合应用。

二是集群成为应用新场景。随着行业应用的深入，工业互联网加大了推动产业数字化进程的力度，以数字化协同助力行业资源共享，进而形成产业集聚，推动区域产业集群式发展。同时，工业互联网又以集群共性场景为突破点，以工业互联网平台构建集群公共服务平台，通过提供一体化公共服务，构建“平台 + 服务”模式，带动产业集群数字化协同创新转型。

三是工业数据释放更高价值。目前，工业数据主要用于“运行优化”“质量寻优”“能耗优化”等环节，服务于生产流程。今后，借助人工智能技术，海量工业数据的价值将得到进一步挖掘，并用于“预测性维护”“战略性决策”“周期性预判”等环节。随着工业互联网向核心生产环节加速渗透，实现生产到服务重心转换，以大数据驱动的创新应用将会越来越丰富，绿色化、智能化、服务化将成为工业数字化转型的重要趋势。

四是生态体系建设持续深化。各国重点行业龙头企业持续布局工业互联网平台，平台生态建设持续深化。我国“综合型 + 特色型 + 专业型”平台体系进一步健全，企业竞争模式发生了显著变化。工业互联网企业加快从单一场景解决方案提供向生态资源聚合转型，依托平台整合研发资源、供应商资源和用户资源，构建基于平台的共赢生态系统，为产业链上下游企业和用户提供智能制造、协同制造、设备资产运维、供应链金融等综合服务。

二、山东省工业互联网建设与融合发展现状

山东省通过实施“云行齐鲁　工赋山东”专项行动，有效推动了5G、区块链、人工智能等新一代信息技术在制造业的应用，并陆续发布了《山东半岛工业互联网示范区建设规划（2022—2025年）》和《山东省制造业数字化转型行动方案（2022—2025年）》，围绕制造强省、数字强省这两大目标，加快提升制造业核心竞争力，夯实工业互联网发展基础，加速推进制造业数字化转型。

（一）基础网络建设方面

山东省已建成工业互联网标识解析二级节点23个，5G基站新建6.1万个，累计开通超16万个。济南市、青岛市国家级互联网骨干直联点开通，成为全国唯一双国家级直联点省份，建设完成全国首张确定性骨干网络。枣庄市、济宁市、威海市等12个城市入选国家千兆城市，拓宽工业互联网高速公路。已建成大型数据中心44个，边缘数据中心176个，丰富了山东省算力资源。

（二）工业互联网平台建设方面

在工业和信息化部最新公布的“2022年跨行业跨领域工业互联网平台名单”的28家“双跨”工业互联网平台中，山东省占据4席，仅次于北京市和广东省（5个），与江苏省并列。18个专业平台入选国家级特色专业平台，23个应用平台入选工业和信息化部平台创新领航应用案例。2022年，根据工业互联网平台赋能对象和领域不同，评选出跨行业跨领域“双跨”平台、特色行业平台、特色区域平台、专业产业链供应链平台等95个省级工业互联网平台，工业互联网平台承载工业App超过4万个，提供行业系统解决方案1300多个，为山东省制造业数字化转型提供了有力支撑。

（三）工业互联网赋能应用方面

山东省充分利用工业门类全、应用场景丰富的优势，坚持应用场景示范

推广，累计培育省级示范项目700多个、工业互联网试点示范项目78个、典型应用场景200多个、工业互联网示范园区17个。在工业和信息化部组织评选的140个2021年工业互联网创新领航应用案例中，山东省有23个工业互联网应用入选，入选数量居全国首位。上云用云企业数量达50多万家，培育7个“5G＋工业互联网”典型应用场景，数量居全国第2位。

三、山东省工业互联网赋能制造业集群式发展存在的问题

山东省虽然在工业互联网基础建设、赋能应用推广等方面取得了一定的成绩，但我们也应看到很多企业对工业互联网的认知还存在一定的误区，应用推广政策落地还存在一定偏差，集群化发展质量还有待进一步提高。山东省工业互联网赋能制造业集群式发展主要存在以下几个问题。

（一）设备数字化、网络化水平偏低

一是从“两化融合”指数来看，山东省企业管理数字化和业务数字化居全国前列，但设备数字化率和联网率只排在全国前5位，整体偏低。二是从工业互联网平台应用指数来看，国家工业信息安全发展研究中心发布的《工业互联网平台应用数据地图（2021）》数据显示，山东省目前上云用云企业数量已接近40万家，业务上云普及率为60.3%，在浙江省（66.1%）之后，位居第2，但企业工业设备上云率连续两年处于第9位，低于全国平均水平。在各市调研中发现，存在部分企业和服务提供商联合包装业务、管理上云，申请政府资金补贴等现象，这在一定程度上解释了为什么山东省企业上云率高而设备数字化和上云率低。

（二）工业互联网平台聚集资源缺乏协同

一是在企业内部，由于设备不同、业务不同、开发商不同，不同部门之间、功能业务之间存在“信息孤岛”和“数据烟囱”现象，阻碍了数据资源的协同。二是在企业之间、合作伙伴之间和供应链之间，缺乏共享标准、数据交换协议和技术接口等，也难以实现供应链中各方资源的协同。三是工业互联网平台没有充分衔接政府、行业组织和高校等环节的资源，这些资源可

能包括对企业发展至关重要的法规政策、市场需求、技术研究等。

（三）集群发展水平和质量有待提高

一是集群发展水平存在差距。如山东省潍坊市动力装备集群，2021 年完成工业总产值超过 4000 亿元，集群内规模以上企业 211 家；而广东省广深佛莞智能装备集群，2021 年完成工业总产值超过 8000 亿元，规模以上企业近 5000 家。二是集群发展质量有待提高。近日公布的首批 10 个山东省先进制造业集群，既有传统优势产业也有新型战略产业，集群产业结构与地理布局趋于合理，但还存在知名度不高、本地配套率低、跨区域协作少等问题，集群发展质量有待进一步提高。

四、工业互联网赋能制造业集群式发展建议

（一）加大数字赋能服务供给，助力产业数字化转型

一是政策牵引前瞻谋划，推动产业数字化转型升级。在山东省统筹推进产业数字化基础上，将传统产业集群数字化升级改造作为着力点，出台专项产业集群数字化转型扶持政策，加快工业互联网赋能步伐，为传统产业集群向千亿级现代产业集群跃升贡献数字力量。二是宣传引导标杆示范，破除传统观念与路径依赖 。立足“一业一策、成功一个、推广一个”原则，实现大带小、强带弱，以应用聚合产业、产业激活区域，加速产业集群化发展和集群产业整体数字化转型。三是咨询“查体”现场“把脉”，帮助企业找准问题根源。组织建设由研究机构、高校专家、信息技术服务商组成的企业数字化转型“查体”专家库，分类建立企业数字化转型评估标准，以政府购买服务的形式，以提升企业管理效能和数字化水平为目标，选取一定数量的企业分类分阶段为企业评估咨询，到企业现场会诊“把脉”，根据企业自身发展需求和长期发展战略规划，结合企业“两化融合”自评估，梳理企业生产流程，为企业提供个性化的工业互联网解决方案。

（二）加快公共服务平台搭建，助推产业集群式发展

一是依托公共服务平台建设产业大脑。对接行业学/协会和集群公共服务

组织，加快集群内、企业间数据互联互通，打破上下游配套企业数据壁垒，以行业产业大脑方式为政府科学决策提供数据支撑，为产业链上下游企业数字化转型赋能。二是以集群服务机构与促进组织为主体，以工业互联网平台为载体，创建协同研发创新中心，为集群企业提供金融政策扶持和资金融资渠道，引导社会资金对集群产业的投资，有效推动集群产业生态建设，降低集群内中小企业数字化转型成本，提高工业互联网区域赋能效果和效率。三是依托创新服务平台催生新模式、新业态。对于特别昂贵的设备或者无法购买昂贵设备的中小企业，通过创新服务平台，共享优质生产资源，实现加工品质与产能提升，缩短生产周期，减少设备采购企业成本投入。

（三）加深二级节点与集群融合，加快产业标识解析应用

一是促进机构承担二级节点建设。充分发挥集群促进机构在集群中相对中立的角色定位作用，鼓励促进机构建设运营工业互联网二级解析节点，通过汇聚数据，为决策服务和制定集群战略规划提供数据支撑。二是促进机构助推二级节点建设。充分发挥机构的桥梁和纽带作用，以技术支持、促进企业合作与交流、引导政府投资与社会资金支持、推广成功应用案例以及企业培训与人才培养等方式，推动集群内二级节点的建设和发展。三是服务机构推广标识解析。充分发挥服务机构作用，在其为会员企业提供信息交流、市场调研、标准制定、品牌推广等方面服务的同时，加强工业互联网标识解析体系宣贯，提供技术转移、科技成果转化、知识产权保护等服务，促进科技创新和成果转化，加强工业互联网相关技术的推介推广。

（四）优化产业生态建设，提升集群品牌影响力

一是以协作建生态提高品牌影响力。借助工业互联网平台实现与供应商、物流服务商等无缝连接，实时掌握供应链动态，确保原材料供应的稳定性和及时性，提供供应链预测和风险管理功能，帮助企业更好地应对市场变化和不确定性。共同研发新技术、新产品和新服务，促进技术成果转化和应用，以客户参与、全程协同、个性定制、共享共促的产业生态重塑产业链价值曲线。二是以生态强战略增强产业领导力。聚焦大数据、区块链、人工智能、虚拟现实等新一代信息技术产业，加快推动数字产业化，加强国际合作，延

伸产业链，强化话语权，以数字应用场景为牵引，打造战略性新兴产业的数字产业集群，通过融合应用与技术创新，提升我国在全球产业链供应链的地位，提高我国产业链供应链的国际竞争力与行业领导力。

（五）科学编制规划，推动集群可持续发展

一是科学规划编制内容。紧密结合市场需求，保证产业可持续发展；鼓励研发创新，推动产业升级；着重引导企业合作协同，实现集群资源共享、协同增效效应；注重环境保护，推动绿色发展，实现经济与环境良性互动。二是明确规划发展目标。按照“市场导向、企业自主、政府推动、合理布局”的原则，对集群实行梯度培育政策，结合区域经济特点和自身比较优势，明确集群发展的重点产业，制定推进集群发展的重点措施，健全集群公共服务体系。三是落实规划实施效果。明确实施路径，优化集群产业结构，提升集群品牌影响力和竞争力，加大金融支持力度，推进融资担保体系建设，拓宽企业融资渠道，通过价值链整合或重组价值链优势环节，推动集群产业结构调整。

（六）加强标准安全体系建设，夯实转型赋能保障力

一是以标准体系建设夯实数字化转型基础。建立技术标准规范，提高产业链上下游企业的协作水平，强化公共服务平台的运行监测能力，建立数据标准规范，提高数据要素的流通效率，提升集群内企业间协作水平，以工业互联网标识解析体系为依托，建立产品数据编码规则，帮助企业实现产品追溯机制。二是以创新容错机制鼓励企业牵头标准制定。鼓励企业牵头或参与行业标准制定，对主导国际标准、国家标准、行业标准、省级地方标准和团体标准起草工作的企业分级给予补助，鼓励企业拓宽视野、勇于创新，通过技术与管理的标准化打造核心竞争力，抢占行业制高点。建立创新激励容错机制，补贴原发性创新失败项目，提高企业创新活力与动力，形成有效技术、知识积累。三是以安全等级评估提高工业数据安全保障。积极布局前沿技术，开展大数据安全评估和数据安全能力评估，建立高效的工业数据安全监测预警机制和数据安全体系，提高应急处理能力，为工业互联网赋能保驾护航。

参考文献

[1]张宇．展望2023年工业互联网发展呈现八大趋势[J]．通信世界,2023(2):25－27.

[2]曹永琴．基于工业互联网融合模式的制造业深度融合研究[J]．上海经济,2022(3):15－17.

[3]金健．聚焦五大功能体系　加速推进新型工业化进程[J]．通信世界,2023(12):12－15.

课题组成员简介

刘明伟，副研究员，山东省工业和信息化研究院。

王志成，经济师，山东省工业和信息化研究院。

程　琳，副研究员，山东省工业和信息化研究院。

王　菲，经济师，山东省工业和信息化研究院。

戴　昊，助理研究员，山东省工业和信息化研究院。

党世博，助理研究员，山东省工业和信息化研究院。

赵　彬，副研究员，山东省工业和信息化研究院。

31

山东省现代轻工纺织产业数字化转型升级路径研究

王玉禄　孙建　王巧婧　邵磊　李国芹

摘　要　数字经济的兴起和快速发展，深刻影响了传统企业和互联网企业，成为推动技术创新与经济增长的重要力量，数字化转型是实现新型工业化的重要途径。课题组对山东省现代轻纺产业数字化转型进行了专题调研，在分析山东省现代轻纺产业及数字化转型现状的基础上，对典型案例进行分析，剖析当前现代轻纺产业数字化转型面临的主要"瓶颈"和堵点，研究转型的方向和重点领域，总结提出有效的转型路径。旨在通过对现代轻纺产业数字化转型路径的探索和研究，为山东省传统优势产业进行数字化转型提供可参考的启示和借鉴。

关键词　现代轻工纺织　数字化转型　路径

一、山东省现代轻工纺织产业及数字化转型现状

山东省现代轻工纺织产业规模较大，企业数量较多，发展基础雄厚，其营业收入和增加值总量均居山东省十强工业类产业首位，在全国重点调度的37种现代轻工纺织产业产品中，山东省产品产量居全国前3位的比重达1/3以上。2023年1—11月，山东省农副食品加工业、食品制造业、纺织业、造纸和纸制品业、家具制造业累计工业增加值分别同比增长7.4%、4.0%、4.1%、5.6%、4.5%，分别高出全国7.1个百分点、0.9个百分点、4.9个百

分点、3.2个百分点、12.2个百分点。

2023年，山东省数字化转型全面铺开，深入开展“工赋山东”专项行动，“一业一策”推动数字化转型，纺织服装、食品、造纸等行业广泛应用新一代信息技术开展研发设计，家具、家电等行业重点企业全面实施柔性制造和智能化生产，当前行业数字化转型整体水平较高，食品、家电、纺织服装等行业设备智能水平较高，转型较快。中国轻工业联合会发布的《2023轻工业数字化转型发展报告》显示，有1/10的企业处于初始级发展阶段，2/3的企业处于单元级发展阶段，1/5的企业处于流程级发展阶段，仅有1/25的企业处于网络级发展阶段，目前尚没有处于生态级的工业企业，数字化转型仍需加力提速。

二、现代轻工纺织产业数字化转型典型案例

（一）平台化赋能类应用案例

卡奥斯COSMO Plat平台是海尔以大规模定制为核心、引入用户全流程参与体验的工业互联网平台，构建起跨行业、跨领域、跨区域的立体化赋能新范式，连续5年居国家级“双跨”平台首位。卡奥斯COSMO Plat平台携手济南市、青岛市、淄博市、潍坊市等多个地市，加速工业互联网应用推广，服务园区、企业转型发展，通过“大企业共建，小企业共享”生态赋能模式，已在汽车、装备、化工等行业累计赋能企业15.8万家。

（二）智能化生产类应用案例

魏桥纺织股份有限公司建设的绿色智能化生产线采用世界最先进的生产设备，配以强大的大数据平台和先进管理系统，实现全流程数据实时采集调控，实现在线监测信息化、控制系统智慧化、生产全程智能化、制造过程绿色化，创造了智能纺织工厂新模式，整体技术达到国际领先水平。

（三）个性化定制类应用案例

青岛市酷特智能股份有限公司在服装个性化定制领域具有明显的比较优

势，形成了独特的核心价值，成为客户直面制造商的个性化定制协同平台、消费端需求驱动的制造工厂、应用效果显著的示范平台。目前，青岛市酷特智能股份有限公司已经帮助全国纺织服装、家具、鞋帽、机械、仪器等多个行业近百家企业进行转型升级的咨询、辅导和工程改造。

三、现代轻工纺织产业数字化转型面临的主要“瓶颈”和堵点

（一）生产设备智能化水平有待提高

现代轻纺产业所属食品、纺织服装、造纸、家具、智能家电等采用流程化生产模式，除行业头部企业外，大部分企业受限于人力、资金等条件，无法逾越自动化的门槛。现有生产多采用机械化、半自动化设备，且存在设备多样性、接口协议和参数不统一等情况，不具备数据采集和数字化控制条件，数字化改造难度较大。

（二）数据孤岛现象影响依然存在

企业内不同部门对数据定义不同，多个异构的、运行在不同软硬件平台的信息系统同时运行，如人事 OA 系统、销售 CRM 系统、库管 ERP 系统，这些系统的数据源彼此独立、相互封闭，导致部门之间数据难以互通，形成逻辑性和物理性的数据孤岛。

（三）数字化集成应用水平有待提高

当前，在现代轻纺产业中建设或进行单项数字化改造的应用较多，如生产、采购、销售、财务等方面情况较好，而在管理决策系统与消费者的融合、设备工艺自动化、数字化系统生产控制融合联通方面较弱，全流程系统化的数字化转型是现代轻工纺织产业发展的新需求，在综合性的集成应用上还有较大改进空间。

（四）适合的现代轻纺服务商有待完善

企业的数字化转型存在企业自身转型和服务商合作转型两种情况，头部

企业可以完全依靠自身能力进行数字化转型，而众多的中小企业没有能力独自进行数字化转型，必须借助服务商的力量进行转型。现代轻工纺织产业细分行业众多、产业链条长、工艺复杂，使得服务商在准确把握生产流程和需求方面需要付出更多开发成本，而且可复制性较低。同时，中小企业在投入上能力受限，难以引起有实力的服务商的关注。

（五）数字化转型生态圈尚未形成

行业内很多企业开始建设自己的数字化生态圈，但深度参与的企业往往较少，其根本原因在于同行业间各家企业的生态圈都是以自我为中心建立的，这就导致不同企业间的生态圈互相冲突，难以融合。此外，产业链上下游企业大量存在跨企业数据共享流通不畅问题，影响产业链业务协同效率；同时存在对数据安全的顾虑，隐性的风险成本较高。

四、现代轻工纺织产业数字化转型的方向和重点领域

（一）数字化转型的方向

1. 智能化升级

智能化生产是生产环节与上下游的协同，是实施全流程数字化管理和驱动的生产，能够推进5G技术、人工智能技术、物联网技术、标识解析技术、智能传感技术、机器人技术等新一代信息技术与现代轻工纺织产业深度融合，引导企业提升智能化、柔性化、数字化、网络化制造水平。

2. 数字化赋能

支持现代轻工纺织企业上云上平台，引导和支持工业互联网平台企业提升供给服务能力，带动全行业规模化应用。加快推广“双跨”平台与地市、行业融合发展，加速企业级、行业级工业互联网平台应用推广。推广个性化定制、订单快反等新的生产模式，满足现代轻纺产业产品多样性的需求。

3. 场景化应用

加快元宇宙虚拟现实产业化发展，支持VR、AR、MR、体感、红外触控、图像识别、智能语音等新媒体技术在数字化工厂应用，促进数字孪生、人工

智能、区块链等技术在制造业场景的应用，用数字化赋能技术创新，提升现代轻工纺织产业的数字化水平。

4. 服务化延伸

支持现代轻工纺织产业由提供产品向提供服务转变，鼓励现代轻工纺织企业持续推动服务型制造业创新发展，促进制造业与生产性服务业深度融合。提高用户需求的感知度和用户服务的效率，突出服务流程的可视化、规范化和定制化，提供专业化、高体验式服务。

5. 生态化发展

聚焦标志性产业链，打造基于工业互联网的供应链、产业链“双链”协同平台，推动供应链、产业链上下游企业的数据互通互联、资源共享和生产协同，提高供应链、产业链资源配置效率，促进企业间、行业间融合、共生、互补、互利，实现上下游企业价值利益可视化、公平化、最大化，加快构建跨界融合的数字化产业生态。

（二）数字化转型的重点领域

1. 食品行业

数字化研发，通过大数据分析精准把握消费者需求和发展动态，进行食品成分结构、营养价值、口感等特征参数的建模优化，实现智能研发。智能化生产制造，采用自动智能化生产线，实现实时记录、跟踪、分析产品和加工过程质量，实现产品的安全性和可追溯性，并通过智能化匹配实现消费柔性定制生产。发展智慧仓储物流系统，确保食品安全、有效流通，提高转运效率。以数字基础设施为依托，以产业链环节关键改造为核心，打造面向一二三产环节的数字化应用场景。

2. 纺织服装行业

设计端发展集成涉及云平台，实现 3D 虚拟设计、工艺仿真、XR 动态展示等功能，充分利用大数据挖掘、图像识别等先进人工智能技术开发纺织服装算法模型。生产端实现装备和工艺智能化，基于新型智能设备及传感器，实现在线测量、断针检测、纱线自动接头、自动挂纱、自动换筒等，开发基于机器视觉与人工智能的在线瑕疵点检测和分类，印染智能配色、连续化生产等。管理端实现智能排产、智能调度、预测性维护、产能预测等。网络端优化供应链网络化、精准化协同生产，实现消费者和制造商之间直接交互，满足大规模差异化需求、个性化定制规模生产等。

3. 造纸行业

推进生产线智能化改造，在制浆、造纸等环节推广应用智能化控制系统，推动纸张质量智能化检测。引导企业整合生产质量、产量、原料、质检、能耗等生产与管理数据，实现关键环节数据分析和决策，推动生产质量检验、质量追溯、生产工艺等环节优化升级。强化绿色造纸安全生产、清洁生产。

4. 家具行业

设计智能化，用数据化设计软件，将三维模型建立与系统自动二维一体化展现，满足客户定制需求，实现客户参与设计。通过互联网，将家具各地工厂与协作企业部门之间的信息串联起来；通过云平台，形成局部信息共享，实现原料采购、生产加工、外协加工、安装入库全制造链协同。服务智能化，将云计算技术运用到家具订单信息和客户信息等大数据中，实现信息智能化管理。

5. 智能家电行业

以产品为中心转变为以场景为中心，与合作伙伴构建服务生态，深化智能冰箱、智能电视、智能空调、智能洗衣机等的智能化连接，为消费者和用户提供家电、厨房、客厅、洗护等家庭整体解决方案，同时加快家电关键配件及专用设备研发和产业化。推广卡奥斯、云洲等“双跨”工业互联网平台生态赋能模式，引导产业链龙头企业汇聚上下游产业资源，共同建设垂直行业平台、关键技术平台，打造覆盖重点产业链的平台赋能体系。

五、提升现代轻工纺织产业数字化转型路径研究

（一）战略先导，坚定数字化变革理念

数字化转型需要先明确一些先行条件，建立数字化变革的意识，推动数字化战略久久为功。一是执行决策者“一把手”工程。“一把手”的视野、格局和定力是数字化转型的先行条件，“一把手”的组织实施是数字化转型的

重要保障；同时，需要从上到下进行决策者、管理者和执行者认知带动转变，达成数字化转型的战略共识。二是明确企业自身需求。企业进行数字化转型首先要知己知彼，对企业自身所属类型、行业转型特点、处于何种发展阶段、数字化转型的进程等有一个清晰的认知，明确自身需求，有的放矢地开展数字化转型规划。三是建立长期的探索磨合进程。数字化转型是长期系统性的改变，不可能一蹴而就，也没有完全相同的案例复制，只能根据自身行业企业特点，鼓励与优秀数字化转型服务商合作，摸索适合自身的数字化转型，以一个点的需求开始，保持足够的定力，由点到面分步实施。

（二）架构重组，建立多元化管理体系

在数字浪潮下，各行各业“智改数转”如火如荼，尤其对现代轻工纺织产业的传统产业而言，需要对组织架构进行转变。一是建立可视化数据决策系统。以数据为基础，借助数据分析模型，建立企业全流程数据平台和智能分析响应系统，推动企业财务、资产、人力资源、生产、供应链、营销等环节数字化转型，为企业运营管理的所有环节提供分析决策参考服务，提高流程效率。二是建立“大平台 + 小前端”扁平化、平台化的组织架构。企业部门之间层级较多，决策传达的准确度、执行力受影响，制约决策执行效率，需要对现有组织架构进行拆分、重组，推行扁平化、平台化的变革，建立“大平台 + 小前端”的组织架构。三是优化数字化转型人才。数字化转型不仅要引进或者培养数字化复合人才，更要对员工进行数字化技能培训，发挥优秀数字化服务商及协会作用，提高从业人员的理论水平和行业技能水平，积极与高校、研究院所合作，深化产教融合，促进数字化转型复合人才体系的建立。

（三）数智并转，打造智能化生产流程

数字化转型要回归企业生产经营的本质，即智能制造的转型。一是研发设计模式创新。在研发阶段融入数字化应用，通过大数据整合更多用户需求，不仅能缩短新产品上市周期，更精准地研发新产品，更能通过数字模拟进行可重复、参数变化的仿真实验测试产品的性能，大幅降低研发和试错成本。二是生产设备智能化。数字化设备能够精准控制各个生产环节、生产工艺，

确保产品质量提升，推广敏捷式的规模化技改模式，将传统机械化设备转变为数字化设备，实现生产流程的智能化，更快、更准确地完成生产任务，提高生产效率。三是生产应用集成。整合企业内以 ERP 为核心的横向管理信息系统和以 MES 为核心的纵向业务信息系统，实现两者之间系统数据的互联互通互操作。建立完善的质量控制系统，不仅可以帮助企业提高产品质量和稳定性，还可以为企业提供更快速、准确的质量检测和分析，帮助企业更好地掌握产品质量信息。

（四）用户至上，创新服务化运营模式

在数字化时代，需要以实现用户需求为中心，创造新的用户体验、新的商业服务模式。一是明确目标受众。企业需要跟目标受众进行有效的交流和互动，深入了解目标受众的兴趣、需求和消费行为习惯，通过大数据分析技术处理和分析海量的消费者数据，为顾客匹配更具针对性、更优质的产品。二是选择合适的数字化营销。企业要根据自己的行业特点和受众，选择恰当的营销渠道，在原有销售渠道的基础上拓展新的销售方式，进行有针对性、转化率高的推广和宣传。三是以消费者为中心丰富服务要素。微笑曲线显示，产业链后端的品牌和服务的附加值最高，打造服务优势，是现代轻工纺织产业迈向高附加值的新通道，从原来以产品为核心的传统制造生产模式向以消费者为核心的服务型制造服务模式转变，由提供产品向提供服务转变。

（五）合作共赢，建立生态化产业体系

生态化发展是企业数字化转型的主要方向。一是建立融合共赢的产业生态。现代轻工纺织产业龙头企业以数字化手段改造生产全流程、提高全要素配置率及生产效率，并将数字化转型应用向产业链上下游拓展延伸，共同建立合作共赢的数字化生态体系。现代轻工纺织产业中小企业向专业化、合作化方向发展，提高自身“专精特新”能力，融入产业生态体系中，达到数字化转型借力发展的目的。二是建立绿色低碳的产业生态。以数字化转型推动产业节能减排，改造提升现代轻工纺织产业工艺流程精准性，优化资源、能源利用效率，有效促进企业绿色技术创新和生产模式变革，实现数字化绿色减碳、数字化绿色转型。三是建立数字化评估体系。数字化转型从开始到生

态建设需要进行动态跟踪和评估，需要各业务线、各职能部门、供应链、产业链进行务实的阶段性评估分析，普及“小快轻准”的数字化评估诊断产品及方案，积极引入先进的数字化技术，推动生产过程的自动化、智能化和高效化，实现从战略、管理、执行到评估的持续优化提升。

参考文献

[1]中国轻工业联合会. 中国轻工业年鉴2022[M]. 北京:中国轻工业年鉴社,2022.

[2]中国纺织工业联合会.2021/2022中国纺织工业发展报告[M]. 北京:中国纺织出版社,2022.

[3]中国纺织工业联合会.2022/2023中国纺织工业发展报告[M]. 北京:中国纺织出版社,2023.

[4]中国轻工业联合会.2023轻工业数字化转型发展报告[R].2023.

课题组成员简介

王玉禄，副研究员，山东省工业和信息化研究院。

孙　建，工程师，山东省工业和信息化研究院。

王巧婧，经济师，山东省工业和信息化研究院。

邵　磊，工业经济研究室主任，副研究员，山东省工业和信息化研究院。

李国芹，院党委委员，副院长，一级调研员，山东省工业和信息化研究院。

32

山东省工业领域数据安全管理研究

刘伟伟　李君　李燕芹　魏磊　闫霄

摘　要　随着数字经济时代的到来，以互联网、物联网、大数据、人工智能算法为基础的数字经济高速增长，已成为推动全球经济高质量发展的核心动能。新一代信息技术在诸多领域广泛应用，对数字的开发、利用实践引发了越来越多的个人隐私安全、企业信息安全甚至国家安全问题，数据安全已上升到国家战略层面。

在数字经济发展过程中，工业领域是我国数字化转型发展的主阵地，也是数字经济发展的前沿，工业数据安全已成为工业数字化转型升级中的重要环节。近年来，工业领域企业频有安全隐患问题出现，多数企业面对数据安全隐患束手无策，“不懂、不愿、不能”处置的问题比较突出。开展工业领域数据安全管理研究，着力解决工业数据安全领域的突出问题，有效提升数据安全治理能力，为做优做强做大数字经济提供坚实保障。

关键词　工业领域　数据安全　管理

一、数据安全概述

（一）数据安全相关概念

1. 数据安全

数据安全，是指通过采取必要措施确保数据处于有效保护和合法利用的状态，以及具备保障持续安全状态的能力。

2. 数据安全评估

数据安全评估，是指结合企业组织机构、管理制度、技术能力等情况，运用科学的方法和手段，系统地对标我国数据安全相关政策法规和国家标准等要求，完整识别组织机构数据安全保护措施不到位的情况，分析提出可能导致的数据安全风险，进而提出综合性和可操作性的防范对策、安全措施及改进建议。

3. 数据安全产业

数据安全产业，是指为保障数据持续处于有效保护、合法利用、有序流动状态提供技术、产品和服务的新兴业态。

4. 数据安全防护

数据安全防护，是指通过采取必要措施确保数据处于有效保护和合法利用的状态，以及具备保障持续安全状态的能力。

5. 工业和信息化领域数据

工业和信息化领域数据包括工业数据、电信数据和无线电数据等。根据数据遭到篡改、破坏、泄露或者非法获取、非法利用，对国家安全、公共利益或者个人、组织合法权益等造成的危害程度，工业和信息化领域数据分为一般数据、重要数据和核心数据三级。

6. 数据安全产品

数据安全产品分为数据资产管理类、数据资产防护类、数据行为防控类、数据开发利用类等。

（二）数据安全面临的需求与挑战

数据产业新生态对数据安全的需求。产业数字化已成为全球数字经济发展的主脉络，不仅对数据的安全感知、安全存储、安全传输、安全处理等提出更大挑战，还给数据治理、服务平台、应用平台等带来新的安全需求。

数据产业新商业模式对数据安全的需求。近年来，数据交易商业实践无论是在广度上还是在深度上均有所突破，多样化的数据交易模式对数据安全提出了迫切需求。

产业升级和技术发展对数据安全提出了新挑战。数字经济在国民经济中的地位进一步凸显，推动新型基础设施建设是数字经济快速发展的重要举措，随着新基建的持续推进，各行业对数据感知、存储、传输、处理等能力提出了更高要求。

二、数据安全现状

目前，全球已有近百个国家和地区制定了数据安全保护的法律，数据安全保护专项立法已成为国际惯例。

（一）国外数据安全发展现状

1. 美国数据安全战略

近年来，美国相继发布多份数据战略纲领性文件，初步建立了数据战略体系。

2019 年 12 月，美国发布《联邦数据战略与 2020 年行动计划》，规划了美国政府未来 10 年的数据愿景。2020 年 10 月，美国发布《国防部数据战略》，提出其将加快向“以数据为中心”过渡，制定了数据战略框架。

2. 欧盟数据安全战略

作为一个政治共同体，欧盟更强调技术导向的数据共享，消除成员国家间的信息屏障。

2020 年 2 月，欧盟发布《欧盟数字化战略》《数据战略》《人工智能战略》，旨在建立欧盟数据平台的基础上，实现数据主权和技术主权。2020 年 6 月，欧盟发布《欧洲数据保护监管局战略计划（2020—2024）》，旨在从前瞻性、行动性和协调性三个方面继续加强数据安全保护。

3. 英国数据安全战略

2020 年 9 月，英国发布《国家数据战略》，提出“确立一个促增长、可信赖的数据体制”“确保数据基础设施的安全性和弹性”“倡导数据的跨境流动”等优先任务。

（二）我国数据安全发展情况

1. 数据安全重视程度持续提升

习近平总书记多次作出重要指示批示，提出加快法规制度建设、切实保障国家数据安全等明确要求。

2017 年 12 月 8 日，习近平总书记在中共中央政治局集体学习时指出，要切实保障国家数据安全，强化国家关键数据资源保护能力，增强数据安全预警和溯源能力。

2017 年 12 月，中国提出“要切实保障国家数据安全”“要加强关键信息基础设施安全保护，强化国家关键数据资源保护能力，增强数据安全预警和溯源能力”。

2019 年 7 月，在 G20 大阪峰会的数字经济特别会议上，中国提出“共同完善数据治理规则，确保数据的安全有序利用”“‘数据安全’已上升到国家安全战略高度”。

党的十九届四中全会首次将数据作为生产要素提出，数据对提高生产效率的乘数作用凸显，成为最具时代特征新生产要素的重要变化。

2. 数据安全法律法规逐渐健全

2021 年，我国数据立法进展突飞猛进，备受关注的《中华人民共和国数据安全法》和《中华人民共和国个人信息保护法》分别出台，与《中华人民共和国网络安全法》共同形成了数据安全领域的“三驾马车”，其配套的行政法规、部门规章和地方条例也在陆续完善中，数据安全进入强监管时代（如表 1、表 2、表 3所示）。

表 1　国家层面数据安全相关政策

国家	时间	政策	主要内容
中华人民共和国	2015 年 7 月 1 日	《中华人民共和国国家安全法》	提出要“实现网络和信息核心技术、关键基础设施和重要领域信息系统及数据的安全可控”
中华人民共和国	2017 年 6 月 1 日	《中华人民共和国网络安全法》	要求建立网络安全等级保护制度，明确采取数据分类、重要数据备份和加密等措施防止数据泄露或被篡改

续表

国家	时间	政策	主要内容
中华人民共和国	2020年1月1日	《中华人民共和国密码法》	规范密码应用和管理，保障网络与信息安全，维护国家安全和社会公共利益
中华人民共和国	2021年9月1日	《中华人民共和国数据安全法》	首次从法律层面明确数据安全保护义务，填补了我国数据安全保护立法的空白
中华人民共和国	2021年11月1日	《中华人民共和国个人信息保护法》	立足于数据产业发展实践和个人信息保护的迫切需求，更全面地保障个人权利

表2　行业层面数据安全相关政策

部门	时间	政策	主要内容
工业和信息化部	2020年4月28日	《关于工业大数据发展的指导意见》	建立工业数据安全责任体系；支持多措并举创新和强化工业数据安全防护，筑好筑牢发展的底线和防线
中国人民银行	2021年4月8日	《金融数据安全　数据生命周期安全规范》	建立全周期的金融数据安全管理框架
国家互联网信息办公室	2021年5月12日	《汽车数据安全管理若干规定（征求意见稿）》	明确汽车行业中重要数据的范围，提出数据全生命周期的处理要求
国家互联网信息办公室	2021年11月14日	《网络数据安全管理条例（征求意见稿）》	规范网络数据处理活动，保障数据安全
工业和信息化部	2022年12月8日	《工业和信息化领域数据安全管理办法（试行）》	提升工业、电信行业数据安全保护能力，防范数据安全风险
工业和信息化部与国家互联网信息办公室	2023年1月3日	《关于促进数据安全产业发展的指导意见》	到2035年，数据安全产业将进入繁荣成熟期，产业政策体系进一步健全，产业人才规模与质量实现双提升

表3　地方层面数据安全相关政策

省份	时间	政策	主要内容
天津	2019年7月	《天津市数据安全管理办法（暂行）》	是全国首部数据安全相关的省级地方性专门规章
贵州	2019年8月	《贵州省大数据安全保障条例》	落实数据安全风险评估、数据审查等手段

续表

省份	时间	政策	主要内容
深圳	2021 年 6 月 29 日	《深圳经济特区数据条例》	率先就数据保护和利用开展地方立法
上海	2021 年 9 月 30 日	《上海数据条例（草案）》（征求意见稿）	建立了全面的数据安全治理体系
山东	2022 年 4 月	《山东省 2022 年数字经济“重点突破”行动方案》	制定山东省工业数据安全管理办法等制度规范
广东	2022 年 4 月	《2022 年广东省数字经济工作要点》	探索部分工业行业数据安全机制等
四川、重庆	2022 年 5 月	《2022 年成渝地区工业互联网一体化发展示范区建设工作要点》	推进成渝地区工业领域数据安全管理试点
辽宁	2022 年 5 月	《辽宁省大数据发展条例》	推动工业数据安全管理体系建设，加快工业数据安全产品研发
海南	2022 年 7 月	《数据出境安全评估办法》	规范工业数据出境活动，保障数据安全
山东	2023 年 7 月	《山东省工业和信息化领域数据安全管理实施细则（试行）》	是全国首个省级针对工业和信息化领域数据安全管理的实施细则

3. 数据安全产业发展迅速

2020 年，我国网络安全产业规模约为 1702 亿元，同年数据安全产业规模约为 50 亿元，过去 3 年我国数据安全产业发展增速明显。根据计世资讯的数据统计，2018—2020 年，我国数据安全产业同比增速分别为 29.60%、32.70%、33.20%，呈逐年快速上升趋势（如图 1 所示）。

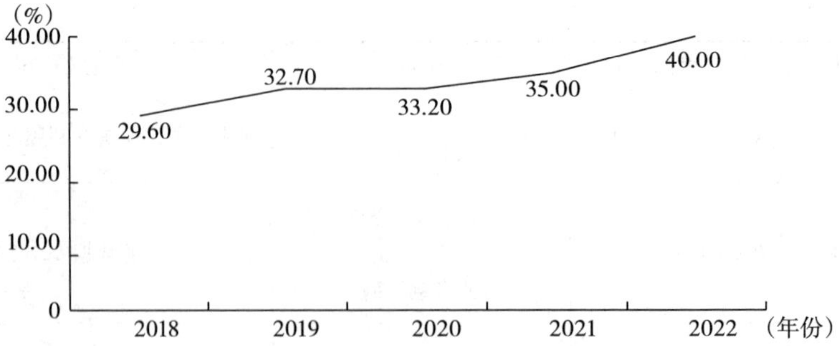

图 1　2018—2022 年我国数据安全产业增长率

（三）山东省工业领域数据安全总体情况

山东是工业大省、制造业大省，是全国绿色低碳高质量发展先行区，是唯一拥有全部 41 个工业大类的省份，开展工业领域数据安全管理有着良好的产业基础和雄厚的数据资源。

1. 试点工作完成情况

2021 年 12 月以来，工业和信息化部在 15 个地区开展试点，并在全国范围内部署推进工业领域数据安全工作，山东是试点省份之一。山东省面向全省 16 个市、组织 30 家试点企业开展先行试点，试点企业分布在软件和信息技术服务业、电子信息制造业、装备工业、原材料工业、消费品工业 5 个重点行业。

在工业数据分类分级方面。以企业数据清单梳理为基础，以重要数据和核心数据识别为关键，按照“企业报送、市级初审、专家评审、省厅审核”的工作机制，对照工业和信息化部反馈的目录修改意见，进一步指导试点企业识别、确定数据级别，动态建立山东省试点范围内重要数据和核心数据目录 111 条（如图 2 所示）。

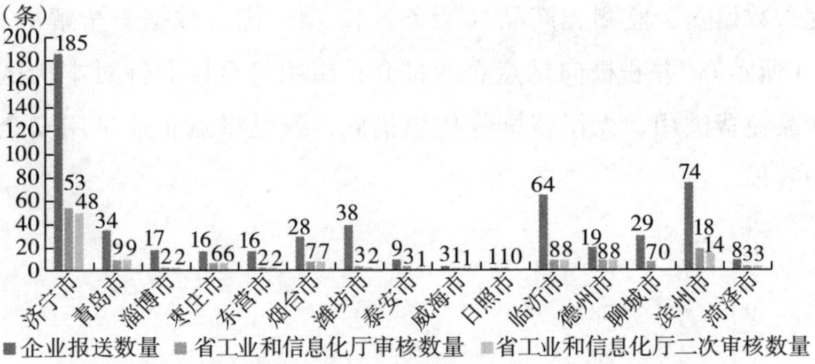

图2　山东省试点范围内重要数据和核心数据企业申报、省工业和信息化厅审核、省工业和信息化厅二次审核数量

在工业数据安全评估方面。组建数据安全工作组作为第三方评估机构，为试点企业提供诊断咨询、评估测评等服务；指导所有试点企业围绕数据安全管理和数据全生命周期各环节防护要求开展自评估工作；采用现场抽样检查等方式对试点企业自评估结果进行审核确认，对发现的236条数据安全风险问题及时进行督促整改（如图3所示）。

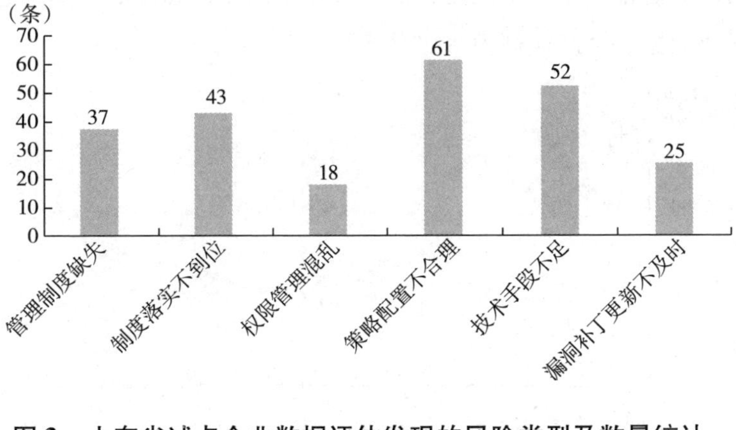

图3　山东省试点企业数据评估发现的风险类型及数量统计

在工业数据安全防护方面。组织试点企业进行数据安全防护工作任务分解和计划安排；根据试点企业自评估和预评估结果，"一企一策"指导所有试点企业编制《工业领域数据安全防护体系建设方案》。

在工业领域数据安全产品应用推广方面。面向省内外组织评选出优秀数据安全防护类产品（服务）39项，优秀数据分类分级管理类产品（服务）10

项，优秀数据安全监测类产品（服务）12 项，优秀数据安全解决方案 28 项（如图 4 所示），并积极向试点企业推介；组织安全厂商针对本次试点，提供安全产品免费试用、无偿咨询等优惠措施，鼓励试点企业试用安全产品，反馈应用效果。

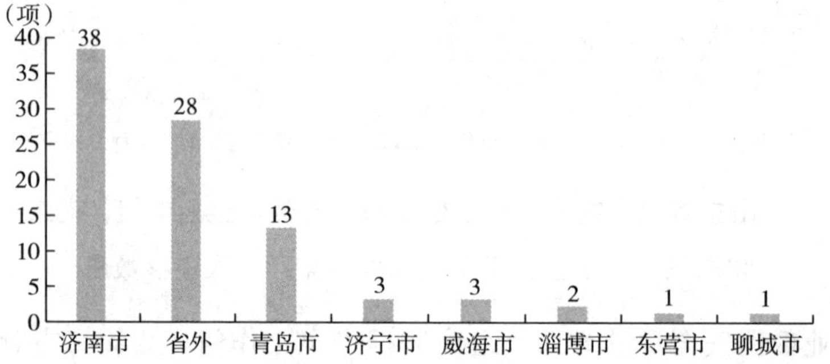

图 4　工业领域数据安全优秀产品（服务）和应用解决方案数量（按地区分布）

2. 工业数据安全总体情况

数据安全产业规模较小，且分布不均。其中，青岛市 54 亿元，威海市 2 亿元左右，淄博市不足 0.6 亿元，济宁市 0.4 亿元，德州市 0.099 亿元；大多数市未形成数据安全产业规模（如图 5 所示）。

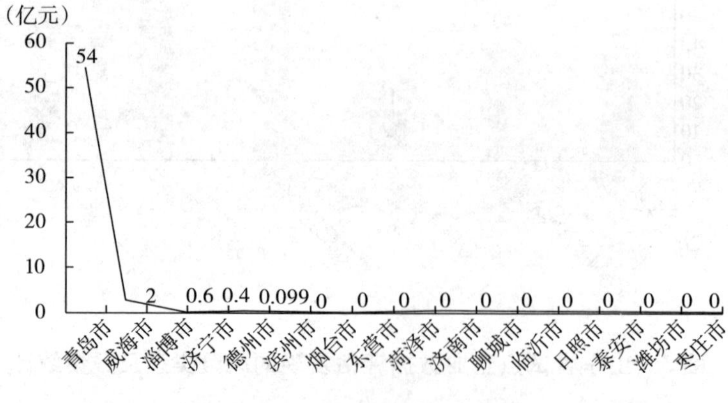

图 5　山东省数据安全产业规模

数据安全企业数量不多。分别为济宁市 3 家、滨州市 5 家、泰安市 2 家、威海市 2 家、德州市 5 家、青岛市 8 家、淄博市 2 家、临沂市 5 家、烟台市 1 家（如图 6 所示）。其中，数据安全龙头企业 17 家，年产值约 2 亿元。

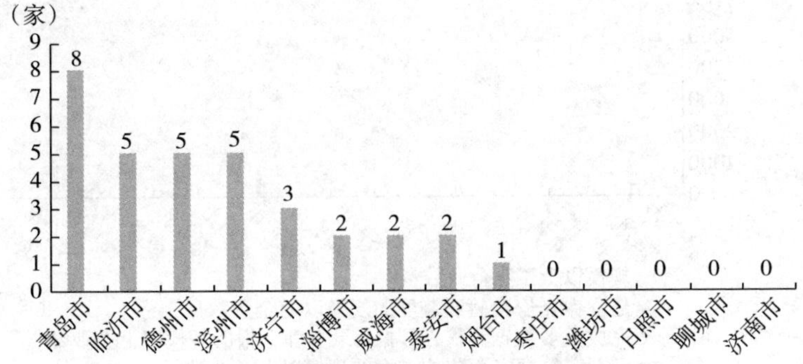

图6　山东省数据安全企业分布情况

数据安全产品类型以数据资产防护类为主，其次是数据行为防控类和数据资产管理类。

据调研统计，2022 年以来山东省发生数据安全事故 29 次。分别为：济宁市 1 次，东营市 4 次，青岛市 4 次，聊城市 1 次，临沂市 16 次，潍坊市 3 次。其余市未发生或未被掌握。

数据安全政策制定情况。各市未单独针对数据安全制定相关制度，仅在其他文件中提及“数据安全”，如《泰安市制造业数字化转型实施方案（2023—2025 年）》（泰办发〔2023〕4 号）指出“落实工业数据安全风险监测、信息通报、应急处置等制度，鼓励开展工业数据安全和工业互联网网络安全分类分级管理”。

3. 工业数据安全防护情况

在山东省 25691 家规模以上工业企业中，建立数据安全管理制度的规模以上企业 1357 家，完成重要数据和核心数据目录整理上报的规模以上企业 447 家，已制定数据安全防护方案的规模以上企业 2278 家，部署数据安全产品的规模以上企业 1450 家（如图 7 所示）。

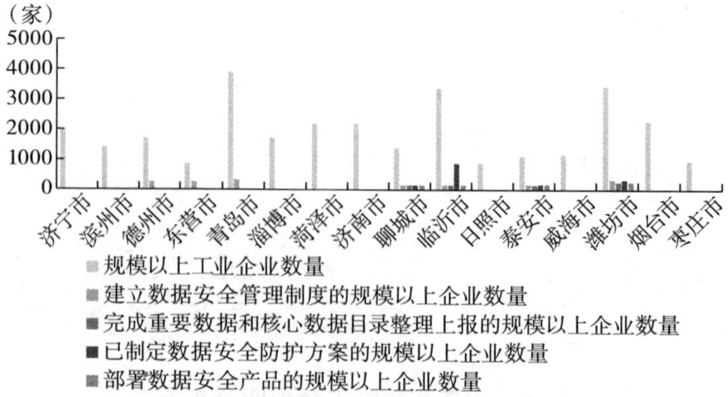

图7　山东省工业数据安全防护情况

4. 工业数据安全风险评估情况

山东省959家企业开展数据安全风险评估（如图8所示）。

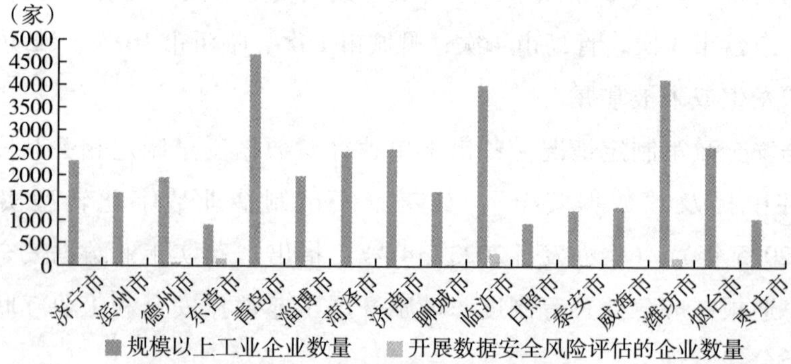

图8　山东省工业数据安全评估情况

三、山东省工业领域数据安全存在的问题

（一）工业数据安全方面政策支持不足

各地区、企业普遍反映，当前开展工业数据安全工作亟须政策引领和标准指导，亟须推出更多激励措施和技术产品。各市未单独针对数据安全制定相关制度，仅泰安市在其他文件中提及“数据安全”。

（二）工业企业数据安全意识不强

当前，工业企业数据安全防护意识有所欠缺，尤其中小企业的数据安全建设大多处于起步阶段。从调研情况来看，部分企业对数据安全概念理解不清，将数据安全与网络安全混为一谈，数据安全人员数据防护意识较为淡薄。

（三）工业数据安全监管、评估能力不足

工业领域数据安全工作是一项新职责、新任务，部分地市只限于完成上级规定试点工作，不具备数据安全监测及风险发现、研判、防范、处置的条件和能力。建立数据安全管理制度的企业占 5%；已制定数据安全防护方案的企业占 9%；完成重要数据和核心数据目录整理上报的企业 447 家，占 2%；部署数据安全产品的规模以上企业仅占 6%；开展数据安全评估的企业仅占 4%。多数地市对数据安全事故发生数量不掌握。

（四）数据安全产业发展规模较小

调研发现，山东省数据安全产业规模为 57 亿元，大部分地市数据安全产业总体规模较小，11 个地市数据安全产业整体规模几近空白。

（五）工业企业数据安全管理、技术、人才、支撑不足

多地反馈工业企业数据安全工作量大、任务重、涉及主体多，重要数据和核心数据目录审核与备案管理、监测预警、风险报送、安全评估等工作需要信息化手段支撑。例如，许多工业控制系统和工业设备在设计与部署时没有充分考虑到安全性，部分工业设备比较老旧，缺乏更新的操作系统和软件、默认密码和弱密码的使用以及不完善的网络隔离措施等使得工业网络易受到攻击。县域中小企业研发资金不足，很难搭建完备的数据安全体系。数据安全监督执法、管理、评估、运维等人员欠缺，监管侧和企业侧的人才缺口在持续放大。

四、工业领域数据安全发展趋势展望

（一）数据安全执法力度逐步加大

2021 年，多部数据安全相关法律法规面世，数据安全法律框架逐步构建。监管文件密集出台，数据安全落实到各行各业，执法趋严是明确的监管态势。

（二）数据安全治理从合规驱动逐步走向自驱动

多数企业数据安全治理工作都以合规为驱动，随着数据规模的不断扩大，数据泄露引发的企业成本损失不断增加，以及企业生产依赖数据治理效果提升，数据安全治理将从合规驱动走向自驱动。

（三）数据安全企业将迎来高速发展

数据安全产品和服务垂直细化趋势愈加明显，促使数据安全企业的产品结构愈加周密，专业程度越来越高，专业型数据安全企业将迎来创新发展新机遇。

（四）新兴领域技术迭代引领数据安全产业成长

当前，人工智能、云计算、5G、物联网、区块链等新领域新业态快速发展，传统数据安全思维与数据安全手段面临着新的转变，促使数据安全企业加快数据安全保护新技术落地速度。

五、提升工业领域数据安全管理建议

（一）完善工业数据安全法规建设，奠定工业数据安全保护基础

随着《工业和信息化领域数据安全管理办法（试行）》的颁布实施，我国工业领域数据安全监管体系框架逐步健全。下一步，一是明确实施细则。在数据安全顶层立法的牵引下，重点推进监测预警、应急处置、安全评估等制度的实施细则。二是厘清主体全责。完善数据流通利用重点环节及典型场景数据处理规则，逐步厘清数据处理相关主体权责边界。三是制定标准规范。

加快制定面向工业领域的数据安全标准规范。

（二）加大工业数据安全宣传培训力度，提高工业企业数据安全意识和建设能力

一是强化主体责任。工业数据安全监管是《中华人民共和国数据安全法》赋予工业和信息化系统的法定职责。向企业负责人详细解读《中华人民共和国数据安全法》《工业和信息化领域数据安全管理办法（试行）》等法律法规、管理制度要求，进一步明确工业企业数据安全主体责任。

二是加强业务指导。加大线上线下交流对接频次，加强重要数据与核心数据识别、研判、分析、审核等工作的培训和指导。鼓励企业建立工业数据安全管理体系，明确数据使用规范和安全管理流程，定期开展员工安全培训及数据安全检查。

（三）开展工业数据安全监测、评估等平台建设，提升工业数据安全监管支撑保障能力

一是推进数据安全监管平台建设。参照工业领域数据安全管理和服务平台的功能设计、建设思路、服务模式等，推进省级工业领域数据安全监管平台建设，建立数据安全服务资源池。二是创新监管支撑技术形式，采用“以租代建”模式建设省级工业数据安全监测平台。

（四）推动工业数据安全产业发展，构建全方位工业数据安全保护生态

推进国家大数据安全产业建设，加快形成完整的数据安全保护产业生态链。一是鼓励数据安全保护技术研究。推动企业和相关研究机构积极开展区块链、密码技术、隐私计算等数据安全保障技术研究。二是推动数据安全产品落地推广。重点支持数据分类分级、数据共享安全监测、数据标记及追踪溯源、数据安全威胁监控等相关产品的开发、成果转化和应用示范。三是培育数据安全培训、测评、认证等公共服务。发展具有权威性的第三方机构，建设专业的数据安全人才培训和数据安全评估认证队伍。四是储备高素质数据安全人才队伍。比如，数据新介质领域、人工智能领域、密码学领域等。

（五）促进工业企业、安全企业、科研机构等加强供需对接，推动建立数据安全供需对接机制

通过征集资源池、汇编案例集、召开推介会等多种方式，开展数据安全产品应用推广、工业领域数据安全项目现场供需对接签约、典型案例经验分享交流等供需对接活动，进一步促进工业企业、安全企业、科研机构等加强供需对接，从产品和服务的角度为工业企业提供数据安全解决方案。

安全企业积极开展数据安全产品与工业领域的适配研制工作，提升工业企业数据全生命周期安全保护能力。科研机构持续关注数据安全技术发展趋势，提前布局技术研发与应用，抢先推动数据安全能力建设创新，实现数据安全体系建设的持续优化。

（六）加大对工业数据安全企业政策、资金、技术支持力度，有效支撑推进工业数据安全工作开展

政府层面：不断加大工业领域数据安全能力建设的政策支持力度，在省级中小企业发展专项申报中，明确支持面向工业领域数据场景的网络信息安全平台、靶场、实验室的信息安全建设项目，强化本地区工业领域数据安全产业供给和数据安全治理能力。在数据安全保障能力建设方面，采购、租赁云化部署的数据安全一站式产品或服务，更符合中小企业的实际情况。组建第三方评估队伍，指导开展工业领域数据安全评估工作。对于工业企业部署数据安全相关方案给予政策和资金倾斜，工业数据安全治理作为攻关示范类项目，给予一定的费用补贴支持。

企业层面：加强对工业数据的管理和保护，采用加密技术、网络隔离和访问控制技术，保证工业数据的完整性和保密性。将工业控制系统（ICS）和企业网络分隔开来，使用虚拟专用网络（VPN）和网络隔离等技术，限制访问工业网络的人员和设备。更新和修补漏洞，确保所有工业设备、控制系统和软件及时更新补丁，并定期进行漏洞扫描和安全评估。强化身份验证和访问控制，实施多层级的身份验证措施，如使用强密码、双因素认证和生物识别技术，限制对工业系统的访问权限。

参考文献

[1] 工业信息安全发展研究中心,华为. 数据安全白皮书[R]. 2021.

[2] 中国信息通信研究院. 数据安全技术与产业发展研究报告(2021 年)[R]. 2021.

作者简介

刘伟伟，高级工程师，山东省工业和信息化研究院。

李　君，高级经济师，山东省工业和信息化研究院。

李燕芹，正高级经济师，山东省工业和信息化研究院。

魏　磊，信息技术服务室主任，高级工程师，山东省工业和信息化研究院。

闫　霄，高级工程师，山东省工业和信息化研究院。

33

山东省数字政府建设现状和发展路径研究

甄鹏华　魏磊　王强　池广顺　冯渤

摘　要　山东省委、省政府对数字化工作高度重视，将数字强省纳入“九个强省突破”之一强力推进。数字政府是数字强省战略中的重要一环，2023年又将“进一步完善整体高效的数字政府”作为首条工作任务，并提出了优化政务服务效能、优化政府治理效能、优化机关运行效能、优化基础支撑效能4条具体内容。本文深入分析山东省已取得的较为丰富的数字政府建设成效，同时，针对山东省提出对标学习浙江省数字化改革经验做法，分析在数字政府建设中涌现出的技术、应用、数据等短板弱项，以及与浙江等先进省份的差距，提出符合山东省省情的对策研究分析。在建设成效上，从数字机关和政务服务两个方面予以分析，剖析“山东通”“爱山东”两大平台的建设情况和存在的问题；在发展路径上，提出提升业务系统统建水平、强化“山东通”应用效能、提升“爱山东”服务能力、推进数据治理能力提升四大方向。

关键词　数字政府　数字强省　数字机关　政务服务　数据

一、数字政府建设背景

（一）国家数字政府建设背景

《国务院关于加强数字政府建设的指导意见》（国发〔2022〕14号）指

出，加强数字政府建设是适应新一轮科技革命和产业变革趋势、引领驱动数字经济发展和数字社会建设、营造良好数字生态、加快数字化发展的必然要求，是建设网络强国、数字中国的基础性和先导性工程，是创新政府治理理念和方式、形成数字治理新格局、推进国家治理体系和治理能力现代化的重要举措，对加快转变政府职能，建设法治政府、廉洁政府和服务型政府意义重大。

从全球来看，信息化、数字化、网络化、智能化发展趋势和特点日益凸显，联合国经济和社会事务部发布的《2022 联合国电子政务调查——数字政府的未来》显示，全球电子政务发展趋势持续向前推进，许多国家从较低的电子政务发展指数（EGDI）水平过渡到较高的水平，“非常高水平”国家数量相比 2020 年增加了 5.3%，“低水平”国家数量相比 2020 年减少 1 个，为 7 个。同时，电子政务发展领先的国家并未放松发展的脚步，2022 年，15 个电子政务发展领先的国家的 EGDI 相较于 2020 年提高 0.71%，其平均值（0.9306）高于全球平均值（0.6102）52.5%。我国的 EGDI 值为 0.8119，属于“非常高水平”，居全球第 43 位。

从国内来看，依托全国一体化政务服务平台，各省（区、市）通过各种信息化手段推进政务服务标准化、规范化、便利化，同时为推进国家治理体系和治理能力现代化发挥了重要作用。中央党校（国家行政学院）电子政务研究中心发布的《省级政府和重点城市一体化政务服务能力评估报告（2022）》显示，全国 2021 年度省级政府一体化政务服务能力总体指数平均值同比增长 3.35%，其中，服务成效度指数同比增长 4.79%，增幅最大；在省级行政许可事项中，90.5% 的事项实现网上受理和“最多跑一次”，56.36% 的事项实现网上审批和“零跑动”。但是，区域之间的数字政府建设情况仍有较大差距，发达省份各项指数普遍居于前列，且相较于其他省份有着明显优势。

（二）山东省数字强省建设背景

2021 年 7 月 3 日，山东省委、省政府成立数字强省建设领导小组；同月 17 日，山东省人民政府发布了《山东省人民政府关于印发〈山东省“十四五”数字强省建设规划〉的通知》（鲁政字〔2021〕128号），该建设规划提出了7条具体任务，其中，数字政府建设被列为数字强省建设的一部分，提出了加快政务服务模式重构、推动政府治理范式重塑、推进机关运行流程再造、实施数字政府强基工程四项具体内容（见图1）。

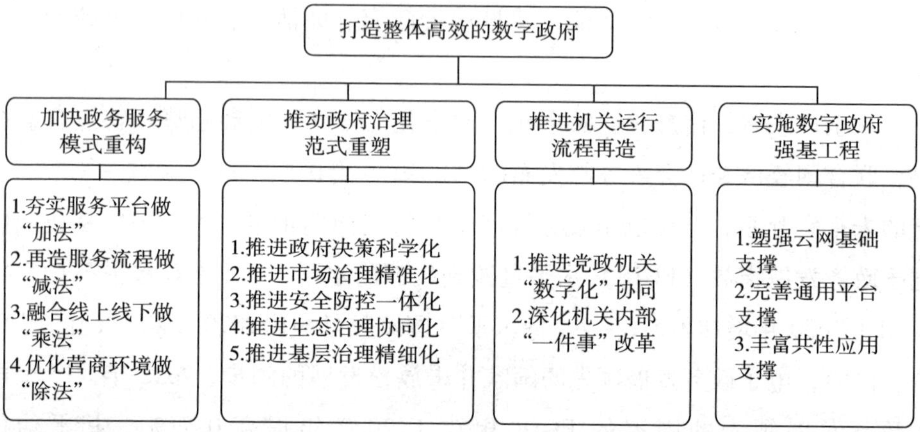

图1　山东省数字政府四项主要内容

山东省的数字强省建设起初并未将数字政府列在任务首位，而是将数字基础设施建设列为首位。2021年以来，山东省5G基站建成、开通数量先后突破10万个、15万个大关，2022年9月16日，山东省第16万个5G基站建成工作推进会在济南市举行；累计建成济南市、青岛市、日照市3个“千兆城市”；以国家超级计算中心等为支撑，建设“中国算谷”。与此同时，部分省份从“软”上发力，如浙江省全面推进数字化改革，建设“掌上办事之省”“掌上办公之省”“掌上治理之省”，推进政务服务“一网通办”，推动“一件事”集成改革，推出100项“智能秒办”事项。

（三）山东省数字政府建设方向

2023年6月17日，山东省人民政府办公厅发布了《山东省人民政府办公厅关于印发数字强省建设2023年工作要点的通知》（鲁政办发〔2023〕10号），该工作要点将“进一步完善整体高效的数字政府”作为首条工作任务，并提出了优化政务服务效能、优化政府治理效能、优化机关运行效能、优化基础支撑效能四项具体内容。

这四项具体内容是从“外”由“中”至“内”落“基”的。“外”是指面向社会公众的政务服务，从“双全双百”“一次办好”“无证明之省”“居民码”“企业码”等社会公众看得到的地方做优化，以山东省推出的政务服务品牌“爱山东”为窗口，提升政务服务效能。“中”是指社会公众看得到的政府治理过程，从税务、社保等提供具体政务服务的中间环节做优化，以“一网统揽”“城市大脑”为手段，提升政府治理效能。“内”是指社会公众看不到的政府运转过程，以山东省重点打造的机关内部应用“山东通”为纽带，着力实施机关内部“一件事”集成改革，推动机关运行流程再造，实现机关内部服务事项线上集成化办理，提升机关运行效能。“基”是指数字政府的最终支撑力量，以山东省政务云网建设为骨架，承接政务服务、政府治理、机关运行的数据资源，实现数字政府的具体价值。

二、山东省数字政府建设现状

（一）基本情况

从表象来说，数字政府建设看得到的地方，在于数字机关和政务服务两个方面的建设。从内在来说，数字政府建设需要的是数据、应用、服务、云网四个方面的合力，并在对内和对外两个方向上发力。

具体到山东省，数字机关建设的具体应用是“山东通”平台，数据来源于省—市—县三级部门的业务流程共享，服务于全省各级公职人员；政务服务建设的具体应用是“爱山东”平台，数据来源于群众企业的事项办理，服务于全省社会公众。在云网层面互相打通，以实现数据和业务的互通。

山东省数字政府建设架构中处于最底层的“电子政务外网”“政务云”两项工作至今已基本全部完成建设，得益于山东省走在全国前列的网络基础设施，山东省的数字政府“地基”较为牢固，相较于浙江等先进省份差距不大。现阶段的建设任务主要集中在“一体化大数据平台”“统一支撑平台”这两项底层架构中偏上的内容和数字机关、政务服务的应用建设上。与浙江等先进省份相比，山东省有一定的差距，特别是在应用建设上的差距更为明显。浙江省在数字政府建设方面取得了较为显著的成就，其以信息化为支撑，推动政务服务的数字化、智能化和一体化发展，实现了政务服务的全覆盖和全天候在线办理。浙江省在政府数据开放等方面也走在了全国前列。

（二）数字机关建设

1.“山东通”平台建设基本情况

山东省数字机关建设的主要平台，即“山东通”协同办公平台，具有移动端和电脑端作为应用入口，集成数字化办公、数字化服务、数字化治理、数字化决策等功能，并具备按照有关规范建设的业务系统模块化接入的能力，同时可根据工作需要实现省—市—县（区）—乡（街道）的分级业务系统使用模式。

从技术层面分析，“山东通”客户端实际基于国内某著名即时通信软件的企业版本，并通过部署在电子政务外网 +“零信任”机制保障数据安全。国内电子政务标杆省份——浙江同样推出了数字机关的客户端“浙政钉”，实际基于国内另一家著名企业开发的企业内部通信软件。在基本功能上，“山东通”与“浙政钉”基本类似，都完全具备了组织架构、通讯录、即时通信、音视频通话、视频会议、工作台、综合办公等功能，并集成了文档协同、地图服务、手写签批、文档中台、定位轨迹、数字证书、数字签名、电子印章等基本组件。在安全方面，“浙政钉”采用 VPN 通道模式，与“山东通”不但在技术上走的是完全不同的路径，在终端用户使用上也产生了巨大不同。“山东通”采取的“零信任”机制，使得用户在使用过程中不必频繁切换网络，有更好的使用体验；相较于“浙政钉”平台采取的 VPN 模式，“零信任”机制大大降低了用户使用的学习成本，不过也因此带来了一定的性能损失，卡顿、延迟时有发生。

2.“山东通”平台面临的问题

“山东通”平台的注册人数、应用接入数并不明显少于“浙政钉”平台，然而平均日活动用户数却不到“浙政钉”的一半，即通常所说的“没人用”“用不起来”。

要提高平均日活动用户数，除了加大宣传推广使用力度，更重要的是提升接入应用的数量和质量，即“好用”。按照山东省的数字政府建设架构，“山东通”平台应当成为数字机关的“总门户”。事实上，“山东通”目前只承担了有限的数字机关业务，仍有大量业务运行于各厅（局、委、办）自建系统中。

（三）政务服务建设

1. 山东省政务服务网“爱山东”平台建设基本情况

2019 年 5 月 31 日，作为全国一体化政务服务平台总枢纽的国家政务服务平台上线试运行，多年来，各地区、各部门的政务服务在国家政务服务平台纵横贯通，为实现全国政务服务“一网通办”提供了重要支撑，提升了企业和群众办事获得感，在推进国家治理体系和治理能力现代化及数字政府建设进程中发挥了重要作用。就山东省而言，对应的平台最初称为“全国一体化政务服务平台山东政务服务网”。2020 年，山东省推出了“爱山东”App。“爱山东”App 是由山东省大数据局主办的政务服务平台，该平台作为山东省委、省政府全面优化营商环境，切实提升政务服务能力的重要载体，着眼于企业群众生产生活痛点，为企业群众提供多样性、多渠道、便利化服务，推动更多政务服务、便民服务、企业服务“掌上办”“指尖办”，助力数字强省建设。2023 年以来，山东省政务服务网已与“爱山东”完成了较好的融合，网站已更名为全国一体化在线政务服务平台“爱山东”政务服务网。

2023 年 8 月，“爱山东”推出了 4.0 版本，作为数字强省建设重要成果，“爱山东”政务服务平台自上线以来，不断打磨、优化，从 1.0 版本初步实现重点政务服务“掌上办”，到 2.0 版本基本覆盖生产生活、教育医疗等常用领域服务，再到 3.0 版本智能化效果初显，企业群众办事更轻松，4.0 版本从智能化加持、聚合化服务、丰富化场景等多个方面进行提升，进一步为企业群众提供更便捷有效的服务。

2.“爱山东”平台面临的问题

目前，“爱山东”政务服务网接入的政务服务事项，已基本涵盖教育、医疗、社保、公积金、户籍等多个领域，然而，接入方式仍以跳转接入为主。

以公积金业务为例，在登录“爱山东”账号后，点击公积金业务并不能根据已登录的账号来识别公积金账户，而是16个地市选择界面，选择对应地市后，系统将跳转到对应地市公积金中心的网站，需要再次输入个人公积金账户，无账号的需要先注册。显然，这与“一网通办”的初衷相悖。

与山东省相对应，浙江省的政务服务平台称为“浙里办”，总体架构和“爱山东”基本类似。从网站的功能来说，“爱山东”平台和“浙里办”平台均包含统一身份认证、个人和法人服务、按主题（部门、人事）检索、事项连办、个人（企业）一件事、便民服务、适老化改造等功能，无显著差异。从政务服务事项梳理的数量来看，山东省和浙江省的差距并不大，均涵盖了人社、公安、民政、教育、税务、医保、市场监管、交通运输等政府部门以及电力、水务、燃气等公用事业企业的办事服务。但从政务服务事项梳理的质量来看，山东省与浙江省的差距显著。仍以公积金业务为例，在“浙里办”平台中，公积金业务已按照统一模板进行了梳理，用户只需要进行一次统一身份认证，即可在政务服务网上无跳转地完成业务办理。

整体来说，“浙里办”平台的统一事项梳理模板利用率高，提供了所有事项统一的格式，包括服务提供机构、服务对象、办件类型、法定办结时限、承诺办结时限、办理地点、办理时间、咨询方式、监督投诉方式等，并提供申请条件、申请材料、办理流程、设定依据、收费标准等的公示。在网上办理过程中，通过统一形成的申报模板进行信息录入和资料上传，办理进度通过统一接口查询。而山东省的“爱山东”平台在很大程度上仍旧只是信息展示和跳转的接口，系统界面风格不一致，事项办理过程、方式不统一，查询方式不集约，使得用户体验感并不高。

三、山东省数字政府建设发展路径

（一）提升业务系统统建水平

对标浙江等先进省份，山东省在业务系统统建力度上明显不足，从省级层面来说，各厅（局、委、办）仍处于单打独斗的阶段，业务系统建设从各自单位角度出发，没有考虑与全省政务事项梳理的格式相统一的问题；

从地市层面来说，重建问题突出，一些系统已有省—市—县通用系统，但地市仍开展自建，造成浪费。为此，应从多个方面发力，提升业务系统统建水平。

制定明确的统建标准，为山东省各级各部门建设提供直接模板。要协同推进业务标准化、规范化、数字化，借鉴浙江省“V 字模型”方法，根据业务需求，按照定准核心业务、确定业务模块、拆解业务单元、梳理业务事项的路径，全面梳理职责业务事项及办理流程，以应用为导向，逐步厘清内外部协同关系。

形成数据的资源台账，为各业务系统数据资源综合利用提供支撑。要根据事项及流程梳理情况，形成数据供需清单，开展数据服务对接，升级改造或建设相关业务系统，加快补齐业务数字化短板，做到业务—系统—数据相匹配。

打造重点的高频应用，为山东省信息化建设设立标杆样板。围绕山东省委、省政府重大战略部署，打造一批重大标志性多跨综合应用。特别是围绕黄河流域生态保护和高质量发展等领域，启动规划一批具有省域特色的多跨综合应用。

构建应用统一支撑体系，实现数字化应用“一地创新、全省复用”。对标浙江省一体化数字资源系统，打造山东省统一的业务应用支撑平台，实现山东省云网、系统、组件、数据等资源一本账管理、一站式浏览、一揽子申请、一平台调度，进而实现同一事项的集约化建设。

（二）强化“山东通”应用效能

“山东通”平台是山东省数字机关建设的主力和门户，要提升山东省数字机关建设水平，最好的方式就是提升全省公职人员“山东通”使用效能，以应用使用带动日均活跃人数，进而将机关事务集约至“山东通”上。

加大“山东通”推广应用力度。强化应用培训，各级领导干部带头使用，日常非涉密文件均在线上签批，进而带动全员使用，推动机关工作人员自觉养成“线上办公”“掌上办公”的工作习惯。

丰富“山东通”功能应用。重点接入贯通省—市—县三级的业务应用，提高平台稳定性、易用性，持续优化用户体验，依托统一的共性组件库和政务云高层级服务，推进敏捷开发和快速迭代，实现平台能力共享复用，满足各级各部门单位个性化需求。

（三）提升“爱山东”服务能力

山东省“爱山东”平台在服务事项和能力上并不明显落后，但标准化、规范化、平台化明显不足。要提升“爱山东”服务能力，应当在标准规范上加大力度。

推进山东省政务服务事项标准化、规范化。统一山东省政务服务事项标准，将各级政务服务事项归并整合，逐步实现“爱山东”政务服务事项“同标同源”管理。加快推动政务服务事项同要素管理、无差别办理，实现省—市—县三级贯通。

统一整合移动服务渠道。各级各部门建设的App、小程序、快应用、微信公众号中的服务模块，应迁移整合至“爱山东”移动端运行，由“爱山东”统一对外提供服务。坚持“线上优先、移动优先”，实现政务服务事项“应上尽上”、更多事项“网上办、掌上办”。

强化政务服务平台支撑。加快推动“统一表单、统一共享、统一收件、统一对接”服务模式应用，实现群众和企业办理政务服务事项“统一入口、统一出口”，解决用户“二次录入”“二次进系统”等问题。

（四）推进数据治理能力提升

数据是数字政府的最终产品。要完善数据治理体系，提升数据治理能力，强化数据在数字政府建设的最终环节的汇聚和价值作用。

推动一体化大数据平台汇聚“高速通道”、隐私计算平台、服务中台等全面应用，依托省级公共数据管理服务总门户进一步梳理各地市、各部门（单位）数据资源目录，统一数据要素。

强化数据汇聚效率。政务服务、社会治理、民生保障、市场监管等高频公共数据做到“即产生、即汇聚”，其他事项公共数据定期汇聚。

提升数据应用效能。加大数据开放力度，非敏感数据应开尽开，敏感数据在保证数据安全的前提下向更多机关单位有条件开放，各单位（部门）新建业务系统需求数据首先从公共数据中心寻找获取。

参考文献

[1]国务院．国务院关于加强数字政府建设的指导意见(国发〔2022〕14号)[Z/OL]．(2022-06-06)．https://www.gov.cn/zhengce/content/2022-06/23/content_5697299.htm.

[2]联合国经济和社会事务部．2022联合国电子政务调查:数字政府的未来(UN E-Government Survey 2022)[M/OL]．中央党校(国家行政学院)电子政务研究中心，译．美国纽约：联合国，2022. https://publicadministration.un.org/egovkb/en-us/Reports/UN-E-Government-Survey-2022.

[3]中央党校(国家行政学院)电子政务研究中心．省级政府和重点城市一体化政务服务能力评估报告(2022)[R/OL]．(2022-09-08)．https://egovernment.gov.cn/xiazai/2022zwpg.pdf.

[4]山东省人民政府．山东省人民政府关于印发山东省“十四五”数字强省建设规划的通知(鲁政字〔2021〕128号)[Z/OL]．(2021-07-17)．http://www.shandong.gov.cn/jpaas-jpolicy-web-server/front/info/detail? iid=36830308c36e47d4915ab2ad0903c0cf.

[5]山东省人民政府办公厅．山东省人民政府办公厅关于印发数字强省建设2023年工作要点的通知(鲁政办发〔2023〕10号)[Z/OL]．(2023-06-17)．http://www.shandong.gov.cn/jpaas-jpolicy-web-server/front/info/detail? iid=a99479b466684e7ba2668fc6fff6f533.

[6]新华社．“一网通办”助力数字政府建设新阶段:国家政务服务平台上线试运行三周年观察[Z/OL]．(2022-05-31)．http://www.news.cn/2022/05/31/c_1128699838.htm.

[7]山东省大数据局．全国一体化在线政务服务平台“爱山东”政务服务网[CP/OL]．http://www.shandong.gov.cn/col/col94091/index.html.

[8]山东省大数据局．山东:建设数字政府、数字社会　强力支撑数字经济发展[Z/OL]．(2023-09-19)．http://bdb.shandong.gov.cn/art/2023/9/19/art_187953_10319505.html.

[9]全国信标委大数据标准工作组．大数据标准化白皮书(2023 版)[M]．北京：2023.

作者简介

甄鹏华，助理工程师，山东省工业和信息化研究院。

魏　磊，信息技术服务室主任，高级工程师，山东省工业和信息化研究院。

王　强，高级经济师，山东省工业和信息化研究院。

池广顺，工程师，山东省工业和信息化研究院。

冯　渤，助理工程师，山东省工业和信息化研究院。

34

数字化背景下的制造业产业集群创新机制研究

——以山东省为例

王强　魏磊　闫霄　刘伟伟　甄鹏华

摘　要　本文在分析山东省制造业产业集群创新的发展现状、基本特点、主要问题的基础上，通过深入剖析数字化为产业集群创新带来的挑战和机遇，重点研究了数字化背景下制造业产业集群创新的四个主要作用机制，从加强产业集群促进机构的扶持和培育；加强创新平台建设，构建产业集群创新网络生态；推动制造业产业集群数字化升级，筑牢集群创新数字底座；加强科技人才和数字化人才建设，为制造业产业集群创新提供智力支撑；加强创新联合体共享共治，实现公平公正五个方面，为推动山东省制造业产业集群持续创新提出了意见和建议。

关键词　数字化　产业集群　创新

产业集群是一种复杂的社会经济系统，在强化资源汇集，推动产业升级方面作用凸显。产业集群创新具有网络化、共享化、群体学习等特点，是产业集群竞争优势的重要体现。本文将深入分析山东省制造业产业集群创新的发展现状、基本特点，重点研究数字化为产业集群创新带来哪些新挑战和新机遇，为破解制造业产业集群创新难点、堵点问题，探索产业集群创新的新模式、新机制，不断增强山东省产业创新能力提供借鉴参考。

一、山东省制造业产业集群的内涵特征和发展现状

（一）内涵特征

产业集群是指在特定区域内，具有竞争与合作关系，且在地理上集中，有交互关联性的企业、科研院所（包括高校）、金融机构、中介机构等集聚而成，介于市场和企业之间的一种空间经济组织形式。产业集群作为一种产业组织形式，主要有三个特点。一是地域集中。集群企业受地理位置、资源禀赋、历史文化等因素影响，在某一地区集中发展，形成规模效应、溢出效应、网络效应，易于提升区域竞争力。二是产业关联。集群企业大多围绕一个产业或者紧密相关的产业，从事产品的研发、生产、销售等经营活动。三是协同高效。集群企业以产业链、供应链为纽带，实行专业化分工合作，降低生产成本，提高生产效率。

（二）发展现状

从行业规模来看。据统计，山东省现有制造业产业集群 212 个，涵盖装备制造、生物医药、石油化工、轻工纺织、冶金建材、信息技术等主要行业。其中，国家级先进制造业产业集群 3 个，国家级中小企业产业集群 7 个。2022 年，山东省 100 家特色产业集群集聚企业 12.2 万家，实现总产值 2.99 万亿元，带动就业 277 万人。近 3 年，主导产业产值年均增长 14.8%，拥有省级及以上制造业单项冠军企业 123 家，工业互联网应用普及率达 50%，在境外设立分支机构 179 个，主导产品出口贸易额平均增长 31.4%。制造业产业集群已经成为地区经济发展的重要支撑。

从创新能力来看。山东省特色产业集群平均研发投入强度达到 5% 以上，拥有创建国家级创新平台 268 个、省级平台 1572 个，产业集群创新实力得到有效增强。例如，东营市东营区石油钻采装备产业集群围绕深地深海、智能装备等领域，全力攻克一批“卡脖子”技术、“撒手锏”产品和“首台（套）”设备。集群企业先后获得自主知识产权 1670 项、国家和省科技进步奖 13 项、省首台（套）产品 28 个。威飞独家承揽的采油树水下生产系统成功

量产，成为全球第5家可自主生产水下生产系统的企业；利丰自主研发的随钻旋转导向系统，突破国外“卡脖子”技术封锁。

从数字化转型来看。山东省省级特色产业集群工业互联网应用普及率达50%，产业集群数字化转型成效突出。持续打造涵盖“供应商—服务平台—系统解决方案—示范项目—智能工厂（数字化车间）—智能装备产品”的智能制造全产业链体系，加快推动智能制造场景、数字化车间和智能工厂建设。例如，临清市中小轴承产业集群引进中信云网、轴承云码、中轴网等专业团队，围绕中小轴承产业开展“上云用数赋智”行动，制定“烟轴云科”批量化、轻量化数改政策集成改造方案，定制“智慧工厂”基本单元，实现轴承生产车间智能化、生产进度数字化、车间数据可视化，打造了一批轻量化“数改样板”。

二、山东省制造业产业集群创新的主要模式

（一）产业集群创新内涵

制造业产业集群创新，是指制造业企业、科研院所、中介组织和政府之间基于长期协作，有效配置产业集群内创新要素，提升企业创新能力和产业集群整体竞争优势的创新行为。制造业产业集群创新作为一个创新系统，是创新资源和要素有效汇聚，通过突破创新主体间的壁垒，充分释放彼此间“人才、资本、信息、技术”等创新要素活力而实现的深度合作。

（二）产业集群创新模式

按照产业集群中企业分布的空间结构和相互关系，制造业产业集群主要分为核心企业引领型制造业产业集群和中小企业群生型制造业产业集群两种类型。核心企业引领型制造业产业集群是指由一家或多家核心企业引领，众多中小企业围绕核心企业提供产业配套而形成的产业集群。中小企业群生型制造业产业集群是指众多中小企业因降低成本、提高效率、相互合作而集聚形成的产业集群。

产业集群的创新模式与产业集群的类型、结构特征相关。根据制造业产

业集群的类型、结构特征，制造业产业集群的创新模式主要分为两种类型，分别是“主引辅配”型协同创新和“共享共建”型协同创新。

1. “主引辅配”型协同创新

“主引辅配”型协同创新以核心企业引领创新为主导，核心企业一般具有较强的自主创新能力，是产业集群创新的主体。产业集群内中小企业围绕核心企业上下游提供配套，形成完善的产业生态系统，如潍坊市动力装备产业集群。

从创新企业的特点来看。核心企业竞争力强，研发能力突出，研发投入资金大，具有较强的抗风险能力；在产业集群创新中占主导地位，带动能力强，引领集群创新方向；具有较强的自主创新能力，在解决关键技术“卡脖子”问题上有担当、有责任。相比之下，产业集群内中小企业主要围绕核心企业提供上下游配套，企业创新以产品创新、工艺创新为主，重点是满足核心企业配套需求，如产品质量性能改进提升，通过技术手段降低成本等方面。

从创新企业间的合作关系来看。核心企业与配套企业之间是共生关系。创新方式以联合创新为主，核心企业提供技术、人才、资金、外部资源（客户、专家、市场）等高级资源支持，中小企业以自身优势提供原材料、厂房、设备、工人等基础资源。合作双方，优势互补，合作共赢。

2. “共享共建”型协同创新

“共享共建”型协同创新以创新平台为核心，创新平台是产业集群创新的动力源，主要面向产业集群中小企业，提供共性技术支持、检验检测、委托研发等专业服务，如滕州市中小数控机床产业集群。

在该模式下，产业集群内大多数中小企业规模小、实力弱，没有很强的创新能力。但是中小企业因应对市场竞争，以产品创新、工艺创新为主，技术要求相对较低的创新需求强烈。企业创新多采用外包或委托研发的方式。

基于创新平台的产业集群创新模式，能够汇集企业创新需求，利用共性技术降低创新成本，解决企业创新人才不足、研发风险高等困扰企业创新的实际问题。创新平台按公允价格提供创新产品和服务，政府给予企业相应的创新补助。这种方式既能保证创新平台维持一定的盈利水平，保持平台积极性、持续性，又能为企业提供创新资源和普惠性的创新服务。

三、数字化为产业集群创新带来的机遇与挑战

（一）机遇

1. 数字化推动用户深度参与协同创新，突出以客户价值为中心

用户直接参与协同创新不仅增加了用户黏性，而且能够缩短创新周期，降低创新风险与成本。数字技术迭代发展加速了用户与企业间的互动交流，使产品更能贴近用户，更好地满足用户个性化需求。数字技术与传统产业深度融合，促使组织研发生产流程更具弹性，提升了用户参与协同创新的价值。

2. 数字化推动实体平台与数字平台融合发展，打破创新活动地域限制

在数字化情境下，创新产出的结构边界更加模糊，创新过程需要多方主体参与，数字化平台是承载各主体、协调各主体的主要组织形式。平台通过开发连接各类主体以协同参与的过程，成为数字化情境下占据主导地位的经营运作模式。数字化平台因其不受空间限制、时间限制和开放性、共享性等特征，突破了创新资源的地理、组织等方面的障碍，为各方深度参与创新创造了条件。

3. 数字化提升协同创新研发效率

协同创新主体运用数字化手段，提升重要环节的研发效率和精度，在研发数据不断积累的基础上打造研发大数据标准体系，实现各板块间数据贯通、数据管理、数据挖掘、数据应用，最终通过协同开发平台实现信息的透明化，优化研发内部流程和横向贯通制造、售后等其他板块，实现信息在核心业务流程中的透明化和实时性，助力协同数字化研发能力进阶升级。

（二）挑战

1. 数据安全风险

随着企业数字化转型的不断发展，数据安全风险成为该领域主要的威胁之一。企业数字化转型带来了大量的数据交换，数据流动带来巨大价值的同时，也带来了诸多风险。一方面，数字化转型不断深入，导致企业数据的大量积累和集中存储，从而带来黑客攻击、数据泄露、病毒入侵等多种安全风

险。另一方面，企业的商业利益和声誉可能会受到泄露、滥用、篡改等问题的影响。

2. 传统路径依赖

企业的既有业务以及过去的成功路径，很可能成为企业数字化转型道路上的绊脚石。过去越成功的企业，转型阻碍就越大。目前，数字化技术正在以惊人的速度和力量对整个社会进行全面重塑。无论是产品的形态、设计思路，还是客户的选择能力，都有大幅改变，企业过去链式的价值创造模式已不适用，逐步向端到端的价值创造网络转变，形成组织开放、价值共享的生态协同网络。

3. 数字鸿沟明显

各部门、各行业、各企业、各环节之间存在的数据散落在各自内部、无法流动和联通的现象依然存在。一方面，掌握大量公共数据的政府部门如果向企业、公众开放数据，会增加数据的运行和维护成本，需加大个人隐私、国家安全方面的风险管控。由于政府数据开放的法律法规尚不完善，政府机构向企业和公众开放数据的动力不足。另一方面，产业互联网生态建设较为缓慢，行业覆盖面、功能完整性、模型组件丰富性等方面相对滞后，企业发展不平衡不充分问题突出，既有全球领先的高度智能化的“灯塔工厂”，也存在许多处于机械化阶段的企业。龙头企业以内部综合集成为主入口开展数字化建设，产业链间业务协同并不理想，平台针对用户、数据、制造能力等资源社会化开放的程度不高。

四、数字化驱动的制造业产业集群创新机制分析

制造业产业集群创新的运行机制主要包括动力机制、合作机制、学习机制、激励机制四个方面的内容。

（一）动力机制

1. 创新意识

创新意识和创新精神是产业集群创新的动力源泉，首先制造业产业集群的核心主体企业要有创新意识和创新精神，勇于探索，敢于冒险。同时，产

业集群其他主体，如科研机构、政府部门、中介组织等，也要有创新意识和创新精神，这样才能打破常规，突破极限，才能培植创新土壤，营造创新氛围，推动协同创新实现新发展。

2. 市场需求

企业创新源于市场需求，企业所有创新成果最终都要以满足市场需求、满足客户价值为前提。只有在市场需求的引领下，企业创新才不是无源之水、无本之木。

3. 竞争压力

在产业集群中，行业相近的企业大量集聚，由于存在竞争的隐形压力，企业不得不不断进行技术创新，以适应迅速变化的市场需要。

4. 经济效益

企业创新离不开资源投入，其中既包括资金、设备、人才等有型资源投入，也包括技术、专利、知识等无形资源投入。产业集群作为一种经济合作组织，必然以营利为根本目的，因此产业集群创新成果只有转化为经济效益，才能促进产业集群持续健康发展。

在充分认识产业集群创新动力机制的同时，要充分重视数字化带来的巨大变化。数字化技术作为产业集群创新的最大变量，因其被广泛应用，产业正在成为集群创新的一项重要动力源，也是未来推动产业集群创新向高阶迈进的最大增量。

（二）合作机制

1. 信任是合作的坚实基础

产业集群创新各方成员的合作，以成员间高度信任为前提。成员各方信任度越高，合作机制越牢固，产业集群协同创新的运行越顺畅有效。因此，应构建产业集群内良好的信任机制，规范产业集群主体中的合作行为，建立产业集群内部的信任边界，维护主体间的信任合作关系。产业集群成员受地域文化、历史延续、交往频繁等因素影响形成一种组织形式，这种组织形式根植于当地的社会文化和产业制度环境中，是建立信任机制的天然基础和条件。在信任的基础上，各成员间更容易自发地建立长期稳定合作关系。同时，产业集群成员之间通过合作研发等多种形式实现共赢，在多次合作的基础上，双方信任度不断增强，长期合作成为必然，又进一步巩固和强化了成员间的信任关系。数字化技术的广泛应用打破了合作双方的信息不对称壁垒，使信息交流更透明、更便利，提高了沟通效率和效果。

2. 协调是处理分歧的重要手段

合作难免产生分歧，产业集群成员间合作创新要顾及不同成员的利益，最重要的工作是协调，最终的目标是共赢。制造业产业集群作为一个多方参与的网络组织，在各方的合作中，中介组织和地方政府在处理因环境动态变化、合作分歧等影响合作创新的不确定因素上具有积极的协调与导向作用。同时，产业集群的网络结构具有沟通灵活，信息传导路径多、速度快等优势，在数字化技术的加持下，大幅缩短了分歧处理时间，提升了产业集群创新效率。

（三）学习机制

1. 集体学习助力产业集群创新

产业集群创新网络的各组织之间在知识资源的创造、整合与互动中完成知识的产生、传递和积累，由此形成的集体学习机制是产业集群创新网络实现动态持续创新的主要途径。一方面，通过产业价值链形成社会网络式关系，形成产业集群成员之间具有协调性的多种组织形式产业集群学习行为，并实现产业集群内的知识共享效应和合作创新效应；另一方面，通过产业集群内隐性知识互动形成沟通与协作基础上的内在创新依赖性关系，并经过良性的竞争机制，实现产业集群内技术创新集成。

2. 产业集群网络是集体学习的加速器

产业集群内企业间的技术能力势差，构成了集体学习的基础和动力。同时，产业集群网络也是集体学习的加速器，因为网络能够大大加快产业集群内企业的技术创新速度。产业集群内企业之间，企业与其他机构通过集体学习和互动带来的知识传递、积累及新知识的产生过程，实现了产业集群内企业在创新上的联动。同时，核心企业在学习与创新的过程中能够为其他企业提供技术援助、人员互派等重要的知识溢出效应。

（四）激励机制

1. 利益分配

构建产业集群创新成果利益分配机制，按照公平、公正、科学和客观的原则，采用劳务报酬、利润分成、委托购买、股权投资等多种成果收益分配方式和方法，调动产业集群成员各方参与创新的积极性和创造性。

2. 政策激励

发挥政府产业政策、财政政策导向作用，引导产业集群创新方向，利用政府税收优惠、财政资金扶持等政策，引导产业集群成员单位加大协同创新资源投入，引入创新投入绩效考核，提高创新成果转化率。

3. 知识产权保护

在技术创新成果转化过程中，知识产权的界定和使用易成为创新合作的矛盾和焦点。强化产业集群创新主体的知识产权保护意识，利用知识产权制度及相关知识产权保护的法律法规，运用区块链、大数据等数字化技术，对产业集群协同创新过程中的产权和创新成果分享权予以保护，既能保障创新主体切身利益，又能激励创新主体的创新行为，推动产业集群建立公平合理的市场竞争机制。

五、推动制造业产业集群创新的措施与建议

（一）加强产业集群促进机构的扶持和培育

进一步完善产业集群促进机构组织架构和产业集群核心枢纽组织，构建产业集群合作交流平台，定期组织省内各产业集群促进机构召开工作交流会，加强产业集群促进组织的沟通交流。加大对产业集群促进机构的资金、政策支持力度，全方位提升产业集群促进机构在产业布局、技术推广、成果转化、宣传交流、专业咨询等方面的服务能力，推动产业集群协同创新，打造产业集群竞合生态，建设高质量产业集群服务载体。学习借鉴国内外先进促进机构的管理经验，不断完善促进机构运营机制，形成“共建、共治、共享、共赢”的多样化建设运营模式。

（二）加强创新平台建设，构建产业集群创新网络生态

一是推动企业技术中心、国家创新中心、国家技术中心等创新平台与制造业产业集群深度融合，依托创新中心技术优势，提升产业集群创新势能。二是推动工业互联网、大数据、人工智能等新一代数字技术与产业集群创新深度融合，运用数字化技术畅通科研机构与企业的交流合作渠道，支持元宇宙、数字孪生等技术在产业集群协同创新中的应用，积极引入工业互联网创新平台，汇聚产业生态伙伴，构建增值赋能的创新生态体系。三是推动公共创新平台建设与中小企业创新能力提升深度融合，深入打造分级别、多功能、机制活的公共技术服务平台，接受中小企业委托，提供技术研发、检测与认证等综合技术服务，集聚创新资源，提升创新共享服务水平。

（三）推动制造业产业集群数字化升级，筑牢产业集群创新数字底座

一是加快5G网络规模部署，强化数字基础设施支撑。加大基站选址、用电等支持力度，推动基站共建共享，推进5G独立组网核心网建设，形成连续覆盖产业集群及企业生产车间的5G网络。加强IPv6规模部署和应用，推进网络、应用、终端全面改造升级。二是加快制造业产业集群数字转型升级。以智能制造为主攻方向，开展传统装备制造联网、关键工序数控化等数字化改造，深化研发设计、生产加工、经营管理、市场服务等环节的数字化应用，培育发展个性定制、柔性制造等新模式，发挥数字化赋能产业集群协同增效作用。

（四）加强科技人才和数字化人才建设，为制造业产业集群创新提供智力支撑

一是加强科技人才引进和培育。加大科技人才的挖掘和招引力度，引进省内制造业产业集群急需的科技人才和科研团队。进一步完善科技人才的待遇保障制度，采用灵活、高效的用人育人方式，积极打造人才社区、“人才飞地”，为引进的科技人才提供工作生活、子女教育、医疗社保等方面的便利，激发科技人才干事创业的热情与活力，确保人才引得进、留得住。二是加强数字化转型人才培育。以培育“互联网＋制造业”跨界人才为改革导向，加

强数字化转型专业人才培育，鼓励高校和重点企业联合探索多元化的“产教一体”培养模式，加快培养储备既懂制造业又懂数字化的复合型人才。

（五）加强创新联合体共享共治，实现公平公正

一方面要完善产业集群联合体共同监管机制。建立政府、行业组织和企业联合治理机制，在大力发展数字化创新平台、实体创新平台等各类新型创新联合体的同时，加强监督和管理，完善创新组织准入机制，保护中小企业在平台上运行的正当权益，防止“赢者通吃”现象出现。另一方面要加强数据安全治理。数据是数字经济的核心生产要素。目前，存在中小企业既希望上网上云，又担心企业核心数据泄露的问题。因此，要加强规范数据流转过程，完善数据风险管控法治法规，保障创新联合体线上数据生产者和拥有者的数据安全。

参考文献

[1]张永安,付韬. 焦点企业核型结构产业集群创新网络演进模型、问题及对策研究[J]. 软科学,2010(2).

[2]陶丹,胡冬云. 产业集群背景下的产学研协同创新运行机制研究:以重庆电子信息产业为例[J]. 科技管理研究,2013(22).

[3]范如国. 基于复杂网络理论的中小企业集群协同创新研究[J]. 商业经济与管理,2014(3).

作者简介

王　强，高级经济师，山东省工业和信息化研究院。

魏　磊，信息技术服务室主任，高级工程师，山东省工业和信息化研究院。

闫　霄，高级工程师，山东省工业和信息化研究院。

刘伟伟，高级工程师，山东省工业和信息化研究院。

甄鹏华，助理工程师，山东省工业和信息化研究院。

35

数字政府背景下政府门户网站建设问题及对策研究

李君　魏磊　李燕芹　刘伟伟　闫霄

摘　要　近年来，政府门户网站集约化、智能化建设取得阶段性成效，政府门户网站作为公众与企业获取政务信息和服务的统一入口，促进了政务信息资源和数据充分聚合，推动政务服务不断扩广度、拓深度、提亮度。2022年，国务院印发《关于加强数字政府建设的指导意见》再次为政府门户网站角色定位、功能拓展与升级锚定航向，数字政府背景下政府门户网站建设迈入全面提质增效新时期。当前，为推动政府门户网站实现“小步快跑”式的全方位升级，找准数字政府背景下政府门户网站建设中的痛点、难点、堵点，提出网站建设的对策措施及发展趋势，对促进政府服务效率具有重要现实意义。

在数字政府背景下，提升政府门户网站建设水平，充分发挥网站是企业与社会公众获取政府信息和服务的主要接入渠道作用，充分保障公民知情权、参与权和监督权，为加强构建社会主义和谐社会的能力作出新贡献；为促进经济社会高质量发展，建设人民满意的数字化、智能化服务型政府发挥重要作用。

关键词　数字政府　政府网站　集约化　数字化　智能化

2022年，国务院印发《关于加强数字政府建设的指导意见》再次为政府门户网站角色定位、功能拓展与升级锚定航向，数字政府背景下政府门户网站建设迈入全面提质增效新时期。当前，为推动政府门户网站实现“小步快跑”式的全方位升级，找准集约化深化发展进程中的痛点、难点、堵点，提出数字政府背景下政府门户网站建设的问题及对策，分析发展趋势，对打造便企利民、人民满意的“指尖上的网上政府”，提升政府履职数字化水平具有重要指导意义。

一、山东省人民政府门户网站数字化建设情况

山东省人民政府门户网站（政务服务一网通办总门户）、“中国山东”政府门户网站（www. sd. gov. cn）是山东省人民政府和省政府部门总的信息公开平台，也是省政府对外宣传和服务公众的总窗口。

近年来，山东省人民政府认真落实国务院办公厅系列相关文件要求，结合山东省数字政府改革进程，统筹推进全省政府网站集约化、数字化、智能化建设，向个性化、智能化、体验式、大数据辅助方向发展，加强智能化和大数据辅助决策方面的建设，提升平台生态的支撑和赋能水平，为公众提供更优质的服务。

（一）完成省级网站集约化平台部署

借助全省系统管理网络集约化网络平台，为山东省各级政府部门提供网络管理、群信息内容管控、交互沟通、政府资源管理、权限管控、网络安全保护等基本功能业务。与各类政府信息服务平台有效连接，提供身份验证、办公协助、咨询投诉等多项数字化协同功能业务。

（二）制定网站集约化标准规范

根据政府门户网站集约化发展任务，建立包括政府门户网站数据、功能使用、信息互通等方面的技术标准制度框架，涉及总体设计、信息技术应用、信息内容和安全信息技术四大部分 16 项技术标准要求。目前，编写完善了《政务网站主题库建设规范》《政府网站系统技术平台第 1 组成部分：项目体系规范》《政府网站系统技术平台第 2 组成部分：接口规范》。

（三）构建统一网站信息资源库

借助政府网络集约化服务，汇集省级政府各种数据信息（信息、公文、政府宣传、社会舆论、沟通互动等），形成信息科学、集中有序、共享共用的省级政府网络数据库，信息统一收集、统一归档、统一资料、统一调用、统一监督。

（四）构建交互沟通服务系统

部署包括领导信箱、民意收集、调查投票、网上询问、投诉建议、留言评价等多项交互沟通服务模块。采取统一部署和集中管理的模式，逐步建立网络受理、平台受理、网络回复的运行机制。

（五）利用新一代信息技术，发展网站智能服务

通过部署智慧建站技术，利用数据挖掘、模板转译等功能，实现网站站点、栏目、内容、模板等最大范围的自动转移，有效提升政府网站的迁移效率和服务质量；建立智能检索服务，利用内置的搜索引擎对数据库信息快速检索，进一步提升网站信息查询效率，从而提升政务服务效能。

二、国内先进省市案例分析

（一）浙江省人民政府网站数字化建设情况

2017 年以来，浙江省人民政府网站多次根据国家、省数字政府建设意见及要求，不断对网站的内容、功能开展意向专题进行升级改造。比如，2019 年进行了依申请公开和网站数据的标准化整合，2020 年进行了网站检索建设和智能问答建设，2021 年针对政府文件和互动平台进行了整合。2020 年、2021 年、2022 年，浙江省人民政府网站在全国政府网站绩效评估排名中均名列第 1。

网站集约化程度较高。网站建设符合政府集约化建设要求，统一数据资源、统一平台、统一运维管理、统一安全防护。网站在多渠道统一发布方面做了整合，包括 PC 端、手机端、自助终端、移动端等。

全量信息统一入库管理，网站搜索服务能力强。信息双向互动，“自下而上”汇聚，“自上而下”分发，全省信息和服务统一搜索，实现分类检索、知识卡片、领导日历、智能纠错、拼音转化、热词引导、智能联想、相关搜索、历史搜索、信息聚合场景查询等功能。

建立统一的政民互动“民呼我为”平台。“民呼我为”平台实现信息资源共享，集成咨询、投诉、帮助、领导信箱、意见/建议、查询评价、办件公开等数据资源，从互动的多样性和处理流程进行了统一管理，彰显了政府行动力，树立了政府良好形象。

智能问答全面高效。首先是信息服务和政务服务的知识颗粒度梳理很细，在与机器人的对话中可以进行问题的推荐、问题的多轮对话、问题的精确和模糊咨询；其次是问题的答案精准度高，政策文件、办事服务方面知识梳理标准化，可实现边咨询、边查看、边办理。

（二）贵州省人民政府网站数字化建设情况

贵州省人民政府网站分别在 2014 年、2017 年、2021 年进行了三次改版，不断对网站的栏目设计、页面设计、功能规划迭代优化，进一步提升网站建设数字化、智能化水平。2021 年，在全国政务公开第三方评估中，贵州省人民政府门户网站获得第 1 名。

网站信息多维度集约，体验感强。在网站集约化建设中，利用大数据智能分析技术对云资源、政务信息、用户信息等数据进行多维度、数据化、可视化的分析和呈现。能快速掌握集约化平台的整体运行情况，加强对整个集约化平台的信息及运营监管，进一步提升网站管理和服务水平，建设整体联动、高效惠民的网上政府，极大提升网站的体验感。

网站检索功能强。针对全站的信息资源，网站设置了统一检索功能，实现针对政务公开、政务服务、政民互动的统一查询，提高办事效率。

建立依申请公开办理平台。构建了省级统一依申请办理平台，实现了依申请事项的网上办理和全流程监督。

政策解读形式多样化。针对政策解读进行了解读平台的整合，实现图解、文字解读、视频解读等八种解读方式，与网站相关的信息形成聚合展示，提高政策文件的知晓度和认知度。

（三）上海市人民政府网站数字化建设情况

上海市是全国最早提出一网通办的城市，网站主打“为民办事”事项，网站数字化、智能化水平居全国前列，凸显出上海市政府为民办事的决心和信心，增强了政府公信力，彰显了政府良好的精神风貌。

网站信息发布渠道融合化。网站内容多端同源，统一发布，包括 PC 端、随申办 App、微信、支付宝小程序，让公众可以通过任何端口了解需求的政策、资讯，实现高效公共服务、精准社会治理，推动智能化政务，全面提升政务服务水平。

网站搜索更智能、更高效。紧密结合公众使用习惯变化，通过知识库、语义分析和互动引擎的升级，实现智能搜索、智能问答；通过构建标签体系和知识图谱，实现网站信息资源间的相互关联，从而实现精准搜索 、主题化搜索和智能化搜索。

网站构建用户画像标签，提供个性化政务服务。网站通过归集用户的基础信息、档案信息和历史办件信息等数据资源，结合数据分析模型，分析、提炼、创建用户画像标签，不断完善用户画像体系，确保精准推送功能的实现，满足用户个性化政务服务需求。

三、与先进省市门户网站数字化建设现状对比分析

首先从网站的内容建设来看，网站维护质量有待提高。山东省人民政府网站信息内容虽然在 2022 年按照数字政府建设的相关意见和建议，得到了较大的提升，但相较于浙江省、贵州省仍有差距，尤其在重点领域等栏目的维护上，目前还有不少依靠链接，造成一些断链、错链等。网站信息聚合力有待加强。比如，在主题服务、主题公开方面的信息公开和服务划分比较明显，各管一摊儿，形式上网站统一在一张网上，实际上还是按照栏目在分割网站，如政务公开管公开频道，政管办管理政务服务频道，既缺少统筹机制，也缺少信息的整合。部分栏目职责划分不明确。职责划分的不明确导致有些栏目在信息调度、发布内容方面明显薄弱；政策解读形式相较于贵州省、浙江省

较单一，解读质量不高；部分栏目（如咨询类）缺少监管，出现长期无人管理的现象。

其次从网站的功能建设来看，山东省人民政府网站基于山东省政府网站统一技术平台建设，在移动端、适老化无障碍、网站互动、网站访问统计、智能检索、智能问答等方面，虽然符合集约化基本建设要求，但是在部分细节和功能上还有待提高。

网站检索功能弱。相较于其他省份，山东省政府门户网站现在虽有多处检索，但功能很散乱；在检索功能上如知识卡片、相关推荐等服务搜索方面还不完善，与浙江省相比还有一定的差距；在场景化搜索方面还没有应用，与福建省等地有一定差距；对于检索缺少持续运营机制，检索需要长期持续地优化检索索引，需要人工进行及时调整，针对场景化需要持续地进行场景模板规划。

网站智能问答功能不强。网站智能问答知识库不够完善，在多轮对话中问题答复不够准确，缺少场景式问答体系等。新一代人工智能技术的应用不充分。

网站集约深度不够。虽然山东省完成了集约化建设，但是目前省级有 3 家平台，在网站部分栏目数据还没有形成数据同源机制，需要进行二次录入。

依申请公开办理渠道单一。相较于在网站绩效评估、政务公开评估方面成绩靠前的省份，网站未开设依申请公开网上受理机制，只是线上申请，线下办理，政府办事透明度有待提高。

四、数字政府背景下，政府门户网站建设主要问题

鉴于山东省政府门户网站建设情况与先进省份对比分析，结合国家、省等系列相关政策及政府网站评估要求，分析出数字政府背景下，政府门户网站建设中存在的主要问题。

（一）服务形式单一，公众获取政府信息方式受限

从信息公开的角度来看，政府门户网站主要通过信息展示和检索等方式向企业与公众提供服务，形式单一，获取政府信息的形式受到一定的限制，

随着互联网技术的快速发展，信息获取方式已经发生变革，原有的服务方式难以满足公众要求。

（二）服务渠道多且建设分散，数据孤岛问题突出

从政府信息服务渠道来看，不仅包括 PC 端，还包括 App、小程序、公众号等。服务渠道多，各端建设分散，开发的标准不统一、底层架构不统一，存在大量数据孤岛，造成数据不同源，服务不同质。

（三）信息内容同质化严重，用户需求感知能力弱

从服务内容来看，针对不同用户的信息内容同质化情况比较严重，对公众的需求感知能力比较弱。虽然在政府门户网站获取信息的受众目的不同，但是网站呈现的页面都是一样的。因此，我们在政府门户网站上更多看到的是千人一面，导致向不同用户提供的服务和内容完全同质化，没有提供个性化差异化服务。

（四）官僚式交互方式，答复周期长且体验感差

从互动方面来看，网站提供的交互方式以网上留言、领导信箱为主，用户提交后，基本是三个工作日后官僚式答复或预设答案，缺乏实质性交互内容，对民众意见与建议没有进行及时处理和回应，而政府部门也无法从网络上及时广泛倾听和吸收公民建议，反馈的周期普遍较长，用户体验感差。

（五）网站的智能化水平有待提升

从检索功能来看，网站虽有多处检索，但功能很分散，如知识卡片、相关推荐等服务搜索不够完善；场景化搜索方面较少应用。

从智能问答来看，智能问答知识库不够完善，在多轮对话中问题答复不够准确，缺少场景式问答体系等。

从网站集约化水平来看，虽然大部分网站符合集约化建设要求，统一数据资源、统一平台、统一运维管理、统一安全防护，但是部分网站栏目数据还没有形成数据同源机制。

五、数字政府背景下，政府门户网站建设新趋势

（一）服务形式趋向智能化发展

当前，chatGovGPT 的产生大力推动政府门户网站服务形式向智能化转变，为政府智能化发展按下加速键；网站也可以通过搭载数字人应用，持续提升用户交互体验；利用新一代智能检索，通过构建标签体系和知识图谱，实现精准搜索、主题化搜索和智能化搜索，服务形式更加趋向智能化发展。

（二）服务触达方式多样化

随着数字政府服务和功能的增多，数字政府门户网站承载的内容更加庞大，内容展现形式不再是通过传统的栏目浏览和搜索，而是通过即时通信、检索、消息推送、公众号推送等方式展现，向服务个性化的订阅、关注、推荐方向转变，服务触达渠道更加多样化。

（三）服务渠道趋向融合化发展

在数字政府背景下，政府门户网站政务服务将会向多端融合化发展，网站、移动端、小程序、融媒体实现服务的同源和多端协同。

（四）政务服务趋向个性化发展

随着政府门户网站服务内容越来越多，服务范围越来越广，依托大数据分析系统，基于用户基础信息、访问行为等内容，分析用户潜在需求，构建用户精准画像，打造个性化、便捷化、智能化的个人和企业专属主页，实现向用户智能推送关联服务，真正实现从“千人一面”到“千人千面”的变化。

（五）交互方式趋向可视化发展

随着 5G、6G 技术的发展，未来政府门户网站交互的方式更趋向可视化交互。比如，通过文字聊天或语音对话与用户进行实时交流的在线人工客服、让政务服务有速度更有温度的视频帮办、可视化问题反映的随手拍、以通过

视频通话或远程指导方式进行的视频勘验、通过视频进行远程会议和协作的闪会等，将以新面貌推动智能化政务热潮，全面提升政务服务效能。

六、数字政府背景下，政府门户网站建设对策

（一）充分发挥政府门户网站在数字政府建设中的门户作用

数字政府建设是落实网络强国和数字中国战略的必然要求，是创新政府治理理念和方式、形成数字治理新格局、推进国家治理体系和治理能力现代化的重要举措。近年来，各级政府业务系统建设和应用场景成效显著，数据共享和开发利用取得积极进展，一体化政务服务和监管效能大幅提升，“一网通办”“免申即享”“接诉即办”“免证办”等创新实践不断涌现，数字治理成效不断提高，为全面推进数字政府建设积累了宝贵经验。“场景牵引、数据驱动”已成为我国数字政府建设发展的基本趋势。政府门户网站作为数字政府对外提供服务的重要窗口，在一定程度上表现为“协同联动、高效惠民的网上政府”。加强对数字政府建设成果的整合，汇聚融合数字化改革的标志性成果，既要做好全面政务公开的重要载体，又要致力于构建一体化在线服务的重要门户，充分发挥政府门户网站在数字政府建设中的门户作用。

（二）加强信息资源集约化，提升政府门户网站内容服务能力

提供实用化的信息和内容服务，是政府门户网站建设的根本宗旨，在数字政府背景下，政府门户网站要持续加强信息资源集约、充分发挥政府门户网站“信息公开第一平台”“互联网＋政务服务统一入口”的作用，在权威发布政策信息、及时回应社会关切、表明政府立场态度、提供便捷在线服务、倾听民声、汇聚民智等方面做深做实，提升政府门户网站内容服务能力。通过建立统一标准体系、统一技术平台、统一安全防护、统一运维监管，加强集中管理信息数据，集中提供内容服务，实现政府门户网站资源优化融合、数据互认共享、管理统筹规范、服务便捷高效的目标，提升公众对政府门户网站的服务满意度和体验感。

（三）利用新一代信息新技术，创新政府门户服务方式，让公众更有获得感

当前，人工智能、大数据、机器学习、自然语言处理等新技术快速发展，广泛应用于政务服务，服务新模式、新应用层出不穷，受到用户的广泛欢迎和认可。数字化、智能化应用已成为未来政府门户网站发展的重要趋势之一。各政府门户网站要充分认识到新技术的价值，紧密结合公众使用习惯变化，利用新一代信息技术，加快人工智能等新技术的应用，提升网站搜索和响应的精准性，不断提高政务服务水平，增强公众的获得感、幸福感。

（四）加强政府门户网站和移动端融合应用，提升政府数字化履职水平

随着移动互联网时代的发展，移动端服务成为人们获取信息与服务的主要渠道和方式。政务新媒体是政府门户网站顺应移动互联网发展趋势的发展形态，各级政府门户网站也要适应移动互联网发展变化和公众使用习惯，着力推动政府网站向移动端延伸，建立以政府门户网站为“主体”，以政府新媒体为“多翼”的“一体多翼”体系。依托政府门户网站信息资源库，推动政府门户网站信息资源和民生服务在多元渠道同步输出。围绕公众和企业办理需求，整合提供实用化、数字化、智能化便民服务，推动更多事项“掌上办”，努力建设便企利民、人民满意的“指尖上的网上政府”，加强政府门户网站和移动端融合应用，提升政府数字化履职水平。

参考文献

[1]吴志刚.我国数字政府建设现状及发展趋势探析[A].现代工业经济和信息代,2020,12(7):6-9.

作者简介

李　君，高级经济师，山东省工业和信息化研究院。

魏　磊，信息技术服务室主任，高级工程师，山东省工业和信息化研究院。

李燕芹，正高级经济师，山东省工业和信息化研究院。

刘伟伟，高级工程师，山东省工业和信息化研究院。

闫　霄，高级工程师，山东省工业和信息化研究院。

第四部分

综合篇

36

山东省“人才飞地”建设路径研究

李洪文　王鹏　傅千子　张彤彤

摘　要　党的二十大报告指出，要加快建设世界重要人才中心和创新高地，着力形成人才国际竞争的比较优势。近年来，山东省人才队伍建设取得积极进展，但在人才规模、人才层级、人才结构、人才平台等方面与发达省份相比还有不小的差距。本文分析借鉴发达国家和国内先进省市在人才引育方面的主要做法与经验，总结提炼出“人才飞地”这一新兴的人才引育工作模式，并从如何建、如何管、如何干三个维度提出山东省“人才飞地”建设路径和三个方面的政策保障措施。

关键词　“人才飞地”　路径研究

一、“人才飞地”的概念及类别

“人才飞地”是指政府部门培植引导、企业主导建设、各方面共同参与，充分利用科创资源密集区等先进地区的科创资源和人才智力资源相对聚集的优势，以高层次人才引进、关键项目核心技术研发、科技成果转化、高新技术产业孵化等为目标的科技与人才集聚融合的创新平台，实现“人才和研发在外地，转化与落地在本地”的协同创新发展模式。

“人才飞地”一般包括三种类型。

（1）研发机构。企事业单位根据自身业务发展的需要，独立或与企业院校、科研机构、行业协会等合作在国内外科教资源密集、人才富集的城市（地区）建立研发机构，通过项目合作吸引所在地人才，共享科创资源，促进高层次人才的柔性引进和培育，实现研发在飞地、产出成果转化和落地在本地。

（2）离岸科创中心。根据各地方重大产业与新兴产业的发展需要，有关法人单位以创新引领、柔性招引、精准培育为目标，支持鼓励本地发展前景好、新技术需求强烈和对外合作意愿强的企业进驻离岸科创中心，与飞地所在地的重点骨干企业、科研机构开展招商引资、招才引智、技术成果转移孵化等合作。

（3）人才工作站。在本地企业、高校科研院所等与其有合作关系的飞地所在地设立人才工作站，吸收招引院士和博士研究生等高水平人才、海外人才等，充分发挥人才为本地的企事业单位提供咨询管理、技术指导服务、科技成果转化等方面的作用。

二、山东省人才引育工作主要做法及成效

（一）引才育才政策体系方面

1. 人才政策体系不断完善，激活人才创新活力的政策不断配置

人才创新政策不断推出，《加强新形势下引才用才工作的若干意见》“人才改革 22 条”“人才兴鲁 32 条”等政策文件相继出台，构筑起了人才发展改革的坚实基础。特别是 2020 年 1 月实施的《山东省柔性引进人才办法》，支持用人主体通过挂职兼职、周末工程师等丰富多样的形式招引高层次人才，为山东省柔性引才提供了系统性的政策支持。

2. 各地市纷纷探索符合本地特色的人才引育新政

各地市从本地实际出发，创新落实相关政策和工作方式，出台了一系列有针对性的政策措施（见表 1）。

表1　部分地市代表性人才引育政策汇总

地市	文件名称	时间	要点
济南	《关于支持顶尖人才（团队）助力新旧动能转换“一事一议”实施办法（试行）》	2018 年	重点支持从济南区域以外新引进的或济南自主培养的，需采取特殊政策与灵活方式引进培养的顶尖人才和团队
青岛	《关于实施新时代“人才强青”计划的意见》	2022 年	人才基数倍增计划、顶尖人才聚集计划、高层次人才提升计划、未来之星储备计划、青年人才招引计划、技能人才培育计划、海洋人才发展计划、海外人才引进计划、产才融合促进计划和人才服务支撑计划共 10 项子计划
潍坊	《关于进一步加快青年人才集聚的若干措施》	2022 年	全职引进的以及来潍坊自主创业的博士研究生，符合条件的给予每人每月 6000 元、期限 3 年的生活补助。拓宽青年人才引进渠道方式，实施“金种子”支持计划
临沂	《关于印发临沂市柔性引进人才实施办法的通知》	2020 年	提出“不求所有、但求所用”的理念和“市场调节、政府引导、契约管理、绩效激励”的运作方式
菏泽	《菏泽市人才新政 30 条》	2018 年	新政着眼于人才引进、培育、服务等多个方面，从“实施动能转换领军人才特殊支持计划”等十个方面构建形成了菏泽的人才政策体系，并配套制定了 26 个落实文件，汇编形成了人才工作手册

资料来源：网络搜集所得。

（二）引才育才载体建设方面

1. 聚力打造一流创新平台

截至 2022 年底，山东省拥有产业领域国家高能级平台 5 家，仅次于广东省（6 家），全国排名第 2。其中，国家产业创新中心有 1 家、国家制造业创新中心 2 家、国家技术创新中心 2 家。国家企业技术中心 193 家，总数稳居全国首位。

2. 奋力打造引领型企业载体

山东省已初步构建起立体化的企业平台服务体系，培育了一批支撑服务能力强的省级平台。截至 2022 年底，山东省共拥有国家技术创新示范企业 63

家，稳居全国首位；国家制造业单项冠军145家，位列全国第2；国家级“专精特新”“小巨人”企业362家，位居全国第3；重点支持的“小巨人”企业157家，居全国首位。

（三）引才育才工程体系方面

（1）在产业人才引育工程体系建设方面。近年来，山东省实施“揭榜挂帅”核心技术攻关引才机制，每年遴选一批“卡脖子”技术和产业关键技术难题向全球公开发布，以工程项目为载体引进“高精尖缺”产业人才领衔技术攻关。在海洋领域发起设立国家深海基因库等深海方向“三大平台”，促进海洋创新主体规模不断壮大，获批3个自然资源部重点实验室，认定21家省海洋工程技术协同创新中心和16家现代海洋产业技术创新中心。

（2）在青年人才引育工程体系建设方面。山东省围绕新旧动能转换综合试验区建设带来的大发展机遇，创新组织推进“万名博士、十万硕士、百万大学生创业齐鲁计划”。提升了对青年人才的吸引力，《中国城市95后人才吸引力排名：2022》显示，在“95后人才吸引力城市50强”名单中，山东省有4个城市上榜，其中青岛位列第13，为省内最佳引才城市。

（四）引才育才保障体系建设方面

（1）在编制方面。2022年5月，省委编办牵头印发《山东省高层次人才周转编制管理使用办法》，提供高层次人才周转编制专户，对高层次人才引进保障足额编制。

（2）在投融资支持方面。2022年9月，省科技厅牵头制定《山东省省级创业类人才项目股权投资实施细则（试行）》，创新支持人才创新创业投资模式，拓宽人才项目融资渠道。

（3）在医疗保障方面。建成以省平台为主体、省本级及市分台为骨干支撑的“7×24”小时综合服务体系，着力为“双招双引”人才和家属提供全流程、全天候、全地域帮办代办服务。

（五）人才引育工作卓有成效

近年来，山东省人才资源总量不断攀升、竞争力不断增强。截至2022年底，山东省人才资源总数已经超过 1500 万人，居全国第 3 位。

（1）在高层次人才方面。截至 2022 年底，山东省“一事一议”共引进顶尖人才 26 人，其中两院院士、海外学术机构院士 10 人；驻鲁两院院士和海外学术机构院士数量合计 122 人，特别是最近 3 年增长迅速，共增长 47 人；国家级、省级领军人才约 5500 人，其中国家级领军人才达到 1830 人，近两年增幅高于 50%。

（2）在产业人才方面。截至 2022 年底，山东省在海洋领域共有院士、杰青和优青等高层次人才 90 多人，在全国位列第 1；吸引了全国 40% 以上的高层次海洋科技人才。山东省在先进制造领域集聚了大量人才、涌现了一大批领军企业。2020 年，山东省制造业领域 R&D 人员达 35 万余人；截至 2022 年底，山东省共拥有国家级制造业创新中心 2 家、国家重点产业链“链主”企业 3 家，在全国居于领先地位；2022 年，又有 74 家制造业企业入围中国制造业 500 强，位居全国第 2。

（3）在青年人才方面。山东省自然科学基金青年基金项目资助数量由 2018 年的 626 项增至 2021 年的 1609 项，增长率约为 160%；泰山学者青年专家数量由 2018 年的 162 人增至 2021 年的 460 人，增长率约为 190%。近两年，山东省集聚“双一流”高校毕业生 4. 6 万余人，集聚名校毕业生的数量由 2019 年底的 1. 1 万余人增至 2021 年底的 3. 6 万余人，增幅超过 227%。

（4）在技能型人才方面。山东省产业技能人才资源充足、专业门类丰富，技工教育实力突出。到 2022 年末，山东省技能人才数量已经超过 1400 万人，高技能人才更是达 366 万人，较“十二五”末增幅超过 50%。高技能人才数量和具备高技能领军人才总量均高居全国前列，为建设制造强省奠定了强大的人才基础。

三、山东省人才引育工作存在的问题

（一）人才规模质量不高，结构性矛盾突出

从人才规模上看，山东省人才总量相对不足。截至 2021 年底，山东省拥有研发人员 69. 59 万人，低于广东省的 117. 5 万人和江苏省的 92. 4 万人；规

模以上工业企业拥有 R&D 人员全时当量 34.94 万人年，低于广东省的 70.91 万人年、江苏省的 61.27 万人年和浙江省的 48.21 万人年。高技能人才数量较少，截至 2022 年底，山东省高技能人才总量为 372 万人，低于广东省的 602 万人和江苏省的 470 万人。

从人才质量上看，山东省高层次人才占比偏低。截至 2023 年 11 月，籍贯为山东省的两院院士共 192 人，低于籍贯为江苏省的 513 人和籍贯为浙江省的 426 人。高技能人才在技能人才总量中占比过低，以 2021 年底的数据为例，山东省高技能人才在技能人才中的比重仅为 25%，低于全国 30% 的平均比重，也低于广东省（33.4%）、江苏省（33.6%）、浙江省（32.3%）（见表 2）。

表 2　近年来鲁粤苏浙四省主要人才指标对比

指标名称	山东	广东	江苏	浙江
分籍贯“两院”院士数量（截至 2023 年 11 月，人）	181	150	513	426
研发人员数量（截至 2021 年底，万人）	69.59	117.5	92.4	
研究生毕业人数（截至 2021 年底，万人）	3.4	3.5	6.3	2.6
规上企业 R&D 人员全时当量（截至 2021 年底，万人年）	34.94	70.91	61.27	48.21
高技能人才在技能人才总量中占比（截至 2021 年底，%）	25	33.4	33.6	32.3

资料来源：各省统计年鉴、网络搜集。

人力资源服务业发展不成熟，规模体量较小。2022 年，山东省共有各类人力资源服务机构 10123 家，人力资源服务业年营业收入 1338 亿元。虽然我省拥有的人力资源服务机构数量最多，但营收规模与其他三省相比差距明显，其主要原因在于我省人力资源服务业态不够高端，大部分人力资源服务机构主要从事劳务派遣、社保代理等基础性服务，且以中小型机构为主，从事猎头、人才测评、创新创业服务的高端人才服务机构相对较少（见图 1）。

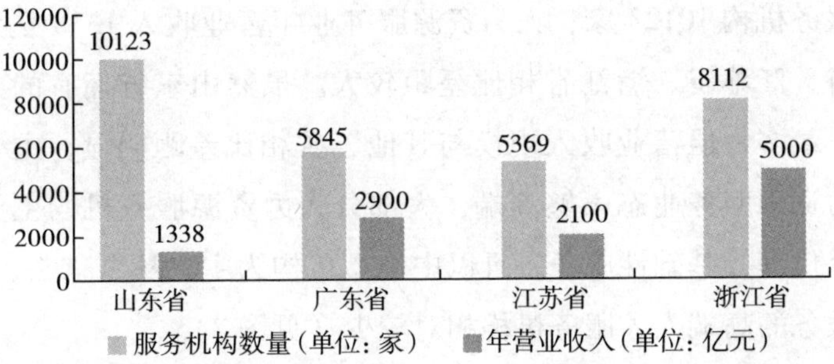

图1　鲁粤苏浙四省人力资源服务机构数量和年营收规模情况

数据来源：各省统计年鉴、网络搜集。

（二）人才发展平台不足，承载能力较弱

截至2022年底，中国科学院系统研究院所山东省只有1家，低于广东省的7家、江苏的6家；国家重点实验室在山东省的数量为23家，占全国的比重为4.24%，低于广东省的30家、江苏省的36家；国家制造业创新中心山东省共有2家，占全国的7.7%，低于广东省的4家，与江苏省的数量持平；国家级高新技术企业在山东省的数量为2.3万家，远低于广东省的6.9万家、江苏省的4.4万家和浙江省的3.5万家；博士后科研工作站山东省有393个，低于广东省的566个、江苏省的460个。

表3　鲁粤苏浙四省主要人才平台对比（截至2022年底）

指标名称	山东省	广东省	江苏省	浙江省
双一流高校（所）	3	8	16	3
中国科学院系统研究院所（家）	1	7	6	—
国家重点实验室（家）	23	30	36	16
国家制造业创新中心（家）	2	4	2	1
国家级高新技术企业（万家）	2.3	6.9	4.4	3.5
博士后科研工作站（个）	393	566	460	313
国家高新区（家）	13	14	17	8

资料来源：各省统计年鉴、网络搜集。

（三）市场化人才配置和引育机制仍不完善

人力资源服务业发展不成熟，规模体量较小。2022年，山东省共有各类人力资源服务机构10123家，人力资源服务业年营业收入1338亿元，两项指标与广东省、江苏省、浙江省相比差距较大。虽然山东省拥有的人力资源服务机构数量最多，但营业收入规模与其他三省相比差距明显，主要原因在于山东省人力资源服务业态不够高端，大部分人力资源服务机构主要从事劳务派遣、社保代理等基础性服务，且以中小型机构为主，从事猎头、人才测评、创新创业服务的高端人才服务机构相对较少（见图2）。

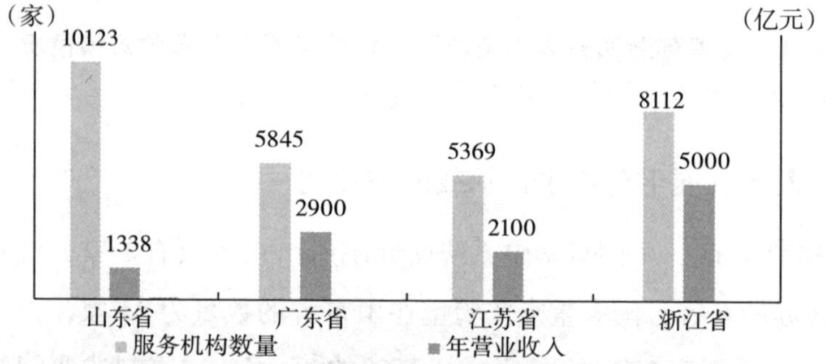

图2　鲁粤苏浙四省人力资源服务业发展情况（截至2022年底）

资料来源：各省统计年鉴、网络搜集。

规模以上工业企业研发力度有限，人才培育使用不充分。2021年，山东省规模以上工业企业有研发活动的企业数为15175家、研发经费支出合计1565.30亿元、专利申请数为98190件、新产品项目数为8.4万件。粤苏浙三省在上述四项指标方面均超过山东省，表明山东省在工业企业研发领域还存在人才作用发挥不充分的问题（见图3、图4）。

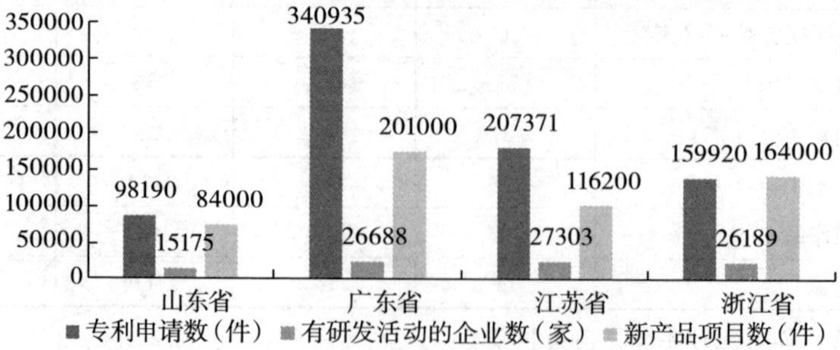

图3　鲁粤苏浙四省规模以上企业专利申请、有研发活动、有新产品项目情况（截至2021年底）

资料来源：各省统计年鉴、网络搜集。

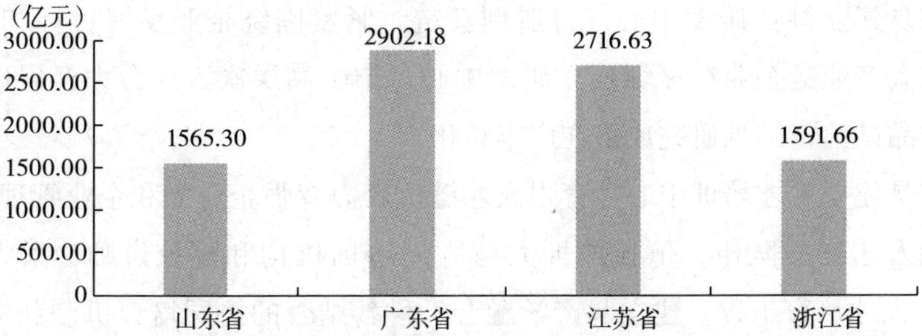

图4　鲁粤苏浙四省规模以上企业研发经费支出情况（截至2021年底）

资料来源：各省统计年鉴、网络搜集。

（四）人才政策比较优势不突出

以海外高层次人才引进政策为例，山东省为来鲁工作的海外高层次人才提供租房补贴，并对来鲁工作时取得的一次性补助免征个人所得税，总体来说优惠力度较小。广东省财政一次性提供税后100万元住房补贴，用人单位提供税后50万元住房补贴，合计150万元；对领军人才个人所得税进行补贴，每年最高补贴不超过30万元。江苏省提出对海外高层次人才应用其专利、科技管理等专业知识为单位带来的巨大效益，3年按其新增税后留利的10%～30%提成给予激励。浙江省则是直接给出了50万～100万元科学技术人才奖励。

四、国内部分地区“人才飞地”建设的特色政策和经验

（一）江西广丰以“人才飞地”促建人才高地

江西省上饶市广丰区推动在深圳建设人才工作联络站，创造性总结推出“人才飞地”孵化中心，建立了“项目在飞地孵化、成果向广丰转化”的广丰模式。

一是建立项目孵化中心，培育壮大产业链。依靠深圳广丰商会等工作联系点，在深圳本地设立项目孵化中心。项目孵化中心以项目为连接、产业为目标，坚持把建链强链补链当作重点任务，先后培育金属新材料、先进制造等7个产业链的创新科研团队。

二是建立科技研发中心，打造创新链。紧紧围绕企业发展目标和需求，推动七大产业链企业在深圳建立研发中心，招引高层次人才合力开展研发攻关和产品试验，助推研究成果在广丰转化。

三是建立人才培训中心，育强人才链。聚力育强企业家和企业管理人才、高技能人才三支队伍，依托深圳大湾区的培训机构和院校讲师，大力实施“531”人才培育工程，建立起产学融合、科教结合的协同培育机制和多元人才培养体系。

（二）“新昌杭州紫金科创港”助推浙江“电机产业大脑”建设

“产业大脑”的建设运营离不开充足的人才科创资源，正是借助“新昌杭州紫金科创港”丰富的人才智力资源，浙江舜云公司顺利建设运维了浙江“电机产业大脑”，初步实现了面向全球电驱产业上下游提供数字化产品及业务运营整体解决方案的目标。

一是深化产学研一体化协同机制。推动新昌企业在杭州紫金科创港设立研发中心，依托杭州城西科创大走廊的浙江大学、之江实验室等科技创新资源实现知识、技术的协同创新。促进创新成果产业化过程在新昌实现，实现“研发孵化在杭州，产业化在新昌”的模式。

二是构建产业链精准招商机制。将科创港视为全县招商引资的联络“窗口”，为县区内重点产业产业链的延链补链和价值链提升提供平台，吸引相关企业项目汇集，同时鼓励县内外企业协同进行产业链协作，推进知识技术的协同创新，带动产业链水平提升。

三是强化政企合作的运营方式。紫金科创港由新昌县政府投资建设，委托第三方负责日常管理和运营，突出了政府出资、企业运营的运营模式，发挥了市场化企业运营的优势。

五、山东省“人才飞地”建设路径探讨

（一）聚焦“如何建”，科学规划“人才飞地”布局

找准两地产业契合点。一是以产业链龙头企业和高技术制造企业为重点

方向实施区域企业技术需求排查，完善企业技术需求库。二是精准摸排并筛选“飞地”的科创研发资源，帮助企业与匹配的科创资源有效对接。

推行多样化建设模式。一是政府帮助扶持模式。政府部门发挥统筹调控作用，在外地建设展示本地优势产业、人才政策的“市外会客厅”，搭建洽谈项目、对接人才的“人才飞地”。二是完全市场化运作模式。如山东人才集团创新“人才飞地”引才模式，对接三大人才中心和创新高地，通过众筹、购买、租赁等方式，布局“人才飞地”建设。三是校企合作模式。通过举办人才对接交流会、搭建校企合作平台等方式，推动域内重点企业深入连接“人才飞地”所在区域丰富的科创资源，共建重点实验室、产业研究院、技术研发中心等“人才科研飞地”。

（二）聚焦“如何管”，健全政策体系，充分释放“人才飞地”活力

健全“人才飞地”人才工作机制。一要精准摸排梳理“飞出地”产业发展人才需求特别是域内重点行业人才需求，明确所需人才的数量、质量、结构、比例，绘制“行业人才地图”，有的放矢精准引才。二要绘制高层次产业人才路线图，建立相关信息库，摸排各产业领军人才，为用人单位按图索骥、“飞地”引才提供参考。三要坚持高效统筹、联动推进，部分重大的人才引育工程可由“飞出地”人才办具体牵头，联合发展改革委、人力资源和社会保障部、科技部、工业和信息化部、国务院国资委等职能部门及产业园区联动开展有关工作，形成工作合力。

探索制定省级层面的“人才飞地”考核管理办法。建立“人才飞地”定期绩效评价机制，重点考核“人才飞地”自身建设、研发合作、孵化培育、人才引进、活动开展等情况，考核结果作为省级部门向机构平台奖补经费拨付的重要依据。探索建立“人才飞地”工作专项述职制度，每半年向本地人才工作领导小组进行述职。

（三）聚焦“如何干”，打造产教融合、产业连接和双招双引型“人才飞地”

着眼“育”，打造产教融合“人才飞地”。应以人才培育、服务本地为目标原则，紧密结合产业发展和重大项目建设中的急需紧缺人才，实施“项

目＋技术”“理论＋实地”的培养培训模式，梯次培育各类紧缺人才。深入挖掘本地的特色文化资源，努力将“人才飞地”打造为本地企业的品牌孵化中心，致力于为本土企业提供形象包装、产品孵化等特色服务。

着眼“聚”，打造产业联结“人才飞地”。要结合本地支柱及特色产业，定期结合本地产业发展定位、新技术研发等领域组织研讨交流，通过产业连接高水平专业人才。强化与“人才飞地”所在区域高校科研院所、行业协会学会等的合作，推动其在本地产业园区设置博士后工作站，以园区为平台，聚集高新技术人才。

着眼“引”，打造双招双引“人才飞地”。应紧盯本土籍在外优秀人才特别是科技研发人才，定期开展政策导引、异地服务等，努力实现“平台在飞地、人才回当地”。

参考文献

[1] 胡跃福，马贵舫，马美英．提升湖南引才聚才质量水平研究[J]．中国人事科学，2020(9)：82－83.

[2] 闫元霜，刘伟明．“人才飞地”政策助力地方政府破解引才困境探究[J]．领导科学论坛，2023(4)：57－59.

[3] 孙蕾．新旧动能转换下山东省人才支撑体系评价与建设研究[D]．济南：山东大学，2019.

作者简介

李洪文，经济师，山东省工业和信息化研究院。

王　鹏，高级工程师，山东省工业和信息化研究院。

傅千子，经济师，山东省工业和信息化研究院。

张彤彤，研究实习员，山东省工业和信息化研究院。

37

将济南市、泰安市打造成为“中国科创北方硅谷”的可行性研究

徐兆伟　王娟　王志成　张彤彤　程晓入

摘　要　科技是国家强盛之基，创新是民族进步之魂。习近平总书记高度重视科技创新工作，围绕推进科技创新作出一系列重要指示。山东省是全国重要的工业基地和北方地区经济发展的战略支点，加快推动科技创新与科技成果转化，是山东省工业未来蝶变重生实现高质量发展的重要途径，也是北方经济持续稳定增长的坚强保障。为全面贯彻落实全省加力提速工业经济高质量发展大会精神，课题组深度研判当前国际科技竞争新形势，遵循国家推进科技创新的重大战略部署，立足产业基础、区位优势和创新要素等条件，提出将济南市、泰安市打造成为“中国科创北方硅谷”的构想，并提供具体措施建议。

关键词　济南市　泰安市　科技创新　北方硅谷

党的二十大报告指出，要坚持创新在我国现代化建设全局中的核心地位。在全球化竞争背景下，科技创新水平成为国家竞争力的重要标杆。我国创新驱动发展战略进入了新的历史阶段，加快提升创新发展能力，建设区域性科技创新高地成为关键举措。

一、打造“中国科创北方硅谷”的重要意义

加快推进科技创新，打造“中国科创北方硅谷”，有助于山东省发挥区位和要素资源优势，吸引国内外高端人才加速聚集，推进教育、科研与产业加速融合，实现创新引领推动产业加速升级，率先蹚出经济高质量发展之路。

（一）加快融入国家创新驱动发展战略

国家“十四五”规划纲要提出，支持有条件的地方建设区域科技创新中心，为山东省推进创新驱动以及加强城市科技创新提供了良好借鉴。目前，我国已批复设立北京市、上海市、粤港澳大湾区、成渝地区、西安市、武汉市、合肥市共计7个区域性科技创新中心或综合性科学中心（如表1所示），济南市、郑州市、长沙市等地也先后提出要争创国家区域性科技创新中心。将济南市、泰安市打造成为“中国科创北方硅谷”，有助于山东省加快融入国家发展战略，推进区域协调发展。

表1　国家区域性科技创新中心及综合性科学中心地域分布

序号	省份/区域	国家区域性科技创新中心	综合性科学中心
1	北京	√	√
2	上海	√	√
3	粤港澳大湾区	√	√
4	西安	√	√
5	成渝地区	√	√
6	武汉	√	
7	合肥		√

（二）积极谋划建设省域科技创新高地

近年来，山东省始终把科技创新摆在突出位置，大力实施创新驱动发展战略，努力争当全国高水平科技自立自强“排头兵”，科技创新的支撑力和引领力得到提升。但由于科技资源不平衡、研发投入相对不足、科技服务体系建设滞后等，全省科技创新能力有待进一步提高。打造“中国科创北方硅谷”，有助于将重点产业与地理空间布局、生产力布局等统筹考虑，发挥科创

高地对全省的引领带动作用。

（三）大力推动创新资源要素高效聚集

创新资源是相对稀缺的，加快资源要素聚集是提高创新能力的重要途径。创新能力的提升不能一蹴而就，需要聚集资源、重点打造、持续发力。打造“中国科创北方硅谷”，有助于山东省在更高效率、更大格局下汇聚创新要素，激发创新主体活力。通过聚集丰富的创新资源，推动创新主体之间加大合作交流，加快形成创新发展合力。

二、山东省迎来打造“中国科创北方硅谷”的重大战略机遇

近年来，我国实施创新驱动发展战略，把创新摆在国家发展全局的核心位置，推进以科技创新为核心的全面创新，为山东省提供了打造“中国科创北方硅谷”多个方面的有利条件和机遇。

（一）党中央高度重视科技创新为山东省勇闯新路提供了有利的宏观环境

以习近平同志为核心的党中央把提升科技创新能力摆在更加突出的位置，把科技自立自强作为国家发展的战略支撑。党的十八大以来，习近平总书记先后三次到山东省视察，对山东省经济社会高质量发展寄予厚望，多次作出重要指示批示，为山东省发展把脉定向、掌舵领航，要求山东省努力在服务和融入新发展格局上走在前、在增强经济社会发展创新力上走在前、在推动黄河流域生态保护和高质量发展上走在前。山东省要勇于开辟新领域、新赛道，塑造新动能、新优势，依靠科技创新加快实现动力变革和动能转换。

（二）绿色低碳高质量发展迫切需要形成科技创新引领发展的新模式

山东省是工业大省，传统产业比重高、能耗高特征突出。科技创新具有渗透性、扩散性和颠覆性作用，能够打破行业壁垒，是改造提升传统产业和加快催生新兴产业的引领力量。与先进省份相比，山东省在科技创新方面存

在明显差距。一是科研投入水平亟待提升。2021年，山东省规模以上工业企业研发经费投入1565.3亿元，相当于广东省的53.9%、江苏省的57.6%、浙江省的98.4%；规模以上工业企业研发经费投入占营业收入的比重为1.5%，比广东省、江苏省、浙江省分别低0.2个百分点、0.3个百分点、0.1个百分点。二是新产品产出效益有待提高。2021年，山东省规模以上工业企业新产品销售收入27540.3亿元，占营业收入的比重为26.5%，比广东省、江苏省、浙江省分别低2.1个百分点、1.2个百分点、10.3个百分点。三是高新技术产业发展需加快提速。2022年，山东省高新技术企业达2.6万家，相当于广东省的37.7%、江苏省的59.1%、浙江省的74.3%；高新技术产业产值占规模以上工业产值的比重为48.3%，比广东省、江苏省、浙江省分别低11.2个百分点、0.2个百分点、10.6个百分点。山东省迫切需要科技创新做“动力引擎”，引领实现绿色低碳高质量发展。

（三）北方城市创新力量相对薄弱为山东省破题起势提供了良好机遇

截至2022年底，科技部共公布了103个城市（区）建设国家创新型城市。这103个创新型城市人口数量占全国人口数量的51%，培育了全国85%的高新技术企业，汇聚了72%的地方财政科技投入，创造了全国81%的高新技术产值。在103个创新型城市中，北方地区只有37个，占比约为1/3。2023年2月，首都科技发展战略研究院发布的《中国城市科技创新发展报告(2022)》显示，创新发展指数排名前20的城市依次为北京市、上海市、深圳市、广州市、杭州市、南京市、苏州市、武汉市、天津市、西安市、合肥市、长沙市、成都市、珠海市、常州市、东莞市、无锡市、济南市、青岛市和重庆市，其中北方城市有5个，仅占1/4。山东省是北方地区经济发展的战略支点，应将科技创新发展放在全国大局中考量，一是为融入全国新发展格局提供澎湃动力和坚实支撑，二是可以为北方经济动能转换提供示范和样板。加快推进以济南为中心的科技创新工作，把济南市、泰安市打造成“中国科创北方硅谷”，既是推进国家创新型城市建设、实现新旧动能转换的历史使命，也是山东省在北方科技创新洼地闯出新路、实现破题起势的重要战略机遇。

三、将济南市、泰安市打造成“中国科创北方硅谷”的可行性显著

“中国科创北方硅谷”是吸引国际高端人才、连接教育科研与产业、孵化验证新技术、引领推动产业升级和高质量发展的“加速器”，承担着提升城市及区域科技创新水平的历史重任，对区位交通、产业基础、创新要素等具有较高要求。济南市西南部与泰安市西北部紧密连接，跨槐荫区、长清区、岱岳区 3 个行政区，该区域具备多个方面的基础和优势。

（一）区位交通优势明显，能够充分发挥城市群效应

济南市、泰安市是山东省半岛城市群中区位优势比较明显的城市，处于承南启北、连贯东西的枢纽位置。从山东及周边区域来看，济南市、泰安市是环渤海经济区和京沪经济轴上的重要交会点，公路、铁路、航空等优势显著，有利于加强与发达地区在科技创新领域的广泛合作。从济南毗邻的市来看，泰安市距离济南市最近，仅有 50 千米，陆路交通有铁路、高速、国道、省道等，各类交通干线齐全密集。京沪高铁、京台高速、国道 104（京岚线）交错重叠，以济南西站为枢纽，可将长清大学城市和泰安市岱岳西部新城串联起来，打造“半小时生活工作圈”，形成济南市、泰安市在交通往来、产业合作和融合创新方面的优越条件，具有吸引北京市、上海市等地高端人才落户的区位优势。

（二）工业产业基础扎实，有利于科技与产业融合发展

产业是科技创新的根本依托，科技创新离开产业就是空中楼阁。槐荫区、长清区、岱岳区具备较好的产业基础。2022 年，3 个区规模以上工业企业的产值达到了 761.2 亿元，产业规模持续提升。目前，3 个区共有高新技术企业 553 家，新兴产业集群化发展明显；高新技术产值占工业总产值的比重达 62.4%，高出全省 14.1 个百分点。槐荫区以智能制造、先进材料、新一代信息技术、医养健康等产业为主导，汇集了济南二机床、山东中车、山东天岳、华研国芯、山东华天药业等一批“国之重器”及高科技企业。长清区以高端

装备、智能制造、电子信息等产业为主导，汇集了中油济柴、国机铸锻、森德数控、中科智慧等高科技企业。岱岳区以输变电装备、高性能纤维、医养健康等产业为主导，汇集了泰开集团、泰山玻纤、京卫制药等行业领军企业，为科技与产业融合发展奠定了重要基础。

（三）人才高校资源丰富，便于广泛开展产学研合作

人才是创新驱动的核心要素和动力引擎，科技创新关键在人。长清大学城是济南最大的大学城，目前有齐鲁工业大学（山东省科学院）、山东交通学院等14所高校入驻。长清大学城科技创新资源富集，拥有1个国家级重点实验室，5个国家级重点学科，12个博士后流动站，17个博士学位授权一级学科，66个硕士学位授权一级学科，200多个国家及省部级科研实验机构，4500多位副教授级以上高级人才；拥有20万名师生，年毕业学生约5万人；是推进“中国科创北方硅谷”建设重要的人才摇篮和智力宝库。借助这些资源，附以吸引省外高端人才的优厚政策和配套设施，有条件加速与中国科学院、清华大学、北京航空航天大学、上海交通大学、南京航空航天大学、西安电子科技大学等国内一流大学和科研机构开展合作，打造聚集海内外高端人才的科研圣地。

（四）环境资源优势突出，对科研人才有强大吸引力

该区域南临五岳之首泰山，能够依托泰安市良好的自然生态环境和独特的人文生态系统，加快文化旅游产业和现代服务业融合发展；北临中华民族母亲河黄河和济南新旧动能转换起步区，能够迅速与黄河流域生态保护和绿色低碳高质量发展战略融为一体，为全省科技创新发展开拓新格局。泰安是国家历史文化名城，不仅有世界文化遗产泰山，还有许多历史文化名胜、风景名胜和自然保护区，被誉为“中国最具生态竞争力城市”“中国十大秀美之城”。济南市具有独特的“山、泉、湖、河、城”融为一体的风貌，不仅有趵突泉、千佛山、大明湖等名胜景区，还有著名的龙山文化、大舜文化、泉水文化等丰富的历史文化资源，被誉为“千泉之城”“中国十大美好生活城市”。这些优越的自然资源和历史人文环境，对促进高端科技人才集聚、留居具有强大的吸引力。

（五）技术市场高位运行，科技成果转化的氛围活跃

技术合同成交额是反映科技成果转移转化及科技创新活跃度的重要指标。近年来，济南市、泰安市技术市场持续活跃。2022 年，济南市技术合同成交额达 614.5 亿元，同比增长 29.8%，创历史新高（如图 1 所示），占全省技术合同成交总额的 18.9%，居全省第 1 位。泰安市技术合同登记 2899 项，成交额 95.9 亿元，同比增长 37.6%；技术合同认定技术交易额 11.02 亿元，同比增长 73.54%。济南、泰安两市都比较重视发挥科技创新服务云平台作用，与各县（市、区）、功能区形成服务网络，为创新主体提供服务。技术市场的持续活跃，为加快推动科技成果转化提供了良好的发展环境。

图 1　2016—2022 年济南、泰安两市技术市场成交额情况

四、当前面临的主要困难和需求

（一）济泰同城化发展需加快推进

虽然济南市和泰安市主城区在省内距离最近，但是济泰经济协同发展的节奏差距较大。从经济总量、人口增量、研发投入、财政收入、本外币存贷款等众多核心数据来看，相较于济南市，泰安市还存在一定差距。重点产业的协同发展力度不足，在省会经济圈“十四五”一体化发展规划中，泰安市主要对接的是济南“南美”战略，共建“大美泰山”生态文化共同体，在对接济南大数据与新一代信息技术、智能制造与高端装备、精品钢与先进材料、生物医药与大健康等超万亿级的优势支柱产业方面布局有待进一步加强。

（二）科技创新主体地位有待强化

企业是科技创新的主体，也是一个城市或地区的主要创新力量和价值体现。部分大中型国有企业过于突出研发风险和产出评估，加上世界经济形势整体下行，对高新技术产业投资意愿有所收敛，对投资高、风险大、收益不确定的技术创新采取保守策略，不敢轻易尝试。受企业发展实力限制及政策宣传贯彻力度不足等影响，部分民营企业难以享受到科技创新激励机制的优惠政策。尤其中小型企业较为弱小，其往往较为注重追求当期或近期的收益，为了规避潜在的风险，对创新投入较为保守，不敢大胆尝试。

（三）科技资金保障力度有待加大

科技资金投入政策体系有待进一步统筹完善，存在科技经费使用效率不高、基础研究占比偏低、支持方式争议较多而稳定性相对不足等问题。财政科技创新投入有待加强，研发经费支出尚不能有力支撑在关键核心领域的创新突破，财政资助的科研活动与产业实际发展需求存在脱节现象，难以充分适应新发展阶段并提供足够的科技创新资金支持。科技资金来源渠道有待拓展，企业资金、政府资金、社会投资、国外资金及国内其他资金共同投入的多元化格局有待完善。

（四）科技创新服务体系尚待完善

服务体系保障水平不高，国际上较为成熟的创新服务体系大致分为公共和民营两类，由政府力量推动的公共体系与市场力量推动的民营体系既相互独立又紧密联系。目前，济南市、泰安市现有的科技服务运行机制不够完善，在资源调配上仍然存在不科学因素。例如，在科技创新发展资金分配上，行业主管部门没有主导或参与不足，导致资金对前瞻性、战略性的细分产业领域支持力度不足，缺乏切实有效的技术创新和精准的产业资金支持。科技创新服务体系还应进一步完善，需要加强顶层设计推动。

五、打造“中国科创北方硅谷”的措施建议

面对前所未有的战略机遇和现实需求，结合济南市、泰安市优越的发展基础和优势，可将“中国科创北方硅谷”的具体核心建设区域选在济南西站片区—长清大学城—泰安岱岳西部新城串联地带，规划总面积约 500 平方千米，南北跨度约 55 千米。对建设“中国科创北方硅谷”提出以下建议。

（一）高位谋划建立省创办机构

建议由省领导挂帅，成立“中国科创北方硅谷”建设办公室，协调济南市、泰安市两地加快建设。力争通过 5 年的打造，初步建成高科技创新城，若干细分产业领域不断完善，科技成果转化成效明显提升；通过 10 年的打造，建成区域性科技创新高地，高新技术产业比重显著提高，部分核心优势产业领域取得重大突破；通过 15 年的打造，建成具有国际知名度的中国北方最大的科技创新基地，核心优势产业引领行业发展，带动培育形成一大批国家级创新型企业和科创品牌。

（二）建设五大核心科创产业园

建议分区域集中布局建设新一代信息技术与未来产业、高端装备产业、新材料产业、节能环保产业、医养健康产业五大核心科创产业园，根据各产业发展特点打造生态、集聚、融合、专业、完善的科技创新产业承载实体。面向全球，对重点产业领域领军企业和产业链关键节点企业实施大招商大引资，针对土地、融资、税收、厂房建设及员工子女教育配套等方面制定特殊政策，实施精准招商、以商招商。

（三）开放式引进名校大院大所

建议给予更多优惠政策，重点引进一批国内外知名理工类高校来设立分校（研究院）或联合成立高端研发机构，注重提高引进高校专业（科研方向）与培育产业的吻合度。依托五大核心科创产业园，加快引进落地一批“国字号”大院大所和高层次创新人才团队。整合产业技术创新资源，建强科

创平台载体，打造专业人才集聚高地。

（四）强化中试基地高能级建设

中试基地作为推进科技成果就地转化的重要载体，是制约产业科技创新转化成效的关键环节。建议在各科创产业园加快布局和重点建设一批熟化水平较高、技术实力突出、转化能力较强的中试基地和实验室。针对产业链关键环节，面向全国引进一批高层次中试项目孵化团队，提高中试环节质量、效率和能级，推进科研成果更多、更快、更好地转化为生产力。

（五）加大科创资金的保障力度

建议集中省级财政资金使用范围，为“中国科创北方硅谷”设立科技创新发展专项资金。以济南市建设全国首个科创金融改革试点城市为契机，引导银行业、证券业、保险业及创业投资等各类资本向科创领域倾斜，加大对社会投资的吸引力度。通过税收优惠和加计扣除、政策性贷款、创业投资、投贷联动、创新券等多种方式促进企业增加科技投入。

（六）建立科创硅谷服务大平台

建议由“中国科创北方硅谷”建设办公室或委托专业机构建设科创硅谷服务大平台，集科技金融平台、人力资源平台、专业技术平台、中试服务平台、信息服务平台、政策支持平台和公共服务平台七类服务平台于一体，全方位为各产业园区、企业、高校和人才提供服务。

参考文献

[1]王艳辉,伊彤,陈海燕. 中国三大国际科技创新中心建设比较研究[J]. 中国科技论坛,2022(8):1－8.

[2]山东省人民政府. 关于加快推进新时代科技强省建设的实施意见[Z]. 2022－11－24.

[3]中国科学技术协会. 2022年“科创中国”试点城市(园区)建设状况评估报告[Z]. 2023－2－20.

作者简介

徐兆伟，高级工程师，山东省工业和信息化研究院。

王　娟，高级经济师，山东省工业和信息化研究院。

王志成，经济师，山东省工业和信息化研究院。

张彤彤，研究实习员，山东省工业和信息化研究院。

程晓入，研究实习员，山东省工业和信息化研究院。

38

工业文化对企业转型发展的影响研究

程琳　刘明伟　戴昊　陈露

摘　要　工业文化是在工业化背景下形成的一种特殊的文化现象，它是在特定的社会历史条件下形成的，具有特定的地域特色，并渗透于工业发展和生产过程中，对企业行为、理念和制度产生影响，并形成企业文化。在新旧动能转换的时代背景下，以企业为主体的创新成为企业发展的主要动力。工业文化作为一种物质形态，具有传承与创新的双重属性。工业文化作为一种新兴事物，既有继承也有创新，对企业转型发展具有一定的促进作用。加强工业文化建设、促进企业转型升级是实现高质量发展的必然要求。本文从工业文化发展现状出发，探讨了工业文化在企业转型升级中的作用机制和路径，以期为企业如何在新旧动能转换中实现转型升级提供理论借鉴。

关键词　工业文化　企业转型　企业发展

一、绪论

（一）研究背景

贯彻落实党的十九大、二十大精神，坚定文化自信，大力推进中国特色工业文化建设，既是实施制造强国战略的有力举措，也是繁荣社会主义文化的重要途径。工业和信息化部等发布的《关于推进工业文化发展的指导意见》指出，发扬中国工业精神、夯实工业文化发展基础、发展工业文化产业、加大文化传播推广力度等重点任务。山东省是工业大省，经济总量连续多年居全国前列。但是从质量效益来看，山东省还存在工业发展不平衡、不充分的问题，新旧动能转换还没有形成系统的、科学的思路、办法和政策体系。在这样的背景下，如何实现从工业大省到工业强省的转变，实现企业转型升级成为摆在山东省各级党委政府和企业面前的重要课题。要实现企业转型升级，必须加强工业文化建设。工业文化是经济发展到一定阶段出现的一种新型文化形态。本文以山东省为例，探讨了工业文化在企业转型升级中的作用机制和路径研究问题，希望能够为山东省企业实现高质量发展提供理论参考。

（二）研究目的及意义

为进一步推动"十四五"时期工业文化发展，工业和信息化部等八部门联合印发《推进工业文化发展实施方案（2021—2025 年）》，主要出于以下考虑：一是挖掘工业文化价值内涵，弘扬工业精神；二是发挥文化赋能作用，促进工业文化与产业融合发展；三是培育工业旅游资源，拓展消费新空间；四是提高科教水平，传播工业文化；五是建立分级保护机制，提高工业遗产活化利用水平；六是支持工业博物馆规范发展，拓展工业文化新载体；七是多渠道加大宣传力度，增强文化自信和认同；八是加强部门协同配合，推动中国特色工业文化建设取得新进展、新成效。山东省是制造业大省，但大而不强，创新不足、专注不深、诚信不高、实业精神弱化等问题相对突出，这背后与工业文化密切相关，是制约山东省工业转型升级和提质增效的重要因素。本文旨在构建新的工业文化体系，为企业转型升级提供保障。因此，探讨工业文化对企业转型发展的影响具有重要的理论价值和现实意义。

（三）研究方法

本文通过实地调查和访谈相结合的方法，了解山东省企业在新旧动能转换背景下的转型情况和存在的问题，探讨工业文化与企业转型升级之间的关系。访谈对象为山东省大中型企业中具有丰富经验的企业管理者（包括董事长、总经理和副总经理等），访谈内容包括对工业文化作用的理解、工业文化建设实施情况、存在的问题等。

二、工业文化基本概念及内涵

（一）工业文化的概念

工业文化，是指在工业发展过程中形成的具有一定意义和价值的文化。这种文化具有悠久的历史，在此过程中形成了一整套有关工业生产、技术、管理与职工行为等方面的理念和规范，是企业生存与发展的重要基础。我国最早对工业文化进行研究是在20世纪50年代，主要是通过一些政策和文件指导工业文化研究工作，但后来随着研究的不断深入，人们发现这些文件和政策往往只强调某一个方面，没有综合考虑工业发展中各方面因素的影响。

（二）工业文化的内涵

在不同的历史时期，工业文化呈现出不同的特征。在原始社会，以狩猎和采集为主的物质生活是人们生存的主要内容；在奴隶社会，以农业生产为主，奴隶主占有奴隶，拥有生产资料和财富；在封建社会，生产力进一步发展，劳动工具不断改进，财富主要以地租形式存在；资本主义社会，生产资料私有制逐步取代了封建土地所有制，工业成为独立的生产部门，并出现了与之相适应的工业文化。到了社会主义革命时期，人们在社会主义公有制的基础上建立起一系列新的制度和措施，并由此形成了社会主义工业文化。新中国成立后到改革开放前这一时期，主要是以计划经济为主的经济体制下的工业文化。自改革开放以来到今天，我国进入了市场经济条件下的工业文化发展时期。

三、工业文化与企业转型发展的关系

（一）品牌宣传

工业文化可以通过产品和服务宣传企业品牌形象，对企业转型发展具有积极的促进作用。在品牌宣传过程中，企业可以通过产品设计、包装设计、广告设计等途径塑造良好的品牌形象，树立品牌意识，进而提高企业的竞争力。企业转型发展需要转型产品和服务，而产品和服务是以人为中心的，是建立在满足客户需求基础上的。因此，企业需要重视客户体验和满足客户需求。工业文化注重产品创新和服务创新，能够为客户提供更好的产品和服务。例如，海尔公司通过工业文化打造了“真诚到永远”的品牌理念，致力于为消费者提供高品质、高科技、高智能的产品，并且通过创新、分享、绿色等方式满足用户需求。同时，海尔公司还注重产品质量与用户体验。例如，海尔冰箱推出“不让一台冰箱坏”的承诺，并在全国各地开展了“海尔冰箱质量万里行”活动，赢得了消费者的好评。

（二）员工培训

工业文化在一定程度上也是员工培训的重要内容。在实践过程中，工业文化具有的特性可以在员工培训过程中得以体现。在企业发展过程中，随着管理方式的转变，企业在技术改造和设备更新过程中必须充分考虑到员工培训需求，将提高员工技能水平和创新能力作为重要目标。只有通过不断地对员工进行培训，使其掌握先进的技术技能，才能使企业更好地适应市场竞争的需要。当然，员工培训需要满足不同层次员工的需求，这就要求企业对不同层次的员工进行分类培训。

（三）创新精神

在工业文化中，鼓励员工自主创新和开拓新市场，对企业转型升级具有重要意义。“大众创业、万众创新”是当前发展的新要求，企业应注重培养员工的创新意识和创新精神，不断提高员工的创新能力。同时，鼓励员工进行知识更新，不断掌握新技术、新工艺、新方法，掌握市场上最新的产品信息和技术动态，增强对市场的应变能力。通过加大员工培训力度、拓展培训内容、完善培训机制等方式，培养员工的自主创新意识和创造能力，引导员工自觉开展自主创新活动，不断提高员工自主创新能力。这对推动企业转型升级具有重要意义。

四、山东省以工业文化促进企业转型发展现状

（一）山东省工业企业发展特点

山东省已经形成特色鲜明的工业高质量发展体系，具有五个显著特点。

第一，规模体量大。山东省拥有全部41个工业大类、207个工业中类中的197个、666个工业小类中的526个，是工业门类最齐全、体系最完备的省份之一。制造业三大领域原材料、装备制造、消费品业，规模均居全国前列，产业优势明显。在国家统计局重点调度的80种主要产品产量中，居全国前3位的有36种，占比为45%。2022年，山东省工业增加值总量为2.87万亿元，占全省GDP的比重为32.9%，占全国工业增加值总量的比重超过7%；规模以上工业企业营业收入达到10.8万亿元，稳居全国第一梯队。

第二，动能转换快。高新产业增势强劲，近3年高技术制造业增加值年均增速15%，远高于规模以上工业。2023年上半年，高新技术产业产值占规模以上工业产值的比重达到52%左右；“四新”经济投资同比增长10.9%，占全部投资的比重达到55.6%，同比提高2.7个百分点；高技术制造业投资增长27.7%，高于全部投资22.2个百分点。创新能力加速提升，拥有国家企业技术中心196家、技术创新示范企业67家、工业设计中心43家，均居全国首位；拥有国家制造业创新中心3家，居全国前列。

第三，“两化融合”深。在工业互联网方面，成功创建全国工业互联网发展示范区，国家级平台数量居全国首位。在工业和信息化部衡量工业互联网发展水平的15项主要指标中，13项居全国前3位，6项排名第1。在数字产业方面，信息技术产业营业收入超过1.6万亿元，软件业突破万亿元大关。在数字赋能方面，信息化和工业化融合发展指数为117.1，居全国第2位；产业数字化指数为80.3，居全国首位。

第四，产业生态优。大块头企业多，在中国企业联合会发布的“2022中国制造业500强”中，有74家企业入围，居全国第2位。全局性链条多，突出打造11条标志性产业链，112家“链主”企业的生态主导力持续增强。特色化集群多，拥有国家新型工业化产业示范基地30个、中小企业特色产业集

群7个，均居全国首位。

第五，民营经济强。支撑作用好，2023年上半年，规模以上民营工业增加值同比增长8.0%，高于规模以上工业增加值增速1.1个百分点。民营企业实现进出口总额11500.7亿元，增长3.0%，占进出口总额的73.6%，同比提升0.9个百分点。优质企业多，目前山东省拥有“专精特新”中小企业16075家、国家制造业单项冠军企业186家，均居全国前列。

（二）山东省工业文化在新时代下的新特征

第一，在管理制度中依靠工业文化。

中国工业文化受东方文化的影响，企业管理中存在明显的文化冲突，即制度化管理与非制度化管理的矛盾，涉及东西方文化差距、跨文化管理，在资源配置上存在文化冲突。生产方式上存在的文化冲突，一般作用在实力与软实力层面。如物质生产与精神生产的矛盾，对文化资本的地位承认与否，涉及经济发展的根本方式。企业文化可以体现在四个方面：一是企业员工所共有的观念、价值取向以及行为等外在表现形式，二是由领导层管理作风和管理观念（包括管理者的言语、管理者的处事、管理者的奖惩行为等）构成的管理氛围，三是由现存的管理制度和管理程序构成的管理氛围，四是书面和非书面形式的标准与程序。

第二，在继承、引进与创新的工业制造中建设工业文化。

多年来，我国的工业设计制造给世人的印象是缺乏创新意识，模仿和再创造能力相对则非常强。我国的许多工业产品设计是靠“效仿—改造—创造”模式来进行制造的。步入21世纪的知识经济时代的工业振兴，目前山东省工业必须思考的问题是，山东省的工业设计制造应该如何找准自己的方位，如何在设计制造中运用先进文化理念去体现工业设计制造的文化内涵，从制造大省迈向制造强省。因为知识经济的核心是技术创新、文化领先，所以，随着科技的飞速发展，经济中的知识含量越来越高，当今市场经济的竞争已不是以往资源和劳力的竞争，而是文化科技含量的竞争。

第三，在工业遗产中保存工业文化。

工业遗产是具有科研价值的工业文化遗存，是老工业基地在发展进程中的一个历史符号。它反映了工业化时代特征，承载着真实和相对完整的历史信息，反映了那个时代的历史状况和技术水平，是逝去的工业时代的标志和见证。拥有近百年工业发展史的山东省，曾经在新中国工业发展史上创造了无数辉煌，诞生过数百个中华人民共和国第一，是几代人创业历程的历史沉淀，蕴藏着丰富的工业文化资源。这些不可再生的文化资源，是山东省工业文明发展的见证者。工业文化遗产作为一个新概念，会为未来工业发展带来许多思考和启示。

五、工业文化对企业转型的影响分析

（一）企业转型是发展的迫切需要

在企业转型发展的过程中，工业文化作为企业发展的内生动力，能够使企业在保持原有优势的基础上，实现对其劣势的转化。在新旧动能转换的时代背景下，山东省工业企业面临着巨大的挑战。从宏观层面来看，山东省工业企业面临着转型升级、结构优化、提质增效的任务。从微观层面来看，山东省工业企业面临着产品结构不合理、产能过剩严重、技术水平低等问题。在这种背景下，山东省工业企业如何应对挑战、实现转型发展就显得尤为重要。在这种情况下，工业文化的作用就显得尤为突出。

（二）工业文化对企业发展转型的塑造

塑造了山东省企业的品牌形象。在我国工业文化中，山东省企业所具有的工业文化是其他省份不能比拟的，尤其在改革开放以后，山东省的企业发展迅速，规模扩张快，在市场上具有较强的竞争力，涌现出海尔、海信、潍柴等一批具有世界影响力的品牌。但是随着时间的推移和国内外经济下滑趋势的影响，企业发展出现了一些问题。在这种情况下，为了能够进一步推动企业发展壮大，许多企业开始进行转型升级，同时不断重视品牌形象建设和宣传。在这一过程中，工业文化对企业转型发展发挥着重要推动作用。

（三）工业文化加强了对工业遗产的保护

为了能够进一步推动山东省工业文化的发展，需要加强对工业遗产的保护工作。在这一过程中，需要充分认识到工业遗产保护对企业转型发展的重要性，同时需要结合山东省实际情况制定相关政策来更好地开展工业遗产保护工作。在这一过程中，企业需要结合自身实际情况来制定相应的规章制度和再开发利用规划，并从政策和资金方面支持企业开展工业遗产保护工作。同时，企业还需要将工业遗产保护工作与品牌形象建设工作有机结合起来，这样才能更好地促进山东省工业文化的发展。

六、工业文化对企业转型发展保障的对策建议

（一）打造学习型企业

企业的发展需要员工不断学习，学习是提升员工综合素质的有效手段。企业要树立全员学习的观念，在企业内部营造良好的学习氛围，为员工提供学习和交流的平台。一是要通过举办专题讲座、知识竞赛等多种形式，吸引员工参与到企业文化建设中来。二是要结合员工特点和实际情况，组织开展“师徒结对”等活动，通过言传身教的方式帮助员工提高业务技能和职业素养。三是要注重培养和选拔复合型人才，引导他们走出去，与外部企业开展技术合作或联合经营。四是要把终身学习理念贯穿员工的日常工作中，在企业内部形成良好的学习氛围，让员工学有所获、学有所成。五是要鼓励员工积极参加各种形式的培训和学习活动，不断提高自身专业素质和业务能力。六是要重视对优秀人才的选拔和培养，为企业发展储备优秀人才。

（二）坚持“以人为本”的管理理念

首先，坚持以人为本。“人”是企业最宝贵的资源，一切管理活动都是围绕人的需求而展开的，管理就是要满足人们的各种需求。因此，在企业内部管理中要坚持以人为本，充分尊重员工的个性和特点，发挥员工的主观能动性，以实现企业内部资源的优化配置。其次，注重员工培训和职业生涯规划。人力资源是企业最重要的资源之一，为了吸引和留住人才，企业应根据自身实际情况，制定科学合理的培训规划，通过开展各种培训活动不断提高员工的综合素质和工作能力；同时，要注重员工职业生涯规划建设，为员工提供

公平公正、机会均等的职业发展空间和环境。最后，重视人才引进和培养。企业要不断创新人才引进方式和方法，通过引进专业技术人才、管理人才、销售人才等方式满足企业发展需要；同时要加大对现有人才的培养力度，通过培训、轮岗等方式使其在工作中不断提高业务能力和综合素质。

（三）打造独具特色的企业文化

通过开展评选优秀员工、优秀团队等活动，树立榜样，激发员工工作热情和创新意识。企业可以通过举办文化沙龙、开展文体活动等方式，将企业文化融入各项活动中，让员工在潜移默化中受到影响。创新是企业发展的动力源泉，只有不断进行技术创新、产品创新和管理创新，才能在激烈的市场竞争中立于不败之地。践行绿色发展理念。绿色发展理念代表着可持续发展的方向和目标，也是工业企业文化建设的重要内容之一。在开展企业文化建设工作时，要坚持“绿色”发展理念，充分体现“可持续发展”的要求，不断推进企业转型升级、健康发展。加强企业员工对工业文化的认识，引导其树立正确的工业价值观，从思想上重视企业文化建设。同时，将工业文化纳入学校教育中，让更多的学生了解和学习工业文化。山东省要以新旧动能转换为契机，推动传统产业升级改造、新兴产业发展壮大和优化区域布局，推进企业向“微笑曲线”两端延伸；同时，促进新兴产业发展壮大，大力培育战略性新兴产业、高技术产业、互联网及大数据等新动能；此外，还要鼓励传统企业通过收购、兼并、重组等方式实现产业转型升级。

参考文献

[1]李紫岩．制造型企业现代化转型中企业文化构建研究：以浙江五谷企业为例[J]．商讯，2022，263(1)：5－8.

[2]杨文位，臧刚权．新时代背景下机械行业企业文化发展现状分析[J]．边疆经济与文化，2022，224(8)：81－83.

[3]钱津．论新时代中国企业文化的发展趋势[J]．创新，2020，14(4)：100－106.

[4]林靖．推动企业文化与生产经营互融互促齐发展[J]．中外企业文化，2022，636(11)：127－129.

[5]杨文位,臧刚权．新时代背景下机械行业企业文化发展现状分析[J]. 边疆经济与文化,2022,224(8):81－83.

[6]张畅．文化哲学视域下的企业精神文化构建研究[J]. 中外企业文化,2022,626(1):128－129.

作者简介

程　琳，副研究员，山东省工业和信息化研究院。

刘明伟，副研究员，山东省工业和信息化研究院。

戴　昊，助理研究员，山东省工业和信息化研究院。

陈　露，工程师，山东省工业和信息化研究院。

39

山东省“专精特新”中小企业融资现状调查分析

山东省“专精特新”中小企业融资现状调查分析课题组

摘　要　在产业升级的大背景下，党中央、国务院高度关注我国中小企业通过专业化、精细化、特色化和新颖化的发展道路形成提高核心竞争力的新发展方向。2022年，《政府工作报告》首次将“专精特新”写入报告，山东省作为我国经济大省，对“专精特新”中小企业的培育支持初步取得相应成效。2023年10月30—31日，中央金融工作会议在北京市举行，会议强调了实体经济的重要性，提出把更多金融资源用于促进科技创新、先进制造、绿色发展和中小微企业。

本研究联合山东省金融业联合会共同组建课题调研组，致力于深度探析山东省“专精特新”中小企业在现行经济框架下的发展轨迹及其融资状况，主要涵盖三个方面：一是调查山东省“专精特新”中小企业融资现状，包括采用的融资方式、融资渠道和融资规模，以揭示其融资结构和特征；二是分析山东省“专精特新”中小企业融资面临的问题，包括但不限于风险投资不足、信贷条件严格、产业链融资困难等问题；三是提供有针对性的政策和建议，以促进其创新发展环境、优化资金结构、改善经营状态，实现稳定、健康、可持续发展。

关键词　“专精特新”　中小企业　融资　调查　分析

一、山东省“专精特新”中小企业融资现状概况

（一）山东省“专精特新”中小企业发展总体情况

1. 山东省“专精特新”中小企业发展现状

目前，山东省共培育“专精特新”中小企业 15927 家、“专精特新”“小巨人”企业 1064 家，数量分别排在全国第 1 位和第 4 位。从地区分布来看，山东省“专精特新”中小企业主要集中在青岛市、济南市、烟台市、潍坊市等经济发展较好的城市，青岛市、济南市、烟台市三市“专精特新”企业累计占比超过 50%。其中，青岛市“专精特新”企业数量最多，共有 6714 家，占比为 42%（如图 1 所示）。

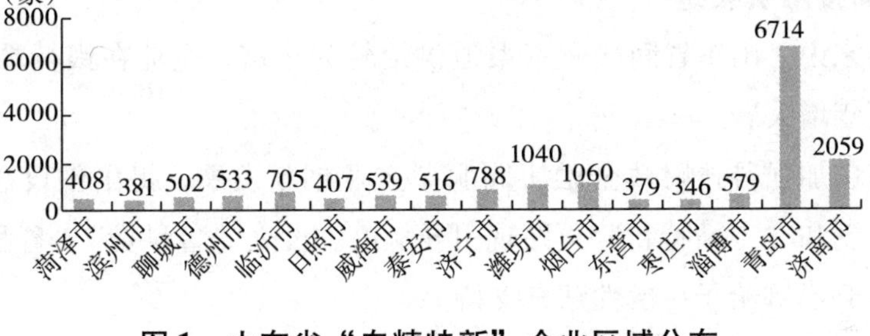

图 1　山东省“专精特新”企业区域分布

从行业分布来看，山东省“专精特新”中小企业主要集中在制造业、科学研究和技术服务业以及批发和零售业等领域。其中，制造业企业数量最多，共有 11277 家，占比为 71%。2022 年，山东省规模以上“专精特新”中小企业实现营业收入 10751. 2 亿元，同比增长 4. 7%，与全省规模以上工业收入增幅基本一致；实现利润总额 698. 5 亿元，同比下降 1. 3%，降幅较全省规模以上工业利润降幅收窄 11. 3 个百分点；营业收入利润率达 6. 5%，略高于全省规模以上工业水平。

2. 山东省“专精特新”中小企业融资现状

调研发现，山东省“专精特新”中小企业存在整体管理水平不高的问题，导致投资机构对其信心不足。调查显示，52. 89% 的企业流动资金存在缺口，其中，15. 32% 的企业流动资金缺口超过 25%；34. 11% 的企业因缺少抵押物

等无法获得贷款，其中，14%的企业通过小额贷款公司、典当行或亲朋借款等形式获得融资，86%的企业无任何融资渠道。

目前，山东省“专精特新”中小企业对现行的融资环境持较为谨慎的态度，约50%的企业对其融资成本比较担忧，企业面临资金成本上升的问题。

（二）山东省“专精特新”中小企业发展实际需求

山东省“专精特新”中小企业发展需求主要包括政策支持、创新人才培养与引进、资金融通、产业链集聚和创新合作、知识产权保护和科技成果转化以及企业交流与合作等方面。通过满足这些需求，可以推动山东省“专精特新”企业快速发展，为山东省经济转型升级作出积极贡献。

（三）山东省“专精特新”中小企业融资渠道供给情况

1. 间接融资渠道

总体来说，山东省间接融资渠道供给较为丰富，企业在银行端进行融资的规模逐年增大。

山东省加强科技财政金融协同服务企业创新发展，提出创设总规模130亿元的科创和“专精特新”再贴现引导额度。设立“鲁科贷”“鲁科担”“鲁科保”系列品牌给予一次性贴息支持。

各银行针对“专精特新”企业不断推出创新产品，提升科技信贷供给能力（如表1所示）。部分银行针对“专精特新”中小企业创新机制、优化流程，提升客户服务质量效能。

表1　部分银行“专精特新”企业创新产品

银行	“专精特新”企业创新产品
工商银行	“专精特新”快易贷、创易贷
交通银行	“专精特新”信用贷、交银科创信用贷
中国银行	随时惠
中信银行	科创e贷
建设银行	易担贷、善新贷
兴业银行	投联贷、科技贷、科创云贷
北京银行	领航e贷

续表

银行	“专精特新”企业创新产品
莱商银行	专精特新贷、科易贷、知易贷、精英贷

2. 直接融资渠道

“专精特新”企业的直接融资渠道包括：首发上市（IPO）、定向增发、发行企业私募债、并购重组以及通过私募股权投资基金获得投资等，融资渠道的多样化扩宽了企业的融资来源。

山东省拥有齐鲁股权交易中心和青岛蓝海股权交易中心两个区域股权交易市场，两个市场均开设了“专精特新”专板，并入选全国首批区域性股权市场“专精特新”专板建设名单，与浙江省并列第一。截至2023年9月末，2家区域性股权市场累计挂牌“专精特新”企业1581家，帮助实现融资34.51亿元，指导培育66家“专精特新”中小企业实现转板上市。

北交所开市两年来，山东省先后有19家“专精特新”中小企业登陆北交所，共募集资金31.81亿元。

此外，企业还可以通过股权投资基金获得融资。2018年，山东省财政厅出资200亿元设立山东省政府引导基金即新旧动能转换引导基金，在基金投资的企业中，目前已有14家企业成长为“独角兽”企业，瞪羚企业数量为180家，国家级“专精特新”“小巨人”企业达到112家；94家新旧动能转换基金投资企业已顺利上市，一大批“金种子”长成了“金梧桐”。

（四）面向“专精特新”中小企业的政策落实情况

山东省制定多种政策措施支持中小企业发展，覆盖了融资融智、市场扩展、产业支持、土地和能源使用，以及知识产权保护等多个领域；同时，还特别推出了一些针对“专精特新”中小企业的定制政策，涉及科技创新、知识成果转化、数字化改造以及大中小企业之间协同发展等方面。例如，山东省制定《山东省“专精特新”中小企业培育方案》，建立了以创新型中小企业、“专精特新”中小企业和“小巨人”企业为主体的梯度培育体系；山东省出台《关于进一步加强部门协调联动促进产学研深度融合工作机制（试行）》，2022年分2批发布“揭榜挂帅”重点技术需求近200项，榜单金额达

14.6 亿元；2022 年发布《山东省“专精特新”中小企业贷款风险补偿实施细则》，同年为 380 家“专精特新”中小企业提供信用贷款、中长期贷款和上市培育贷款等特色信贷 191.3 亿元，引导省级以上“专精特新”中小企业贷款余额达 1381.1 亿元。

（五）面向“专精特新”企业服务的具体成效

近几年在政策引导下，山东省多管齐下推动“专精特新”企业高质量发展，强基增能。如图 2 所示，在第 1～5 批“专精特新”“小巨人”企业数量排名中，山东省位居全国第 4。

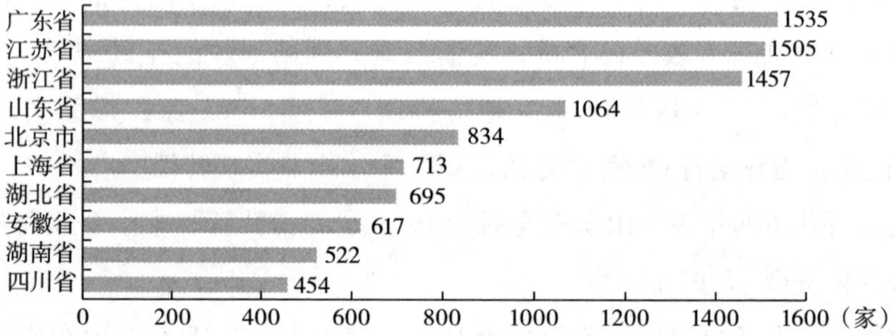

图 2　全国“小巨人”企业数量 Top10 省份

在税收优惠方面，山东省设立了“专精特新”特色税费服务模式。在人才建设方面，山东省人才资源总量从 2010 年的 818.9 万人增至 2022 年 10 月超过 1500 万人，居全国第 3 位。在知识产权保护和科技成果转化方面，与 2021 年底相比，山东省拥有有效发明专利“专精特新”中小企业由 3758 家增至 5867 家，增幅达 56%；企业的有效发明专利数量由 2 万件增至 3.4 万件，增幅为 70%，占全省企业有效发明专利总量的比重由 12.9% 提升到 22.5%。在产业链供应链合作发展方面，截至 2023 年 7 月，山东省已推动 835 家“专精特新”企业与“链主”企业达成合作事项 1051 项，各市开展融链固链对接交流活动 300 余场次，全省 90% 的“专精特新”“小巨人”企业为行业龙头配套。在行业政策调整方面，近 3 年山东省新一代信息技术、高端装备、绿色化工等领域“专精特新”企业培育数量大幅提升，增幅分别达到 37%、32% 和 28%，呈现出中小企业高端化、智能化、绿色化发展趋势。

山东省将推动企业上市挂牌作为重要抓手，“新三板”挂牌企业总计 398 家，挂牌企业资产总额达 1133. 80 亿元，营业收入总计 9884. 90 亿元。北交所开市两年来，山东省先后有 19 家“专精特新”企业登陆北交所，共募集资金 31. 81 亿元。

二、山东省“专精特新”中小企业融资存在的问题分析

（一）政策的全面化、系统化、差异化实施需强力

政策扶持方面需要因地制宜。一方面是地方投资基金的设立应因地制宜。山东省不同地区的核心产业及发展程度不同，为了增加针对性扶持，后续可以考虑设立类似的专项基金，以促进本地“专精特新”企业的发展。另一方面是对中小企业的关注度略有不足。政府的政策更多关注的是“两头企业”，即大型龙头企业和小微企业，且部分政策门槛较高，对中型企业出台的扶持政策较少。

需要差异化财政性投入政策。对不同地区、不同行业的企业，可以分别制定不同的补贴政策、奖励政策等，利用省、市、县三级财政杠杆，带动集群、产业链资源，持续探索服务企业发展的方式，提供满足企业发展需求的资源，促进企业快速、可持续发展。

政策落实部分存在错配现象。部分政策在落地执行过程中出现错配现象和规划不够细致的地方，应当引入政策效能评估机制，对政策的执行情况进行跟踪考核，并适时调整。例如，据银行反映，《关于印发济南市知识产权强市示范城市建设财政资金使用管理实施细则的通知》在实践过程中，企业将知识产权质押给银行时，评估费需由银行承担，而补助又不能向银行发放，银行不能享受补助；企业将知识产权质押给担保公司作为反担保的，由企业承担相关评估费，银行会配合企业提供相关材料申请评估补助，但知识产权只作为反担保增信措施。

部分政策门槛高而效力不足。山东省各级部门制定了很多针对科技型民营企业的扶持政策，但很多中小微企业获得感并不强，部分政策的执行衔接不畅、门槛过高、力度不大。例如，《山东省“专精特新”中小企业贷款风险

补偿实施细则》存在利率低和补偿少的问题，限制了中小商业银行的参与积极性。基于目前省内城商行资金成本高的现实条件，类似限定较低贷款利率才能享受政策的限制性设定，使得“专精特新”企业在城商行融资过程中很难享受到财政补贴优惠政策。

（二）企业需加强自身建设以满足持续发展动力

企业存在“不想用”“不会用”“用不起”现象。存在“不想用”问题。很多企业家对经济走势看不明白，对区域经营风险预测不清晰，对行业产业发展态势把握不准确，存在不敢扩规模、不敢上项目、不敢数字化改造等现象，因而不想融资，担心融了用不起、花了还不起、上了干不起。存在“不会用”问题。有的企业存在“是钱就想拿”的错误认识。对投资机构“画大饼”，想尽办法圈钱，一方面为了融资造假账、隐瞒债务股权纠纷等；另一方面没有把精力集中在企业运营上，大搞“面子工程”，加快消耗了企业的有限资源，导致企业经营步入恶性循环。存在“用不起”问题。很多中小企业受企业自身发展阶段影响，企业管理水平、创新能力有待提升，创新投入不足缺乏持续创新能力，导致企业的盈利水平不足以支撑金融机构盈利期望。

企业信用建设薄弱。一方面是信用信息不对称，另一方面是现有信用评级体系支撑不足。金融机构目前执行的信用评级体系从评级方法的选择到评级指标、权重及其参考值的设定均基于国有大型企业特点，很难全面反映山东省“专精特新”企业的经营实际和发展前景。

企业融资策略匮乏。“心无备虑，不可以应卒”，部分企业存在融资策略匮乏、不会融的问题。一方面缺乏多元化的融资渠道，另一方面“专精特新”企业融资结构不够优化。这使得企业在融资过程中难以作出明智的决策，可能导致负债过高和不恰当的资本结构。

企业抵押担保缺失。高技术投入、高人力资本投入和轻资产，是山东省“专精特新”中小企业的普遍特点。山东省“专精特新”企业在专业技术方面投入大，而专利技术和专业设备等资产不是市场传统认可的抵押资产，金融机构对专业技术和行业发展趋势认知不足，导致企业难以获得资金支持。

企业缺乏技术壁垒。山东省“专精特新”企业缺乏技术壁垒建设的主要原因有两点：一是资源匮乏，二是技术人才和知识产权保护面临挑战。

（三）市场供给端亟须产品创新提升服务效力

多层次资本市场的服务效力不明显。截至 2022 年 2 月末，山东省级“专精特新”中小企业贷款余额已达 1024.11 亿元，企业银行融资占绝大部分，但资本市场对“专精特新”企业的扶持效力有限。全国“专精特新”上市企业数量位列前 5 的省份分别是江苏省、广东省、浙江省、北京市、上海市，山东省并未上榜。

风险控制体系有待进一步完善。“专精特新”企业多数规模较小，技术开发和成果转化前景存在不确定性，加之缺乏合格的抵（质）押物，因此银行为了控制风险，对企业存在惜贷现象。

缺乏综合化全方位系统投融资服务。“专精特新”企业在行业、规模、发展质量等方面差异较大，单一融资方式难以满足“专精特新”企业融资需求，如增信需求。

三、山东省“专精特新”中小企业融资政策建议

（一）推动社会各方秉持长期主义

企业要秉持长期主义。我们认为，长期主义是一盏愿景明灯，是照亮企业前方的灯塔。而止损和纠偏能力是长期主义的两大护法。“缺乏长期主义”不仅影响着企业的决策、投资方向、内部管理、人才使用、市场开拓、科研开发等，还影响着市场的消费态度、政府的政策制定等，是一个社会性的问题。

金融机构应秉持长期主义。建立清晰的投资目标。金融机构应明确自身的投资目标，并与潜在的企业合作方进行充分沟通，确保各方对预期收益和风险有一致的理解。发展良好的合作关系。金融机构和企业之间建立互信的合作关系，通过透明且及时的沟通，减少信息不对称和误解的可能性。

政府部门更应秉持长期主义。要推动保持相关法律法规及产业政策的长期稳定，合法保护供需双方的权益，维护市场秩序和公平竞争。不仅宏观政

策要保持连续性、稳定性、可持续性，在具体政策操作上也要精准有效，不急转弯，要把握好政策时效度，使政策更灵活精准、更合理适度、更可持续。

（二）政策端全面系统引导金融环境发展

进一步健全法律法规，健全金融机构治理，加大政策扶持力度，促进资本市场健康发展，以此来推动更多企业利用直接融资实现高质量发展，是构建新发展格局的必然要求；进一步精准定位需求，制定适应它们发展阶段和行业特点的政策，解决企业实际问题；增加财政投入，加大力度培育本土投资机构，吸引更多投资者参与，推动构建全产业全生命周期的股权投资基金管理体系；支持“专精特新”企业产业集群协同发展，为解决“专精特新”企业中长期资金融资难题打造源头活水；创造良好环境，完善企业信用评级体系；成立省级“专精特新”企业促进会等行业协会组织，增进产业交流，促进产业协同；加快数字化平台建设，推动信息无缝连接。

（三）企业端加强自身能力建设推动健康可持续发展

提升企业隐性能力。企业显性指标是“果”，隐性能力是“根”，根壮才能硕果累累。山东省“专精特新”中小企业应不断完善治理结构、提升企业管理水平，加快数字化转型，重视知识产权价值、增强自身隐性能力。

加大人才培养力度。明确人才需求、引入技术和创新培训、制订人才培养计划、加强校企合作、加强人才交流。积极派出人员学习先进的管理经验，想办法留住人才。

探索非传统融资渠道。企业应积极关注政府相关政策，积极申请政府补贴、税收优惠等政策支持，重视融资策略问题，加强与金融机构的合作；探索抵（质）押担保模式，多渠道设计自身融资结构；寻求专业服务，善于借助外脑。

加强企业技术壁垒。企业应加大投入研发和创新，不断改进产品和技术，构建创新体系，加强企业技术壁垒，提高自主创新能力，提升企业的核心竞争力。

（四）金融机构端有序服务实现市场延展

持续完善多层次金融市场支持。持续深化股权投资和创业投资改革，发挥好债券市场功能，不断健全企业上市服务机制，力求推动更多优质企业通过证券市场直接融资，逐步完善企业全周期融资链条。金融机构可以增加以行业细分的、为企业量身打造合适的相关融资产品和专项支持活动以解决企业在不同层次资本市场上融资的难题，为企业提供咨询服务，出具相关估值报告、上市报告，了解企业资本市场发展需求及融资需求并积极对接。

创新风险联合控制手段方法。要进一步丰富金融产品，尤其针对缺少有形资产抵（质）押的科创型制造企业，需进一步发掘其有效资产形式和价值，提升企业审贷获得能力。要进一步提高投资评估效率，需要综合考虑到企业的创新能力、市场前景、发展潜力等因素，更准确地评估企业的风险和价值。同时，增强针对"专精特新"企业的信用评估和风险控制能力，加强与政府、行业协会等的合作，积极与政府及其他机构合作设立担保基金、风险补偿基金等，分担企业的风险，推动信息共享和风险共担机制的建立。

开展全方位综合投融资服务。金融机构应当适应不同企业的多元化融资需求，转变服务模式，从以贷款为主的方式升级为"商行＋投行""债权＋股权""融资＋融智"的综合、全方位投融资服务，并且发挥信用增进作用，为企业开展债务融资提供信用支持服务。

课题组成员简介

戴　昊，助理研究员，山东省工业和信息化研究院。

赵　彬，高级经济师，山东省工业和信息化研究院。

程　琳，副研究员，山东省工业和信息化研究院。

夏　轲，副研究员，山东省工业和信息化研究院。

刘明伟，副研究员，山东省工业和信息化研究院。

陈　露，工程师，山东省工业和信息化研究院。

王文平，研究员，山东省工业和信息化研究院。

40

关于推动山东省扩消费促增长的政策建议

推动扩消费促增长政策建议课题组

摘　要　消费是经济增长的持久动力。党的二十大报告和中央经济工作会议明确提出，“着力扩大内需，增强消费对经济发展的基础性作用”，“把恢复和扩大消费摆在优先位置”。山东省委、省政府采取一系列促消费政策举措激发消费活力、释放消费潜力、促进消费复苏，推动经济加快发展。围绕当前社会消费现状，课题组就山东省扩大消费政策与其他省市作了对比，剖析了当前山东省扩消费促增长存在的主要问题，并提出政策建议。

关键词　扩消费　促增长　政策建议

一、当前社会消费现状

（一）山东省社会消费情况

2022 年，山东省社会消费品零售总额 3.3 万亿元，同比下降 1.4%，占全国的比重为 7.6%。从消费类型来看，线上消费保持快速增长，全年实现网上零售额 6698.7 亿元，同比增长 7.5%；基本生活刚需类消费，如粮油食品、疫情防控药品等保持稳定增长；汽车、家电等大额消费，受促消费专项行动刺激，消费能力加快释放。2022 年，山东省发放汽车消费券 9.8 亿元，拉动汽车消费 438 亿元，全省当年新登记汽车 216 万辆（其中，乘用车 153 万辆），其中新能源汽车 35.9 万辆，零售额增长 125.3%，呈现高速增长态势。

（二）全国社会消费及人均消费情况

2022年，全国社会消费品零售总额44万亿元，同比下降0.2%。在工业大省中，广东省、江苏省、浙江省社会消费品零售总额分别达4.5万亿元、4.3万亿元、3.0万亿元，均保持增长态势，分别增长1.6%、0.1%、4.3%，分别占全国社会消费品零售总额的10.2%、9.8%、6.8%。人均居民消费因各省经济发展和消费差异较大。2022年，上海市、北京市两个直辖市领衔，人均消费分别达4.6万元、4.3万元，浙江省、江苏省、广东省排在省际前3位，分别达3.9万元、3.3万元、3.2万元，山东省人均消费2.3万元，低于全国2.5万元平均水平，列全国第11位。

二、山东省扩大消费政策与其他省市对比

（一）政策涉及领域和商品范围存在差异

山东省：促消费政策主要涉及汽车、家电、建材、日用品等产业，家电消费补贴针对六类商品，缺乏对数字贸易、信息消费等领域的深入关注。

粤苏浙三省：广东省涉及汽车、消费电子产品、智能家电、纺织服装等产业，家电消费补贴针对八类商品；江苏省涉及汽车、家电电子、家具、建材、体育和信息消费等产业；浙江省涉及汽车家电、电动自行车、家具家装、体育用品、节能环保产品等产业，对数字贸易领域重点项目予以财政支持。

（二）政策实施方式存在差异

山东省：汽车、家电消费补贴以发放消费券为主，力度偏弱。

粤苏浙三省：广东省实施汽车增加购车指标、取消符合排放标准的二手车迁入限制等政策；江苏省实施汽车购置补贴和充电、通行、停车等使用环节一次性综合补贴等政策；浙江省对节能环保产品推进政府强制优先采购，采购比例达85%，对符合条件的报废机动车回收企业项目给予新增建设用地计划指标奖励。

（三）补贴受惠群体和面向领域存在差异

山东省：汽车、家电消费券发放面向个人消费者，汽车消费券由省级财

政按 50% 的比例给予各市补助，未制定差别化政策。

粤苏浙三省：广东省除对个人消费者给予汽车、家电“以旧换新”补贴外，还对二手车经销企业采取减税措施，家电补贴由省级财政根据各市家电消费市场规模确定最高补贴资金并切块下达，分地施策；江苏省开展“新能源汽车下乡”系列活动，推进县域电商产业集聚区建设；浙江省新能源汽车补贴则倾向于引导生产企业丰富产品供给，鼓励县域消费及出口。

（四）扩大消费政策对产业发展的影响存在差异

山东省：政策偏重于消费终端，带动本地产业转型升级的作用不明显。

粤苏浙三省：广东省汽车促消费政策持续发力，除政府补贴外，广汽、比亚迪等当地车企再加码补贴 1 万 ~2 万元，汽车产销两旺，2022 年，汽车制造业增加值增长 20.8%，产量超 410 万辆，全省汽车销量超 250 万辆，均居全国首位，对产业发展形成较好的带动效应；浙江省将消费与供给融为一体，带动汽车生产企业转型升级和产业链上下游协同，2022 年，浙江省汽车产业实现总产量 159.37 万辆，同比增长 16.9%，全省汽车产业总产值突破 7000 亿元。

三、影响山东省消费扩大的主要问题

（一）供给端高质量供给能力不足

一是消费品产业链条短，配套能力弱。家电行业：制造设备主要来自省外和国外，80% 的部件配套企业主要集中在长三角和珠三角地区，核心控制芯片、高端 LED 显示、精密传感器件等关键核心部件依赖日韩、欧美企业供应，影响供应链安全稳定与可持续发展。食品行业：尤其高端食品制造设备和技术主要从德国、法国、意大利、日本等少数制造业发达国家进口。家具行业：实木家具原料木材长期依赖进口，配套的涂料、五金、胶黏剂、面料等需外省选购。二是基础性加工产品比重大，多处于产业链中低端。纺织服装行业：产业链前中端纺织业，占全省纺织服装产业规模超 70%；终端纺织服装、服饰业占比仅 22%，产业基础性加工偏多，整体利润率偏低。食品行业：初加工、低附加值的农副食品加工占比近 80%，比全国平均水平高 20 个百分点；延链增值的食品制造业，酒、饮料和精制茶制造业等仅占21.6%。三是新兴前沿领域发展滞后。如先进电子消费品、特殊医学用途配方食品和预制菜等新产品新业态刚刚起步，尚未形成规模。

（二）扩消费政策对山东省供给侧拉动作用不足

一是山东省产品供给结构不均衡。扩大消费政策多倾向于消费端的提振，对山东省工业经济发展拉动作用较弱。山东省工业产品以资源型原材料产品居多，消费类产品仅占全省工业的20%；在消费类产品中，初加工产品较多，高附加值消费品少，汽车、手机、电脑设备等高附加值消费品差距较大。2022年，山东省乘用车产量8.2万辆，仅占全国总量的0.8%；手机产量454.1万台，仅占全国总量的0.3%，消费券拉动本省产业效果较弱。二是政策实施限制。如家电行业，补贴时间短、力度小、范围窄。家电补贴在2022年6—12月，仅半年时间；家电以旧换新补贴力度小，仅补贴100元；家电补贴范围只有彩电、电冰箱、空调器、洗衣机、燃气灶、抽油烟机六类，范围窄，消费拉动效果不充分。三是适老龄化产品供给薄弱。山东是人口大省，目前已进入中度老龄化社会，60岁以上老年人口占比超过20%，像手机类电子产品，操作烦琐，产品和服务适老特征不足，使得部分有消费能力的老年人处于“无处消费”的境地。

（三）数字化转型供销两端赋能不足

一是生产端数字化转型纵深不足。山东省通过培育国家级“双跨”工业互联网平台、特色专业型平台赋能引导企业“数转智改”，产业数字化指数、信息化与工业化融合指数分别居全国第1位、第2位。其中，具有资金、技术、人力等优势的大型企业，数字化转型较好；但众多消费品中小企业，普遍缺资金、缺技术、缺人才，导致不愿改、不敢改、不会改，数字化转型整体滞后。二是扩大消费端渠道不丰富。山东消费品产业还多停留在传统消费渠道，缺乏培育新型消费的视野和能力，缺少影响力大、带动力强的电商平台，缺少知名网络带货、微店、电商消费等新模式，没有充分享受到数字消费带来的新红利。

（四）居民收入增长放缓抑制有效消费需求

一是收入放缓，消费底气不足。收入约束是影响居民消费最主要的因素。2022 年，山东省居民人均可支配收入仅居全国第 8 位。对标工业四省中，浙江省最高，达 60302 元；江苏省 49862 元；广东省 47065 元；山东省最低，达 37560 元。山东省居民收入虽继续保持增长（增速 5.2%），与经济增长基本同步，但明显低于疫情前，增速有所放缓。二是预防性储蓄抑制消费。居民医疗、养老、子女教育等预防性储蓄动机上升，促使年内山东省存款增量创历史新高，全年新增 1.6 万亿元，其中，住户存款增加 1.2 万亿元，人均存款增加约 1.2 万元，抑制了有效消费需求。

（五）内需挖潜不足，外向经济规模偏小

一是内部挖潜仍然不够，市场占有率低。白酒行业表现尤为突出，山东有近 600 亿元的市场容量，而地产酒只有不到 200 亿元的市场份额，本地市场话语权受到严重冲击，出现大本营守不住、外围拓展不开的窘境。家具行业流通渠道以卖场为主，上游地产商、下游装修公司分流消费流量，线下渠道竞争激烈；线上新零售、电商平台定制等销售新模式开拓不足。二是山东省出口份额规模偏小，大省优势未充分释放。山东省外贸规模居全国前列，但同粤苏浙三省差距较大。2022 年，山东省外贸出口交货值占全国出口总额的比重为 8.5%，比广东（22.3%）低 13.8 个百分点，比江苏（14.5%）低 6.0 个百分点，比浙江（14.3%）低 5.8 个百分点。其中，出口占比较大的产品多是初级农副产品和纱线织物等，处于价值链底端。

四、意见和建议

（一）提高中高端有效供给，扩大消费需求

一是加大高品质绿色产品供给力度。以质量和品牌建设为基础，大力发展现代消费品。食品行业生产配料趋向于“天然干净”的健康食品，汽车行业提供车型轻量化、能源高效化、功能智能化的新能源汽车，纺织行业提供

更多设计新颖、体感舒适、质量优异的服装，持续扩大养老产品供给。二是扩大政策补贴范围。根据居民的消费热点，科学、精准研究扩大补贴产品范围，发挥补贴政策最大撬动效果。例如，将家电领域的电脑、手机、厨房电器、小家电等都纳入补贴范围，探索智能家居补贴，丰富居民选择，提升促消费成效。简化消费券使用流程，对特殊群体发放实体券。三是加大对供给端的支持力度。除对终端消费者给予补贴外，建议从生产端入手，对山东省生产企业进行以奖代补的鼓励政策，支持和鼓励企业加大技术创新力度，加大优质中高端产品生产和销售。

（二）提高消费端消费能力，稳定敢消费预期

一是增强居民消费能力。通过助企纾困、减税降费、贷款贴息等措施帮助企业快速恢复元气，助产业升级创造更多就业岗位，从而稳定就业，促进居民收入增加，优化收入分配结构，扩大中等收入群体。二是不断提高公共服务水平。使不同消费群体能够在教育、医疗、文化、社会福利等方面享受均等化的公共服务，降低消费者教育、医疗、住房等大额支出，消除后顾之忧，进一步释放消费潜力。三是用稳定的政策稳定消费预期。保持政策的连续性和稳定性，延长消费补贴券的发放时间，提升消费者的安全感和消费体验，全面激活与释放消费潜力。

（三）改进营商环境，创造愿消费条件

一是着力营造消费友好型的安全市场。持续完善行业标准，加大在法律法规和规范性文件中引用标准的力度。例如，加强食品安全标准体系建设，减少食品在全国和各省商品类投诉量，健全主要消费品质量安全追溯体系，保障饮食安全。二是持续完善公平竞争市场秩序。在市场准入许可、经营运行、招投标、政府采购等方面，对各类型、省内外企业平等对待，加快建立全国统一大市场，破解地方封锁和地方保护行为，创造愿消费的获得感。

（四）推进产业数字化，数字赋能新消费

一是生产端纵深推进数字化转型。加快互联网、大数据、人工智能同各

消费产业融合发展，发挥数字技术的放大、叠加、倍增作用，推动产业技术变革和优化升级，提升行业应用赋能水平。尤其针对中小企业转型痛点、难点，加快研发轻量化和低代码开发平台、智能传感器等软硬件产品，进一步降低中小企业上云上平台门槛和数字化改造成本，提供小型化、轻量化、精准化的产品和解决方案，带动中小企业嵌入产业链价值链，实现大中小企业融合协同发展的产业生态。二是数字赋能培育消费新动能。在社交电商、直播购物、移动支付等新消费、新业态、新模式基础上，引导山东省传统消费品企业通过大数据、人工智能等先进技术完成店铺精准选址、选品精准采购、组货精准分布等升级改造，重塑新实体、新电商，实现全渠道销售的业态结构，实现线上线下无缝衔接，重塑消费新优势。

参考文献

[1] 山东省人民政府．关于印发2022年“稳中求进”高质量发展政策清单（第三批）的通知[Z]．鲁政发〔2022〕8号．2022－05－22.

[2] 山东省商务厅．关于继续实施促进汽车、家电消费政策的通知[Z]．鲁商发〔2022〕7号．2022－07－04.

[3] 山东省人民政府．关于印发2023年“稳中向好、进中提质”政策清单（第一批）的通知[Z]．鲁政发〔2022〕18号．2022－12－30.

[4] 山东省人民政府．关于促进经济加快恢复发展的若干政策措施暨2023年“稳中向好、进中提质”政策清单（第二批）[Z]．鲁政发〔2023〕1号．2023－02－04.

[5] 山东省商务厅．支持商贸流通行业促进居民消费的政策措施[Z]．鲁商发〔2023〕2号．2023－01－17.

课题组成员简介

王玉禄，副研究员，山东省工业和信息化研究院。

刘际宁，副研究员，山东省工业和信息化研究院。

王巧婧，经济师，山东省工业和信息化研究院。

邵　磊，工业经济研究室主任，副研究员，山东省工业和信息化研究院。

李文全，研究员，山东省工业和信息化研究院。

牛宗宝，高级工程师，山东省工业和信息化研究院。

李国芹，院党委委员，副院长，一级调研员，山东省工业和信息化研究院。

王桂强，院党委书记，理事长，研究员，山东省工业和信息化研究院。